O GRANDE LIVRO DA CERVEJA

LAPIN KU

O GRANDE LIVRO DA CERVEJA

INFORMAÇÕES ATUALIZADAS SOBRE CERVEJAS E AS GRANDES CERVEJARIAS EM TODO O MUNDO

TIM HAMPSON

com a contribuição de **Stan Hieronymus, Sylvia Kopp e Adrian Tierney-Jones**

PUBLIFOLHA

Um Livro da Dorling Kindersley
www.dk.com

'ítulo original: *World beer*

'ublicado originalmente na Grã-Bretanha em 2013 pela Dorling Kindersley Limited,
i0 Strand, Londres WC2R 0RL, Inglaterra.

:OORDENAÇÃO DO PROJETO
'UBLIFOLHA
:ditora assistente: Andréa Bruno
'rodutora gráfica: Samantha R. Monteiro

'RODUÇÃO EDITORIAL
'ÁGINA VIVA
:dição: Thais Rimkus
:onsultoria: Luiz Caropreso
'radução: Celso Nogueira, Rose Marie Ziegelmaier
'rodução gráfica: Bianca Galante, Priscylla Cabral
Revisão: Luciane Helena Gomide, Joana Prado

)K LONDRES
:ditor do projeto: Becky Shackleton
'rodutor gráfico sênior: Collette Sadler
ssistente de arte: Kate Fenton
;erente editorial: Dawn Henderson
;erente de arte: Christine Keilty
:ditor de capas: Nicola Powling
Assistente de criação de capa: Rosie Levine
;erente de edição: Andy Hilliard
;erente de produção: Oliver Jeffreys
uporte técnico de criação: Sonia Charbonnier
'ublisher: Peggy Vance
)iretor de arte: Peter Luff
:ditor: Nicola Hodgson
'otografia: Peter Anderson

)K ÍNDIA
)iretor de arte: Anchal Kaushal
:ditores de arte: Prashant Kumar, Swati Katyal
:ditor: Divya Chandhok
:ditor assistente: Neha Samuel
;erente de arte: Navidita Thapa
;erente editorial adjunto: Chitra Subramanyam
;erente de pré-produção: Sunil Sharma
'rodutores gráficos: Manish Chandra Upreti, Neeraj Bhatia, Nityanand Kumar
;erente de produção: Pankaj Sharma

Dados Internacionais de Catalogação na Publicação (CIP)
(Câmara Brasileira do Livro, SP, Brasil)

Iampson, Tim

O grande livro da cerveja : informações atualizadas sobre cervejas e as
randes cervejarias em todo o mundo / Tim Hampson, com a contribuição
e Stan Hieronymus, Sylvia Kopp e Adrian Tierney-Jones ; [tradução Celso
Nogueira, Rose Marie Ziegelmaier]. – São Paulo : Publifolha, 2014.

Título original: World beer.
ISBN 978-85-7914-538-4

. Cervejarias 2. Cervejas 3. Cervejas – História 4. Cervejas – Processos de
abricação I. Hieronymus, Stan. II. Kopp, Sylvia. III. Tierney-Jones, Adrian.
V. Título.

4-02184 CDD-663.42

Índices para catálogo sistemático:
1. Cervejas : Tecnologia 663.42

Este livro segue as regras do Acordo Ortográfico da Língua Portuguesa (1990),
em vigor desde 1º de janeiro de 2009.

*)s leitores interessados em fazer sugestões ou comunicar eventuais correções podem escrever
para a Publifolha, Al. Barão de Limeira, 401, 6º andar, CEP 01202-900, São Paulo, SP, ou
enviar e-mail para atendimento@publifolha.com.br*

mpresso na South China, China.

'UBLIFOLHA
)ivisão de Publicações do Grupo
'olha Alameda Barão de Limeira, 401, 6º andar
:EP 01202-900, São Paulo, SP
'el.: (11) 3224-2186/2187/2197
www.publifolha.com.br

SUMÁRIO

PREFÁCIO

Vive la différence! Viva la revolución! Palavras do falecido mestre Michael Jackson (1942-2007), não minhas. O autor foi um dos mais influentes e dedicados divulgadores que o mundo da cerveja conheceu. Ele ficaria surpreso ao ver quanto o admirável mundo novo da produção artesanal continua evoluindo.

DESDE QUE MICHAEL JACKSON começou a escrever sobre cerveja, nos anos 1970, a cultura cervejeira nos EUA passou por uma revolução que hoje alcançou o mundo inteiro. Previa-se que no final do século passado restariam apenas cinco cervejarias em território americano. Temos mais de 2 mil no momento, e a quantidade em todos os países só cresce. Novas cervejarias e brewpubs abrem quase diariamente. Cervejeiros ambiciosos e bem-sucedidos compartilham a cena com produtores consagrados, cujas raízes e tradições, em alguns casos, somam vários séculos. O antigo mundo cervejeiro europeu apoiou a revolução, revigorando países antes inundados por cervejas industriais.

NOS QUATRO CANTOS DO PLANETA, aumenta o interesse por estilos cervejeiros inovadores, bem como pelos tipos esquecidos, agora ressuscitados para brilhar ao lado das espetaculares invenções. Neste livro, o leitor pode visitar a Bélgica e se deslumbrar com as maravilhas das cervejarias trapistas ou com cervejas ácidas, como gueuze e faro; fazer uma excursão à Alemanha – antigo lar da onipresente lager – para conferir cervejas potentes, valorizadas pelo aromático lúpulo americano ou deliciosamente defumadas. Num passeio pela Itália, famosa pelos vinhos, é possível descobrir alguns dos cervejeiros mais criativos do mundo. Basta virar a página para chegar até Austrália, Argentina, Brasil, República Tcheca e Japão. Cada país oferece cervejas fora de série – graças ao espírito colaborativo do movimento da cerveja artesanal, as barreiras geográficas e culturais dessa bebida desapareceram.

A PRODUÇÃO CERVEJEIRA É UMA INDÚSTRIA cuja origem se perdeu nos primórdios de nossa história e cujas influências positivas se multiplicam ao longo da experiência humana. Contudo, além de se destacar como parte importante do passado, a cervejaria artesanal é portadora de uma esperança futura – sua vanguarda é formada por uma nova leva de empresários que tocam centenas de microcervejarias, muitas defensoras dos ingredientes locais. Este livro privilegia a qualidade, a ousadia, a experimentação e o individualismo dos cervejeiros de pequeno porte. Conta a história deles e desvenda sua filosofia, sua tecnologia e suas conquistas mais importantes.

O GRANDE LIVRO DA CERVEJA celebra o fato de que a cerveja apresenta complexidade e variedade comparáveis às dos vinhos finos e, por meio de notas de degustação e sugestões de harmonização com alimentos, procura ajudar o leitor em sua busca por cervejas excepcionais. Apresenta a diversidade e a nobreza da bebida. Antigamente os jornalistas falavam de cerveja, tomavam cerveja e escreviam sobre vinho. Hoje podemos exaltar a cerveja com muito orgulho e embarcar em uma grande viagem para identificar tipos.

A hora da cerveja chegou.

TIM HAMPSON

Pilsner Urquell

INTRODUÇÃO

UMA BREVE HISTÓRIA

O que levou nossos ancestrais à ideia de que cereais misturados com água e em contato com a magia do fermento renderiam uma bebida vivaz e enriquecedora?

Jamais saberemos, mas provavelmente há uns nove ou dez milênios, nas então férteis planícies da Mesopotâmia, ou em algum lugar da China, povos nômades passaram a cultivar e colher um cereal primitivo, o qual transformaram num tipo ancestral de cerveja. Evidências arqueológicas sugerem que os seres humanos descobriram como produzir álcool há milhares de anos. Desde então, empreendemos uma jornada e tanto. Com o passar dos séculos, nossa relação com a cerveja afetou história, legislação, cultura, ciência e tecnologia. A cerveja mudou e evoluiu conosco. Em sua longa jornada pelas leis de pureza e proibições, o preparo caseiro da bebida resultou na ampla proliferação atual de estilos.

7000 a.C.

7000 a.C.

A CERÂMICA encontrada numa aldeia neolítica no sítio de Jiahu, no vale do rio Amarelo, na China, contém compostos presentes em bebidas alcoólicas.

4300 a.C.

NA BABILÔNIA, tabuletas de argila detalham a receita de uma bebida alcoólica feita de grãos – além de matar a sede, podia servir como oferenda aos deuses.

1000 a.C.

ARQUEÓLOGOS descobriram recentemente uma bebida de arroz e painço preservada em recipientes de bronze lacrados numa tumba de Anyang, capital da dinastia Shang, na bacia do rio Amarelo, na China.

FATO OU FICÇÃO?

FICÇÃO? No ano de 1520, o rei Henrique VI proibiu o uso de lúpulo na Inglaterra.
FATO Segundo o historiador Martyn Cornell, isso não é verdade. O lúpulo foi banido das cervejas tipo ale, pois na época eram classificadas como bebida sem lúpulo.

1516

NA BAVIERA, é promulgada a famosa Lei Alemã da Pureza – Reinheitsgebot –, exigindo que apenas cevada, lúpulo e água pura sejam utilizados na produção de cerveja. Passou a valer para o resto do país em 1906 e ainda hoje serve como referência mundial.

SELO (C. 1983) TRAZ O SÍMBOLO DE UMA CERVEJARIA E COMEMORA MAIS DE 450 ANOS DE PUREZA

1587

A PRIMEIRA CERVEJA DE MILHO foi produzida pelos colonizadores da Virgínia, EUA, o que não os impedia de importar a bebida da Inglaterra, pois as matérias-primas eram escassas no Novo Mundo. A construção de cervejarias tornou-se prioridade quando as colônias se consolidaram, e os pioneiros usavam seiva de bétula e abeto na produção. A primeira cervejaria industrial dos EUA surgiu na parte sul de Manhattan, em 1632, por iniciativa da Companhia das Índias Ocidentais holandesa.

O CERVEJEIRO, XILOGRAVURA DO SÉCULO XVI, DE J. AMMON, MOSTRA O PREPARO PIONEIRO DA CERVEJA

FATO OU FICÇÃO?

FICÇÃO? Arthur Guinness assumiu uma concessão de 9 mil anos para a cervejaria Guinness, em 1759.
FATO Verdade. Mas, segundo o historiador Martyn Cornell, isso talvez se deva a um ardil legal, e não a excesso de confiança.

FATO OU FICÇÃO?

FICÇÃO? Em 1772 um cervejeiro londrino criou a porter para substituir um estilo obtido com o produto de três barris, chamado "três cabeças".
FATO É uma bela história, mas a porter com certeza já era bebida em Londres.

1810

EM MUNIQUE, realiza-se um festival para celebrar o casamento do príncipe Ludwig, que colocou a cerveja alemã no mapa; o evento cervejeiro ficou conhecido como Oktoberfest.

SELO EM COMEMORAÇÃO AO CENTENÁRIO DO FESTIVAL, 1910

1842

A PRIMEIRA LAGER CLARA produzida em Pilsen, atual República Tcheca, faz sucesso imediato. Seu estilo consagrado foi imitado no mundo inteiro.

CARTÃO-POSTAL E BOLACHA, DATADOS DE 1910 E 1842, ANUNCIAM A MUNDIALMENTE FAMOSA E PATENTEADA PILSNER URQUELL

1919

A LEI SECA restringiu a produção e a venda de álcool nos EUA, por meio da 18ª Emenda e da lei Volstead. A distribuição e a venda de cerveja foram parar na mão de gângsteres, e muitas cervejarias fecharam as portas. Em 1932, a Lei Seca havia perdido credibilidade, e manifestações exigiam seu fim. A Anheuser-Busch sobreviveu ao período fabricando xarope de milho, sorvete, extrato de malte e root beer. Foi revogada em 1933 na maioria dos estados, mas continuou em vigor no Mississippi até 1966.

CANÇÕES DA ÉPOCA ZOMBAVAM DA LEI SECA

FATO OU FICÇÃO?

FICÇÃO? A lager foi produzida pela primeira vez na Inglaterra, em 1965.
FATO Absolutamente falso. A lager tornou-se popular no final dos anos 1960, e seu ápice foi nos anos 1970. Hoje, a cada quatro cervejas tomadas no Reino Unido, três são lager, tipo produzido no mínimo desde 1870.

FATO OU FICÇÃO?

FICÇÃO? A cerveja deve ser bebida estupidamente gelada, para ter o sabor realçado.
FATO O sucesso do movimento da cerveja artesanal ajudou a combater esse mito. O sabor da cerveja se perde quando ela esfria demais.

1976

FICÇÃO? Vagões ferroviários refrigerados ajudaram a criar a primeira marca de alcance nacional nos EUA.
FATO Verdade. Em 1876, a Anheuser-Busch mantinha uma frota de 40 vagões refrigerados para o transporte de cerveja engarrafada pelos EUA.

FATO OU FICÇÃO?

LOUIS PASTEUR publicou *Études sur la bière*, obra fundamental, que logo foi traduzida para o inglês com o título *Studies on fermentation*. Pela primeira vez, o misterioso universo das leveduras e seu papel na fermentação foram cientificamente descritos. As modernas técnicas cervejeiras substituíram o empirismo dos primórdios. Refrigeração e engarrafamento automático conquistaram o planeta.

1876

QUATRO JORNALISTAS INGLESES – Michael Hardman, Graham Lees, Bill Mellor e Jim Makin – debatem a formação de uma entidade de defesa dos consumidores de cerveja. Ela se tornou a base para a CAMRA (Campaign for Real Ale – Campanha para a Ale Real), uma das organizações de consumidores mais bem-sucedidas do mundo. O número de membros da CAMRA logo chegou a 150 mil, e a campanha fez ressurgir a ale de barril no Reino Unido, além de despertar o interesse pelas cervejas locais em muitos países.

A CAMRA ORGANIZA FESTIVAIS DE CERVEJA PELO REINO UNIDO DURANTE O ANO INTEIRO

1971

O CERVEJEIRO ARTESANAL Jack McAuliffe profissionalizou seu passatempo quando abriu a New Albion Brewing Co em Sonoma, na Califórnia. Ele lançou as bases para a revolução da cerveja artesanal, que mudaria a cara do mundo cervejeiro (leia mais a seguir).

JACK MCAULIFFE TRABALHANDO NA NEW ALBION BREWING CO, NA CALIFÓRNIA

NEW ALBION RÓTULOS DE ALE E STOUT

1976

A REVOLUÇÃO ARTESANAL

A revolução da cerveja artesanal, iniciada nos EUA, espalhou-se pelo mundo. Sua origem remonta à Lei Seca, quando a 18ª Emenda na Constituição americana restringiu a produção e a venda de álcool no país. Quando foi derrubada, nos anos 1930, centenas de cervejarias locais haviam fechado as portas, e a produção das sobreviventes era limitada. Com o passar dos anos, muitas foram compradas por companhias maiores, que faziam cervejas claras, insípidas.

POLICIAIS DA CALIFÓRNIA INUTILIZAM BEBIDA ILEGAL, NA ÉPOCA DA LEI SECA

MAS A MUDANÇA ESTAVA POR ACONTECER. O californiano Jack McAuliffe é considerado o pioneiro da revolução da cerveja artesanal nos EUA. Técnico naval, trabalhou numa base escocesa para submarinos nucleares nos anos 1970. Ao regressar, dedicou-se à produção caseira, tentando recriar a ale, tipo que tanto o agradou no exterior. Em 1976, transformou seu hobby em profissão, abrindo a New Albion Brewing Co em Sonoma, na Califórnia. Adaptou o equipamento de uma fábrica de refrigerantes para produzir cerveja nas instalações de uma antiga indústria de laticínio. Fundou, assim, a primeira cervejaria da Califórnia depois da Lei Seca, e os tipos pale ale, stout e porter de McAuliffe abalaram o domínio das gigantes Budweiser e Miller, dando-lhe fama nacional. Infelizmente a New Albion fechou, em 1982. Mas ela não foi a única cervejaria inovadora.

A ANCHOR BREWING FOI FUNDADA EM SÃO FRANCISCO, NA CALIFÓRNIA, EM 1896

FUNDADA EM 1896, a Anchor Brewing (*p. 147*) já se firmara quando a New Albion Brewery começou a funcionar. Tendo sofrido com a Lei Seca, viu sua sorte mudar quando Fritz Maytag adquiriu a empresa, em 1965. Formado em Stanford, herdeiro de uma fábrica de máquinas de lavar roupa, tinha recursos para revigorar a produção e apresentar aos apreciadores de cerveja nos EUA os tipos porter, barley wine, wheat ale e, claro, a lendária Steam Beer. A cervejaria também realizou experiências com variedades interessantes do lúpulo americano, como Cascade. A atenção para cervejarias do gênero foi chamada por especialistas como Michael Jackson, influente autor britânico, falecido em 2007. Seu texto cativante, as conferências e as aparições na televisão estimularam e promoveram cervejarias artesanais do mundo inteiro. Sem sua influência, o panorama da revolução da cerveja artesanal seria muito diferente hoje. Outra figura importante foi Charlie Papazian, fundador da American Homebrewers Association (Associação dos Cervejeiros Artesanais Americanos), em 1978. A instituição inspirou a formação de milhares de cervejarias. Enquanto isso, do outro lado do Atlântico, a CAMRA (Campaign for Real Ale) britânica, de 1971, marcou outro momento decisivo no movimento pela cerveja artesanal. Os consumidores ganharam um fórum no qual podiam comentar e criticar as cervejas que desejavam beber, e o crescimento da produção em pequena escala mostrou que o sonho de abrir uma cervejaria própria poderia se realizar. A cerveja começava a sair das mãos das grandes indústrias para voltar aos braços do povo.

A NEW ALBION INICIOU AS ATIVIDADES NUMA ANTIGA INDÚSTRIA DE LATICÍNIO, USANDO EQUIPAMENTO DE UMA FÁBRICA DE REFRIGERANTES

MARCOS NA HISTÓRIA DA CERVEJA ARTESANAL

1920

Quando a 18ª Emenda entrou em vigor, a Lei Seca impôs severas restrições à produção e à venda de álcool. Antes havia mais de 3.200 cervejarias nos EUA. O número caiu para meras 80, em 1983.

1930

A Lei Seca afrouxa aos poucos, durante os anos 1930, pois cabia a cada estado legislar sobre a questão. Até 2013, fazer cerveja em casa era ilegal no Mississippi – 49º estado dos EUA a legalizar a atividade, que ainda é proibida no Alabama.

1971

A CAMRA (Campaign for Real Ale) começa no Reino Unido, seguida pela American Homebrewers Association, nos EUA, em 1978. Há uma onda de produção caseira de cerveja nos dois lados do Atlântico, e uma sede por cervejas saborosas e criativas.

1977

O autor britânico Michael Jackson publica o influentíssimo *World guide to beer (Guia mundial da cerveja)*. Ele foi um dos primeiros a divulgar as raras boas cervejas disponíveis; seus textos e suas aparições na televisão estimularam e promoveram as cervejarias artesanais no mundo inteiro.

DESDE ENTÃO, os verbos "inovar" e "experimentar" definem o movimento americano pela cerveja artesanal, especialmente em cervejarias criativas e excêntricas, como a Dogfish Head *(pp. 154-5)*. Um dos lotes mais inusitados, Chicha, recriou em edição limitada a bebida sul-americana de mesmo nome, feita de uma variedade local de milho, com pimenta e frutas. Para a produção dessa cerveja, o milho é moído, mastigado para se misturar com saliva e cuspido. Moldado em forma de pequenas panquecas, secas ao sol. As enzimas da saliva quebram o amido do milho, liberando os açúcares necessários à fermentação. O mestre cervejeiro Sam Calagione disse que seis pessoas levam um dia inteiro para mascar e cuspir 3 kg de milho azul peruano. Os produtores artesanais dos EUA produzem hoje cerca de 140 tipos diferentes de cerveja, número que sobe a cada ano. Alguns são novidade – como o estilo brett beer americano, uma releitura da belga lambic. A colaboração entre Lost Abbey *(p. 171)* e New Belgium *(p. 166)* resultou na cerveja "all Brettanomyces", Mo' Betta Bretta, ale clara feita com fermentação natural. Outras cervejarias também se inspiraram na Bélgica, como a Alaskan *(p. 145)*, cuja cerveja de trigo Raspberry "representa a visão americana do estilo Velho Mundo". Outras variedades, como adambier – forte, escura, ácida – e grätzer – de alta fermentação, defumada –, foram ressuscitadas a partir de receitas tradicionais da Alemanha e da Polônia.

MO' BETTA BRETTA,
LOST ABBEY E NEW BELGIUM

A REVOLUÇÃO DA CERVEJA ARTESANAL se propagou dos EUA para o resto do mundo. Hoje encontramos cervejas excepcionais nos quatro cantos do globo. Um dos ideais da revolução da cerveja artesanal sempre foi a disposição para compartilhar conhecimento e entusiasmo. Inicialmente, os cervejeiros colaboravam com colegas da mesma região, mas logo se tornou comum que alguns produtores europeus desenvolvessem cervejas em parceria com americanos. A troca de experiências hoje é internacional. Produtores artesanais viajam os continentes para conhecer cervejarias, em busca de novas ideias e dissipando descobertas. Da África do Sul à Austrália, do Japão à Argentina, um fluxo considerável de filosofias e opiniões explora o modo ideal de criar cervejas memoráveis. Os belgas conversam com os alemães, os húngaros trocam experiências com os poloneses e os italianos assumem a vanguarda. As conversas não conhecem fronteiras, como se pode ver na colaboração para o desenvolvimento do setor na Índia, na Nova Zelândia e no Brasil, onde cervejeiros experientes oferecem seu talento e seu conhecimento. Eles buscam receitas históricas ou esquecidas há tempos, tentam usar ingredientes locais ou criar novos tipos – a única regra é que as cervejas devem ser interessantes e saborosas. Exemplo de cooperação bem-sucedida é a Anglo-American Pale Ale Twin Peaks (5% de teor alcoólico), feita pela Sierra Nevada Brewery *(pp.176-7)*, da Califórnia, e pela Thornbridge Brewery *(p. 41)*, do Reino Unido. O mestre cervejeiro da Sierra Nevada, Steve Grossman, descreve sua pale ale frutada como "uma colaboração entre o Velho Mundo e a new wave da cerveja".

SELO DA CHOPEIRA DA
CERVEJA TWIN PEAKS

> **"DA ÁFRICA DO SUL À AUSTRÁLIA, DO JAPÃO À ARGENTINA, UM FLUXO CONSIDERÁVEL DE FILOSOFIAS E OPINIÕES EXPLORA O MODO IDEAL DE CRIAR CERVEJAS MEMORÁVEIS."**

1982

Inauguração do primeiro brewpub, Yakima Brewing and Malting Co, em Washington, fundado por Bert Grant. Pela primeira vez a lei norte-americana permitiu a uma companhia vender, com comida, a cerveja que produzia. A Yakima lançou um modelo bem-sucedido para o setor.

1984

Charles Papazian publica *The complete joy of home brewing (A alegria completa da produção caseira de cerveja)*, livro que já vendeu mais de 900 mil exemplares. Antes ele havia fundado a Brewers Association e criado o Great American Beer Festival, em 1982.

1990

A Sierra Nevada *(pp. 176-7)* de Chico, na Califórnia, torna-se a primeira microcervejaria a produzir mais de 50.700 hl de cerveja (31 mil barris) – quantidade tão grande que ultrapassou a barreira da classificação como "micro" (até 29 mil hl, ou 18 mil barris).

2013

Há mais de 2,4 mil cervejeiros artesanais nos EUA, e a cada dia nasce no país uma nova cervejaria; o americano em geral reside a menos de 15 km de uma cervejaria. O setor emprega mais de 100 mil pessoas e comercializa mais de 15 milhões de hectolitros (9,2 milhões de barris) por ano.

O PROCESSO DE PRODUÇÃO

A produção dessa bebida de alta complexidade é simples e natural. Os açúcares fermentáveis são extraídos do grão com água quente. Leva-se o líquido ao ponto de fervura e adiciona-se lúpulo para dar sabor e amargor, além de proteger contra bactérias. Após o resfriamento, acrescenta-se a levedura, e o processo de fermentação começa, convertendo açúcar em dióxido de carbono e álcool. Surge a cerveja.

O malte *é gradualmente seco no forno*

1 MALTAGEM

Antes de ir para a cervejaria, os grãos passam por uma etapa chamada maltagem. O açúcar presente no grão, que irá alimentar a levedura durante a fermentação, encontra-se preso nas moléculas complexas do amido. Para dar início ao processo de liberação dos açúcares, o malteador molha os grãos, depois aquece lentamente a mistura para estimular a germinação. Quando a semente começa a crescer, o amido é quebrado em substâncias mais simples. Após alguns dias, a germinação é interrompida; o malte seca e esquenta no forno. Quanto mais intenso o calor, mais escuro o malte.

Grãos maltados *são triturados em moinho regulável*

RECIPIENTE PARA GRIST

2 MOAGEM

Na cervejaria, os grãos de cevada e outros cereais, dependendo da preferência do cervejeiro, são triturados em um moinho para obter o grist, que é o grão quebrado. Quebrar o grão facilita a liberação dos açúcares no momento em que for molhado, durante o processo de brassagem; o grist também recebe o nome de grain bill. A escolha dos grãos é fundamental, pois determina o teor alcoólico, a cor e o sabor da cerveja. Maltes claros, torrados em baixas temperaturas, respondem pelo tom claro das cervejas lager. Grãos escuros, bem torrados, dão cor negra aos tipos stout e porter, entre outros. A combinação correta de grãos é fundamental para o cervejeiro.

Mistura *do grist no mash tun*

A água rica em açúcares *é separada da mostura*

MASH TUN

3 BRASSAGEM

Também conhecida como mashing, é quando o grist se mistura com água quente no recipiente chamado mash tun, para produzir a mostura (mash). A papa resultante deve descansar por algum tempo. O calor da água extrai os açúcares do malte. O nome desse processo é brassagem por infusão. Alguns cervejeiros tiram um pouco do líquido, passam para outro recipiente e o aquecem a uma temperatura mais alta antes de devolver ao tun. Fazem isso uma, duas, três vezes – processo que leva o nome de brassagem por decocção. As temperaturas mais altas extraem açúcares mais doces e complexos do malte. Esse método tradicional é comum em muitas cervejarias europeias.

4 COZIMENTO

Após a brassagem, o mosto (wort), rico em açúcares, é coado através do fundo de resíduos de grãos ou passa por uma peneira grande, chamada lauter tun. Conforme o mosto sai, o grão é lavado com mais água quente para liberar os açúcares finais. Depois passa para a brew kettle ou copper (panela de brassagem), onde é fervido. Pode-se adicionar lúpulo em diferentes momentos, para dar aroma e amargor, além de impedir a atividade bacteriana. Alguns cervejeiros adotam o dry hopping, acrescentando lúpulo no final do processo. Nesse estágio, alguns incluem ervas e especiarias.

5 FERMENTAÇÃO

O mosto é coado para remover o lúpulo residual e outros ingredientes antes de passar por uma serpentina ou outro difusor de calor para esfriar rapidamente. O mosto frio passa para o tanque de fermentação. A temperatura desempenha um papel-chave nessa etapa – se for alta demais, o fermento morre; se for baixa, ele leva muito tempo para agir. Na adição da levedura, a magia da produção de cerveja se manifesta. O fermento se alimenta do açúcar, produzindo dióxido de carbono, álcool e milhões de novas células de fermento. Há diferentes cepas de fermento, mas a maioria das cervejarias tem seu fermento e o reutiliza muitas vezes.

TANQUE DE FERMENTAÇÃO

6 MATURAÇÃO

Assim que a fermentação termina, o líquido passa a ser chamado de green beer ("cerveja verde"). A maior parte do fermento é removida, e o líquido, transferido para outro recipiente. Com o tempo, ele matura e evolui, pois ocorre a fermentação secundária da levedura restante, quando os sabores e os aromas da cerveja são aperfeiçoados. A duração desse processo varia. A cerveja depois vai para o barril, o barrilete, a garrafa ou a lata – embora a keller seja servida direto do tanque de maturação para o copo. Algumas cervejas são clarificadas, outras, vendidas sem filtrar. Algumas são pasteurizadas, outras não.

TANQUE DE MATURAÇÃO

"A PRODUÇÃO DESSA BEBIDA DE ALTA COMPLEXIDADE É SIMPLES E NATURAL."

TIPOS DE CERVEJA

As variedades de cerveja continuam se multiplicando – alguns calculam que já são mais de 80 estilos diferentes, e muitos contam com diversas subdivisões. A seguir, alguns tipos básicos que o apreciador de cerveja encontra; claro, a diversão não está só em conhecê-los pelo livro, mas degustá-los em bares e lojas pelo mundo.

PORTER E STOUT

A porter nasceu em Londres – foi a primeira cerveja amplamente comercializada, no início do século XVIII. Durante a Revolução Industrial, a plain porter era a bebida da classe trabalhadora. Versões mais fortes receberam o nome de stout porter, ou simplesmente stout.

PERFIL

Quando malteadores e cervejeiros aprenderam a torrar o malte em temperaturas mais altas, a porter escureceu, desenvolvendo sabores que lembram café e chocolate. Em geral, adiciona-se bastante lúpulo para dar amargor.

TEOR ALCOÓLICO

Varia tipicamente de 4% a 8%. Mas não faltam variedades mais fortes.

DUBBEL E TRIPEL

Embora pequena, a Bélgica talvez seja a nação responsável pelo maior número de estilos cervejeiros. Dubbel e tripel indicam o teor alcoólico das cervejas ale e são termos usados – embora não exclusivamente – pelas cervejarias trapistas.

PERFIL

Dubbel é uma cerveja acastanhada, maltada, com amargor leve e caráter frutado. Tripel, mais forte, doce e dourada, apresenta colarinho denso, cremoso.

TEOR ALCOÓLICO

Uma dubbel costuma ter entre 6% e 8%; as do tipo tripel chegam a 10%.

ALE E BITTER

Ale é uma família na qual se destaca a bitter, que surgiu na Inglaterra vitoriana. Sua aceitação se deu, em parte, pela rapidez com que podia ser servida, direto do barril, após alguns dias de maturação. Muitos consideram a ale de barril, sem pasteurização, a obra-prima de um mestre cervejeiro.

PERFIL

Ale e bitter se destacam pela cor profunda de cobre ou bronze, resultado do uso de maltes escuros, como o Crystal; mas não é incomum uma ale dourada.

TEOR ALCOÓLICO

Em sua maioria, ale e bitter ficam abaixo dos 4%, mas podem ser encontradas versões mais fortes.

HELLES

Cerveja leve, clara, de um amarelo-ouro, especialidade da região de Munique, na Alemanha. O estilo é reproduzido no mundo inteiro. Sabores mais sutis que na pilsen, embora se pareçam. A keller costuma ter forte presença de lúpulo e ser um tanto turva, por não passar por filtragem.

PERFIL

Idealmente devemos sentir um amargor pronunciado, resultante da adição de lúpulos nobres, além da presença perceptível do malte.

TEOR ALCOÓLICO

Varia de 5% a 7%. A bock é a versão mais forte do gênero.

TRIGO

A cerveja alemã de trigo, chamada weiss (branca) ou weizen (trigo), leva trigo com cevada maltada. Sem filtragem, é conhecida como hefeweiss ou hefeweizen; as filtradas, como kristal. Versões holandesas e belgas, witte ou bière blanche, podem levar ervas, como semente de coentro, ou adições como casca de laranja.

PERFIL
Em alguns casos, o fermento desperta sabores intensos de banana, cravo e tutti-frutti. As cervejas de trigo são vivazes, refrescantes e geralmente turvas.

TEOR ALCOÓLICO
Cervejas de trigo ficam entre 3% e 7%.

PILSEN

A cerveja tipo pilsen da Boêmia e outras regiões da República Tcheca é de um estilo que conquistou o mundo. Algumas versões maturam em baixa temperatura por três meses, outras, por períodos bem menores. Servir com colarinho alto, branco.

PERFIL
O gosto dos lúpulos herbáceos e condimentados deve harmonizar com a doçura do malte tipo pilsen. A cor da cerveja vai do dourado ao âmbar-claro, e ela deve ser leve ou medianamente encorpada, com aroma e sabor de malte (biscoito).

TEOR ALCOÓLICO
Costuma variar de 4% a 6%.

IMPERIAL STOUT

As primeiras versões foram exportadas pelos britânicos, principalmente para a corte russa tsarista. Catarina, a Grande, concedeu a designação imperial a elas.

PERFIL
Cerveja intensa, ousada, gigante, cuja cor varia do cobre-escuro ao preto. Versão mais forte da stout, com alto teor alcoólico, tem sabor rico, maltado e bem doce em alguns casos. Muitos aromas podem ser percebidos, inclusive de frutas cristalizadas.

TEOR ALCOÓLICO
Forte o suficiente para ser armazenada por vários anos. Tipicamente, acima dos 8%.

AMERICAN ALE

O gênero ale foi reinventado pelo movimento da cerveja artesanal nos EUA. As variedades americanas se caracterizam pelos lúpulos locais, mais florais e cítricos, como Cascade – embora o lúpulo de outros países também seja usado para obter amargor, sabor e aroma intensos.

PERFIL
A american ale vai do ouro intenso ao cobre-escuro. Em geral é ácida, devido ao uso de lúpulos cítricos, equilibrados pelo malte rico, suculento.

TEOR ALCOÓLICO
Não chegam a ser incomuns exemplares com mais de 8%.

DEGUSTAÇÃO

Cerveja talvez seja a bebida alcoólica mais democrática do mundo. Não exige que o apreciador gire o copo nem sinta o aroma a cada gole. Contudo, a apuração dos sentidos ao saboreá-la pode ampliar imensamente a experiência.

Bebemos com os olhos – lendo o rótulo ou a carta de cervejas, o que sabemos a respeito dela? De que cor é? Límpida ou turva? Observar a bebida abre o apetite e ativa as papilas gustativas. Toque o copo, sinta a temperatura. Certas cervejas, especialmente lager, descem melhor geladas. Outras exigem temperatura ambiente (dentro de casa) para liberar sabores frutados e ésteres. Quando levantamos o copo, o nariz passa a atuar – uma cerveja de trigo pode ter notas de tutti-frutti e cravo; uma IPA lupulada talvez remeta a tangerina e outros cítricos. Um gole, e o líquido acaricia a língua. Doce? Notas amargas? Percebe-se frutas vermelhas? Qual é o impacto do malte? Depois, engolimos. Final curto ou longo? As notas quentes do álcool podem ser percebidas? Os sabores do lúpulo permanecem por um tempo? Muitos gostam de fazer anotações sobre descobertas, para efeito de comparação.

1 INCLINE O COPO

Servir é uma arte fundamental para desfrutar as delícias da cerveja. Use um copo adequado e o incline a 45°. Na maioria dos casos, pode despejar corajosamente, para iniciar a formação do colarinho de espuma. Conforme o copo enche, vire até chegar à posição vertical, quando meia garrafa estiver vazia.

2 DESPEJE

Continue a entornar o líquido no centro do copo quando ele já estiver na vertical. Isso ajudará na formação do colarinho perfeito – a cerveja é a única bebida alcoólica que naturalmente forma um colarinho de espuma. Se foi refermentada na garrafa e contiver sedimento de leveduras, o apreciador deve escolher entre parar de servir e deixar o fermento no fundo da garrafa ou despejá-lo no copo.

Sensacional
A espuma não é apenas atraente, ela também libera os aromas da cerveja

NOTAS DE DEGUSTAÇÃO BÁSICAS

Cada cerveja abordada neste livro recebe notas de degustação, sugestões de harmonização e avaliação numa escala de um a três para lúpulo e doçura – dois fatores-chave para a análise de qualquer cerveja. Essas informações podem ser usadas para julgar e definir os tipos experimentados.

LÚPULO
O lúpulo dá à cerveja sabor terroso, amargo, vegetal ou cítrico, dependendo da variedade utilizada.

DOÇURA
A doçura vai de um sabor de caramelo maltado e açúcar queimado a um toque frutado.

3 OLHE

Observe a cerveja. Linhas de carbonatação sobem pelo copo? As bolhas brilham e dançam no líquido? De que cor é? Uma boa cerveja deve intrigar, instigar. Ao beber, uma fina renda de espuma deve se formar nas paredes do copo – sinal não só de uma boa cerveja, como também de um copo limpo.

4 GIRE

O nariz detecta mais de mil cheiros distintos. Muitas cervejas agregam aromas complexos diferenciados; girar a bebida no copo estimula a liberação dos perfumes ocultos.

5 CHEIRE

Sinta o aroma demoradamente, inspire com força. Percebeu notas florais e cítricas? Aromas de café e resina? Os ésteres aparecem nas mais fortes, enquanto lambic e gueuze devem ter notas intensas terrosas, doces e ácidas.

6 SABOREIE

Sinta o gosto da cerveja pela língua, onde estão as papilas que percebem suas características – doce, azeda, salgada, amarga e umami. Como você sente a cerveja? O que percebe nela? Frutada ou cereal? As melhores cervejas são equilibradas, os sabores se harmonizam com perfeição.

Copo certo
A cuidadosa escolha do copo aumenta o prazer de saborear uma cerveja

HARMONIZAÇÃO

A combinação de cerveja e comidas deve ser um processo saboroso, que amplie o prazer dado pela bebida. Ao acertar, o comum se torna sublime, mas é preciso ter em mente que não há uma única opção. Use as sugestões como ponto de partida.

ESCURAS

Muitas cervejas do tipo stout em estilo irlandês, lager escura e porter contêm bastante malte torrado e têm sabor intenso de chocolate, com nuanças sedutoras de café. Além disso, podem apresentar notas de baunilha e laranja.

TIPOS

Oatmeal Stout
(Beer Geek Breakfast, p. 109)
Porter
(Edmund Fitzgerald, p. 163)
Schwarzbier
(Schwarz-Bier, p. 64)
Stout
(Export Stout, p. 35)

HARMONIZAÇÃO

Stout mais adocicada pede uma sobremesa doce e cremosa. Mais seca vai bem com chocolate escuro, amargo.

ÁCIDAS

As pessoas se assustam quando dizemos que uma cerveja é ácida. Contudo, algumas são mesmo mais azedas. Algumas mesclam ale fresca com cerveja maturada feita com fermento selvagem, para refermentar na garrafa, resultando num equilíbrio entre doce e azedo.

TIPOS

Faro
(Faro Boon, p. 83)
Gose
(Helle Gose, p. 55)
Red Ale
(Grand Cru, p. 88)

HARMONIZAÇÃO

Essas cervejas complexas combinam com receitas ricas em sal e gordura, como embutidos e azeitonas.

DEFUMADAS

O gosto de fumaça se deve ao malte torrado em forno a lenha – o tipo de madeira utilizado rende diferenciações de sabor.

TIPOS

Rauchbier
(Rauch, p. 237)
Smoked Bock
(Urbock, p. 60)
Smoked Doppelbock
(Eiche, p. 60)
Smoked Porter
(Smoked Porter, p. 145)

HARMONIZAÇÃO

Cervejas com gosto de fumaça vão bem com alimentos defumados, pois reforçam e despertam seu sabor. Por que não as tomar com churrasco, queijos e peixes defumados?

RICAS EM LÚPULO

Muitas receitas americanas capricham no lúpulo, o que lhes confere um amarguinho gostoso, bem como notas aromáticas, de especiarias e grama.

TIPOS

Barley Wine
(Hog Heaven, p. 148)
Imperial IPA
(Hop Stoopid, p. 165)
IPA
(IPA – Citra, p. 35)

HARMONIZAÇÃO

Cervejas fortes, com muito lúpulo, pedem pratos de sabor pronunciado, como queijos maturados e carnes grelhadas, ou sabores sutis, para contrabalançar sua intensidade – prove com sobremesas simples como sorvete de baunilha.

FRUTADAS

Há tipos picantes e frutados. Lambic e gueuze, com suas notas primitivas terrais, se destacam pela originalidade dos sabores, diferentes das outras opções disponíveis ou mesmo do vasto universo das bebidas alcoólicas.

TIPOS

Gueuze
(Vintage, p. 88)
Kriek
(Kriek Boon, p. 82)
Saison
(Hennepin, p. 151)

HARMONIZAÇÃO

São ótimos aperitivos, ao lado de uma porção de ostras e outros mariscos ou patês adocicados. A lambic também pode acompanhar carnes salgadas e peixe em conserva.

REFRESCANTES

Numa cerveja refrescante, como a pilsen suave, a maior parte do açúcar fermentou, criando uma bebida leve, seca, bem gaseificada, delicada na boca.

TIPOS

Pale Ale
(Wizard Smith's Ale, p. 247)
Pilsner
(Pilsner Urquell, p. 99)
Cerveja de trigo
(Hefe Weissbier, p. 65)

HARMONIZAÇÃO

Sua delicadeza funciona bem com pratos leves à base de frutos do mar. Também ajuda a atenuar o caráter gorduroso de algumas carnes, permitindo que o sabor seja realçado; por isso, pode acompanhar bacon e linguiça apimentada.

BITTER

O amargor suave é componente-chave de muitas cervejas ale britânicas e americanas. O amargor do lúpulo costuma contrabalançar o aroma de frutas e o sabor de caramelo.

TIPOS

Ale
(Southwold Bitter, p. 27)
Extra Special Bitter
(ESB, p. 31)
Strong Ale
(Palo Santo Marron, p. 155)

HARMONIZAÇÃO

Essas cervejas descem maravilhosamente com queijo não pasteurizado, pão fresco e manteiga com sal. Também agradam com assados ou ensopados de carne bovina, ovina ou suína.

MALTADAS

Normalmente esbanjam sabores frutados, com equilíbrio entre a doçura do malte e o lúpulo aromático condimentado. Algumas apresentam sabores de toffee e caramelo, enquanto outras levam toques de frutas secas tostadas.

TIPOS

Belgian Ale
(Raison d'Être, p. 154)
Doppelbock
(Loaded Canon Ale, p. 273)
Schwarzbier
(Black Lager, p. 175)

HARMONIZAÇÃO

Leve e fácil de beber, esse amplo grupo de cervejas acompanha pratos salgados. Por que não experimentar queijo wensleydale ou cheddar maturado, batata frita e presunto fatiado?

FESTIVAIS DE CERVEJA

Para conhecer a cultura de um país, uma cidade ou uma região e experimentar cervejas inusitadas do local, nada melhor que um festival cervejeiro. Alguns são comemorações em escala nacional, com bandas, cursos de fabricação e cervejas de países distantes. Outros são regionais, com menos pompa; alguns têm música ao vivo, desfiles carnavalescos e parquinhos com montanha-russa. Todos, porém, oferecem a oportunidade de saborear boas cervejas na companhia de apreciadores da bebida.

MUITOS FESTIVAIS IRLANDESES OFERECEM CERVEJA LOCAL E MÚSICA TRADICIONAL

BOA CERVEJA E COMPANHIA AGRADÁVEL formam uma combinação ideal. Festivais organizados por comunidades locais são com frequência os melhores lugares para o visitante conhecer cervejas novas, inusitadas e raras. No Reino Unido, a Campaign for Real Ale (CAMRA) organiza centenas de festivais durante o ano, dando oportunidade para as pessoas conhecerem ótimas variedades, muitas produzidas localmente ou nas redondezas. Como há mais de 50 mil pubs no Reino Unido, dizem que lá todo dia tem festival de cerveja. Sheffield proclama-se a "cidade da cerveja" na Inglaterra, devido ao grande número de opções à venda; um turista cervejeiro não deve perder a chance de visitá-la. Cerveja e música se encontram por uma semana em julho, no Tramlines Music Festival. Considerado o melhor festival metropolitano do país, o evento cresce a cada ano, com mais atrações e pubs participantes. Em geral, acontece em Londres, em agosto, o maior evento anual da CAMRA. A Great British Beer Festival, ou Grande Festival da Cerveja Inglesa *(abaixo)*, é uma folia de seis dias que acolhe dezenas de milhares de fãs.

OS EUA POSSUEM UMA RESPEITÁVEL CULTURA de festivais cervejeiros – são mais de 1.300 por ano. Não são apenas para beber cerveja; muitos incluem bandas locais e boa comida. O maior dos festivais é o Great American Beer Festival (Grande Festival da Cerveja Americana), iniciativa da US Brewers Association, capaz de reunir mais de 50 mil pessoas. Realiza-se em Denver, no Colorado, e segundo os organizadores "promove o encontro de cervejeiros e cervejas que tornaram os EUA a maior nação cervejeira". No leste, na Filadélfia, há a maior "celebração cervejeira" do país, a Philly Beer Week. O evento, que abrange a cidade toda, acontece em maio e oferece "centenas de festas, jantares, passeios, maratona em pubs, degustações e encontros noturnos com mestres cervejeiros". Entre as cervejarias regionais destacam-se Dogfish Head *(pp.154-5)*, Samuel Adams *(pp.174-5)* e Victory *(p. 180)*. Do outro lado da fronteira, no Canadá, Montreal realiza o Mondial de la Bière há mais de vinte anos, atraindo cerca de 80 mil visitantes. Além de cursos, há eventos com os mestres cervejeiros.

THE GREAT BRITISH BEER FESTIVAL, ORGANIZADO PELA CAMRA

MONDIAL DE LA BIÈRE FESTIVAL DE MONTREAL, INICIADO EM 1994

FAMOSOS FESTIVAIS CERVEJEIROS NO MUNDO

ZYTHOS

www.zbf.be

A BÉLGICA tem grandes festivais de cerveja, mas para o fã seletivo o Zythos, organizado pela maior entidade de apreciadores de cerveja do país, em abril, talvez seja o melhor. Destaca cervejas de produtores pequenos e criativos.

ØLFESTIVAL

www.beerfestival.dk

ACONTECE EM COPENHAGUE, NA DINAMARCA, desde 2009, promovido pelo grupo Danol, de fãs dinamarqueses da bebida. O Ølfestival ocorre em maio e oferece mais de 700 cervejas de 70 produtores.

ČESKÝ PIVNÍ FESTIVAL

www.ceskypivnifestival.cz

O ČESKÝ PIVNÍ FESTIVAL é uma celebração de três semanas e ocorre em Praga, sempre em maio. Trajes tradicionais e cervejas de mais de 70 produtores atraem muitos visitantes.

GREAT BRITISH BEER FESTIVAL

www.camra.org.uk

ORGANIZADO PELA CAMPAIGN FOR REAL ALE, é o maior festival do mundo com cervejas de barril. Acontece em Londres, por cinco dias de agosto, e atrai mais de 40 mil pessoas.

AONDE QUER QUE A GENTE VÁ, é possível que encontremos um festival de cerveja com instigantes receitas locais. Muitos são organizados por associações regionais de produtores independentes. A Associação da Cerveja Artesanal do Japão criou, em 1998, a Grande Festa da Cerveja Japonesa, o maior encontro do gênero no país, que se repete anualmente. Na China, a cidade de Qingdao oferece catorze dias seguidos de festa, em agosto. Mais de 4 milhões de visitantes comparecem, todos os anos.

Em Geelong, o Great Australian Beer Festival (Grande Festival da Cerveja da Austrália) é um evento vibrante, interativo, que não oferece apenas degustação, mas também música ao vivo e conferências sobre a produção de cerveja; Canberra também sedia um evento, em abril. Na Nova Zelândia, um dos festivais é o Beervana – realiza-se em Wellington, em agosto. O crescente interesse por cervejas artesanais na África do Sul levou à criação de uma série de festivais, inclusive o Jozi Craft Beer Festival e o Clarens Beer Festival. Turistas interessados em malte encontram em Estocolmo, em outubro, a Festa da Cerveja e do Uísque, que se proclama a maior da Europa. E devem ir à Bélgica – por muitos anos Bruxelas sediou o Beer Weekend, no começo de setembro, no Grand Place, com participação de mais de 50 cervejarias. Claro, não faltam festas na Irlanda.

A MAIOR FESTA MUNDIAL, e a mais influente, é a Oktoberfest de Munique. Suas origens datam de 1810, e o evento se tornou famoso pelos imensos pavilhões e pela animação, bem como pelos trajes tradicionais que muitos participantes e vendedores usam – Lederhosen para os homens e vestidos Dirndl para as mulheres. Mais de 6 milhões de pessoas consomem mais de 6 milhões de litros da bebida durante cerca de três semanas. A Oktoberfest inspirou imitações em vários países. O maior festival argentino – que dura dez dias, nas montanhas – é realizado em outubro, no vilarejo de General Belgrano, fundado por imigrantes alemães nos anos 1930. A cidade brasileira de Blumenau mantém sua Oktoberfest desde 1984. Dura três semanas e é o maior festival do país. Até Hong Kong tem sua Oktoberfest, organizada pelo Marco Polo Hong Kong Hotel, e se considera a mais antiga festa da cerveja da Ásia. Para os canadenses e turistas que gostam de beber e dançar à moda alemã, a Kitchener-Waterloo Oktoberfest, iniciada em 1969, agita a cidade de Ontário. É o maior festival bávaro do Canadá, com nove dias de cerveja, bandas típicas, dança e o maior desfile de Ação de Graças do país.

> **“FESTIVAIS ORGANIZADOS POR COMUNIDADES LOCAIS SÃO COM FREQUÊNCIA OS MELHORES LUGARES PARA O VISITANTE CONHECER CERVEJAS NOVAS, INUSITADAS E RARAS.”**

FESTIVAL DA CERVEJA EM NAGOYA, ORGANIZADO PELA ASSOCIAÇÃO DA CERVEJA ARTESANAL DO JAPÃO

OKTOBERFEST, A MAIOR E MAIS CONHECIDA FESTA CERVEJEIRA DO MUNDO

BEERVANA

www.beervana.co.nz

FESTIVAL ANUAL DA NOVA ZELÊNDIA, com mais de 200 boas cervejas da Nova Zelândia e da Austrália. Acontece em Wellington, considerada a "capital da cerveja artesanal" do país, por dois dias, em agosto.

GREAT AMERICAN BEER FESTIVAL

www.greatamericanbeerfestival.com

MAIS DE 2.800 cervejas americanas são oferecidas em doses de 20 ml. Ocorre em Denver, no Colorado, e costuma durar três dias, em setembro ou outubro.

GREAT CANADIAN BEER FESTIVAL

www.gcbf.com

O TRIBUTO ANUAL CANADENSE à cerveja acontece em setembro, em Victoria, na Colúmbia Britânica. Em um fim de semana, mais de 50 cervejarias canadenses mostram seus produtos.

OKTOBERFEST

www.oktoberfest.de

AS SEIS CERVEJARIAS DE MUNIQUE apresentam a mais famosa e mundialmente imitada festa do gênero. Durante três semanas, em setembro e outubro, constitui uma experiência inesquecível para os apreciadores de cerveja.

Pilsner Urquell
STAROMĚSTSKÁ RESTAURACE

EUROPA

REINO UNIDO

Vai uma Yakima Red, pilsen da Cornualha, ou uma Chalky's Bite? No Reino Unido é provável que você não precise andar muito para achar uma, pois a revolução cervejeira tomou conta do país; uma nova geração de mestres cervejeiros se dedica a transformar e desafiar os hábitos populares. Vamos deixar de lado a noção de que cerveja britânica se resume a bitter, mild e milk stout – por todos os cantos da Inglaterra, da Escócia e da Irlanda, especialistas redescobrem receitas perdidas no tempo, experimentam ervas e condimentos, provam que podem preparar um delicioso pint, tão instigante e inovador quanto o disponível em outros países. Não faltam cerveja de trigo, blonde, ácida, frutada, rica em lúpulo ao estilo americano e até bem fortes, para beber de gole em gole. Com o crescimento da experimentação, aumentou o número de cervejarias. Uma pesquisa da Campaign for Real Ale mostra que há hoje mais de mil cervejarias no Reino Unido, o mais alto número dos últimos 70 anos.

Claro, além de contar com um futuro brilhante, a indústria cervejeira britânica também se orgulha de seu papel na história da bebida. Muitos avanços tecnológicos na produção surgiram no Reino Unido; a nação deu ao mundo alguns tipos consagrados, como pale ale e stout – além de ser o lar da ale maturada no barril, cerveja "viva" maravilhosa, que continua a maturar depois que sai da cervejaria. Os cervejeiros vêm provando que a cerveja é uma bebida versátil e variada; as opções vão de notas defumadas intensas e sabores encontrados em destilados até toques cítricos leves, sutis. A amplitude dos sabores favorece a harmonização. Na hora de acompanhar a refeição com cerveja, há tipos para complementar qualquer prato, de queijo azul pungente a sorvete de baunilha feito na hora.

ADNAMS

A Adnams, apesar de seus 140 anos, não é uma empresa antiquada – respeita o meio ambiente, produz cervejas fabulosas e está apresentando o malte e o lúpulo às novas gerações.

INFORMAÇÕES

PRODUTOR Adnams PLC

FUNDAÇÃO 1872

ENDEREÇO Sole Bay Brewery, East Green, Southwold, Suffolk IP18 6JW

SITE www.adnams.co.uk

FILOSOFIA Fazer a coisa certa

UM PÍER, UM FAROL, BARRAQUINHAS NA AREIA e alguns pubs discretos, escondidos, fazem a cidade litorânea de Southwold, na costa leste inglesa, se destacar. Mas é a cervejaria à sombra do farol – onde as "viúvas da ale" da cidade costumavam produzir a bebida em 1345 – que a torna de fato notável. Em 1872, os irmãos George e Ernest Adnams a compraram, usando a herança recebida pela morte do pai. A família controla a agitada cervejaria até hoje, mantendo a reputação de preparar algumas das melhores cervejas do tipo ale inglesas. A produção das "cervejas costeiras" tem supervisão de Fergus Fitzgerald. Como mestre cervejeiro, ele inovou em muitos aspectos, inclusive no uso de tecnologia sustentável, que tornou a cervejaria a mais "ecológica" da Europa.

A paixão de Fitzgerald, porém, não se resume à produção de ale tradicional – ele se dedica a explorar as fronteiras que delimitam o estilo, seja nas cervejas de baixo teor alcoólico, seja nas de alto. Lúpulo americano, fermento de champanhe, especiarias, encontramos de tudo no local. Canela e um toque de zimbro temperam a cerveja condimentada para o inverno, e ele buscou inspiração em outras culturas para produzir uma de trigo ao estilo belga, uma bock holandesa e uma ale ao estilo da Nova Zelândia. Entretanto, não encontramos apenas o fermento de champanhe na cervejaria. As garrafas de champanhe também estão lá e saem cheias para levar a cerveja a um novo público. A cervejaria mantém, ainda, sua própria destilaria-butique; podemos torcer para surgirem variedades envelhecidas em barris de madeira, no futuro.

NOTAS DE DEGUSTAÇÃO

SOLE BAY CELEBRATORY ALE, 10%

Mais parece ouro líquido – é brilhante e cintilante como o sol refletido nas ondas de Sole Bay. Malte, açúcar e um frutado de vinho branco do lúpulo de Nelson Sauvin se transfiguram com o acréscimo de fermento de champanhe. Sole Bay Celebratory inunda e acaricia a língua como um espumante vintage, com a vantagem de ser cerveja.

HARMONIZAÇÃO: Brinde com os amigos; essa cerveja é o aperitivo perfeito para uma festa e combina com a maior parte dos petiscos.

SOUTHWOLD BITTER ALE, 4,1%

Nada é simples nessa clássica bitter inglesa. Aroma complexo de caramelo e toffee chama a atenção de cara, com toques de maçã e até um pouquinho de enxofre, antes de abrir para um longo e persistente amargor de lúpulo. É tão boa que você não vai tomar uma só.

HARMONIZAÇÃO: Bons queijos duros ingleses, picles caseiro e fatias de maçã são acompanhamentos perfeitos para essa cerveja, que também pode ser saboreada com presunto ou rosbife.

BROADSIDE ALE, 6,3%

Enche a boca com seu sabor marcado por frutas do bosque e outras frutas escuras, que disputam a atenção com o malte caramelado, torrado e doce. Intensa, mas não enjoativa. No nariz, um bocado de lúpulo e especiarias.

HARMONIZAÇÃO: Torta de carne e guisado foram feitos para essa cerveja, cujo sabor frutado combina bem com carnes de caça.

ADNAMS
SOLE BAY CELEBRATORY

ADNAMS
SOUTHWOLD BITTER

ADNAMS
BROADSIDE

BREWDOG

INFORMAÇÕES

PRODUTOR BrewDog PLC

FUNDAÇÃO 2007

ENDEREÇO Balmacassie Industrial Estate, Ellon, Aberdeenshire AB41 8BX

SITE www.brewdog.com

FILOSOFIA Tapa na cara das convenções

Grande, ousada, impetuosa e brilhante, a BrewDog é uma das novas cervejarias que fazem bebidas apreciadas por uma nova geração. Sediada em Aberdeenshire, cresceu depressa e espalhou suas cervejas pelo mundo.

AME-A OU DEIXE-A, mas duvido que consiga ignorá-la. Quando James Watt se uniu a Martin Dickie, em 2007, eles tinham 24 anos. Formavam a vanguarda do movimento de mudança na imagem "tradicional" da cerveja. Buscaram inspiração na ousadia e na irreverência dos cervejeiros americanos e partiram da cultura punk para atingir seu objetivo.

Insolência, humor e produção de boas cervejas contribuíram para a rápida ascensão da BrewDog, que foi de microcervejaria a sucesso mundial. Desde o primeiro dia, eles investiram no mercado alternativo, valendo-se da estética do punk rock. Se houvesse manchete possível, eles a perseguiam. E se houvesse uma discussão a travar com um "cara de terno", não perdiam a chance. No caminho, divertiram muita gente, enquanto outros sentavam para ouvi-los com atenção e seriedade. Saíram em busca da cerveja mais forte do mundo e acabaram criando – após visitar uma fábrica de sorvetes local, onde o responsável os ajudou na destilação a frio – a Tactical Nuclear Penguin (teor alcoólico de 32%), a Sink the Bismarck! (41%) e The End of History (55%). Numa interessante jogada de marketing, puseram doze garrafas de The End of History dentro de sete doninhas mortas, quatro esquilos e uma lebre – uma mistura inusitada de arte, cerveja e taxidermia.

Contudo, passada a onda marqueteira, a paixão e a habilidade da BrewDog resultaram em grandes cervejas. James Watt, cofundador da marca, disse: "Nosso compromisso é fazer cerveja da mais alta qualidade. Nossas cervejas não são comerciais nem comportadas. Partimos dos estilos cervejeiros clássicos e damos a eles um toque contemporâneo, com o jeito costumeiro da BrewDog". Com cervejas como Dead Pony Club, chapada de lúpulo, a 5am Saint e a doce e suave Dogma, a BrewDog chegou para ficar.

BREWDOG
LIBERTINE BLACK ALE

BREWDOG
PUNK IPA

BREWDOG
TOKYO*

NOTAS DE DEGUSTAÇÃO

LIBERTINE BLACK ALE 7,2%

Ao abrir a garrafa, o aroma do lúpulo Simcoe salta feito um demônio da caixa de Pandora, para dançar com os diabinhos morenos dos maltes torrados.

HARMONIZAÇÃO: Tente acompanhando chilli com carne ou jambalaia com linguiça calabresa apimentada. O rico sabor também combina com creme de chocolate.

PUNK IPA 5,6%

Punk IPA é uma cerveja complexa, contraditória. Sua aparência de fogo-fátuo oculta a força dos lúpulos Chinook e Moteka, seguidos de um sabor de maracujá. A cerveja, intensa, leva malte Maris Otter.

HARMONIZAÇÃO: Belos companheiros de mesa seriam porções de frios, molho de pimenta e queijos fortes, com pão integral e de centeio.

TOKYO* IMPERIAL STOUT, 18,2%

Uma imperial stout escura e forte, a Tokyo* foi feita para o final da noite. Evoca suco de frutas escuras e café torrado, e seu aroma lembra um charuto aceso. No final, é quente como uma taça de conhaque.

HARMONIZAÇÃO: Cervejas ousadas merecem combinação aventureira com a comida; despeje um pouco no sorvete de baunilha.

CAMDEN TOWN

Há uma nova onda cervejeira em Londres, e um dos destaques é Camden Town, que está na vanguarda de cervejarias artesanais na capital inglesa. Desde sua abertura, em 2010, ela vem desfrutando um fabuloso sucesso.

Sotaque americano
Apesar de turva no copo, a USA Hells é uma lager inglesa bem impetuosa

CAMDEN TOWN USA HELLS

A HISTÓRIA DA CAMDEN TOWN COMEÇOU na Austrália, nos anos 1960, quando Patricia McLaughlin herdou do pai, Laurie McLaughlin, a cervejaria MacLaughlin's – ou Mac's – em Rockhampton, na Austrália. Preferiu vendê-la a se tornar grande empresária cervejeira. Contudo, cerveja e pubs corriam no sangue da família. Muitos anos depois, um dos filhos dela, Jasper Cuppaidge, se mudou para Londres, onde passou a comandar um pub, o Horseshoe, em Hampstead. Ele começou a fazer cerveja no porão e recriou receitas da Mac's para o aniversário de 50 anos da mãe.

Jasper logo se deu conta de que havia mercado para sua cerveja para além de seu pub e que poderia se expandir por toda a capital. Com ajuda de amigos e de um empréstimo bancário, mudou do porão do pub para o espaço precário de sete arcos vitorianos sob a linha férrea, onde começou sua cervejaria.

Originalmente, o nome seria Mac's, mas já havia uma. Jasper descobriu na internet que o domínio www.camdentownbrewery.com estava disponível e, como residente de Camden, concluiu que era o nome adequado. Versões não filtradas das cervejas, inclusive algumas edições limitadas, podem ser degustadas no bar da cervejaria.

INFORMAÇÕES

PRODUTOR Camden Town

FUNDAÇÃO 2010

ENDEREÇO 55-59 Wilkin Street Mews, Kentish Town, Londres NW5 3NN

SITE www.camdentownbrewery.com

FILOSOFIA Reviver a herança cervejeira de Londres

NOTAS DE DEGUSTAÇÃO

USA HELLS UNFILTERED LAGER, 4,6%
A USA Hells Lager recebe adição de lúpulos americanos para justificar o nome: Cascade, Centennial, Columbus, Citra, Simcoe lhe dão notas de abacaxi, manga e limão em base intensa de malte. Meio turva, não filtrada.

HARMONIZAÇÃO: Experimente acompanhando cachorro-quente com mostarda ou cheeseburger.

HELLS LAGER, 4,6%
A Hells destaca delicados aromas cítricos (limão) dos lúpulos Perle e Hallertauer; é fácil de beber, fresca, refrescante e, no entanto, não poupa sutileza nem complexidade. O nome deriva das cervejas Pils e Helles, que a inspiraram.

HARMONIZAÇÃO: Combina com muitas comidas, sobretudo carne. Desce bem com frango, costelinha de porco e hambúrguer.

INK STOUT, 4,4%
Como as grandes cervejas londrinas tipo stout, a Ink tem notas defumadas e de chocolate amargo que desabrocham numa explosão de frutas vermelhas maduras, contribuição do lúpulo Pacific Gem.

HARMONIZAÇÃO: Stout pode ser servida com chocolate, com a maioria das carnes e ostras.

CAMDEN TOWN
HELLS

CAMDEN TOWN
INK

FULLER'S

A mais antiga cervejaria familiar londrina é a Griffin Brewery, de Chiswick, na região oeste de Londres. Começou a produzir há 350 anos. Mas nunca se acomodou e continua estendendo as fronteiras.

INFORMAÇÕES

PRODUTOR Fuller, Smith & Turner PLC

FUNDAÇÃO 1845

ENDEREÇO Griffin Brewery, Chiswick Lane South, Londres W4 2QB

SITE www.fullers.co.uk

FILOSOFIA Produzir cerveja com muito orgulho

FULLER, SMITH & TURNER exemplifica bem a arte de produzir uma ale. Foi a única cervejaria a ganhar quatro vezes o prêmio Champion Beer of Britain (Cerveja Campeã da Grã-Bretanha) da Campaign for Real Ale (CAMRA), com três versões diferentes: ESB, Chiswick Bitter e London Pride.

A primeira a vencer, a Extra Special Bitter, foi lançada em 1971. Com a ESB, a Fuller's seguiu a tradição de muitos cervejeiros britânicos, produzindo uma versão mais forte e encorpada para degustação nos meses de inverno. No entanto, logo se tornou uma cerveja em garrafa disponível o ano inteiro, sendo exportada para os EUA com algum sucesso. Com o tempo, a ESB ganhou status "cult" entre os produtores artesanais americanos, abismados com a possibilidade de extrair tantos sabores de uma garrafa. Muitos passaram a imitar sua personalidade marcante, usando lúpulos americanos em vez de ingleses. Hoje, nos EUA, a Extra Special Bitter forma uma classe distinta de cerveja.

O atual mestre cervejeiro da Fuller's, John Keeling, recusa-se a aceitar que o termo "vintage" seja aplicado somente aos vinhos. A noção de cerveja vintage pode ter nascido em 1995, quando o príncipe de Gales visitou a cervejaria e jogou um punhado de lúpulo num lote que estava sendo preparado em comemoração dos 150 anos da empresa. A cerveja resultante, criada pelo predecessor de John, o mestre Reg Drury, era a 1845, maturada na garrafa. Ao ver que a 1845 envelhecia bem, Reg lançou a Vintage Ale em 1997, uma cerveja forte, em edição limitada, comercializada anualmente. John deu continuidade à prática. A cada ano, uma nova vintage é lançada, com diferentes variedades de malte e lúpulo, mas sempre com a mesma potência. Como os grandes vinhos, podem ser guardadas por muitos anos.

John Keeling também se dedicou à criação de cervejas com sabor semelhante aos destilados. Em 2008, saiu a Brewer's Reserve Nº 1, maturada por mais de 500 dias em barris previamente utilizados para envelhecer uísque escocês single malt por 30 anos. Hoje a cerveja é disputada por colecionadores.

FULLER'S
GALE'S PRIZE OLD ALE

FULLER'S
VINTAGE ALE

FULLER'S
BREWER'S RESERVE Nº 4

NOTAS DE DEGUSTAÇÃO

GALE'S PRIZE OLD ALE BARLEY WINE, 9%

Vintage de verdade, cada lote da Prize Old Ale passe doze meses em tonéis de carvalho. Vermelha, escura, esbanja sabores vinosos, picantes. Dependendo do tempo de guarda, apresenta notas de brandy ou uísque. Segundo alguns, chegará ao auge aos 20 anos.

HARMONIZAÇÃO: Encorpada, a cerveja pede queijos duros fortes e pudim de especiarias.

VINTAGE ALE 8,5%

A cada ano, o sabor e a textura da Vintage Ale variam. Mas, mesmo depois de quatro anos, as notas de laranja dos lúpulos Northdown e Challenger continuam perceptíveis, e o álcool é longo, quente.

HARMONIZAÇÃO: Certas cervejas merecem ser tratadas como um bom uísque, sozinhas, no final da refeição, em copo de cristal.

BREWER'S RESERVE Nº 4 ALE, 8,5%

Brewer's Reserve Nº 4 é uma ale envelhecida em madeira, encorpada, com aroma de especiarias, ameixa, laranja e canela. Matura por um ano em barris de armagnac vintage Comte de Lauvia – o carvalho transmite os sabores do destilado à cerveja.

HARMONIZAÇÃO: A nota de armagnac ajuda a harmonização com queijos e patês condimentados.

PAST MASTERS DOUBLE STOUT 7,4%

A Double Stout é feita a partir de uma receita de 1893. Seu ingrediente emblemático é a cevada Plumage Archer cuidadosamente maltada e torrada conforme métodos do século XIX. Cremosa, marrom-escura, a cerveja equilibra aroma frutado intenso com notas defumadas, agridoces e achocolatadas.

HARMONIZAÇÃO: O malte em torra escura vai bem com a doçura e a cremosidade do cheesecake.

ESB ALE, 5,5%

Bronzeada, com muito lúpulo no nariz, a ESB apresenta sabor complexo, dominado por geleia de laranja cítrica e doce suavizada por um toque de fudge com mel. Quente na língua, por conta do álcool intenso.

HARMONIZAÇÃO: A doçura e a força da cerveja a tornam um acompanhamento agradável para carnes de caça e pratos condimentados.

LONDON PRIDE ALE, 4,1%

Premiada, é a mais famosa cerveja da Fuller's, que a considera "o clássico pint inglês". Como um diamante lapidado com perfeição, sua receita equilibrada não apresenta defeitos perceptíveis. As notas de laranja, suavizadas por notas de toffee, dão lugar a um final quente, prolongado e amargo.

HARMONIZAÇÃO: Encorpada, combina com torta de carne.

Épica
Past Masters é uma série de estilos históricos baseados no registro de receitas da cervejaria, que remontam a 1845

FULLER'S PAST MASTERS DOUBLE STOUT

FULLER'S ESB

FULLER'S LONDON PRIDE

COM MAIS DE 50 MIL PUBS À DISPOSIÇÃO, NO REINO UNIDO HÁ SEMPRE UM LUGAR ACONCHEGANTE ONDE SABOREAR UMA CERVEJA.

NO REINO UNIDO, O CANECO TRADICIONAL DE VIDRO GROSSO COM BOLHAS – CONHECIDO COMO TANKARD – MANTÉM A ALE FRESCA NUM DIA QUENTE DE VERÃO.

HARVEYS

Às margens do rio Ouse, a arcaica cidade de Lewes abriga uma das mais pitorescas cervejarias inglesas, a Harveys, projetada por um dos grandes arquitetos de cervejaria do mundo, William Bradford.

INFORMAÇÕES

PRODUTOR Harveys & Son (Lewes) Ltd

FUNDAÇÃO 1790

ENDEREÇO The Bridge Wharf Brewery, 6 Cliffe High Street, Lewes, East Sussex BN7 2AH

SITE www.harveys.org.uk

FILOSOFIA Ale não pasteurizada é o champanhe das cervejas

A "NOVA" CERVEJARIA foi construída em 1881, em projeto que mostra bem a engenhosidade vitoriana. Conhecida como a catedral de Lewes, a torre da cervejaria usava gravidade para transportar matérias-primas pelo local. No momento, infelizmente poucos interessados conseguem conhecer o interior do prédio, por conta de uma longa lista de espera.

O mestre cervejeiro Miles Jenner orgulha-se de suas invenções. Há quem o reverencie pela recriação de uma das melhores cervejas já feitas no mundo, a legendária Imperial Extra Double Stout de Albert Le Coq. Jenner recebeu o pedido de um importador dos EUA para recriar a cerveja, produzida pela última vez em 1921. Após muita pesquisa, conseguiu a receita. Passou nove meses maturando antes de exportar para a América, onde deveria ser vendida em garrafas com rolha, como a original.

No entanto, o inesperado aconteceu, e o fermento Brettanomyces clandestino ganhou vida. A cerveja passou por fermentação secundária e expeliu as rolhas das garrafas. Era preciso mais tempo antes de ir para o mercado, e Jenner aprendeu por que os produtores originais a guardavam por doze meses antes de vendê-la. Hoje uma tampa metálica substitui a rolha, e a cerveja passa um ano descansando antes do engarrafamento, para evitar explosões.

HARVEYS
CHRISTMAS ALE

HARVEYS
IMPERIAL EXTRA DOUBLE STOUT

NOTAS DE DEGUSTAÇÃO

CHRISTMAS ALE BARLEY WINE, 7,5%

Impressionante sequência, com melado e canela. Forte no lúpulo, aquece no inverno. Teor suficiente para vários anos na garrafa; para bebericar, não para emborcar.

HARMONIZAÇÃO: A doçura da cerveja complementa e valoriza um panetone ou um amanteigado pudim de especiarias regado a rum.

IMPERIAL EXTRA DOUBLE STOUT 9%

Negra como a noite, tem aroma rico em nuanças de vinho. Maltes torrados interagem com o sabor de frutas do bosque, um pouco de fermento selvagem e impressionantes traços de queijo azul. Tudo complementado por notas de café, ameixa e alcaçuz.

HARMONIZAÇÃO: Use como calda em sorvete de creme ou baunilha.

ARMADA ALE 4,5%

Leve à primeira vista e intensa no lúpulo, essa pale ale acobreada tem rico sabor frutado, com frutinhas vermelhas maduras e uva-passa. Os lúpulos acrescentam um toque de pimenta, que dá lugar a um final adocicado, com laranja.

HARMONIZAÇÃO: Acompanha bem chocolate amargo com laranja.

Vitoriosa
Essa cerveja foi originalmente encomendada pelo Museu Marítimo Nacional para comemorar o 400º aniversário da derrota da Invencível Armada

HARVEYS ARMADA ALE

THE KERNEL

INFORMAÇÕES

PRODUTOR The Kernel Brewery
FUNDAÇÃO 2010
ENDEREÇO Arch 11, Dockley Road Industrial Estate, Londres SE16 3SF
SITE www.thekernelbrewery.com
FILOSOFIA Espírito de colaboração e generosidade

A ideia, que começou modesta, rapidamente levou a uma cervejaria que exerce profunda influência em cervejeiros artesanais do mundo inteiro – a embalagem minimalista e o espírito independente destacam a Kernel na multidão.

UM DOS GRANDES ASTROS do ressurgimento da cerveja, Evin O'Riordain fundou em 2010 The Kernel Brewery, em Tower Bridge, sob os arcos de uma via férrea londrina. Em poucos anos, o irlandês de Waterford conquistou tantos elogios e prêmios pelas cervejas intensas e ousadas que precisou mudar para um lugar maior em março de 2012, assoberbado pela feroz demanda.

O sucesso de O'Riordain se deve à dedicação a qualidade, bom gosto e criatividade – parâmetros que determinam o que vai entrar na brassagem. Ele passa longe das lições de contadores e executivos de marketing preocupados só com o lucro. Quando se dedicava à arte de fazer queijos, Evin aprimorou o paladar. Na época, passou um tempo em Nova York, onde conheceu o trabalho dos pioneiros americanos da cerveja artesanal; no retorno a Londres, decidiu aprender a fazer cerveja, e o resto é história. Seu amor pela cerveja dos EUA influenciou fortemente o projeto; o uso de lúpulos intensos, nobres, frutados tornou-se um de seus pontos fortes. Com extrema precisão, prevê como a mistura de sabores se aprimora e coopera com suas criações provocantes.

Quando se trata de produzir cerveja, a Kernel privilegia a inovação, e não o marketing industrial do século XXI. Por exemplo, cada lote da India Pale Ale da Kernel é diferente, pois muda-se o lúpulo. O'Riordain também mostra disposição para colaborar com outros cervejeiros na produção de inovações importantes, bem como pesquisar para fazer recriações históricas. Para completar, o rótulo despojado torna a Kernel tão diferenciada quanto uma revelação na cena da música indie.

NOTAS DE DEGUSTAÇÃO

PALE ALE (AMARILLO) 5,7%
Enérgica, vivaz, pura, quase uma cerveja para limpar o paladar. O sabor característico da adição tardia de lúpulo (dry hopping) Amarillo rende aroma de flores no verão, casca de laranja, toque de especiarias (pimenta). Termina com prolongada avalanche de lúpulo.

HARMONIZAÇÃO: A casca de laranja casa com curry verde tailandês e contrasta com um queijo pungente, como o roquefort ou o danish blue.

IPA (CITRA) 8,1%
Lúpulos americanos e malte inglês se relacionam de maneira especial. Malte de torra dourada, forte e assertivo, consegue suportar o ataque dos lúpulos, que remetem a frutas tropicais, grama e notas cítricas. Final longo, amargo, lupulado.

HARMONIZAÇÃO: Só um prato substancial bem temperado enfrenta a fruta tropical e o amargor dessa cerveja – tente bacon salgado, costelinha na brasa ou queijos fortes, duros.

EXPORT STOUT 7,8%
Verdadeira sinfonia de sabores. Ameixa fresca e seca, outras frutas escuras, rum e café se misturam. Depois surge o prolongado amargor herbáceo do lúpulo, que se mescla com café espresso, couro, chocolate e baunilha.

HARMONIZAÇÃO: Queijos azuis maturados intensos, carnes robustas e até um bolo de especiarias.

THE KERNEL
PALE ALE

THE KERNEL
INDIA PALE ALE

THE KERNEL
EXPORT STOUT

INFORMAÇÕES

PRODUTOR Marston's PLC

FUNDAÇÃO 1834

ENDEREÇO Marston's Brewery, Shobnall Road, Burton upon Trent, Staffordshire DE14 2BG

SITE www.marstons.co.uk

FILOSOFIA O lar da boa cerveja

MARSTON'S

Marston's é um dos maiores produtores ingleses de ale real. Situado em Burton upon Trent, lar espiritual de um estilo renomado no mundo inteiro, que um dia abrigou um formidável parque industrial cervejeiro.

EM SEU AUGE, NO SÉCULO XIX, mais de 40 cervejarias aproveitavam o fornecimento farto de água dura do Burton, adequada para a produção de cerveja tipo ale. Rica em magnésio e sulfato de cálcio, ajuda o fermento a atuar e o lúpulo inglês a desabrochar. Gera uma cerveja com espuma, de coloração clara – cor de xerez e qualidade de champanhe, a venerada Burton pale ale. A água também dá às cervejas frescas de Burton um aroma sulfuroso conhecido como "snatch" ("cheirinho").

Entre as melhores cervejarias da cidade, a Marston's se destaca desde sua fundação, em 1834. Em 1898, a companhia mudou a sede para a Albion Brewery, onde continua até hoje. O inovador sistema vitoriano de fermentação Burton Union ainda é usado, na mesma sala de fermentação, famosa pelo teto alto abobadado, pelas fileiras de barris de madeira interligados e pelos fermentadores que atendem à melhor variedade Marston's, a Pedigree. O movimento da cerveja durante a fermentação, passando de um barril a outro, indo e voltando, ajuda a criar a complexidade da Pedigree. Conforme passeia pelos barris, o sabor se acentua. A Marston's faz parte hoje do grupo Marston's PLC, que controla também as cervejarias Banks's, Brakspear *(p. 43)*, Jennings *(p. 47)* e Ringwood *(p. 49)*.

Harmonia
Clássica IPA inglesa com toque americano – o lúpulo Cascade dá uma nota cítrica

MARSTON'S
STRONG PALE ALE

MARSTON'S
PEDIGREE

MARSTON'S
OLD EMPIRE

NOTAS DE DEGUSTAÇÃO

STRONG PALE ALE 6,2%

A clássica combinação inglesa do malte Maris Otter com os lúpulos integrais Fuggles e Goldings produz uma cerveja complexa e robusta, de muita intensidade. A doçura inicial de caramelo dá lugar a um prolongado amargor de lúpulo.

HARMONIZAÇÃO: A força e o lúpulo a tornam adequada a pratos ricos em gordura, permitindo a liberação de novos sabores.

PEDIGREE ALE, 4,5%

Clara, brilhante e gasosa, tem a doçura do malte equilibrada pelo amargor do lúpulo, o que a torna fácil de beber. Sob a complexidade de sabores e aromas, oculta-se um cheirinho de enxofre.

HARMONIZAÇÃO: Boa combinação para essa clássica cerveja é uma torta de carne com ale.

OLD EMPIRE INDIA PALE ALE, 5,7%

Uma IPA inglesa quase perfeita, cor de cobre. O malte abiscoitado do início cede espaço a uma doçura frutada que deságua num final seco, prolongado, amargo. Feita com malte Maris Otter e lúpulos Fuggles, Goldings e Cascade.

HARMONIZAÇÃO: Vai bem com carnes adocicadas e queijos firmes.

MEANTIME

Não foi apenas Londres que se beneficiou com o sucesso da Meantime, criada em 2000; seu alto padrão vem sendo emulado mundialmente. Rigorosa no compromisso com a qualidade, a empresa coleciona numerosos prêmios.

INFORMAÇÕES

PRODUTOR Meantime Brewing Company Ltd

FUNDAÇÃO 2000

ENDEREÇO Units 4&5 Lawrence Trading Estate, Blackwall Lane, Londres SE10 0AR

SITE www.meantimebrewing.com

FILOSOFIA Uma cervejaria criada por gente cheia de ideias

MESTRE CERVEJEIRO E FUNDADOR, Alastair Hook teve como missão ao criar a cervejaria mobilizar as papilas gustativas da população para que todos apreciassem a ampla gama de sabores, aromas e cores que os diferentes tipos de cerveja apresentam.

Hook aprendeu o ofício de cervejeiro na Alemanha e aplicou os padrões rigorosos de qualidade na Meantime. Ele só usa as melhores matérias-primas e as trata com imenso respeito.

Aplicado estudioso da história e da cultura da cerveja, Hook recriou diversas variedades – inclusive uma London porter e uma India pale ale – numa época em que esses estilos corriam o risco de ser esquecidos no Reino Unido. O extenso portfólio da Meantime inclui helles, kölsch e cervejas com sabores de café tipo moca ou de frutas. Em 2010, ele inaugurou sua segunda cervejaria, a Old Brewery Bar and Restaurant, no local onde originalmente era a cervejaria do Old Royal Naval College de Greenwich, de 1836. A cerveja era feita para atender aos marinheiros aposentados que moravam no hospital e recebiam uma cota por dia. A microcervejaria, alojada com orgulho no próprio restaurante, hoje cria cervejas modernas e históricas, inclusive uma vigorosa e fresca kellerbier.

MEANTIME
INDIA PALE ALE

MEANTIME
YAKIMA RED

O melhor da Grã-Bretanha
Seria essa a perfeita lager inglesa? Malte e lúpulo ingleses se combinam nesse clássico de longa maturação, uma das cervejas favoritas da Europa continental

MEANTIME
LONDON LAGER

NOTAS DE DEGUSTAÇÃO

INDIA PALE ALE 7,4%

Cerveja de certa complexidade, combina sabor de laranja e geleia de laranja com aroma de lúpulo e grama, com toques de terra. A intensidade nos lúpulos Kent Fuggles e Goldings ajuda a recriar os sabores do primeiro grande tipo de cerveja clara do mundo.

HARMONIZAÇÃO: O cervejeiro Alastair Hook recomenda experimentar sua cerveja com curry indiano ou queijos fortes.

YAKIMA RED 4,1%

Maltes alemães e britânicos produzem uma red ale encorpada, profunda. Cinco variedades de lúpulo americano do vale de Yakima, Washington, acrescentam sabores de cítricos e outras frutas.

HARMONIZAÇÃO: Vai bem com carnes adocicadas, como vitela, leitão à pururuca, pernil ou linguiça.

LONDON LAGER 4,5%

Uma lager de sabor leve, de preparo simples, mas rica em complexidade. Maturada, equilibra o malte de East Anglia e o lúpulo de Kent.

HARMONIZAÇÃO: Pelo alto teor de lúpulo, pede queijos maturados, presunto e carnes defumadas ou peixe rico em gordura.

ST AUSTELL

Cervejaria familiar independente, a St Austell é há muito considerada uma das melhores produtoras de ale na Inglaterra. Nas últimas décadas, a criatividade resultou numa série de cervejas empolgantes e de prêmios diversos.

INFORMAÇÕES

PRODUTOR St Austell Brewery Co. Ltd

FUNDAÇÃO 1851

ENDEREÇO 63 Trevarthian Road, St Austell, Cornwall PL25 4BY

SITE www.staustellbrewery.co.uk

FILOSOFIA Incomparável compromisso com fornecedores da Cornualha

NA INGLATERRA, OS ANOS 1850 foram favoráveis aos empresários. Como no caso de Walter Hicks, que hipotecou casa e fazenda por £1.500 para iniciar uma empresa de maltagem. Comprou um pub, depois outro, finalmente tomando a decisão de construir uma cervejaria. Vislumbrava uma companhia verticalmente integrada – da fazenda ao copo, o processo estaria inteiramente sob seu controle. Conforme a região da Cornualha prosperava, a cervejaria crescia. Gerações de mineiros trabalhavam nas pedreiras, retirando caulim, o "ouro branco". Nada melhor para matar a sede deles que as cervejas de Hicks, certo?

Hoje uma de suas cervejas mais conhecidas é a Tribute. Começou sazonal, em 1999, para marcar o eclipse total do sol às onze da manhã do dia 11 de agosto, com o nome de Daylight Robbery. Era uma criação do novo cervejeiro, Roger Ryman. Diferentemente de muitos cervejeiros de sua época, ele via além das receitas comuns das ilhas britânicas, buscando inspiração no outro lado do Atlântico. Em vez de austeros lúpulos ingleses, ele lançava na panela de brassagem punhados de lúpulo cítrico de Washington e do Oregon. Quando a Daylight Robbery chegou ao público, causou o efeito oposto das nuvens que frustraram a visão do eclipse. A cerveja triunfou. A venda por dois meses foi ampliada para três, quatro e não parou mais. A companhia tinha um sucesso nas mãos e, em 2001, decidiu rebatizar a cerveja, tornando a Tribute permanente.

ST AUSTELL CLOUDED YELLOW

ST AUSTELL KOREV

ST AUSTELL TRIBUTE

ST AUSTELL PROPER JOB

ST AUSTELL ADMIRAL'S ALE

Ryman e sua equipe continuaram a desenvolver cervejas. Muitas podem ser experimentadas no festival de cerveja celta de St Austell, realizado num labirinto de adegas subterrâneas da cervejaria durante um fim de semana de novembro. Todos os anos surge algo diferente. Pode ser um lote de Tribute maturado por dois meses em barril de bourbon, para dar à bebida notas de vinho fino e destilados; já fizeram lager com sabor de morango, cerveja fermentada com fermento trapista belga – a criatividade não acaba. Uma das primeiras levas dessa academia da cerveja foi a Clouded Yellow. Quem poderia imaginar que uma das mais tradicionais cervejarias inglesas de ale, ancorada na reputação conservadora, avessa a novidades, produziria uma cerveja de trigo ao estilo alemão, na qual abundava sabor de especiarias, maçã e banana?

ST AUSTELL HSD

NOTAS DE DEGUSTAÇÃO

CLOUDED YELLOW WHEAT BEER, 4,8%
Da cor de feno recém-colhido, essa cerveja de trigo refermentada na garrafa tem notas de coentro ocultas sob o sabor doce da banana. Sirva com cuidado para manter o sedimento no fundo da garrafa ou com um floreio para turvar a bebida com leveduras vivas.

HARMONIZAÇÃO: Tente combinar a doçura e o aroma de especiarias com a culinária asiática, com destaque para a tailandesa.

KOREV LAGER, 4,8%
Nova cerveja da St Austell, cujo nome significa "cerveja" na extinta língua gaélica da Cornualha. O uso de lúpulo Saaz, suave e saboroso, é essencial para as melhores cervejas do tipo lager da Europa continental e cria uma intensidade gramínea ardilosa.

HARMONIZAÇÃO: Vai bem com frutos do mar e, apesar do sabor delicado, combina com a doçura do tênder.

TRIBUTE ALE, 4,2%
Uma bitter inglesa moderna com um toque de lúpulo americano. O sabor, dominado pelo cítrico do lúpulo, dança na boca cercado de notas de sabugueiro e biscoito. Final longo, duradouro, que a torna uma cerveja memorável.

HARMONIZAÇÃO: Seu frescor e sua vivacidade a tornam uma ótima companheira para frango, pernil e peixe.

PROPER JOB ALE, 5,5%
A cevada Cornish Gold domina nessa ale dourada premiada. Era sazonal, agora está disponível o ano inteiro. Cerveja inglesa com toque americano, seu sabor explode na boca com a intensidade dos lúpulos cítricos (grapefruit) americanos Willamette, Cascade e Chinook.

HARMONIZAÇÃO: Vai particularmente bem com costeleta de porco na brasa e peixe temperado com limão.

ADMIRAL'S ALE 5%
Cerveja premiada como melhor refermentada na garrafa da Grã-Bretanha e melhor pale ale premium do mundo. Começou a ser feita em 2005 para comemorar o aniversário da vitória do almirante Nelson na batalha de Trafalgar. Encorpada, destaca-se pela rica combinação de bolo de frutas, especiarias e biscoito.

HARMONIZAÇÃO: Combina maravilhosamente com torta de carne à moda inglesa.

HSD (HICKS SPECIAL DRAUGHT) ALE, 5%
A mais conhecida cerveja de St Austell recebeu medalha de prata no International Beer Challenge de 2012 e de ouro no European Beer Star de 2009. Cor tão viva quanto o sabor – tons vermelhos como rubi e sabor intenso de toffee e uva-passa.

HARMONIZAÇÃO: Ideal com carnes malpassadas.

SHARP'S

Começou em 1994 como microcervejaria que não levaria a lugar nenhum, mas se tornou uma das mais conhecidas produtoras de ale da Inglaterra. O mestre cervejeiro Stuart Howe é elogiado pela inovação e precisão.

INFORMAÇÕES

PRODUTOR Molson Coors

FUNDAÇÃO 1994

ENDEREÇO Sharp's Brewery, Pityme Business Centre, Rock, Cornualha PL27 6NU

SITE www.sharpsbrewery.co.uk

FILOSOFIA Cervejas naturais da costa atlântica da Cornualha

QUANDO A SHARP'S, SITUADA EM ROCK, NA CORNUALHA, foi comprada pela multinacional Molson Coors por £20 milhões em 2011, temeu-se que o novo dono fechasse a fábrica e produzisse a marca em outro lugar. Alguns pensaram que a gigante havia comprado a cervejaria só para botar a mão na Doom Bar, uma das cervejas ale que mais cresce em vendas no país.

No entanto, a Coors fez pesados investimentos na fábrica de Rock e deu a Stuart Howe condições para lançar uma série de cervejas que desafiam o paladar. Ele produziu o primeiro vintage da série Connoisseurs Choice em 2011. A linha inclui Quadrupel (agridoce), Single Brew Reserve (seca, límpida) e Honey Spice Tripel (frutada). O espectro mostra o amor e a inovação de Howe. Ele afirma que suas cervejas nascem da paixão pela bebida e por seu aroma, seu sabor, seu equilíbrio e sua precisão. Ambiciona expor a amplitude dos sabores possíveis para a cerveja. As criações de Sharp com baixo teor alcoólico são feitas com a qualidade e o sabor das cervejas mais fortes. "É muito fácil fazer cervejas fortes, intensas, encorpadas, com atributos que chamam a atenção, mas fazer uma cerveja suave com personalidade é um desafio", declarou Stuart.

SHARP'S
CORNISH PILSNER

SHARP'S
CHALKY'S BITE

NOTAS DE DEGUSTAÇÃO

CORNISH PILSNER 5,2%

Cor palha, aroma herbáceo e de limão, preparada com malte Pilsner, flores de lúpulo Saaz e fermento de lager tcheco. Recebe adição de tomilho inglês e mais flores de lúpulo Saaz no recipiente de maturação a frio, antes de ser engarrafada.

HARMONIZAÇÃO: Gele a cerveja antes de servi-la com peixe ou pratos apimentados.

CHALKY'S BITE ALE, 6,8%

Desenvolvida em colaboração com o célebre chef Rick Stein para ter a personalidade forte de uma cerveja belga, essa ale delicada caracteriza-se pelo sabor do funcho silvestre da Cornualha. Três meses de maturação a tornam bastante complexa.

HARMONIZAÇÃO: Experimente com frutos do mar frescos.

QUADRUPEL ALE BOTTLE-CONDITIONED ALE, 10%

Esse barley wine se assemelha a um vinho do Porto. A cerveja foi fermentada com quatro cepas diferentes de levedura: saison, dois tipos para ale inglesa e trapista belga. Transcendendo os estilos, o doce amargo inicial dá lugar ao álcool empolgante.

HARMONIZAÇÃO: Combina com queijos maturados e ricos em gordura ou doces com chocolate amargo.

SHARP'S QUADRUPEL ALE

THORNBRIDGE

INFORMAÇÕES

PRODUTOR Thornbridge Brewery
FUNDAÇÃO 2005
ENDEREÇO Riverside Business Park, Buxton Road, Bakewell, Derbyshire DE45 1GS
SITE www.thornbridgebrewery.co.uk
FILOSOFIA Arte e ciência trabalhando em conjunto

Arte e ciência atuam juntas na Thornbridge Brewery, no parque nacional de Peak District, em Derbyshire, de onde saem algumas das cervejas mais inovadoras do país e variedades de ale com uma leitura contemporânea.

JIM HARRISON TEM UMA IMENSA CASA NO CAMPO Thornbridge Hall, em Derbyshire. Lá ele resolveu abrir uma cervejaria para produzir 16 hl (10 barris) na antiga casa e oficina do pedreiro, em 2005.

Como presidente da torcida organizada do time de futebol Sheffield, a Owls Trust, Harrison procurava um meio de levantar fundos para o clube e decidiu que o time deveria ter sua própria cerveja. Pediu ajuda ao lendário cervejeiro e dono de pub Dave Wickett, que fundara a Kelham Island Brewery de Sheffield. Wickett se animou com o projeto, embora torcesse para o time rival, Sheffield United. A parceria rendeu a criação da Thornbridge Brewery, onde todos trabalham em comunhão para fazer pequenos lotes de cervejas originais, usando as mais finas matérias-primas. Algumas, como a lupulada Jaipur IPA e a encorpada Saint Petersburg Stout, se inspiraram em cervejas históricas; outras usam frutas e ervas obtidas na região de Thornbridge. Bracia, por exemplo, é uma cerveja com mel italiano produzido por abelhas que recolhem o pólen das flores da castanheira. Harrison e Wickett também exploram as possibilidades de envelhecer cerveja em barris de diferentes destilarias de uísque.

Em 2010 Thornbridge abriu uma cervejaria de ponta, a Riverside Brewery de Bakewell, em Derbyshire, onde davam ênfase à experimentação e à exploração dos limites da cerveja. A produção ainda é feita no antigo Hall, onde continua valendo a tradicional infusão na mostura. Embora a produção tenha crescido, os cervejeiros seguem procurando receitas antigas que possam evoluir com um toque de modernidade.

A imagem de Flora, a deusa das flores, presente em alguns rótulos, foi tirada de uma estátua no jardim de Thornbridge Hall. Colecionando prêmios, esse cervejeiro relativamente jovem parece decidido a buscar a qualidade, com a bênção cervejeira de Flora.

THORNBRIDGE
SAINT PETERSBURG

THORNBRIDGE
BRACIA

THORNBRIDGE
JAIPUR

NOTAS DE DEGUSTAÇÃO

SAINT PETERSBURG IMPERIAL RUSSIAN STOUT, 7,7%

A Saint Petersburg é suave e fácil de beber, considerando que é uma cerveja encorpada. Sabor facilmente percebido de chocolate e uva-passa antecedem café e muito lúpulo. Final gostoso, quente.

HARMONIZAÇÃO: Doce com pouco açúcar e com chocolate amargo, escuro, para extrair o máximo da sobremesa e da cerveja.

BRACIA ALE, 10%

Produzida quatro vezes por ano, seu sabor diferenciado deriva do uso de mel de castanheira, que acrescenta à bebida uma camada rica, escura, e conspira com as notas de torra e tosta dos maltes para compor uma cerveja de suave complexidade.

HARMONIZAÇÃO: Use como calda em sorvete de baunilha.

JAIPUR INDIA PALE ALE, 5,9%

Sabores intensos de lúpulo cítrico são suavizados pela doçura do mel. De início é discreta, mas logo sua intensidade e complexidade se manifestam, crescendo conforme o calor do álcool.

HARMONIZAÇÃO: Deliciosa com sabores intensos, especialmente pimenta e outros temperos fortes.

ABBEY ALES

www.abbeyales.co.uk

A CERVEJA REGRESSOU à ancestral cidade de Bath em 1997, quando Alan Morgan, veterano da indústria, lançou sua própria cervejaria, a Abbey Ales. Morgan pertence à nova leva de empresários que acreditam haver mercado para pequenos produtores locais. Seu primeiro lançamento, Bellringer, logo se tornou uma das cervejas favoritas dos moradores e visitantes. Feita com cevada Maris Otter, destaca-se pelo amarelo-ouro semelhante ao de muitos prédios históricos da cidade.

ABBEYDALE

www.abbeydalebrewery.co.uk

"GOSTAMOS DE FAZER BOAS CERVEJAS", afirma Patrick Morton, fundador da Abbeydale. Antes de fundá-la com o pai, em 1996, Patrick aprendeu o ofício na Kelham Island, em Sheffield, empresa responsável por restaurar o orgulho cervejeiro na cidade do aço. Firme defensor da ideia de que não se faz boa cerveja com displicência, a Abbeydale produz 163 hl (130 barris) por semana. Moonshine, sua golden ale, é a mais famosa, graças ao cativante lúpulo cítrico aromático, que lembra grapefruit.

ACORN

www.acorn-brewery.co.uk

ACORN PODE SER uma empresa relativamente nova. Foi fundada em 2003 pelo chef Dave Hughes, em Barnsley, South Yorkshire, mas seu fermento vem de longa data. Todas as cervejas da companhia são elaboradas numa fábrica de 32 hl (20 barris) com as mesmas leveduras que eram usadas na Barnsley Brewery dos anos 1850. O fermento pode ser velho, mas a produção da cervejaria é bem moderna – duas cervejas imperdíveis são a premiada Barnsley Bitter e a Barnsley Gold.

ARKELL'S

www.arkells.com

A ARKELL'S é uma empresa familiar desde que John Arkell a fundou, em 1843. Tradicional e independente, localizada em Swindon, Wiltshire, é uma das poucas a produzir a antes popular "boy's bitter" ("cerveja para rapazes"), de baixo teor alcoólico e agradável de beber. A Arkell's 2B, com 3,2% de teor alcoólico, se distingue pelo sabor ácido refrescante do lúpulo, enquanto a famosa ale Wiltshire Gold se destaca pelo malte adocicado e pelo lúpulo.

ARKELL'S WILTSHIRE GOLD

ARRAN BLONDE

ARRAN

www.arranbrewery.com

SITUADA NA ILHA DE ARRAN, na Escócia, produz 164 hl (100 barris) semanais no sopé do imponente monte Goatfell, com vista para a magnífica baía de Brodick. Fundada em 2000, faz cervejas leves e sutis como a brisa escocesa. Uma das melhores é clara e vivaz, a Arran Blonde, refermentada na garrafa; como todas as cervejas da empresa, não usa aditivos nem conservantes artificiais.

B & T

www.banksandtaylor.com

FUNDADA EM 1994 na cidade de Shefford, em Bedfordshire, com o nome de Banks & Taylor, na missão da companhia constava que seu objetivo era produzir cervejas ale tradicionais, maturadas no barril, com os melhores ingredientes. Continua assim. As cervejas usam maltes claros, Crystal e torrados, além de trigo; mas o toque cítrico do lúpulo Cascade, dos EUA, em harmonia com os ingleses Challenger e Goldings, produz cervejas ao estilo antigo com um toque do século XXI.

BATEMANS

www.bateman.co.uk

A PRODUÇÃO DA CERVEJA COMEÇOU na cervejaria Salem Bridge, em 1874, e, apesar dos percalços e dificuldades, continua pertencendo aos Bateman. Sua sede é nas redondezas de um antigo moinho, onde a família mantém a Union Jack hasteada. É uma das cervejarias mais encantadoras da Grã-Bretanha. Merece a reputação de fazer "variedades de ale honestas e boas"; um dos lançamentos recentes, a Mocha, leva café arábica, chocolate belga e cevada cultivada na própria região de Lincolnshire.

BATH ALES

www.bathales.com

BATH ALES, conhecida pelo logotipo da lebre saltitante, começou em 1995, quando Roger Jones e Richard Dempster deixaram o emprego na Smiles Brewery de Bristol e saíram em busca de sucesso. Seu sonho se tornou uma cervejaria com 80 hl (50 barris) de produção, uma das mais conceituadas do sudoeste da Inglaterra. Sua joia é a Gem, ale legítima com notas de butterscotch (espécie de toffee).

BATHAMS

www.bathams.com

TIM E MATTHEW BATHAM pertencem à quinta geração da família proprietária da Bathams, pequena cervejaria tradicional situada no Vine Inn, em Brierley Hill, região de West Midlands. Fundada em 1877, a Mild Ale é sua cerveja mais conhecida – escura, frutada, com doçura de malte torrado. A líder não deixa de ser atual e desce melhor se apreciada num dos dez pubs da cervejaria.

BEAVERTOWN

www.beavertownbrewery.com

LOGAN PLANT, filho de Robert Plant, do Led Zeppelin, está na vanguarda do renascimento da cerveja no leste de Londres. Louco por lúpulo, fundou a Beavertown em 2011, após uma noite de bebedeira que o fez concluir que sua vocação era ser cervejeiro, e não roqueiro. A melhor cerveja é a IPA de centeio 8-Ball. A personalidade dela vem do lúpulo abundante com notas cítricas de laranja e limão-siciliano.

BLACK SHEEP

www.blacksheepbrewery.com

MASHAM, EM NORTH YORKSHIRE, abriga uma das mais conhecidas famílias cervejeiras da Inglaterra, os Theakston. A Black Sheep foi fundada por Paul Theakston em 1992, após a venda da Theakston, outra cervejaria do vilarejo, existente desde 1827, para um grupo empresarial de grande porte. Hoje as duas empresas pertencem a membros da família. O uso de lúpulo Goldings e Fuggles dá às cervejas da Black Sheep aromas florais maravilhosos.

BLUE ANCHOR

www.spingoales.com

A PRODUÇÃO DE CERVEJA acontece no pub Blue Anchor de Helston, na Cornualha, desde o século XV. Nos anos 1970, era um dos quatro derradeiros pubs ingleses a fazer cerveja. Muitos pensavam que a cervejaria, num prédio que havia sido hospício de um mosteiro, estava em estado terminal. Sua sobrevivência, porém, inspirou uma geração nova de pubs com produção própria. O portfólio de ale Spingo inclui Bragget, receita antiga que agradaria qualquer cervejeiro americano radical – com 6% de teor alcoólico, tem sabor de maçã e mel.

BLACK SHEEP RIGGWELTER

BRAKSPEAR

www.brakspear-beers.co.uk

A MUDANÇA da Brakspear Brewery em 2004, de sua centenária sede em Henley-on-Thames para Witney, em Oxfordshire, não representou uma queda na qualidade de suas finas cervejas. A alteração foi consequência do fechamento da fábrica original e da venda das marcas. O equipamento foi transportado e remontado na nova localização. Brakspear ainda usa seu famoso sistema de dupla fermentação para fazer cervejas inovadoras. A maravilhosa Triple engarrafada apresenta notas de melaço e rum envelhecido.

BRECON BREWING

www.breconbrewing.co.uk

A OUSADIA das cervejas da Brecon só se compara à do fundador da empresa, Buster Grant. Ele abriu a cervejaria em 2011 e busca inspiração na serra de Brecon Beacons, um discreto conjunto de picos de arenito avermelhado, popular entre caminhantes sedentos por cerveja. Uma das variedades da casa, a Red Beacons, empolga graças à mistura dos lúpulos Goldings, Sovereign, Pioneer e First Gold.

BREWSTER'S

www.brewsters.co.uk

SARA BARTON fundou a Brewster's em 1998 e vem lutando para tirar a impressão de que todos os cervejeiros são homens. Trabalhou firme e recebeu a recompensa em 2012, quando foi agraciada com o título de Cervejeira do Ano pela British Guild of Beer Writers. Famosa pela elaboração de variedades em parceria com outras mulheres, ela gosta de desenvolver receitas inéditas e recriar estilos antigos com adição de lúpulos.

BURTON BRIDGE

www.burtonbridgebrewery.co.uk

RELATIVAMENTE RECENTE no lar espiritual dos cervejeiros, Burton upon Trent, a Burton Bridge surgiu em 1982 graças ao esforço de Geoff Mumford e Bruce Wilkinson. As cervejas saem da área nos fundos do pitoresco pub Bridge Inn e costumam exibir o traço característico das cervejas locais, o "Burton snatch", uma nota de enxofre inconfundível quando a cerveja é servida. Está presente na clássica ale Golden Delicious, famosa pelo sabor frutado de maçã fresca.

BUTCOMBE

www.butcombe.com

RARIDADE QUANDO SURGIU, em 1978, a Butcombe era uma nova cervejaria independente. Por muitos anos, seu fundador, Simon Whitmore, se manteve fiel ao princípio de produzir apenas a Bitter, uma cerveja muito gostosa, com secura austera, derivada do uso do malte Maris Otter. Vendida para Guy Newell em 2002, expandiu o portfólio e hoje tem cervejas como a Adam Henson's Rare Breed, nome de um apresentador de TV, dono de uma fazenda em Cotswold.

CALEDONIAN

www.caledonian-brewery.co.uk

O FOGO NÃO QUEIMOU a reputação dessa cervejaria caledônia de Edimburgo, hoje controlada pela Heineken. Dois incêndios devastaram suas instalações recentemente, mas ela ressurgiu das cinzas como uma fênix e se afirmou como produtora de finas cervejas ale. A panela de brassagem opera com fogo direto, o que gera a nota de caramelo queimado que sentimos na cerveja, segundo o cervejeiro. A mais conhecida é a Deuchars, picante, bem lupulada, com um toque agradável de butterscotch.

CASTLE ROCK

www.castlerockbrewery.co.uk

DESDE SUA FUNDAÇÃO, EM 1997, pelo proprietário de pub Chris Holmes, a Castle Rock almeja distribuir cervejas de alta qualidade para frequentadores de pubs aconchegantes. A mais conhecida, Harvest Pale, foi criada para a festa da cerveja de Nottingham em 2003 e premiada como Champion Beer of Britain pela Campaign for Real Ale (CAMRA) em 2010. Loira, feita com um blend aromático de lúpulos americanos, tem sabor residual suave de limão-siciliano.

CONISTON

www.conistonbrewery.com

ESCONDIDA ATRÁS do centenário pub Black Bull em Coniston, no Lake District, está a Coniston Brewing Company. Fundada por Ian Bradley em 1995, tem a Bluebird Bitter como maior sucesso de vendas e ganhadora do prêmio da CAMRA Champion Beer of Britain em 1998. Feita com a água pura da serra de Coniston, recebeu o nome por causa do barco usado por Donald Campbell na fatal tentativa de quebrar o recorde mundial de velocidade na água no lago Coniston Water.

COTSWOLD

www.cotswoldlager.com

QUEM DISSE QUE OS INGLESES NÃO FAZEM boa lager? Richard e Emma Keene inauguraram a Cotswold Brewery em 2005, mas em vez de se dedicarem à ale, "como todo mundo", decidiram provar que a lager artesanal podia ser uma cerveja distinta.

Eles mantêm uma linha de cervejas não pasteurizadas, inclusive uma versão da weissbier alemã. Feita de cevada e trigo maltado, leva o delicado lúpulo Saaz, que harmoniza com sabores de frutas tropicais autênticas, como banana, sob a espuma cremosa do colarinho.

CROUCH VALE

www.crouchvale.co.uk

A CROUCH VALE BREWERY em South Woodham Ferrers, Essex, nasceu em 1981, do sonho de dois fãs de cerveja, Colin Bocking e Rob Walster. Eles queriam promover festas em sua própria cervejaria.

Desde então, não faltaram razões para comemorar, e uma das maiores deve ter sido quando a Brewers Gold ganhou o prêmio de Champion Beer of Britain em 2006, repetindo o feito do ano anterior. Com notável aroma cítrico, a cerveja é clara, dourada.

DARK STAR

www.darkstarbrewing.co.uk

A DARK STAR BRILHA NO FIRMAMENTO. Ela começou no pub Evening Star de Brighton, em 1994, com um equipamento pouco maior que os caseiros. Construiu sua reputação em cima do lúpulo – muito lúpulo. A cerveja mais vendida é a Hophead, que acena para o movimento da cerveja artesanal dos EUA com entusiasmo e usa lúpulos Cascade em profusão. Os apreciadores sérios procuram a Imperial, descrita como "a cerveja perfeita para beber antes de dormir".

DARTMOOR

www.dartmoorbrewery.co.uk

A MAIS ALTA CERVEJARIA INGLESA, Dartmoor, localiza-se 420 m acima do nível do mar e busca alcançar alturas inéditas com sua linha de cervejas. Perto da penitenciária de Dartmoor, destaca-se pela Jail Ale e pela Dartmoor IPA, também conhecida como pale ale dos presos. Fundada em 1994 sob o nome Princetown, hoje produz mais de 490 hl (300 barris) por semana.

DONNINGTON

www.donnington-brewery.com

SERIA A MAIS PITORESCA cervejaria inglesa? Localizada em Cotswold, a Donnington Brewery ocupa um moinho de pedra cor de mel do século XIII, com roda-d'água, adquirido por Thomas Arkell em 1827. Pouca coisa mudou desde o início das atividades, em 1865. A cervejaria foi dirigida durante muitos anos pelo formidável Claude Arkell, até sua morte em 2007; como ele não tinha filhos, deixou a empresa para os primos Peter e James Arkell, que também tocam a Arkell's Brewery *(p. 42)*.

DORSET PIDDLE

www.piddlebrewery.co.uk

NO VILAREJO DE PIDDLEHINTON, em Dorset, a Dorset Piddle Brewery mudou para instalações com capacidade para 13 hl (8 barris), em 2011, devido à demanda. Tem a Jimmy Riddle como sua cerveja mais conhecida. Gostosa de beber, complexa, essa ale castanha tem notas de especiarias devido ao emprego de centeio e aveia. A sazonal mais procurada é uma IPA encorpada, com 7% de teor alcoólico, feita em fevereiro ou outras épocas, conforme a inspiração do cervejeiro.

ELGOOD'S

www.elgoods-brewery.co.uk

FUNDADA EM 1795, na cidade de Wisbech, Cambridgeshire, a Elgood's foi uma das primeiras cervejarias georgianas clássicas construída fora de Londres e das raras que sobreviveram. Pertence à família Elgood desde 1878 e hoje é tocada por três irmãs da quinta geração de descendentes do proprietário. Vale a pena experimentar a excelente Cambridge Bitter, ale inglesa clássica, complexa, preparada com cevada Maris Otter e lúpulos Fuggles e Challenger.

EVERARDS

www.everards.co.uk

WILLIAM EVERARD fez o primeiro pint em 1849, e seus descendentes ainda dirigem a empresa. O atual presidente, Richard Everard, diz que a cervejaria combina "tradição e ambição". O melhor exemplo é a Tiger Best Bitter, a mais famosa, que teria atingido a harmonia ideal entre a doçura do malte e o amargor do lúpulo. O malte Crystal lhe dá um toque de toffee, que deságua num final prolongado doce e amargo.

GRAIN BLONDE ASH

HARVIESTOUN OLA DUBH

EXMOOR

www.exmoorales.co.uk

COM MAIS DE 30 ANOS DE IDADE, a Exmoor levou a cerveja de volta ao centro cervejeiro de Wiveliscombe, em Somersert. Ocupa o salão do antigo mash tun da cervejaria Arnold & Hancock, fechada em 1959. Uma das variedades mais conhecidas é a Exmoor Beast (a fera de Exmoor), assim batizada por conta de um gato que vive nos brejos locais. Ela é uma "dark porter refinadamente encorpada e que esbanja personalidade". O estilo começou a ser feito nos anos 1700.

GRAIN

www.grainbrewery.co.uk

FUNDADA EM 2006 por Geoff Wright e Phil Halls no local de uma antiga fábrica de laticínios em Waveney Valley, South Norfolk, Grain rapidamente conquistou a reputação de interpretar antigos estilos cervejeiros complexos. Blonde Ash buscou inspiração na witbier belga. Cerveja turva de trigo, tem os clássicos sabores de tutti-frutti, laranja e coentro, além de formar um belo colarinho encorpado. A cervejaria hoje é dona do pub Plough de Norwich, onde suas criações podem ser apreciadas.

GREENE KING

www.greeneking.co.uk

GRANDE E LINDA. A Greene King de Bury St Edmunds, em Suffolk, tem origem que remonta a 1799, quando Benjamin Greene fez seu primeiro pint. Havia ale sendo fabricada na cidade histórica desde o século XI. Hoje a companhia se vangloria por ser a maior produtora de ale do Reino Unido. Muitos admiram a IPA Reserve – forte, encorpada, com notas de grapefruit e laranja dos lúpulos Styrian.

HALL & WOODHOUSE

www.hall-woodhouse.co.uk

CRIADA EM 1777, Hall & Woodhouse é dirigida pela sétima geração da família Woodhouse, que não pretende abrir mão do negócio. Presidente e diretor-executivo, Mark Woodhouse afirma que a companhia já se prepara para o século XXII. Uma nova unidade de produção, inaugurada em 2012, permitiu que o mestre cervejeiro Toby Heasman testasse uma série de edições limitadas engarrafadas, incluindo uma com fermento de champanhe, sem se afastar do lema da empresa, "fabricar ale de Dorset com personalidade inconfundível".

HAMBLETON

www.hambletonales.co.uk

NICK STAFFORD DESISTIU DE SER PROFESSOR para estabelecer a Hambleton Brewery, em 1991. Sua abordagem resultou em cervejas distintas. Além das básicas, notáveis pelo uso criativo do lúpulo, ele faz duas cervejas engarrafadas sem glúten. A Gluten Free Ale se destaca pelos aromas dos lúpulos Cascade, Liberty e Challenger, enquanto o caráter frutado da Gluten Free Lager é decorrente dos lúpulos East Kent Goldings e Continental Styrian.

HARDKNOTT

www.hardknott.com

DAVE BAILEY INAUGUROU a minúscula Hardknott Brewery em 2005, numa área remota de Cumbria. Radical, ele afirma que a cerveja não pode ficar restrita à visão popular. Espera que os apreciadores abandonem a segurança de seu bar favorito e tentem algo diferente. Seus projetos são ousados, desafiadores e aventureiros. Um deles é a Queboid, IPA forte e moderníssima, com lúpulo americano West Coast e fermento belga. Esbanja aromas e sabores cítricos e de banana.

HARVIESTOUN

www.harviestoun.com

HARVIESTOUN É UM EXEMPLO do sucesso dos novos cervejeiros britânicos. Começou fazendo lotes de 8 hl (5 barris) no celeiro de uma fazenda de Dollar, em 1985, e hoje ocupa um prédio especialmente construído para abrigá-la em Alva, perto de Alloa, na Escócia. Agora são produzidos mais de 16 mil hl (10 mil barris) de cerveja por ano. A cultura da empresa se baseia na produção com aroma, sabor e paixão. Experimente a Ola Dubh Ale, maturada em barris de uísque Highland Park.

HAWKSHEAD

www.hawksheadbrewery.co.uk

ALEX BRODIE, EX-CORRESPONDENTE DA BBC, criou a Hawkshead em 2002, num celeiro do século XVII, para produzir sete barris por vez, em Lake District. Uma vida inteira de viagens e cervejas em centenas de bares deram a Brodie o gosto pelas boas bebidas. O sucesso não tardou, e em 2006 ele precisou mudar para Staveley, onde construiu a cervejaria e o centro de visitantes. Entre os lançamentos destacam-se algumas stout imperiais impressionantes, envelhecidas em barris de carvalho.

HEPWORTH & CO

www.hepworthbrewery.co.uk

QUANDO KING & BARNES FECHOU AS PORTAS, o mestre cervejeiro responsável pela produção da casa, Andy Hepworth, uniu-se a três outros ex-funcionários para prosseguir com a tradição cervejeira da cidade de Horsham, em Sussex, e abriu a Hepworth & Co. Isso aconteceu em 2001; hoje a Hepworth é uma das maiores companhias cervejeiras do país. Usa cevada e lúpulo de fornecedores locais e obteve licença da Soil Association para produzir cervejas orgânicas.

HESKET NEWMARKET

www.hesketbrewery.co.uk

O PODER DO POVO. Jim Fearnley abriu a cervejaria em 1988, quando tocava o pub Old Crown em Hesket Newmarket, Cumbria. O futuro do empreendimento parecia muito pouco promissor em 1999, quando ele anunciou que estava prestes a se aposentar. Mas um grupo de fãs resolveu que a cervejaria não podia fechar. Assim nasceu a Hesket Newmarket Brewery Co-operative, empreendimento comunitário com mais de 60 membros. Em grande parte, as cervejas, todas fáceis de beber, levam o nome de fells (serras) e são perfeitas para encerrar um passeio pela região.

HOBSONS

www.hobsons-brewery.co.uk

MUITO TEMPO PASSOU desde 1993, quando a Hobsons Brewery foi fundada. Jim e Nick Davis, pai e filho que compartilhavam o gosto de fazer cerveja em casa, acabaram transformando o passatempo em um negócio dinâmico e instigante, que não para de crescer. Apesar do sucesso, o princípio de serem cervejeiros locais para servir à própria comunidade não se perdeu. O par mostrou que existe mercado para cervejas artesanais, especialmente a Hobsons Mild. Rica em sabor de malte torrado, é saborosa e tem notas de nozes.

HOGS BACK

www.hogsback.co.uk

ACEITA UM CHÁ? Localizada em Tongham, Surrey, a Hogs Back Brewery tem tradição no preparo de boas cervejas. A variedade mais conhecida, TEA (Traditional English Ale), é dourada, com notas aromáticas de frutas vermelhas maduras e casca de laranja. Criada em 1992, a companhia logo trocou o equipamento original por outro capaz de produzir mais de 284 hl (174 barris) de cerveja por semana. As versões de A Over T (Aromas Over Tongham), barley wine forte, rica e adocicada, são muito procuradas.

HOLDEN'S

www.holdensbrewery.co.uk

EDWIN E LUCY HOLDEN tocaram pubs juntos por dezessete anos, até que em 1915 sua vida mudou – compraram o pub e cervejaria Part Inn, em Woodsetton, West Midlands. Nascia a Holden's. Uma de suas primeiras cervejas, a Black Country Mild, tornou-se muito popular entre os frequentadores. A produção aumentou com o passar dos anos, e eles compraram o prédio ao lado, antes depósito de malte da Atkinsons.

Hoje a companhia é dirigida pela terceira e quarta gerações da família Holden, que possui vinte pubs.

JOSEPH HOLT

www.joseph-holt.com

A HOLT BREWERY DE MANCHESTER abriu as portas em 1849 e continua nas mãos da mesma família. A companhia se orgulha da tradição, mas não vive no passado. Ampliou a distribuição e hoje alcança mais de cem pubs e restaurantes. A Holt Brewery opera atualmente sob o comando do tataraneto de Joseph Holt. Na "nova" cervejaria, construída em 1860, o processo de produção mudou pouco, e o frescor da cerveja não falha em atrair paladares modernos.

HOOK NORTON

www.hooky.co.uk

FUNDADA EM 1849, a Hook Norton mudou em 1899 para a sede que a empresa ocupa atualmente. O edifício é um exemplo quase perfeito de cervejaria vitoriana em torre – o projeto tira partido da gravidade para transportar os ingredientes do teto ao porão da cervejaria. A torre abriga um dos motores a vapor mais antigos em operação no país; de vez em quando, em ocasiões especiais, ele é acionado e deslumbra a todos com correias, engrenagens e sistemas de eixos. A cerveja mais atraente da Hook Norton é a deliciosamente frutada Old Hooky, que faz jus ao lema "o progresso se mede em pints".

HOGS BACK TEA

HOP BACK

www.hopback.co.uk

DO HUMILDE INÍCIO no porão do pub Wyndham Arms de Salisbury, a Hop Back Brewery, inaugurada em 1986, por John Gilbert, chegou à vanguarda da revolução cervejeira. No início dos anos 1990, John foi um dos primeiros a produzir uma cerveja dourada com o objetivo de convencer a nova geração a respeito dos méritos da ale. Muito imitada desde então, mas raramente igualada, a Summer Lightning é uma cerveja bem amarga, com aroma herbáceo de lúpulo fresco. Ela ocupa o espaço entre a bitter inglesa tradicional e a lager de qualidade.

HYDES

www.hydesbrewery.com

POR VÁRIAS GERAÇÕES, A HYDES foi a favorita dos apreciadores de cerveja de Manchester. Empresa familiar de 1863, a cervejaria racionalizou a produção recentemente, mudando a fábrica para Salford, distante de sua antiga sede em Moss Side. Além de se concentrar na tradicional ale, a nova cervejaria ampliou a oferta, incluindo uma série de tipos sazonais e especializados.

ICENI

www.icenibrewery.co.uk

INSPIRADO PELA RAINHA BOADICEA, que liderou uma revolta dos icenos contra os invasores romanos em East Anglia no ano 60 d.C., Brendan Moore lançou a Iceni em 1995. Pretendia impedir o avanço das cervejas industriais na região. Muitas variedades da Iceni sofreram influência da rainha guerreira, mas Brendan não defendia a destruição de Londres e St. Albans, como ela. Iceni mantém uma horta própria de lúpulo, onde cultiva o First Gold.

INNIS & GUNN

www.innisandgunn.com

O EXPERIMENTO DO PRODUTOR DE UÍSQUE William Grant mudou a vida do mestre cervejeiro Dougal Sharp em 2002. O destilador queria fazer um scotch com sabor de cerveja, por isso Sharp preparou cerveja para ele num barril vazio de bourbon. Depois que ficasse pronta, a cerveja seria jogada fora; mas as possibilidades comerciais da cerveja envelhecida em madeira, capturando as características do destilado, não passaram despercebidas. Desde então, a Innis & Gunn Oak Aged Beer, maturada por 77 dias, colecionou vários prêmios e continua ganhando reconhecimento.

JENNINGS

www.jenningsbrewery.co.uk

A JENNINGS BREWERY faz parte de uma grande empresa – foi comprada pela Marston's em 2005 –, mas o espírito independente da cervejaria de Lake District permanece como na fundação, em 1874. Uma das cervejas mais fortes é a Sneck Lifter, red ale escura. O sabor seco de biscoito do malte Maris Otter lhe dá notas de café e chocolate, combinando com o amargor apimentado dos lúpulos Goldings e Fuggles.

KELHAM ISLAND

www.kelhambrewery.co.uk

KELHAM ISLAND COMEÇOU a funcionar em 1990, por iniciativa do lendário Dave Wickett, professor universitário que se tornou dono de pub e faleceu em 2012. Kelham foi a primeira cervejaria aberta em Sheffield em quase um século e, por algum tempo, permaneceu sendo a única. Em 1999, Hope & Anchor, Whitbread, Stones e Wards já haviam fechado as portas. Contudo, a paixão de Dave por cerveja inspirou uma geração de novos cervejeiros, não só em Sheffield, mas no mundo inteiro.

LEES

www.jwlees.co.uk

A LEES foi criada pelo visionário John Lees, em 1828, e a mesma família continua no comando até hoje. Antes industrial têxtil do algodão, John percebeu que os operários em ascensão de Manchester gostavam de beber cerveja, muita cerveja, depois de um dia de trabalho duro. A sexta geração da família Lees produz, entre outras, a encorpada Moonraker, barley wine, seguindo a filosofia de fazer "cerveja à moda antiga, mas atual".

LOVIBONDS

www.lovibonds.com

O FUNDADOR DA LOVIBONDS, Jeff Rosenmeier, foi picado pela mosca cervejeira em 1994, quando tentava fazer uma stout em casa. Desistiu da carreira como desenvolvedor de software em 2005 e transformou o hobby em profissão. Inspirado nos avanços americanos, faz a Lovibonds Gold Reserve, uma das cervejas londrinas mais inovadoras. Chamada de vinho de trigo, leva muito mel de Oxfordshire, adicionado antes da fermentação. Ela descansa por seis meses antes de ser engarrafada.

MARBLE

www.marblebeers.com

NA CENA CERVEJEIRA DE MANCHESTER há muito mais que cervejarias do século XIX. Em 1997, o dono do pub Marble Arch, Vance Debechval, associou-se a seu gerente Mark Dade para não cair nas noites de karaokê. Eles preferiram apostar numa cervejaria e garantir o futuro do bar.

Mark deixou a empresa em 2000, porém James Campbell continuou tocando o projeto e buscou inspiração em outras partes do mundo. A cerveja entrou na moda, tornou-se interessante, e o fim do karaokê não foi nem sequer notado.

MCMULLEN

www.mcmullens.co.uk

POUCAS CERVEJARIAS FINCARAM RAÍZES EM 1827. Desde então, a McMullen passou por altos e baixos. Esbarrou na falência em 2002, quando uma disputa familiar na diretoria ameaçou o futuro da companhia. Resolvida a questão, uma nova cervejaria foi construída em 2006.

Hoje Chris Evans declara orgulhoso que só usa flor de lúpulo em tipos ale, jamais pellets ou extrato da planta.

MOOR

www.moorbeer.co.uk

"FAZEMOS CERVEJAS NATURAIS, que devem ser servidas turvas", declara o cervejeiro californiano Justin Hawke.

A Moor Brewery surgiu em 1996, no local de uma antiga fábrica de laticínios, na região de Levels and Moors de Somerset. O sucesso foi rápido, acompanhado de vários prêmios, e se desfez quando a empresa passou a terceirizar a produção. Em 2007, Justin Hawke, treinado numa cervejaria artesanal de São Francisco, assumiu a companhia e se dedicou a melhorar a qualidade e o sabor das bebidas. Depois de muito esforço, as cervejas turvas da Moor conquistaram reconhecimento internacional.

MOORHOUSE'S

www.moorhouses.co.uk

WILLIAM MOORHOUSE SE ESTABELECEU em Burnley no ano de 1865. Originalmente, a Moorhouse vendia água mineral e bitter de baixíssimo teor alcoólico e bastante lúpulo para bares de abstêmios. Isso mudou em 1970, quando começou a fazer cerveja com teores normais. No entanto, os negócios iam mal, e em 1988 o empresário Bill Parkinson, de Manchester, por "gostar de cerveja", comprou a empresa, quase falida; enfrentou o desafio, e suas cervejas inspiradas nas feiticeiras Pendle estão melhorando a reputação da cervejaria.

MORDUE

www.morduebrewery.com

EM 1995, DOIS IRMÃOS DE TYNESIDE, Matthew e Garry Fawson, se lançaram numa empreitada: ressuscitar a Mordue, famosa cervejaria local fechada desde 1879. Embora as cervejas de lá não matassem mais a sede dos milhares de trabalhadores dos estaleiros vizinhos, o nome voltou ao noticiário. A cerveja mais conhecida é a Workie Ticket. Na gíria, significa "avesso ao trabalho", descrição que jamais poderia ser aplicada aos irmãos Fawson.

OAKHAM

www.oakhamales.com

O LÚPULO DESEMPENHA O PAPEL PRINCIPAL na filosofia cervejeira da Oakham. Eles o adoram, especialmente as variedades dos EUA. Aberta em 1993, a companhia se mudou cinco anos depois para Peterborough, onde tem hoje duas unidades – uma cervejaria com capacidade para 123 hl (75 barris), para as principais variedades, e uma de 10 hl (6 barris) no pub de sua propriedade, onde os cervejeiros podem executar receitas criativas só pelo prazer. A ale Citra inunda o paladar com sabor de frutas tropicais e grapefruit rosado.

OKELLS

www.okells.co.uk

O CIRURGIÃO WILLIAM OKELL LARGOU A PROFISSÃO para se dedicar à cerveja, em 1850, na ilha de Man. Todas as cervejas da Okell respeitam a lei de pureza da ilha, similar à Reinheitsgebot alemã *(p. 52)*. A lei veda o uso de aditivos como substitutos para os ingredientes naturais da cerveja – malte, levedura e lúpulo. Recebeu emendas em 1998, para que os cervejeiros pudessem usar trigo e frutas nas bebidas.

ORKNEY DARK ISLAND

OTLEY O-GARDEN

ORKNEY

www.sinclairbreweries.co.uk

A CONSCIÊNCIA AMBIENTAL da Orkney Brewery data de sua fundação, em 1988, numa antiga escola em área remota de Orkney, na Escócia. O mestre cervejeiro Andrew Fulton diz que sua favorita é a Red MacGregor, ale avermelhada fácil de beber e que destaca notas florais e frutadas. Fãs de cervejas envelhecidas em barris de madeira procuram a encorpada Dark Island Reserve. Maturada em barris de malte de uísque Orkney por três meses, tem aroma frutado intenso e sabor de especiarias, carvalho e maltes tostados.

OTLEY

www.otleybrewing.co.uk

EM 2005, INICIOU-SE O PROJETO de Nick Otley em Pontypridd, South Wales. O ex-fotógrafo fez da Otley Brewery um destino para pessoas que buscam cervejas com ênfase nos sabores florais e cítricos dos lúpulos.

Admirador confesso dos lúpulos americanos, Otley usou sua visão privilegiada para criar cervejas de visual moderno, atraente para as novas gerações. A premiada O-Garden é uma cerveja de trigo com sabor de laranja, semente de coentro e cravo.

OTTER

www.otterbrewery.com

SUSTENTABILIDADE É FUNDAMENTAL para a família McCaig, que fundou a Otter Brewery em 1990, em sua própria casa de Blackdown Hills, Devon. A cervejaria ostenta credenciais ambientais invejáveis: a bebida repousa numa adega subterrânea iluminada por energia solar; a água utilizada é de fontes locais; todos os efluentes passam por um sistema natural de filtragem em lagos com salgueiros cujas raízes retêm impurezas. A água volta limpa ao ambiente, e o local se tornou um paraíso de vida silvestre.

PALMERS

www.palmersbrewery.com

SITUADA DESDE 1794 NUM MOINHO D'ÁGUA, é a única cervejaria britânica com telhado de palha. A família Palmer cuida de tudo desde os anos 1890 e hoje se orgulha da contribuição da cervejaria e do pub a Dorset. A cerveja mais forte é a Tally Ho!, uma dark ale complexa que combina proeminência de malte com notas de banana, equilibradas pelas especiarias do lúpulo Fuggles.

PITFIELD

www.pitfieldbeershop.co.uk

A PITFIELD BREWERY MUDOU-SE do norte de Londres para uma fazenda registrada na Soil Association em Essex, em 2006. Cultivam ali grande parte da cevada utilizada, o que faz dela a mais destacada cervejaria orgânica do Reino Unido. As cervejas são vendidas em mercados e feiras de produtos orgânicos do sudeste da Inglaterra. A 1792 Imperial Stout, encorpada e densa, é muito elogiada pela presença de cevada tostada que prenuncia notas complexas de ameixa e cereja.

PURITY

www.puritybrewing.com

CERVEJARIA AMIGA DO AMBIENTE, que abriu em 2005 num celeiro reformado, orgulha-se de sua preocupação ecológica. Mantém até uma reserva para vida aquática, alimentada pelos efluentes da cervejaria. A primeira cerveja a sair dos tanques de maturação foi a Pure UBU. Batizada assim por causa do cachorro da casa, é um coquetel de lúpulos Challenger e Cascade que cria um equilíbrio aromático, frutado, quase picante, sobre a base de malte Maris Otter.

PURPLE MOOSE

www.purplemoose.co.uk

LAWRENCE WASHINGTON FUNDOU em 2005 a Purple Moose, uma microcervejaria bem-sucedida que faz lotes de 16 hl (10 barris) em Porthmadog, North Wales, batizando suas cervejas com nomes ingleses e galeses.

A ale mais conhecida, Cwrw Eryri/Snowdonia, é refrescante e valorizada pela adição de lúpulos da Europa Central – Savinjski Golding e Lubelski, da Eslovênia e da Polônia, que dão notas cítricas e de pinheiro, terminando em final prolongado, quente. Experimente a ale Cwrw Glaslyn/Glaslyn, bitter dourada, frutada.

RAMSGATE

www.ramsgatebrewery.co.uk

RAMSGATE, INICIATIVA DE EDDIE GADD de 2002, nasceu nos fundos de um pub. Ele alega ter aprendido a fazer cerveja a partir de manuais, mas hoje acredita na influência da paixão. "Cervejarias são para cervejeiros, não para contadores", afirma. Gadd, expoente da cerveja artesanal, estimula colegas a colaborar em projetos conjuntos, como levar os cervejeiros de Kent a criar novas cervejas usando lúpulo verde recém-colhido na região.

REDEMPTION

www.redemptionbrewing.co.uk

UM DOS DESTAQUES NA NOVA ONDA de cervejarias artesanais, a Redemption Brewery começou em Tottenham, em 2010, como iniciativa de Andy Moffat, ex-banqueiro que considera a atividade sua salvação. A cervejaria pode ser pequena, mas faz grandes cervejas caracterizadas por lúpulos americanos. Sua crença é de que o cervejeiro deve ter tempo e paciência e que "a automação deve servir à criatividade do cervejeiro artesanal". A empresa se destaca pela ética ambiental, e toda a energia utilizada provém de fontes renováveis.

RINGWOOD

www.ringwoodbrewery.co.uk

A RINGWOOD BREWERY deveria ocupar um lugar especial para os fãs da revolução da cerveja artesanal. Foi inaugurada em 1978 por Peter Austin, mestre cervejeiro, e muitos a consideram a maior inspiração da nova geração produtora.

Hoje Peter Austin está com mais de 90 anos, e a empresa pertence à Marston's, mas a Old Thumper continua sendo uma cerveja poderosa, popular, com sabor pronunciado de malte. Vencedora de vários prêmios, nasceu em 1979 sem nome – foi organizado um concurso local para batizá-la.

ROBINSONS

www.robinsonsbrewery.com

INSTALADA EM STOCKPORT, Cheshire, desde 1838 até hoje, a Robinsons Brewery pertence à família Robinson. As novíssimas instalações possuem o maior "hopnik" do mundo, uma espécie de peneira gigante que serve para extrair o sabor das folhas de lúpulo, segundo a empresa.

Os fãs procuram a Old Tom, cerveja escura, densa, intensa, com notas de frutas negras e chocolate. Uma versão alternativa inclui extratos botânicos e gengibre chinês.

ROOSTERS

www.roosters.co.uk

A ROOSTERS BREWERY COMEÇOU a funcionar em 1993. Sean Franklin tinha enjoado das cervejas inglesas marrons e buscou criar uma bebida de cor clara que não economizasse no lúpulo. Assim foi criada a Yankee, com corajosa harmonia entre a água mole de Yorkshire e o lúpulo Cascade americano.

Hoje a cervejaria pertence à família Fozard, que também ama o lúpulo e enche os tanques com sabores da Austrália, da Nova Zelândia, da Eslovênia e dos EUA.

ST PETER'S

www.stpetersbrewery.co.uk

FUNDADA EM 1966, ocupa um imóvel bem na frente de um salão medieval embolorado perto de Bungay, em Suffolk. Produz grande variedade de bitter e mild tradicionais, muitas vezes com toque frutado. Grapefruit, groselha preta e gooseberry (uva-crespa, espécie de groselha) são acrescentados na época de colheita, e no fim do ano entram frutas secas, especiarias e casca de laranja para criar uma ale natalina.

As cervejas em garrafa ficaram famosas pela garrafa verde original; seu formato copia uma garrafa de 1770 da Filadélfia. Também disponível em barriletes e barris.

SAMUEL SMITH

www.samuelsmithbrewery.co.uk

HÁ ALGO DE ENIGMÁTICO na cervejaria Samuel Smith. Empresa familiar e um dos nomes mais conhecidos no mundo cervejeiro, ela evita publicidade. O nome da marca chegou a ser removido dos caminhões. No portfólio, destacam-se as do tipo stout (imperial e chocolate), consideradas paradigmas do estilo. Elas têm sido amplamente emuladas por cervejeiros americanos, mas raramente igualadas. Samuel Smith é a mais antiga cervejaria de Yorkshire – o poço da antiga sede foi cavado em 1758.

SHEPHERD NEAME

www.shepherdneame.co.uk

OS MONGES DO SÉCULO XII já sabiam que a água de Faversham, em Kent, era boa para cerveja – o prefeito também. Em 1698, ele ergueu uma cervejaria sobre um poço artesiano. Até hoje a bebida é produzida no local, o que torna o empreendimento a cervejaria mais antiga da Grã-Bretanha. Desde de 1864, é conhecida como Shepherd Neame Brewery.

A gama de cervejas bitter ricas em lúpulo inclui a emblemática Bishops Finger, coquetel de notas de frutas secas, pera e banana. Outra variedade popular e renomada, com especiarias e lúpulo, a Spitfire foi lançada em 1990 para comemorar os 50 anos da batalha da Inglaterra, travada pelos aviões de mesmo nome nos céus de Kent.

THEAKSTON

www.theakstons.co.uk

A FAMÍLIA THEAKSTON faz cervejas em Masham, North Yorkshire, desde que comprou um pub na cidade, chamado Black Bull, em 1827. A família perdeu o controle acionário da companhia nos anos 1980, mas alguns membros continuaram trabalhando lá. Em 2003, quatro irmãos Theakston, cujo tataravô havia iniciado a cervejaria 176 anos antes, a compraram de volta. Sua cerveja mais conhecida, a Old Peculier, é uma ale encorpada, intensa, de sabor suave, com notas de frutas escuras.

THWAITES

www.thwaites.co.uk

POR MUITOS ANOS, a Thwaites, que continua na mesma família desde a fundação, em 1807, manteve sua imagem sóbria. Tudo mudou quando inaugurou uma nova fábrica para cervejas experimentais, ao lado da principal. Chamada de Crafty Dan, permite que o diretor de produção, Ian Bearpark, prepare periodicamente lotes artesanais de 41 a 49 hl (25 a 30 barris), experimentando sabores. No primeiro ano de funcionamento, ele criou 31 tipos originais de ale.

TIMOTHY TAYLOR

www.timothy-taylor.co.uk

A FAMÍLIA TAYLOR PRODUZ CERVEJA sob o nome Timothy Taylor desde 1858, na cidade de Keighley, Yorkshire. A cervejaria possui uma fonte que fornece água pura Pennine em abundância para o preparo da bebida.

A mais conhecida e elogiada representante é a Landlord, lançada em 1953. Usa cevada maltada Golden Promise com lúpulos Fuggles, Goldings e Styrian Golding, que lhes dão um delicioso aroma cítrico e floral.

TITANIC

www.titanicbrewery.co.uk

FUNDADA EM 1985 PELOS IRMÃOS Dave e Keith Bott, a Titanic Brewery recebeu esse nome em homenagem a Edward Smith, capitão do transatlântico *Titanic*. Felizmente, o destino dos cervejeiros de Stoke-on-Trent foi mais auspicioso.

A refrescante cerveja Iceberg é dourada, brilhante. Feita com uma mistura de malte claro Maris Otter com trigo, recebe adição de lúpulos Yakima Galena e Cascade, que lhe conferem caráter floral, vívido.

TRAQUAIR

www.traquair.co.uk

A CERVEJA SAI DE TRAQUAIR HOUSE, na Escócia, desde o início do século XVIII, quando se destinava aos trabalhadores da propriedade. Durante os anos 1800, parou de funcionar, embora as instalações fossem mantidas até 1965, quando Peter Maxwell Stuart, 20º Laird of Traquair, resolveu espanar o pó e reviver a tradição.

Traquair House Ale, a mais famosa, é fermentada em barris de carvalho de xerez e preserva o sabor da bebida.

TRIPLE FFF

www.triplefff.com

PEQUENA CERVEJARIA DE ALTON, em Hampshire, nasceu em 1997, quando o marceneiro e cervejeiro doméstico Graham Trott resolveu criar "uma ale real que os conhecedores desse estilo de cerveja bebem". Fã do som dos anos 1970, batizou algumas cervejas com nomes de suas músicas favoritas. Uma delas, a Moondance, é uma golden ale chapada de Cascade; outra, Pressed Rat & Warthog, mild complexa cor de rubi, tem notas de groselha-preta.

WADWORTH

www.wadworth.co.uk

DEVIZES, CIDADE EM WILTSHIRE, Hampshire, sedia uma das grandes cervejas ale da Inglaterra, a Wadworth. Antiquada, é certo – criada em 1875, ainda entrega a cerveja em carroças puxadas a cavalo –, mas firme no século XXI. Destaca-se a 6X, alaranjada quase marrom, ale frutada, com 90 anos de produção. O mestre cervejeiro Brian Yorston começou a realizar experiências numa microcervejaria, desenvolvendo novidades cativantes.

WELLS & YOUNG'S

www.wellsandyoungs.co.uk

DUAS FAMÍLIAS CERVEJEIRAS FAMOSAS se uniram em 2006, quando Charles Wells e Young and Co. de Wandsworth, em Londres, combinaram séculos de cultura cervejeira. A cervejaria de Wells datava de 1876, em Bedford; cinco gerações depois, continuava na família. Young estava no endereço onde a primeira fermentação de cerveja fora registrada, em 1551, agora transferida para Bedford. As cervejas mais conhecidas são a rica e suculenta Wells Bombardier e a Wells Eagle IPA, leve e refrescante.

TRAQUAIR HOUSE ALE

WESTERHAM FREEDOM ALE

WESTERHAM

www.westerhambrewery.co.uk

ROBERT WICKS FUNDOU a Westerham Brewery em Westerham, Kent, em 2004, numa antiga fábrica de laticínios. Com isso, a cidade voltou a ter uma cervejaria, algo que não ocorria desde 1965, quando a Black Eagle Brewery fechou.

Uma visita à Coleção Nacional de Culturas de Fermento ajudou Wicks a encontrar a levedura da Black Eagle, que ele usou para recriar o sabor das antigas cervejas locais. Muitas variedades da Wick são bastante lupuladas, com o lúpulo cultivado na região de Kent.

WHITE HORSE

www.breweryoxfordshire.co.uk

ANDY SMITH, APÓS UMA CARREIRA DE VINTE ANOS na indústria cervejeira, decidiu abrir a própria cervejaria e fundou a White Horse, em 2004. Localizada no vilarejo de Stanford-in-the-Vale, em Oxfordshire, dá para ver a figura do cavalo branco recortada no solo de greda que dá nome à cervejaria.

Uma das cervejas mais populares da White Horse é a Village Idiot, ale loura, ousada, que leva lúpulos Challenger e Bramling Cross.

WILD BEER

www.wildbeerco.com

"BEBA ALGO MUITO DIFERENTE" é o slogan da Wild Beer, lançada em 2012. Situada nas imediações de Bristol, busca produzir cervejas originais com fermentos selvagens complexos e uma série de ingredientes inusitados, cujo limite é apenas a imaginação do cervejeiro.

O portfólio inclui algumas envelhecidas em barris de carvalho, o que dá às maturadas um toque de baunilha e abundância de taninos, enquanto outras usam fermento de champanhe para reforçar a intensidade das bolhas.

WILLIAMS BROTHERS

www.williambrosbrew.com

ALLOA, NA ESCÓCIA, já foi uma próspera cidade cervejeira, com muitas fábricas de sucesso. O número diminuiu com o tempo e, se Scott e Bruce Williams não tivessem adquirido a Forth Brewery em 2003 para criar a Williams Brothers, não restaria nenhuma. A mais conhecida entre as cervejas é a Fraoch, feita com flores de urze em vez de lúpulo. As outras usam ingredientes populares nos primórdios da arte cervejeira. Eles buscam material em sebes, bosques, charcos e até na beira do mar. As receitas saem de antigos manuscritos.

WILLIAM WORTHINGTON

www.nationalbrewerycentre.co.uk

CONTROLADA PELA GIGANTE Molson Coors, localizada no Centro Nacional da Cerveja de Burton upon Trent, a William Worthington Brewery produz a mais autêntica India pale ale. A White Shield é uma sobrevivente dos anos 1820, quando ficou famosa por sobreviver à viagem marítima até a Índia, chegando lá clara e espumante. A produção foi feita longe de Burton por muitos anos, mas em 2000 o cervejeiro do Centro Nacional da Cerveja, Steve Wellington, persuadiu os proprietários da época (Bass) a voltar para o local de origem.

WOODFORDE'S

www.woodfordes.co.uk

WHERRY FOI A PRIMEIRA CERVEJA comercial feita pelos cervejeiros artesanais Ray Ashworth e dr. David Crease, quando lançaram a Woodforde's, em 1981. Os sócios faziam parte da nova leva de cervejeiros ingleses que, inspirados no exemplo dos americanos, estenderam as fronteiras tradicionais da bebida com preparações domésticas. Como muitos contemporâneos, Ashworth e Crease se rebelaram contra o que chamavam de "constante insipidez" das cervejas dos grandes grupos. Como resultado, Wherry é refrescante e vivaz.

WYE VALLEY

www.wyevalleybrewery.co.uk

WYE VALLEY SURGIU, EM 1985, graças a Peter Amor, ex-cervejeiro da Guinness. Inspirado pela antiga marca, uma de suas primeiras tarefas foi a criação da Dorothy Goodbody's Wholesome Stout. Clássico instantâneo, usa malte claro e cevada torrada para criar uma stout macia, com nota ácida. Originalmente era sazonal, mas agora está disponível o ano inteiro e ganhou vários prêmios. Butty Bach, HPA e Wye Valley Bitter são outras variedades.

WILLIAMS BROTHERS FRAOCH

WYE VALLEY DOROTHY GOODBODY'S WHOLESOME STOUT

ALEMANHA

O renome da cultura cervejeira da Alemanha se espalhou pelos quatro cantos do globo. Sedia a mais famosa festa da cerveja, a Oktoberfest de Munique. O país criou a Reinheitsgebot, a consagrada lei de pureza e qualidade, cujos parâmetros foram implantados no século XVI para regulamentar a produção de cerveja e exigem que a bebida seja feita apenas com cevada maltada, lúpulo, fermento e água – sem outras adições. Embora a lei tenha sido revogada pela corte europeia no final do século XX, continua a servir como referência, sendo amplamente utilizada não só na Alemanha, como por muitos cervejeiros de outros países.

A Alemanha acumulou um enorme patrimônio de cervejas tradicionais e orgulha-se de possuir mais de quinze tipos clássicos. Eles vão das cervejas de trigo turvas da Baviera, de Leipzig e de Berlim, com notas ácidas de banana e cravo, às misteriosas cervejas escuras e defumadas de Bamberg. No sul do país, os cervejeiros criam gloriosas helles douradas, enquanto no norte, ao longo das margens do Reno, espalham-se as inúmeras variedades de altbier.

Até há pouco tempo, os cervejeiros alemães eram considerados convencionais, relutantes quanto a novas ideias. Mas os tempos mudaram. De olho no futuro, descobriram cervejas ale aromáticas e saborosas, abrindo caminhos além da onipresente pilsen. Estilos perdidos no passado, como a defumada adambier de Dortmund, estão sendo ressuscitados, enquanto os novos artesãos experimentam fazer pale ale, IPA americana rica em lúpulo e cervejas envelhecidas. Para não ficar de fora, a indústria alemã do lúpulo, profundamente conservadora, vasculha seus registros para explorar possibilidades de rivalizar com opções mais aromáticas dos EUA e da Nova Zelândia. Pois é, a tradição adormecida das cervejas alemãs acordou.

CAMBA BAVARIA

Inspirada nas cervejas artesanais americanas, a Camba Bavaria conquistou o paladar conservador dos bávaros com cervejas ale lupuladas e especialidades maturadas em barris. O brewpub oferece vários tipos alemães e estrangeiros.

INFORMAÇÕES

PRODUTOR Camba Bavaria GmbH

FUNDAÇÃO 2008

ENDEREÇO Mühlweg 2, 83376 Truchtlaching

SITE www.cambabavaria.de

FILOSOFIA Preservar o excepcional e combiná-lo com variações contemporâneas do mundo inteiro

CAMBA BAVARIA
INDIAN PALE ALE

CAMBA BAVARIA
HELL

O CERVEJEIRO MARKUS LOHNER criou a Braukon, companhia especializada em equipamentos para fabricar cerveja. Antes disso, foi mestre cervejeiro na Hofbräuhaus de Newport, no Kentucky, EUA. O estado do uísque o mimou com cervejas envelhecidas no barril, e ele conheceu estilos internacionais raros em seu país. Retornou à Alemanha cheio de ideias de cervejas excepcionais. Foram postas em prática quando o centro de tecnologia da Braukon tornou-se local de produção da Camba Bavaria – novo projeto de Lohner. As primeiras cervejas seguiram o clássico estilo bávaro, mas as invenções posteriores abriram o leque. A Camba Bavaria foi uma das pioneiras alemãs na introdução de cervejas envelhecidas em barril. A Bourbon Barrels, bock escura maturada em barris de Woodford Reserve, surgiu em 2009. Em 2012, a companhia lançou cerca de quinze variedades, inclusive apostas refinadas, como uma light bock envelhecida em barris de carvalho de moscatel.

Além das raridades, a cervejaria oferece ale (pale, amber, brown e natalina) e outras. Lohner acredita que até os bávaros mais conservadores experimentam suas cervejas. Frequentadores do brewpub podem escolher entre 40 variedades, sendo quinze de chope.

NOTAS DE DEGUSTAÇÃO

INDIAN PALE ALE 8%

Laranja-escura, turva, com colarinho cremoso. Aroma de lúpulos frutados e boca cremosa. Começa com grapefruit, evolui para sabugueiro (sambuca) e mel e termina em um amargo prolongado.

HARMONIZAÇÃO: Vai bem com filé, pratos asiáticos apimentados, sopas quentes, queijos stilton, sobremesas doces e frutas.

HELL HELLES, 4,7%

Dourada, quase bronze, acetinada, com colarinho branco. Nariz maltado com especiarias e um toque de menta. Sua textura lembra pequenas agulhadas na língua, com corpo médio e final aromático.

HARMONIZAÇÃO: Ótima para matar a sede, grande companheira de rosbife, pato e pizza.

BOURBON BARRELS DOPPELBOCK, 8,5%

Castanha, matura por sete meses em barris de uísque. Aroma de cereja madura, uísque e baunilha enfeitam essa cerveja encorpada, de final quente e seco.

HARMONIZAÇÃO: Para tomar como digestivo ou degustar pura, vai bem com queijos azuis, chocolate amargo e charutos.

Sabor complexo
As notas vertiginosas das cervejas Camba envelhecidas em madeira apresentaram aos alemães novos sabores

CAMBA BAVARIA BOURBON BARRELS

FAUST

Embora a Faust predomine como cerveja local na Baixa Francônia, certas variedades têm qualidades que merecem reconhecimento internacional. A história da cervejaria também se desdobra por outros países.

INFORMAÇÕES

PRODUTOR Brauhaus Faust OHG

FUNDAÇÃO 1875

ENDEREÇO Hauptstraße 219, 63897 Miltenberg

SITE www.faust.de

FILOSOFIA Buscar o máximo de qualidade e sabor regionais

BRAUHAUS FAUST teve um passado tumultuado. Começou em 1654, por iniciativa de um francês que se mudou para a Alemanha após a Guerra dos Trinta Anos. Outro proprietário, August Krug, foi perseguido como líder do movimento liberal e fugiu para os EUA, onde abriu uma cervejaria depois chamada de Schlitz, em Milwaukee. Hoje a cervejaria Miltenberg encontra-se sob direção de Cornelius e Johannes Faust, cuja família adquiriu a empresa em 1875.

A Faust tem um estilo regional definido, embora o mestre cervejeiro e dono, Cornelius Faust, reconheça a inspiração do movimento internacional da cerveja artesanal. Como membro permanente do júri da World Beer Cup, ele conheceu cervejeiros americanos e aprendeu suas técnicas de uso do lúpulo. Isso o levou a desenvolver sua própria versão da Imperial IPA, rica em lúpulos alemães e americanos. Recebeu o nome de Auswanderer Bier 1849 (cerveja dos expatriados 1849), em homenagem a seus predecessores.

A Eisbock, outra cerveja interessante, coleciona prêmios internacionais. É uma bock congelada para extração de parte da água, que concentra, assim, o álcool. Depois descansa vários meses em carvalho. Quando maturada, é sedutora, macia e complexa, sem ser enjoativa. Faust lançou ainda uma edição vintage de sua doppelbock, e a Brewer's Reserve, forte, intensa no malte, feita para guarda. Sem falar na espetacular lager escura, feita o ano inteiro, temperada com uma pitada de malte defumado.

Fantasia escura
Como sugerem o rótulo imponente e a tampa atraente, é uma cerveja de suntuosa complexidade

FAUST
EISBOCK

FAUST
AUSWANDERERBIER 1849

FAUST
SCHWARZVIERTLER DUNKEL

NOTAS DE DEGUSTAÇÃO

EISBOCK BOCK, 11%
Castanha com tons avermelhados, essa cerveja envelhecida em carvalho apresenta baixa carbonatação. Doce, complexa, destaca aroma de malte e termina com notas de xerez.

HARMONIZAÇÃO: Como degustação ou com queijos fortes.

AUSWANDERERBIER 1849 IPA, 8%
Âmbar alaranjada, opaca, essa IPA imperial destaca aromas florais e frutados que lembram damasco, rosas e ervas. O sabor de caramelo antecede o final aromático de lúpulo; cremosa na boca.

HARMONIZAÇÃO: Com pratos condimentados e sobremesas doces.

SCHWARZVIERTLER DUNKEL DARK LAGER, 5,2%
Lager em tons de mogno, com notas de toffee e chocolate; a doçura se mescla com sabor de malte torrado e delicadas notas defumadas. Corpo médio, seca na boca, final aveludado, com fumaça.

HARMONIZAÇÃO: Experimente com carnes ou peixes defumados ou grelhados.

GOSLAR

Aos 16 anos, Odin Paul já sabia exatamente o que queria ser – cervejeiro independente. Mas ele não sabia que faria cerveja gose. Graças a ele, o estilo voltou a ser produzido na Alemanha.

INFORMAÇÕES

PRODUTOR Odin Paul

FUNDAÇÃO 2009

ENDEREÇO Marktkirchhof 2, 38640 Goslar

SITE www.brauhaus-goslar.de

FILOSOFIA Reviver os tempos da cerveja, oferecendo uma ampla gama de estilos e diversidade sensorial

EM 1980, ODIN PAUL começou seu aprendizado cervejeiro, numa época em que a gose praticamente sumira da cultura alemã. Estilo de cerveja de alta fermentação de trigo originário da cidade de Goslar, nos montes Harz, foi muito popular nos séculos XVI e XVII, mas saiu de moda. Só com o fim da República Democrática Alemã alguns cervejeiros de Leipzig reviveram sua versão da gose.

Ao mudar para Goslar em 2003, já mestre cervejeiro diplomado, ele conheceu um cervejeiro local que havia recriado a receita da gose a partir de fontes originais e preparava pequenos lotes caseiros. Ele pediu a Paul que fabricasse sua fórmula, garantindo a sobrevivência do estilo. Paul começou a produzir num brewpub, e a cerveja vendeu bem – não tardou para que montasse sua própria cervejaria. Escolheu uma casa tombada do século XVIII, no centro de Goslar. Para financiar o projeto, fundou uma cooperativa, convencendo mais de 170 moradores locais a participar. Eles hoje se orgulham de possuir uma cervejaria. O brewpub reabriu após reforma, em 2009, e ficou conhecido como "o restaurante mais simpático da cidade".

Paul produz três cervejas regularmente – pilsen, escura e gose light. Também faz lotes especiais de märzen, com diversos grãos. Ocasionalmente sai uma bock maturada em barris de uísque. Contudo, a gose light é a mais popular de todas. Curiosamente, não é ácida como a versão de Leipzig. "Antes, talvez a gose azedasse, principalmente se fosse transportada a lugares distantes. Aqui em Goslar, porém, nunca foi azeda", afirma. Paul adiciona mais sal e semente de coentro na cerveja, para ressaltar o sabor peculiar.

GOSLAR
HELLE GOSE

GOSLAR
RAMMELSBERGER PILS

NOTAS DE DEGUSTAÇÃO

HELLE GOSE 4,8%

Laranja dourado, levemente turva, com colarinho cremoso e branco. A Helle Gose apresenta notas sutis de especiarias e enxofre, lácteos e sal. Uma bebida cremosa, seca, espumante. O toque condimentado lembra pinheiro e ervas, enquanto o amargor frutado da casca de laranja predomina no final. Pouco encorpada, porém saborosa, com amargor sustentado.

HARMONIZAÇÃO: Para matar a sede, mas também desce gostoso com cream cheese, aspargo, frutos do mar e embutidos alemães adocicados, como chouriço e salsichão de fígado de ganso.

RAMMELSBERGER PILS 4,7%

Eis uma pilsen dourada, com tons alaranjados, turva, de colarinho branco cremoso. Seu aroma lembra feno, e o primeiro gole cremoso traz evocações de butterscotch. Seca, leve, tem final prolongado e amargor pronunciado.

HARMONIZAÇÃO: Fica muito boa quando acompanhada de pratos condimentados e grelhados, como peixe ou frango.

DUNKLE GOSE 4,8%

Cor de mel, escura, com névoa brilhante e colarinho denso, cor de creme. A Dunkle Gose oferece um nariz mais frutado que a Helle Gose. Após o primeiro gole, o amargor predomina e conduz a um final de especiarias sobre fundo amargo de grapefruit. Enche a boca, sedosa.

HARMONIZAÇÃO: Companheira perfeita para assados com um toque adocicado, como peito de pato ao mel.

Cobre oxidado
A Dunkle Gose não é filtrada, o que lhe dá uma aparência turva, com tons castanho-avermelhados, graças a três maltes distintos

GOSLAR
DUNKLE GOSE

HÁ SÉCULOS A CERVEJA DESEMPENHA PAPEL FUNDAMENTAL NA VIDA ALEMÃ, E OS APRECIADORES COSTUMAM SER FANÁTICOS PELAS VARIEDADES LOCAIS.

CHOVA OU FAÇA SOL, TOMAR UMA CERVEJA BÁVARA GELADA NUM BIERGARTEN DE BAMBERG É O MODO PERFEITO DE PASSAR O TEMPO.

RIEGELE

INFORMAÇÕES

PRODUTOR Dr Sebastian Priller

FUNDAÇÃO 1874

ENDEREÇO Fröhlichstraße 26, 86150 Augsburg

SITE www.riegele.de

FILOSOFIA Conquistar o status que a cerveja merece

Com Sebastian Priller à frente, a nova geração da Brauhaus Riegele assume a companhia, promovendo a cultura cervejeira, a formação de apreciadores e a produção de bebidas com personalidade.

SEBASTIAN PRILLER, diretor da Brauhaus Riegele, defende o requinte na apreciação da cerveja. "Considerando o trabalho por trás de uma boa cerveja, precisamos de uma nova abordagem, uma cultura que celebre seu consumo, desde a temperatura ideal até o copo adequado", defende. Com ele, a quinta geração da família Riegele chega ao poder na empresa. Priller se anima ao ver as pessoas redescobrindo a bebida "comum" no bar da cervejaria – experimentando uma imperial stout em temperatura ambiente ou uma double bock de trigo em taça de Bordeaux. Priller declara que adora conversar sobre os prazeres da cerveja com frequentadores e ama a cultura cervejeira em geral. Por muitos anos, porém, parecia que a cerveja não seria sua atividade. Terminou a faculdade de administração de empresas e fez carreira como consultor numa renomada empresa do ramo. Por quatro anos, viajou pelo mundo até se dar conta de seu destino e se unir ao pai na condução do negócio familiar, em 2006. Na época, Priller tinha 31 anos. Mas se formou sommelier de cerveja com distinção – nos anos seguintes, tornou-se vice-campeão mundial como sommelier de cerveja; depois, chegou a campeão mundial.

Priller valoriza seu mestre cervejeiro, Frank Müller: "Considero extremamente importante que o dono e o mestre cervejeiro atuem juntos por objetivos comuns". Ambicioso criador de cervejas, Müller granjeou reputação de especialista em fermento. Ele alimenta e utiliza mais de vinte tipos diferentes, desenvolvidos para uso em cervejas específicas. Por exemplo, criou uma dubbel belga e uma imperial stout inglesa, cada uma com sua variedade específica de levedura. Também usa fermento inglês para ale numa cerveja de adega não filtrada, o que lhe dá uma constituição única. No conjunto, Müller produz treze cervejas no clássico estilo alemão e algumas edições especiais, como a IPA, além de cervejas fortes maturadas em barris de carvalho usados em xerez e outras bebidas. Todas são produzidas com métodos tradicionais de preparo. As cervejas não são pasteurizadas, apenas aquecidas por um curto período para conservar os benefícios das vitaminas e de outros ingredientes saudáveis.

Vale a pena visitar Augsburg. A cervejaria oferece um passeio completo aos fãs de cerveja, com tours organizados, degustações abrangentes, aulas de cerveja artesanal e debates com especialistas, nos quais se aprende muito a respeito da avaliação sensorial de cervejas.

Variedade de escolha
A Riegele está na vanguarda do movimento que busca divulgar a originalidade da cerveja e enfatizar sua variedade

RIEGELE
KELLERBIER

RIEGELE
AUGSBURGER HERREN PILS

RIEGELE
COMMERZIENRAT RIEGELE PRIVAT

Copos de classe
A Dubbel tem colarinho consistente, que merece ser exibido num belo copo, como esse de pé alto

Lindo rótulo
Os rótulos são amarrados, dando um toque elegante ao conjunto, e podem ser colecionados

Estilo realça a qualidade
Garrafas com rolha, refinadas, são escolhidas para as edições especiais, como no caso da Dubbel

RIEGELE DUBBEL

NOTAS DE DEGUSTAÇÃO

KELLERBIER 5%
Alaranjada, clara com reflexos intensos, tem brilho opaco e colarinho com pequenas bolhas. Produzida com fermento inglês para ale, que lhe dá uma fragrância de fruta e fermento, com notas de damasco e pêssego, além de um leve aroma de torra no fundo. A fruta inicial aveludada contrasta com o inconfundível amargor. Final prolongado, fresco, quase seco.

HARMONIZAÇÃO: Vai bem com antepasto e picles, carnes curadas e presunto. Muito versátil com queijo – especialmente brie ou camembert. Também acompanha carnes grelhadas ou assadas.

AUGSBURGER HERREN PILS 4,7%
De um amarelo-palha, brilhante, com colarinho branco espesso, essa pilsen destaca o lúpulo. Notas florais e herbáceas dominam o aroma; o primeiro gole é suave, mas seco, com amargor definido equilibrado pelo aroma do lúpulo, de grama, feno e frutas cítricas. Final longo, espumante, elegante, com lúpulo.

HARMONIZAÇÃO: Aperitivo perfeito, pede pratos suaves, como salada, queijo de cabra, patê e terrine ou peixe grelhado.

COMMERZIENRAT RIEGELE LAGER, 5,2%
Lager de claro dourado e espuma fina. No nariz, doçura de biscoito maltado e agradável acidez de fruta, com toques florais e cítricos. Suavidade cremosa agrada ao paladar e evolui para corpo médio. A doçura recatada baila com a acidez delicada, ao ritmo de notas de lúpulo. Final macio.

HARMONIZAÇÃO: Sofisticação para matar a sede, boa com frios variados, lombo assado, carnes ensopadas e queijos cremosos.

DUBBEL 11%
Ale forte, ambarina, com brilho turvo e colarinho cremoso. A fermentação na garrafa com mel seduz, expondo um buquê floral e herbáceo que sugere notas alcoólicas. A doçura cremosa do primeiro gole evolui para uma cerveja encorpada, com mel, ameixa e amêndoa sob aconchego alcoólico. Equilíbrio entre amargo de frutas e ervas. Final médio, levemente amargo, reconfortante.

HARMONIZAÇÃO: Pede sabores intensos, como cervo, assados condimentados e pratos com cogumelos frescos. A Dubbel ganha valor ao ser tomada pura, mas vai bem com chocolate, queijos suíços fortes, como gruyère, e charutos.

Schlenkerla SCHLENKERLA

INFORMAÇÕES

PRODUTOR Heller-Bräu Trum GmbH

FUNDAÇÃO c. 1405

ENDEREÇO Dominikanerstraße 6, 96049 Bamberg

SITE www.schlenkerla.de

FILOSOFIA Tradição não é preservar as cinzas, é passar a tocha adiante

Tradições ancestrais podem render bebidas notáveis. A Schlenkerla de Bamberg não apenas salvou o antigo estilo rauchbier – cerveja defumada –, para alegria dos modernos cervejeiros artesanais, como desenvolveu variações inovadoras.

O BREWPUB DA SCHLENKERLA é um marco. Documentos de 1405 citando sua fabulosa märzen defumada registram que a cervejaria está em atividade pelo menos desde o início do século XV. O atual proprietário, Matthias Trum, é da sexta geração da família a gerir a empresa e batalha para preservar o legado de séculos de tradição cervejeira. Ele mesmo torra o malte em fornos a lenha de faia, assim como era feito antes de haver equipamentos modernos – por isso todas as cervejas tinham gostinho de fumaça.

Hoje o estilo só sobrevive na região de Bamberg, onde a cerveja defumada é companhia para todas as horas – uma cervejinha de boteco. Fora da região, torna-se curiosidade, ou quase. A Schlenkerla produz a mais afamada rauchbier. Como Trum ressalta, a receita é a mesma desde o século XV; só os equipamentos foram modernizados. Em outros países, a cerveja é reconhecida como melhor exemplo de rauchbier, servindo de referência para cervejeiros artesanais que desejam realizar experiências com maltes torrados. Tornou-se um paradigma da superespecialização alemã – mais até que a cerveja de trigo. Por ser a única lager alemã inteiramente de malte defumado, a Märzen Schlenkerla merece ser considerada um clássico eterno.

No entanto, Trum não parou no sucesso alcançado: em 2009, lançou uma doppelbock sensacional. A Eiche, que significa "carvalho", é de malte defumado com lenha de carvalho. A fumaça do carvalho dá à cerveja uma sutileza e uma personalidade complexa, mais até que a faia, lenha mais condimentada. No passado, torrar com carvalho era luxo, por ser madeira de construção. Trum, que alega ter desenvolvido a receita a partir de fontes ancestrais, criou uma cerveja deliciosamente moderna.

Bom começo
O colarinho da Märzen, muito denso e cremoso, é o charme que inicia essa cerveja complexa, defumada

SCHLENKERLA MÄRZEN

NOTAS DE DEGUSTAÇÃO

MÄRZEN 5,2%

A brilhante cor castanha da Märzen combina bem com o colarinho denso, espesso, cor de creme. A fumaça entra pelo nariz, com notas de couro, lenha queimada e turfa. O sabor da Märzen lembra presunto defumado sobre base de maltes tostados, um toque de chocolate e toffee – equilibrados por um amargor incisivo. Na boca, aparece sedosa, de corpo médio, seca e amarga no final defumado.

HARMONIZAÇÃO: Vai bem com carnes assadas (suína e bovina). Também acompanha pratos cremosos, como sopa de batata com bacon.

EICHE SMOKED DOPPELBOCK, 8%

Ambarina, com tons avermelhados e colarinho branco luminoso. A doppelbock defumada tem aroma agradável de lenha queimada, com notas de baunilha e tostados. A textura macia destaca sabores de toffee, mel e terra, que desembocam num final harmonioso.

HARMONIZAÇÃO: Como a Märzen, mas é acima de tudo uma grande cerveja de degustação. Vai bem também com chocolate e queijos intensos.

URBOCK 6,5%

Marrom, escura, com reflexos avermelhados, essa bock defumada tem colarinho cor de creme e nariz com fumaça. Sabor condimentado de presunto, cinza e lenha queimada se equilibra com o malte aromático adocicado e notas de frutas secas, chocolate e toffee. O amargor ao fundo estrutura a bebida encorpada. Na boca, o aveludado acompanha o final com fumaça e tostados.

HARMONIZAÇÃO: Acompanha carnes fortes, como pato, ganso ou filé apimentado.

SCHLENKERLA
EICHE

SCHLENKERLA
URBOCK

SCHNEIDER WEISSE

INFORMAÇÕES

PRODUTOR Weisses Bräuhaus G. Schneider & Sohn GmbH

FUNDAÇÃO 1872

ENDEREÇO Emil-Ott Straße 1-5 93309 Kelheim

SITE www.schneider-weisse.de

FILOSOFIA Mais de 140 anos dedicando conhecimentos, habilidades e alma ao verdadeiro deleite

A tradicional cervejaria especialista em variedades de trigo tornou-se pioneira no novo cenário da cerveja artesanal alemã. Defende parcerias, envelhecimento no barril e dry hopping e sempre se destacou pelas inovações sustentáveis.

PODE-SE DIZER QUE A SCHNEIDER WEISSE salvou a cerveja de trigo para o século XX. Os governantes bávaros passaram 200 anos monopolizando o direito de produzir cerveja de trigo. O então ducado mantinha uma série de cervejarias "brancas" – Weiße Brauhäuser – e lucrava obrigando os donos de bares e estalagens a vender a produção real. Quando a cerveja de trigo saiu de moda, no século XVIII, o rei arrendou as cervejarias e vendeu os direitos de produção. Georg Schneider fazia a bebida para os soberanos, acreditou no estilo e foi o primeiro empresário a adquirir uma licença, fundando a Schneider Weisse em 1872.

Hoje a cervejaria pertence à sexta geração da família. Georg Schneider VI consagrou-se como especialista em cervejas de trigo. Ele ainda produz a Original, uma cerveja de trigo bávara de coloração âmbar, de acordo com a fórmula. A fermentação aberta em recipientes dos quais o cervejeiro retira a espuma acre, de sabor amargo, e a segunda fermentação na garrafa para aprimorar a textura são características do processo tradicional. A Aventinus, lançada em 1907, primeira doppelbock de trigo da Baviera, há muito alcançou a fama, conquistando prêmios em competições internacionais.

Ainda assim, a Schneider Weisse é uma cervejaria do século XXI, tanto quanto uma instituição tradicional. Em 2007, foi a primeira empresa alemã a fazer cerveja em parceria. Com Garrett Oliver, da americana Brooklyn Brewery, o mestre cervejeiro da Schneider, Hans-Peter Drexler, criou uma doppelbock inusitada, com dry hopping, que entrou no portfólio como Tap 5 – Meine Hopfenweisse. Schneider também realizou experiências com maturação em barril e costuma lançar edições especiais.

SCHNEIDER WEISSE
TAP 7 – UNSER ORIGINAL

SCHNEIDER WEISSE
TAP 5 – MEINE HOPFENWEISSE

SCHNEIDER WEISSE
TAP 6 – UNSER AVENTINUS

NOTAS DE DEGUSTAÇÃO

TAP 7 – UNSER ORIGINAL WHEAT BEER, 5,4%

A Original é uma cerveja de trigo bávara ambarina, com colarinho alto e aroma de banana madura, cravo e nozes. Após o primeiro gole espumante, é encorpada, com sabor agradável de malte equilibrado por especiarias, frutas e uma leve acidez, com final suave.

HARMONIZAÇÃO: Ótima com carne assada, peixe frito, queijo camembert e sorvete de frutas.

TAP 5 – MEINE HOPFENWEISSE DOPPELBOCK, 8,2%

Essa doppelbock de trigo amarelo-alaranjada se destaca pelos intensos aromas florais e frutados, reminiscentes de frutas exóticas. O amargor intenso é equilibrado pelo caráter frutado do fermento e a doçura do malte. Termina em especiarias e aroma de lúpulo.

HARMONIZAÇÃO: Vai bem com peixe defumado, pratos apimentados, molhos e chutney.

TAP 6 – UNSER AVENTINUS DOPPELBOCK, 8,2%

Escura, rubi, essa doppelbock escura de trigo contém leveduras de alta fermentação, colarinho compacto e aroma frutado, ácido, com notas de chocolate. O sabor ligeiramente ácido combina com a boca sedosa, equilibrada por sabores de banana, toffee, pera e chocolate amargo, chegando a um final seco, com cravo.

HARMONIZAÇÃO: Experimente como digestivo. Tente sabores intensos, como cervo assado, queijos azuis e chocolate.

SCHÖNRAM

Tocada pela oitava geração da mesma família, a ancestral cervejaria bávara Schönram tem lugar na nova onda da cerveja artesanal alemã devido à priorização da qualidade e à presença de um mestre cervejeiro internacional.

INFORMAÇÕES

PRODUTOR Alfred Oberlindober

FUNDAÇÃO 1780

ENDEREÇO Salzburger Straße 17, 83367 Petting/Schönram

SITE www.brauerei-schoenram.de

FILOSOFIA Tornar as coisas boas ainda melhores

A FILOSOFIA DA SCHÖNRAM, sediada em Chiemgau, foi explicada pelo atual proprietário, Alfred Oberlindober, como o desejo de "atingir uma meta: fazer boa cerveja, não para todos, mas para quem a aprecia". Como enfatiza, o volume da produção é sua menor preocupação: "A qualidade sempre foi nossa prioridade. Qualidade, não quantidade".

Contudo, a atitude de Oberlindober não significa que a cervejaria descarte crescer. Na verdade, desde que Oberlindober assumiu a direção, em 1994, aos 27 anos, ele triplicou a produção da cervejaria familiar de 17 mil hl para 55 mil hl (10.400 para 33.600 barris). Ele vem sendo o maior instigador das iniciativas para consagrar uma era de imenso sucesso para a empresa. Mas o aumento na produção também se deve a outra vantagem da Schönram. Pouco depois de assumir a direção, Oberlindober contratou um mestre cervejeiro norte-americano, Eric Toft. Para esse artista da cerveja, não há nada mais revoltante que um sabor medíocre. Não admira que tenha desempenhado, nos anos 1980, papel fundamental no movimento estadunidense pela cerveja artesanal. Cansado de ver as bebidas populares aguadas que predominavam na época, Toft e outros entusiastas de todos os setores começaram a produzir cervejas de alta qualidade e muita personalidade.

Toft estudava geofísica em Golden, no Colorado, e começou a fazer cerveja por hobby. Foi picado pela mosca cervejeira e viajou para a Europa, onde aprendeu, do zero, a arte. Obteve conhecimentos valiosos em países como Suíça, Bélgica e Alemanha e hoje ensina cervejeiros alemães. Na Schönram, Toft ganhou fama de especialista em lúpulo. Enquanto a maioria de seus colegas alemães usa só um lúpulo amargo, ao lado de uma combinação constante de uma ou duas variedades aromáticas para todas as cervejas, ele cria um perfil para cada uma delas. "O lúpulo confere caráter à cerveja", declara. Não admira que sua India pale ale tenha sido a primeira feita na Alemanha. Ele também lançou a primeira bock single hop (único tipo de lúpulo). Convicto de que a localização influencia o lúpulo e a cevada usados, sua ambição é simples: "Quero mostrar que o terroir é importante".

Primeira da turma
A cervejaria acredita que a Schonramer Hell seja uma das cervejas mais populares do sudeste da Baviera

Estrela dourada
Cuidadosamente escolhida por Toft, a cevada utilizada confere à cerveja sua coloração dourada característica

SCHÖNRAM HELL

SCHÖNRAM PILS

NOTAS DE DEGUSTAÇÃO

HELL 5%

Clara, dourada, com colarinho cremoso branco. Possui aroma de ervas, mel e um toque cítrico. Textura de espumante, e a carbonatação se esvai na boca. Corpo leve a médio, com maltes, aroma de grama do lúpulo e final harmonioso.

HARMONIZAÇÃO: Fina companheira para pratos com salsicha alemã, presunto, queijos suaves. Boa também com ensopados e bolo cremoso de frutas.

PILS 5%

De cor de ouro claro brilhante sob colarinho branco, apresenta complexo buquê de lúpulo que remete a gerânio, ervas e cítricos. Vivaz, seca, com corpo enxuto e amargor pronunciado, oferece aroma floral e de pinho nas bordas, contribuindo para a complexidade. O final é prolongado, amargo, aromático.

HARMONIZAÇÃO: Delicioso aperitivo, acompanha pratos aromáticos leves, como salada de folhas com queijo de cabra ou peixe sautê com batatas salteadas em manteiga e ervas.

BAVARIAS BEST 10%
Marrom quase preta, com tons de rubi e espuma ocre no colarinho, essa imperial stout destaca o aroma de chocolate amargo, com um toque de baunilha e cereja. Após o primeiro gole condimentado, surge o aroma complexo de maltes tostados, e a textura macia desperta notas de frutas escuras. Menta e ligústica escoltam a bebida até o final.

HARMONIZAÇÃO: Vai bem com pratos à base de carne, pão de ló cremoso, bolo floresta negra e queijos maduros, como comté ou cheddar.

ALTBAYRISCH DUNKEL 5%
Escura, marrom, com tons de vermelho e colarinho creme, essa lager escura exala aroma de laranja, ervas e casca de pão. Corpo médio sedutor com toffee e chocolate, com sequência de pinheiro do lúpulo aromático refrescante. A Altbayrisch Dunkel tem final aromático amargo.

HARMONIZAÇÃO: Acompanha bem churrasco, queijos frutados saborosos, como gouda e cheddar, ou panqueca e outras sobremesas suaves.

SAPHIR BOCK 8%
Cerveja dourada, amarela, com colarinho branco. Aroma de frutas ácidas que evolui para ameixa, melão e limão. Primeiro gole suave, com efervescência delicada. Notas florais que remetem a gerânio completam o sabor amargo intenso, que no final prolongado inclui notas de pimenta e ervas. Seca, com o quente do álcool.

HARMONIZAÇÃO: Excelente para servir em taça de Bordeaux, acompanha queijos suíços pungentes e carnes condimentadas.

Artes negras
Pelo mundo inteiro, cervejarias tentam se destacar produzindo sensacionais variedades de imperial stout, como a complexa Bavarias Best

SCHÖNRAM BAVARIAS BEST

SCHÖNRAM
ALTBAYRISCH DUNKEL

SCHÖNRAM
SAPHIR BOCK

STÖRTEBEKER

Outrora cervejaria estatal, a Störtebeker estava em más condições quando a Nordmann, da Alemanha Ocidental, assumiu a direção em 1991. Ela modernizou as instalações e conquistou os moradores locais graças à ênfase no sabor.

INFORMAÇÕES

PRODUTOR Jürgen Nordmann

FUNDAÇÃO 1991

ENDEREÇO Greifswalder Chaussee 84-85, 18439 Stralsund

SITE www.stoertebeker.com

FILOSOFIA Não trabalhamos com produção em massa; as cervejas devem se destacar pelo sabor

DESDE 1827 HÁ UMA CERVEJARIA NO LOCAL. No transcorrer do século XIX, a companhia original, Stralsunder Brauerei, tornou-se a principal fornecedora dos balneários da costa báltica. Após a Segunda Guerra Mundial, a Alemanha Oriental estatizou a empresa. As cervejas conquistaram boa reputação nos anos 1970, mas o equipamento aos poucos se tornou obsoleto. Logo após a reunificação, um grande atacadista da Alemanha Ocidental, Nordmann, comprou o terreno e fez ali sua sede. Modernizou a cervejaria e passou a fabricar três cervejas: dois tipos regionais com a marca Stralsunder e a premium Schwarz-Bier. Inspirando-se na trágica lenda do bucaneiro medieval alemão Klaus Störtebeker, que lutou contra os mercadores da Liga Hanseática no mar do Norte e no mar Báltico, nos anos 1400, a Stralsunder Brauerei batizou a cerveja preta de Störtebeker Schwarz-Bier. Lançada em 1991, logo se tornou a campeã de vendas da Stralsund Brewery. Outras de sabor original foram lançadas na linha Störtebeker, que acabou por se tornar o nome da companhia.

Em 2012, a empresa adotou o nome Störtebeker Braumanufaktur e criou um espaço amplo para eventos na cervejaria, com ênfase em degustações e menus de harmonização, voltados a profissionais. O cofundador Jürgen Nordmann declara que gosta de ser dono de cervejaria. Para ele, "é muito gratificante fazer algo que reflete a identidade cultural da região". A Störtebeker pretende continuar desafiando os consumidores. Em 2012, lançou a Atlantik-Ale, pale ale seca, forte no aroma de lúpulo e com sabor inigualável, diferente de tudo que se fabrica na costa do Báltico.

STÖRTEBEKER SCHWARZ-BIER

STÖRTEBEKER ATLANTIK-ALE

STÖRTEBEKER KELLER-BIER 1402

NOTAS DE DEGUSTAÇÃO

SCHWARZ-BIER BLACK LAGER, 5%

Marrom como café, ligeiramente turva, com colarinho creme. Abre com aroma de toffee e tostados, seguido de chocolate. No paladar macio inicial, tem café, chocolate, tostados, em corpo médio apoiado em modesto amargor. Final aveludado, com notas torradas.

HARMONIZAÇÃO: Muito boa para acompanhar pratos de sabor pronunciado, como filé grelhado, peixe defumado, queijos como emmental e sobremesas com chocolate meio amargo.

ATLANTIK-ALE PALE ALE, 5,1%

Dourada, opaca, tem um colarinho espetacular. Apresenta buquê delicado, com aroma exótico e cítrico sobre notas florais. No primeiro gole, o corpo leve e seco é dominado por um forte amargor de fruta. Na boca, alguma adstringência e pequenas agulhadas na língua. Final longo, amargo.

HARMONIZAÇÃO: Experimente com cavala ou anchova grelhada, sardinha frita, faláfel ou frango assado bem temperado.

KELLER-BIER 1402 4,8%

Amarela, clara, turva, colarinho firme. Destaca aromas florais e de relva. Frutada, tem lúpulo fragrante, equilibra doçura com acidez da levedura. Corpo médio, lúpulo sem exagero, com final aromático.

HARMONIZAÇÃO: Excelente acompanhamento para carne cozida, frango, aspargo, carne marinada e frutos do mar.

INFORMAÇÕES

PRODUTOR Freistaat Bayern (Estado Livre da Baviera)

FUNDAÇÃO 1040

ENDEREÇO Alte Akademie 2, 85354 Freising

SITE www.weihenstephaner.de

FILOSOFIA Combinar tradição com os modernos avanços técnicos e científicos

WEIHENSTEPHAN

Weihenstephan é uma lenda no mundo da cerveja. Mantém vínculos fortes com a famosa academia, é a cervejaria mais antiga em funcionamento e equilibra tradição com alta capacidade técnica.

A PRIMEIRA REFERÊNCIA à Weihenstephan é de documentos do ano 1040, declarando que o mosteiro da montanha de Weihenstephan tinha o direito de produzir cerveja. Embora a autenticidade do certificado seja contestada, sabemos que o mosteiro foi fundado em 725 e que o dono de uma plantação de lúpulo nas imediações pagava em espécie o dízimo aos monges. Isso leva à conclusão de que a fabricação de cerveja em Weihenstephan ocorria antes do século XI, o que a torna a mais antiga cervejaria em funcionamento no mundo.

Com o fechamento do mosteiro, em 1803, a propriedade e os direitos cervejeiros foram transferidos para o Estado. Em 1852, tornou-se uma escola agrícola que ministrava cursos de produção cervejeira, entre outros. Em 1919, virou academia e, em 1930, a academia foi incorporada à Universidade Técnica de Munique. Em 1921, a Weihenstephan recebeu o título de Bayerische Staatsbrauerei (Cervejaria Oficial da Baviera).

A Academia Weihenstephan formou gerações de mestres cervejeiros e atrai estudantes do mundo inteiro para praticar suas habilidades no local. Em termos de pesquisa e desenvolvimento, a academia e a cervejaria cooperam intensamente, garantindo que o conhecimento científico e a produção prosperem. O primoroso sistema de controle de qualidade não é acidental. O Premium Bavaricum, como ficou conhecido, é um sistema de monitoramento com múltiplos estágios, operado por cervejeiros e cientistas da universidade, que contam com a mais avançada tecnologia à disposição. A cerveja de trigo e a lager Weihenstephan são bons exemplos do estilo local e podem ser apreciadas em mais de 40 países. O compromisso com a tradição significa que as cervejas, na maioria, são clássicos. Uma exceção à regra é a colaboração com a Boston Beer Company, que resultou na Infinium, lançada em 2010. Trata-se de uma ale forte, de dupla fermentação, feita com fermento de vinho. Uma bebida complexa, de textura agradável.

WEIHENSTEPHAN ORIGINAL

WEIHENSTEPHAN VITUS

WEIHENSTEPHAN HEFE WEISSBIER

NOTAS DE DEGUSTAÇÃO

ORIGINAL PALE ALE, 5,1%

Helles brilhante, cor de ouro claro; no nariz, oferece um aroma adocicado agradável de malte. A doçura inicial conta com a companhia de aromas elegantes de lúpulo, com moderado amargor. A fina carbonatação e o final macio harmonizam com a sutil nota ácida.

HARMONIZAÇÃO: Vai bem com sanduíche, ensopado ou pão de ló.

VITUS WEIZENBOCK, 7,7%

Turva, cor de ouro claro, essa bock de trigo é fermentada na garrafa. Aroma frutado com notas de baunilha e traços de fumaça do fermento surgem entre as bolhas de uma carbonatação sedosa. Encorpada, proporciona sabores ricos de frutas e especiarias, antes do final suave.

HARMONIZAÇÃO: Desce bem com carne defumada ou assada, queijos azuis, ou doces à base de frutas.

HEFE WEISSBIER WHEAT BEER, 5,4%

Opaca, com colarinho branco alto sobre dourado suave, essa cerveja de trigo abre com aroma agradável e adocicado de banana, cravo e levedura. Começa doce, frutada, encorpada, macia na boca e termina seca e suave.

HARMONIZAÇÃO: Boa com frango assado, frutos do mar, sorvete, pratos com aspargo e Weißwurst – salsicha branca de vitela.

ALDERSBACH

www.aldersbacher.de

SITUADO EM UM LOCAL ESPETACULAR no sudeste da Baixa Baviera, o conjunto arquitetônico do mosteiro barroco de Aldersbach foi comprado em 1811 pelo barão Von Aretin. Desde então, os Aretin investiram na propriedade, fazendo pousada, cervejaria de porte médio e uma Bräustüberl, espécie de pub onde os fregueses podem eventualmente levar a própria comida. Dando prosseguimento às tradições cervejeiras monásticas da mais alta qualidade, o portfólio abrange os clássicos bávaros, da cerveja de trigo à lager escura, sendo a helles Urhell a mais popular.

ALPIRSBACHER

www.alpirsbacher.de

DESDE 1877, OS GLAUNER cultivam a arte cervejeira em Alpirsbach, vilarejo na Floresta Negra. Graças à água mole do poço da família, produzem uma ótima pilsen. Tradicionalistas, empregam flor de lúpulo. Tudo isso contribui para o sabor requintado de suas cervejas, que são um exemplo magnífico do estilo. A Alpirsbacher oferece uma ampla gama de lager e cervejas de trigo, tendo recentemente lançado uma versão no estilo belga abadia.

ANDECHS

www.andechs.de

DESDE 1455, SE FAZ CERVEJA nessa abadia, sendo sua maior fonte de renda. A produção anual da moderna cervejaria – segundo os monges – chega a 100 mil hl (84 mil barris) e não para de crescer; muitos atribuem o sucesso ao teor alcoólico e à alta qualidade. A mais famosa é a Andechser Doppelbock Dunkel. Anualmente o mosteiro de Andechs atrai mais de 1,5 milhão de peregrinos em busca da formidável cerveja escura e encorpada.

APOSTELBRÄU

www.apostelbraeu.de

INSPIRADO POR UMA SENHORA que cultivava espelta (trigo-vermelho), Rudolf Hirz, da cervejaria Apostelbräu, começou a fazer cerveja spelt (Dinkelbier), em 1989. Foi pioneiro na Alemanha, pouco depois de a justiça europeia determinar que a lei de pureza Reinheitsgebot não valeria mais *(p. 52)*. Desde que assumiu o negócio da família, em 2005, Hirz faz experiências com vários estilos e foi um dos primeiros cervejeiros alemães a produzir pale ale à moda inglesa. Em boa parte, suas criações são exportadas à Itália e aos EUA, mas só na Birreria bávara é possível experimentar todas – belo incentivo para uma viagem.

ARCOBRÄU

www.arcobraeu.de

A CERVEJARIA NO CASTELO DE MOOS existe desde 1567. Holger Fichtel a dirige, na Baixa Baviera, para os descendentes da nobre família Arco-Zinneberg. A cervejaria mantém sua própria cultura de fermento e se orgulha da pureza da levedura – os cervejeiros usam fermento fresco a cada lote da Zwickl, cerveja não filtrada; outras fábricas utilizam o mesmo fermento até quinze vezes. Segundo Fichtel, assim ele consegue obter um frescor inigualável.

ASGAARD BRAUEREI SCHLESWIG

www.asgaard.de

OS DEUSES PAGÃOS entre os vikings cervejeiros eram chamados de æsirs e, segundo a mitologia nórdica, gostavam de beber e viviam em Asgaard. Para Ronalt T. Carius, nada mais óbvio que batizar sua "cerveja celeste" com o nome do lar dos deuses nórdicos ao inaugurar a cervejaria e pub, em 1994, na cidade de Schleswig, em território de antiga ocupação viking. The Divine, amber lager intensa em malte, tem 4,8% de teor alcoólico, oferecendo notas frutadas e um amargor intenso, indiscutível.

AU-HALLERTAU

www.auer-bier.de

DESDE 1846, OS BARÕES Beck von Peccoz residem e fazem cerveja no castelo Au-Hallertau, que se ergue no centro da maior área de cultivo de lúpulo da Alemanha. Eles oferecem o portfólio clássico de lager, helles e dunkle. Contudo, quando perguntaram qual era sua cerveja favorita, Michael Beck von Peccoz citou a Hallertauer Pale Ale, uma especialidade, explicando: "A tradição familiar reza que devemos acompanhar as tendências". Não espanta, portanto, que na adega refrigerada as cervejas maturem em barris de carvalho.

AUGUSTINER

www.augustiner.de

CERVEJARIA MAIS ANTIGA DE MUNIQUE, fundada em 1328, a Augustiner Bräu era originalmente parte do mosteiro dos agostinhos, vinculado à catedral. Hoje opera em forma de sociedade limitada – uma fundação de caridade formada pelo último proprietário particular, a família Wagner, controla 51% do empreendimento. Com equipamento de última geração, utiliza a água de um poço situado no terreno da fábrica e faz sua própria maltagem. A cervejaria sobrevive e prospera, apesar da ausência de marketing e publicidade. Os proprietários acreditam que as cervejas devem falar por si – e elas realmente falam, de maneira convincente. Estrela da casa, a Lagerbier Hell é uma lager clara, com sabor pronunciado de malte e amargor discreto de lúpulo. É vendida na taberna da cervejaria, a Bräustüberl.

AYINGER

www.ayinger.de

A POPULAÇÃO DE MUNIQUE é altamente suscetível à cultura cervejeira sofisticada. A cervejaria Ayinger, a meia hora de carro a sudeste da cidade, aspira a atender à demanda mais requintada. Famoso pela fina culinária bávara, o restaurante da Ayinger tornou-se ponto de encontro de bon vivants locais, que valorizam a cerveja. Receitas tradicionais com mais de um século foram atualizadas; a nova Lager Hell é mais suave que a anterior. Quem procura uma bebida encorpada deve experimentar a famosa Celebrator, doppelbock escura para exportação.

BARRE

www.barre.de

SEGUNDO O PROPRIETÁRIO, a Barre foi pioneira na produção de pilsen no norte da Alemanha. Inaugurada em 1842, a maior cervejaria privada da Westphalia Oriental é dirigida por Christoph Barre, da sexta geração da família. Ele se orgulha muito de manter a independência da companhia, num mundo em que inúmeras cervejarias familiares sucumbiram. Entre as cervejas produzidas pela empresa, merecem destaque a Barre Pilsener e a Barre Festbier. A cervejaria atrai grande número de visitantes, mais de 7 mil por ano. Eles saboreiam os pratos do restaurante regional e conhecem os antigos métodos artesanais de produção de cerveja na adega transformada em museu.

BAUHÖFER

www.ulmer-bier.de

A REGIÃO DE ORTENAU, na parte setentrional do vale do Reno, vizinha da região da Alsácia, na França, foi abençoada com prazeres sensoriais, como alimentos e vinho. A cerveja comum insípida não atende à alta expectativa da região. Gustav Bauhöfer, mestre cervejeiro da quarta geração dos donos da cervejaria, criada em 1852, dedica-se a garantir que as cervejas sejam do mais alto nível. Uma das especialidades renomadas da região é a Ulmer Maibock, produzida desde 1893, cujo nome homenageia a cidade de Renchen-Ulm. Dourada, essa famosa bock combina leveza com profundidade, caráter com facilidade de beber. As diversas medalhas e prêmios recebidos anualmente pela Bauhöfer provam que a cervejaria possui o segredo para fazer grandes cervejas.

BAYERISCHER BAHNHOF

www.bayerischer-bahnhof.de

OS PRÉDIOS DO TERMINAL FERROVIÁRIO mais antigo do mundo ainda operacional (construído em 1842), em Leipzig, abrigam desde 2000 as instalações de um imenso bar e cervejaria, o Bayerischer Bahnhof. Conquistou fama entre os fãs da cerveja, principalmente como pub onde se bebe uma especialidade, a cerveja Original Leipziger Gose. Além do estilo ácido, o mestre cervejeiro Matthias Richter produz a Berliner Weiße de acordo com a receita original, para exportação aos EUA, além de realizar experiências com folhas de pinheiro e ervas nas edições especiais servidas em festivais. Outras opções incluem a pilsner Schaffner ("maquinista"), a Kuppler ("operador"), cerveja de trigo de alta fermentação, e a Heizer ("foguista"), cerveja escura, leve, doce e aveludada.

BERG BRAUEREI

www.bergbier.de

NA MESMA FAMÍLIA DESDE 1757, a cervejaria Berg está sob direção de Uli Zimmermann Jr. e sua esposa, Beate. Com a filosofia "Pequena mas poderosa! Menos é mais!", usa ingredientes regionais de qualidade e métodos cervejeiros tradicionais, como fermentação e maturação a frio, sem pressão. Dado o status cult da Ulrichsbier, uma lager vivaz e marrom, eles se sentiram encorajados a fazer cervejas com personalidade, deixando de lado modismos. Por conta de sua individualidade e sua natureza única, a Berg Brauerei se tornou uma das mais renomadas cervejarias da Suábia setentrional.

BERGQUELL BRAUEREI LÖBAU

www.bergquell-loebau.de

A CERVEJARIA LUSÁCIA Bergquell Brauerei Löbau é conhecida na Alemanha pela porter de alta fermentação – levemente adocicada pelo açúcar do malte, possui um sabor suave inconfundível. As variedades incluem Lausitzer Porter, Kirsch-Porter (cereja) e Erdbeer-Porter (morango). Eles fizeram a fama da cervejaria para além de sua sede na Saxônia, com consequente aumento das vendas. Fundada em 1846, interrompeu a produção por um breve período, após o colapso da Alemanha Oriental. Em 1996, no 150º aniversário da casa, o proprietário Steffen Dittmar inaugurou as novas e modernas instalações. Ele se orgulha de poupar recursos naturais graças à avançada tecnologia.

BISCHOFF

www.bischoff-bier.de

CRIADA EM 1866, a cervejaria Bischoff de Winnweiler, no Palatinado, está sob comando de um membro da quinta geração da família, Sven Bischoff. Até hoje usa como depósito a adega de pedra construída pelo fundador. Bischoff oferece uma vasta gama de produtos, de lager clara a cervejas de trigo e especialidades como a Steinbrecher Original, uma lager ambarina com malte em destaque. A mais popular continua sendo a pilsen. Contudo, os cervejeiros também realizam experiência com barris queimados e lascas de madeira, que são acrescentadas à Bockbier clara durante a maturação.

BOLTEN

www.bolten-brauerei.de

EM KORSCHENBROICH, na região do baixo Reno, desde 1266 há uma cervejaria. Devido a isso, a Bolten alega ser a mais antiga cervejaria de altbier da Alemanha. A família produz cerveja em Kraushof desde 1753, mas vendeu a empresa em 2005. Michael Hollmann, ex-diretor de um grande grupo cervejeiro, comprou a firma e a transformou num marco regional. A deliciosa Ur-Alt é uma ale não filtrada que remete às origens da cervejaria.

BOLTEN UR-ALT

BÜRGERBRÄU BAD REICHENHALL

www.buergerbraeu.com

BAD REICHENHALL é uma cidade com minas de sal, o que gera uma população sedenta. A Bürgerbräu, inaugurada em 1633, possui também seis bares na serra dotados de cervejaria, incluindo o Alte Post, no centro de peregrinação de Altötting, e o Berghof Schroffen, em Bad Reichenhall. O portfólio inclui cervejas claras e escuras, do tipo lager, trigo e bock. A lager Alpenstoff, leve, de cor dourada, se destaca pelo rótulo moderno e foi especialmente desenvolvida para atrair os jovens.

BÜRGERLICHES BRAUHAUS SAALFELD

www.brauhaus-saalfeld.de

RALF HOHMANN, mestre cervejeiro da Saalfeld, orgulha-se com razão da cerveja Ur-Saalfelder (âmbar) e da clara Saalfelder Bock. As duas ganharam o European Beer Stars em diversas ocasiões. A cervejaria familiar data de 1892 e se tornou companhia aberta em 1925. Entre 1948 e 1991, foi controlada pelo governo da RDA e, após a reunificação, recebeu 7 milhões de euros em investimento privado. A Bürgerliches Brauhaus enfatiza as cervejas de baixa fermentação, com destaque para três diferentes tipos de pilsen.

CREW ALE WERKSTATT

www.crewale.de

MARIO HANEL e Timm Schnigula, dois jovens consultores empresariais, descobriram a pale ale em viagens pelo mundo e decidiram: "Queremos isso na Alemanha". Largaram o emprego, desenvolveram a receita e fundaram uma cervejaria para produzir sua pale ale. Ela saiu em 2011 e não é vendida como pilsen, lager nem de trigo. Com o triplo de lúpulo de uma pilsen, de diferentes variedades aromáticas pouco comuns na Alemanha, a pale ale é apenas uma entre diversas cervejas produzidas. A IPA (India pale ale) também consta do portfólio. Embora a empresa tenha escolhido Munique como sede, a cervejaria contratada para produzir a linha dela, Schlossbrauerei Hohentann, fica a uma hora de viagem a nordeste.

CREW ALE WERKSTATT IPA

DISTELHÄUSER FRÜHLINGSBOCK

DACHSBRÄU WEILHEIM

www.dachsbier.de

QUANDO GEORG DACHS, mestre cervejeiro de Munique, chegou a Weilheim em 1879, adquiriu uma propriedade rural com cervejaria, atualmente conhecida como Dachsbräu. Seus descendentes, Ulrich Klose, a filha Ulrike e o filho Günter, produzem cerveja de trigo conforme a receita e o sistema tradicionais – o que inclui os exigentes métodos de fermentação na garrafa. A família também emprega o coolship, recipiente aberto, grande e raso para resfriamento do mosto. Além da cerveja de trigo, a Dachsbräu oferece típicas cervejas lager bávaras, a exemplo da blond, escura, bock e festbier.

DINKELACKER-SCHWABENBRÄU

www.privatbrauerei-stuttgart.de

A FUSÃO DAS CERVEJARIAS Dinkelacker e Schwabenbräu ocorreu em 1994; a companhia passou um rápido período sob controle do grupo InBev, de 2004 a 2007, até que Wolfgang Dinkenlacker, bisneto do fundador, a recomprou. Com 600 empregados e marcas como Dinkelacker, Schwabenbräu, Sanwald, Cluss, Haigerlocher, Sigel Kloster e Wulle, é uma das maiores cervejarias particulares de Baden-Württemberg. Destacam-se a CD-Pils, primeira pilsen de Stuttgart, cujo nome usa as iniciais do fundador da casa, Carl Dinkelacker, e a Wulle-Bier, relançada em 2008 como cult.

DISTELHÄUSER

www.distelhaeuser.de

A FAMÍLIA BAUER CUIDA da cervejaria Distelhäuser, às margens do Tauber, desde 1876. Com brio, produz mais de dezoito tipos de cerveja, inclusive sazonais, como Winterbock e Frühlingsbock. Na linha normal, há variedades premiadas, como a Spelt Ale e a Kristall-Weizen (filtrada de trigo). Em 2011, a Distelhäuser abriu uma microcervejaria para experiências com lúpulo, fermento e malte, contribuindo na busca por cervejas ainda mais saborosas. O portfólio regular pode ser encontrado na região que circunda Tauberbischofsheim, mas a produção da microcervejaria é vendida exclusivamente na fábrica.

DITHMARSCHER

www.dithmarscher.de

A DITHMARSCHER PILSNER serve como exemplo primoroso da pilsen do norte da Alemanha. É fresca porém amarga, de corpo leve. Lúpulos amargos dão o tom, dispensando outros toques aromáticos. Suave e condimentada, tem o frescor da água mole local, aroma de lúpulos nobres e carbonatação agradável. Outro destaque da casa, a Dithmarscher Dunkel, usa receita de 500 anos e leva malte tostado, o que a encorpa e lhe confere sabor.

Fundada em 1884 por Christian Hintz, a cervejaria continua na mesma família. A Dithmarscher nunca abandonou completamente a tampa de porcelana (swingtop) e, como outras cervejarias aderiram à moda, ficou involuntariamente à frente da nova tendência.

DÖBLER

www.brauhaus-doebler.de

BRAUHAUS DÖBLER, em Bad Windsheim, também abriga um típico bar francônio com cervejaria, onde podem ser degustados pratos frios de salsicha ou queijo regionais. A cervejaria familiar produz quatro tipos: pilsen, kellerbier, trigo e uma sazonal. A gama de produtos inclui atualmente uma rara Märzen bávara, lager âmbar com sabor pronunciado de malte.

Fundada em 1867, a Döbler é a última das 30 cervejarias privadas em atividade na pequena Média Francônia.

DREI KRONEN

www.drei-kronen.de

NO HOTEL E CERVEJARIA COM BAR Drei Kronen (três coroas), de Memmelsdorf, vilarejo no condado francônio de Bamberg, a produção de cerveja cabe ao chefe. Desde 2008, foram dois: Hans Ludwig-Straub e sua filha mais velha, a mestre cervejeira Isabella. Juntos eles dão continuidade a uma tradição cervejeira que remonta a 550 anos, e consiste em produzir no local uma série única de estilos francônios fixos e muitas edições sazonais saborosas. Com razão, ambos classificam a empresa como "cervejaria gourmet". Entre as cervejas, Balthasar, Bockla, KellerPils (com tampa de porcelana) e Hefeweisen. Contudo, a favorita dos frequentadores é uma lager escura de malte defumado chamada Stöffla. Ela pode ser saboreada no local ou levada para casa engarrafada.

EINBECKER BRAUHAUS

www.einbeckerbrauhaus.de

SEM A EINBECK, não existiria a bock. Nos séculos XVI e XVII, a cerveja da cidade hanseática de Einbeck tornou-se um sucesso europeu. Em Munique, a bebida forte conquistou tamanha popularidade que a cervejaria real contratou o mestre cervejeiro da Einbeck. Os bávaros imitavam o sotaque de Einbeck, dizendo "Oanpock", e da brincadeira surgiu o termo "bock". Em certa época, havia mais de 700 cervejarias lá; hoje resta apenas essa, como empresa privada. Fiel à história, oferece uma série de tipo lager, enfatizando as grandes cervejas bock.

ERDINGER

www.erdinger.de

O INÍCIO DAS ATIVIDADES da Erdinger no local data de 1886. Após várias mudanças de dono, um diretor a comprou, em 1935. Franz Brombach a chamou de Erdinger Weißbräu e fez de sua cerveja de trigo a primeira a conquistar popularidade fora da Baviera. Seu filho e atual proprietário, Werner Brombach, deu sequência à história de sucesso. Exportando para mais de 70 países, a Erdinger é a maior cervejaria só de cervejas de trigo do mundo.

ERL

www.erl-braeu.de

NA BAIXA BAVIERA, em Gieselhörig, as técnicas cervejeiras tradicionais ainda são usadas. Fermentada em recipientes abertos, na superfície da cerveja se formam taninos agressivos e borras indesejáveis que podem ser removidos manualmente. A cerveja descansa em tanques horizontais cuja área maior exerce menos pressão, permitindo que as células restantes da levedura continuem a fermentar, com pouco estresse. Isso torna as cervejas da Erl especialmente harmoniosas. Ludwig Erl dirige a cervejaria desde 1998, representando a quinta geração da família no comando da empresa, aberta em 1871.

ETTAL

www.klosterbrauerei-ettal.de

FUNDADAS EM 1330, a cervejaria e a fazenda em Ettal são os empreendimentos mais antigos da abadia beneditina. Segundo os registros, a produção comercial de cerveja ocorre no local desde 1609, e a cervejaria representava uma importante fonte de renda para o mosteiro. O portfólio inclui clássicos bávaros de baixa fermentação, como helles, dunkel e bock, além de cerveja de trigo com frutas. A Ettal é uma das cinco cervejarias ainda comandadas por monges na Baviera.

FÄSSLA

www.faessla.de

FÄSSLA É BAR E CERVEJARIA em Bamberg desde o século XVII, logo após o fim da Guerra dos Trinta Anos. A passagem por onde as carroças antes transitavam cheias de barris serve hoje como bar; os pedestres podem pedir seis cervejas lager diferentes na janela. Desde 1986, a cervejaria, o pub e o hotel são dirigidos pela família Kalb. Dois destaques: Zwergla, lager ácida, bem maltada, cor de mogno; e Gold-Pils, de baixa fermentação, com 5,5% de teor alcoólico, espuma densa, grossa e aroma floral.

FELSENBRÄU

www.sonnenstoff.com

NA MÉDIA FRANCÔNIA, a Felsenbräu opera sem recorrer a combustíveis fósseis, usando apenas lenha e energia solar. Certificadas pela Universidade Técnica de Munique-Weihenstephan em 2007, suas cervejas são as primeiras a obter o título oficial de "Solarbeer" ("cerveja solar"). Fundada em 1927 e administrada pela terceira geração da família Gloßner, a cervejaria continua fazendo gelo natural no inverno para refrescar a adega de pedra, onde a lager matura por um mínimo de cinco semanas. A mais popular das doze variedades atualmente é a blond Felsentrunk.

FIEGE

www.moritz-fiege.de

A FIEGE, FUNDADA EM 1876, originalmente fazia cervejas para exportação. Tudo mudou em 1926, quando a cervejaria introduziu a pilsen na área do Ruhr. Foi inovador e um desafio oferecer uma lager leve e bem lupulada na região, tradicional consumidora do estilo mais pesado, tipo exportação, preferido pelos mineiros de carvão e operários siderúrgicos. Mesmo assim, a Fiege deu certo, e sua pilsen ficou famosa. Hoje comercializa diferentes tipos, como alt, lager e trigo.

FLENSBURGER

www.flens.co.uk

FLENSBURGER TORNOU-SE CULT nos anos 1980. Sua fama ganhou impulso graças aos quadrinhos sobre o motoqueiro Werner, um desempregado com sotaque nortista alemão que toma muita cerveja. Logo os fãs de Werner descobriram uma marca estranha, com traços típicos do norte alemão. "Flens", como a chamam carinhosamente, é uma pilsen à moda antiga, bem seca e bem amarga.

FLÖTZINGER BRÄU

www.floetzinger.com

ÚNICA CERVEJARIA DE ROSENHEIM ainda de iniciativa privada, a Flötzinger data de 1543. Após uma série de mudanças em seu controle, foi comprada em 1864 por um antepassado da família Steegmüller, cuja terceira geração dirige a cervejaria. Oferece treze tipos fixos e cinco sazonais, além de fazer cerveja de trigo segundo a receita da Bierbichler Weißbierbrauerei, a qual comprou após o fechamento. Além da cerveja de trigo Bierbichler, a Flötzinger Hell tornou-se popular entre o público de Rosenheim.

FORSTHAUS TEMPLIN

www.braumanufaktur.de

OS MESTRES CERVEJEIROS da Forsthaus Templin, Thomas Köhler e Jörg Kirchhoff, aprenderam o ofício na escola governamental VEB-Getränkekombinat Potsdam, depois estudaram na Universidade de Tecnologia, em Berlim. Compraram o terreno da cervejaria no lago Templin em 2002, reformaram a taberna, instalaram os equipamentos e reabriram as portas em dezembro de 2003. As cervejas, em sua maioria recriações de estilos regionais antigos, são todas orgânicas e não filtradas. Vale experimentar a Potsdamer Stange, de baixa fermentação, que recebe adição de krausen (borra) para reativar o fermento. O resultado é bem frisante, refrescante.

FRIEDENFELSER

www.friedenfelser.de

AO OUVIR O NOME FRIEDENFELSER já se pensa na Schlossbrauerei. Entretanto, ela é apenas uma das numerosas companhias de Friedenfelser controladas pela família do barão Zu Gemmingen-Hornberg desde 1886, que possui um empreendimento agroflorestal, uma pedreira de granito, um moinho e uma destilaria. Das quinze variedades produzidas, duas são chamadas de "Zoigl". O nome indica uma prática comunitária, na qual o mosto é preparado coletivamente, na cervejaria da igreja local, para depois ser fermentado e maturado nas adegas familiares das casas participantes.

FRITZALE

www.fritzale.de

FRITZ WÜLFING É A CONTRAPARTIDA alemã do cervejeiro artesanal americano. A busca por cervejas ricas em lúpulo levou esse cervejeiro aos EUA, onde ele mergulhou nos mistérios da IPA, aprendendo algumas técnicas de uso de lúpulo. Sua primeira cerveja caseira foi tão bem recebida pelos amigos que, em 2010, ele resolveu fundar a FritzAle. Desde então, suas cervejas, feitas ao estilo americano, causaram furor. Nascido em Bonn, ele usa as instalações de cervejarias locais. Primeiro, a Braustelle Köln; agora, a Vormann de Hagen.

FÜCHSCHEN

www.fuechschen.de

NA ÚLTIMA DÉCADA, muito se falou sobre a Brauerei "Im Füchschen". Tornou-se cult entre jovens apreciadores, de modo que a produção do bar e cervejaria aumentou. A revitalização resultou da criatividade do dono, Peter König, da quarta geração da família proprietária. Chef profissional, cervejeiro e malteador, assumiu a empresa em 1995. Logo modificou o cardápio, incluindo pratos mais leves, modernizou a cervejaria, relançou a marca e montou uma nova programação de eventos. Consta, porém, que a famosa cerveja não mudou: uma versão seca e macia da altbier.

GUTMANN

www.brauerei-gutmann.de

DESDE 1855, A FAMÍLIA GUTMANN possui cervejaria, fazenda e maltagem; o conjunto ocupa o terreno de um castelo medieval com fosso. Os Gutmann se especializaram em cerveja de trigo nos anos 1990, com ênfase na tradição artesanal da Baviera. Após a primeira fermentação em recipientes abertos, adiciona-se fermento fresco para promover a segunda fermentação, na garrafa. A cerveja não é pasteurizada nem filtrada; nela só brilham as partículas de fermento vivo, que carregam sabores deliciosos e conquistam novos fãs para a cervejaria.

HACHENBURGER

www.hachenburger.de

A HACHENBURGER OPERA DESDE 1861 na área de Westerwald e construiu sua reputação com uma pilsen, para a qual o mestre cervejeiro Heinz Boßlet usa cinco lúpulos aromáticos diferentes. Entusiasta do lúpulo, incluiu na primeira edição especial flor de lúpulo seca, criando o que se pode chamar de versão "indo-germânica" da pale ale. Ele usou apenas a versão aromática alemã do Hallertauer Mittelfrüh, colhida na horta da cervejaria. Fez sucesso. Agora continua desenvolvendo receitas originais.

HAMMERBRÄU

www.hammerbraeu.de

FUNDADO EM 1999, O BAR e cervejaria Hammerbräu fica no alto de uma colina artificial, no hotel Mercure da cidade de Riesa, na Saxônia. O conjunto pertence à Magnet Riesa GmbH e inclui até um restaurante estilo americano. A companhia se especializa em entretenimento e atividades gastronômicas. Por isso lá são realizados muitos eventos, como quarta do Schnitzel, dia do litrão, baile na cervejaria e o megajantar acompanhado por três tipos de cerveja: uma blond lager não filtrada, uma märzen âmbar e uma schwarzbier.

HÄRLE

www.haerle.de

CLEMENS HÄRLE FUNDOU A CERVEJARIA que leva seu nome no vilarejo de Leutkirch, em Allgäu, em 1897. Uma das primeiras cervejas era uma lager de cor marrom-clara, não filtrada, que enfatizava o malte. Noventa anos depois, Gottfried Härle assumiu a empresa familiar, já na quarta geração. Ele resolveu recriar a cerveja da época da fundação e lançou a Clemens Ohne Filter, lager não filtrada com fantástico tom alaranjado, menos intensa no malte que a antecessora, com especiarias no final suave.

HERBSTHÄUSER

www.herbsthaeuser.de

A CERVEJARIA HERBSTHÄUSER, originalmente instalada num bar, data de 1581. Em 1878, comprada pela família Wunderlich, iniciou sua expansão. Desde 2006, a cervejaria independente está sob comando de Christian Wunderlich, da quinta geração da família. Os destaques são a pilsen Herbsthäuser

HOFBRÄU MÜNCHEN HOFBRÄU ORIGINAL

e uma lager leve; nas duas predominam notas de lúpulos aromáticos. Como todas as cervejas da Herbsthäuser, contêm apenas lúpulo fresco natural, o que gera aromas complexos e notas amargas agradáveis, equilibradas.

HESSISCHES LÖWENBIER

www.hessisches-Loewenbier.de

FUNDADA NO FINAL DA IDADE MÉDIA, a cervejaria possui fortes vínculos com sua comunidade. Pediu falência em 2003, mas os residentes de Malsfeld realizaram uma campanha bem-sucedida por sua preservação. Frank Bettenhäuser, dono da cervejaria Hütt, na vizinha Baunatal, comprou a Hessisches Löwenbier e colaborou com os moradores. Juntos criaram um museu da cerveja na fábrica, que voltou a funcionar: a pilsen inusitadamente encorpada recebe prêmios merecidos.

HIRSCHBRAUEREI SCHILLING

www.boehringer-biere.de

ORIGINALMENTE CERVEJARIA DE BAR, em um complexo agrícola, a Böhringer opera sob controle da família Schilling desde 1874. Em 1996, Marianne Spitzer (Schilling quando solteira), da quarta geração, assumiu a direção. Hoje ela toca essa pequena cervejaria nos Alpes suábios com o mestre cervejeiro Johann Spitzer, seu marido, e com a ajuda da filha Stephanie, que está ficando famosa como sommelier de cerveja. Os Spitzer oferecem oito cervejas diferentes, todas com a marca Böhringer.

HOCHDORFER KRONENBRAUEREI

www.hochdorfer.de

UMA DAS MAIS PROMISSORAS mestres cervejeiras alemãs é a jovem Katharina Haizmann, da Hochdorfer Kronenbrauerei, tradicional cervejaria fundada em 1654, na fímbria da Floresta Negra. Haizmann entrou na companhia em 2010. Em sua chegada, lançou uma IPA frutada, a Hochdorfer Meistersud, variação da cerveja que ela havia criado durante seus estudos. Outros tipos incluem export, pilsen, trigo e sazonais como a Barbara-Bock, escura e bem maltada.

HOFBRÄU MÜNCHEN

www.hofbraeu-muenchen.de

DESDE A FUNDAÇÃO, NO FINAL DO SÉCULO XVI, a Hofbräuhaus pertence aos governantes bávaros. Em 1852, o rei Maximiliano II concedeu a cervejaria ao estado da Baviera, que continua sendo seu dono. Até 1896, a cerveja era produzida na famosa taberna e restaurante na parte antiga de Munique. Depois a cervejaria foi transferida para um local mais espaçoso e, desde 1988, está em Munique-Riem. Comercializa regularmente onze cervejas, inclusive uma Munich Helles e a famosa Oktoberfest. A Hofbräu Original dourada é emblemática da famosa cervejaria, rica em sabores maltados, encorpada, com 5,1% de teor alcoólico.

HOPF WEISSBIERBRAUEREI

www.hopfweisse.de

CRIADA EM 1892, originalmente se chamava Miesbach. A cervejaria de trigo pertenceu à família Hopf de 1921 até 2006, quando foi adquirida pelo grupo Paulaner, que pertence à joint venture da Heineken com o grupo Schörghuber. A cervejaria ganhou fama pelas inovações nas cervejas de trigo. Nos anos 1980, lançou a primeira cerveja de trigo de barril. Também foi pioneira ao produzir a de trigo light. Um prazer único é a Spezial Weisse, com 6% de teor alcoólico, preparada apenas no inverno.

HÖVELS HAUSBRAUEREI

www.hoevels-hausbrauerei.de

BITTER LAGER OU ALT PILSEN? A Hövels Original parece combinar qualidades de estilos diferentes. Deve ser a criação mais elaborada da antiga "capital da cerveja" alemã, Dortmund. A Hövels, criada em 1893 para atender a apreciadores de cerveja mais exigentes com tipos ambiciosos, ressurgiu em 1984 de acordo com a receita inicial. Mistura quatro maltes – um de trigo e três de cevada (claro, escuro e tostado). Para complementar, o aroma do lúpulo Hallertauer.

A cervejaria produz hoje três cervejas com base em receitas originais. A Hövels sai da fábrica Dortmunder Actien-Brauerei, do grupo Radeberger. Os visitantes podem comer no restaurante da cervejaria, onde são servidos pratos alemães e a degustação PinkusHövels, com diversas opções de cerveja.

HUPPENDORFER

www.huppendorfer-bier.de

COMEÇOU COMO CERVEJARIA DE BAR, em 1750, mas com o tempo se tornou uma empresa de porte médio, sempre sob comando da família Grasser. Até 1982, o mosto era esfriado em um equipamento de madeira, posteriormente trocado por serpentina e placas de resfriamento. A cervejaria, na Alta Francônia, ficou famosa pela lager, com destaque para a âmbar Vollbier. Desde 1999, produz uma cerveja de trigo encorpada. Aos domingos o bar serve pratos francônios, inclusive porco assado com salada, bolinhos e grande variedade de molhos.

HÜTT

www.huett.de

A HÜTT BREWERY, em Baunatal, pertence aos descendentes do fundador, Johann Friedrich Pierson, e mantém vínculos profundos com a cultura da vizinha cidade de Kassel e região. Destaca-se pela Knallhütte, pousada onde as carruagens paravam para descanso dos viajantes. Ali nasceu Dorothea Viehmann, neta do fundador, em 1755. Ela contaria anos depois aos irmãos Grimm as histórias ouvidas dos hóspedes, uma das bases para os *Contos de Grimm*. A robustíssima Luxus Pils se destaca entre as cervejas da casa.

KARMELITEN

www.karmeliten-brauerei.de

A CERVEJARIA KARMELITEN surgiu em Straubing, em 1367, por iniciativa da ordem mendicante das Carmelitas e, desde 1879, pertence à família Sturm. Em 1984, a Private Weißbierbrauerei Georg Schneider & Sohn adquiriu o controle. Desde 2008, a Karmeliten é dirigida por Christoph Kämpf, cuja estratégia em longo prazo inclui a oferta de uma diversidade maior de sabores. Em 2011, ele introduziu uma märzen clássica e, em 2012, um lançamento de personalidade e custo alto, usando fermentos belgas de abadia e franceses de champanhe, o que resultou numa cerveja deliciosa, de aroma complexo e cremosa na boca.

KETTERER

www.kettererbier.de

A CERVEJARIA INDEPENDENTE surgiu em Hornberg, em 1877, e hoje é administrada por Bärbel e Michael Ketterer. A pilsen elegante, bem lupulada, resulta da combinação da água mole da Floresta Negra com lúpulos aromáticos Tettnanger. Em contraste, a Ketterer Edel revela ênfase sutil no malte. Entre as especialidades sazonais, destacam-se a cerveja natalina dourada e uma bem escura, a Schützenbock, feita com o fermento normalmente empregado na stout. A Ketterer Kellerbier e a Ur-Weisse foram responsáveis pela volta das medalhas da World Beer Cup para Hornberg.

KNEIPE PUR

www.kneipepur.de

DESDE 1988, A FAMÍLIA BRÄTZ toca o Rock and Blues Pub na Plaue de Brandenberg, uma casa para artistas da música internacional. Gernot Brätz se considera um "missionário da causa da cerveja alemã" e prepara cervejas de frutas fermentadas usando framboesa e cereja, além de porter, rauchbier e cervejas de trigo ou aveia. Também inventa novidades para acompanhamento dos pratos da Cuisine à la Bière, de Karola Dröske, preparados na cozinha aberta, que atraem chefs estrelados curiosos e celebridades. Kneipe Pur é uma instituição em Brandenberg.

KNOBLACH

www.brauerei-knoblach.de

O FESTIVAL DA CERVEJA DE WHITSUN, em Schammelsdorf, tornou-se lendário como versão de vilarejo da Oktoberfest. Enquanto o time de futebol local joga contra outros da região, atraindo uma multidão digna da Bundesliga, os torcedores saboreiam a cerveja da Knoblach. Fundada em 1880, o bar e a cervejaria seguem nas mãos da mesma família. A lager matura à moda tradicional, sem pressurização, permitindo que parte do dióxido de carbono escape. Isso quer dizer menos espuma e frescor, embora não deixe de ser agradável. Em contraste, a escura Räuschla, de coloração castanha, uma märzen com malte incisivo, é mais vivaz.

KÖNIG LUDWIG SCHLOSSBRAUEREI

www.koenig-ludwig-brauerei.com

A SCHLOSSBRAUEREI, de Kaltenburg, pertence a um descendente do último rei da Baviera, Ludwig III. A fábrica atual, inaugurada em 1870, pertenceu por algum tempo à Munich Unionsbrauerei (atual Löwenbräu, AB-InBev). Foi recomprada pela antiga família real, em 1955. O atual proprietário, Luitpold von Bayern, assumiu a direção em 1976 e firmou a reputação nacional da marca com a König Ludwig Dunkel, uma versão mais leve da dunkel bávara. Em 2001, o grupo Warsteiner adquiriu o licenciamento para vendas nacionais e a autorização para licenciar a produção internacional.

LANDSKRON BRAU-MANUFAKTUR

www.landskron.de

A CERVEJARIA GÖRLITZ passou por todas as formas de controle. Fundada em 1869 como companhia aberta, foi comprada por Theodor Scheller em 1903. Passou ao controle soviético em 1945, foi estatizada pelo governo da RDA e recomprada pela família Scheller. Adquirida pelo grupo Holsten AG (depois Carlsberg Alemanha) em 2003, foi transferida para a fundação Rolf e Heidrun Lohbeck em 2006. A Landskron anima a região com a "cultura da cerveja", promovendo eventos culinários e musicais. Produz lager clara e edições especiais.

LÖWENBRÄU BUTTENHEIM

www.loewenbraeu-buttenheim.de

O BAR E CERVEJARIA LÖWENBRÄU data de 1880. Johann Modschiedler, da quarta geração da família proprietária, dirige a empresa e, graças a um concorrente excelente, a St Georgen Bräu, a curta distância dali, precisa ser criativo. Tem no portfólio duas cervejas festivas sazonais e decidiu comercializar uma terceira na linha permanente. A Bartholomäus Festbier, deliciosamente dourada, seduz por aromas frutados e florais, cremosidade com notas de baunilha e elegante amargor.

MAHRS BRÄU

www.mahrs.de

A MAHRS É UMA DAS MAIS BRILHANTES cervejarias de Bamberg. Na antiga taberna, servem uma cerveja chamada U em barris de madeira (U vem de Ungespundetes, espécie de kellerbier), e na Quarta-feira de Cinzas, um grupo seleto, com o prefeito de Bamberg, se reúne para comemorar o lançamento da Mahrs' Der Weisse Bock. Desde sua estreia, em 1994, essa forte ale de trigo conquistou muitos fãs leais. Mestre cervejeiro júnior e membro da quarta geração de proprietários, Stephan Michel usa maltes de trigo escuros, além de maltes Munique e Pilsner, na clássica fermentação em duas etapas, para obter o máximo de sabor possível.

MAISEL

www.maisel.com

OS IRMÃOS EBERHARDT e Hans Maisel abriram a cervejaria nos portões de Bayreuth, em 1887. Em 1955, seus sucessores lançaram uma das primeiras cervejas de trigo filtrada, que chamaram de Champagner-Weizen, lançando as bases para a construção de uma cervejaria de trigo com renome nacional. Jeff Maisel, da quarta geração, dirige a companhia e lança cervejas originais com o rótulo Maisel & Amigos, criado pelo cervejeiro Marc Goebel e pelo viticultor Stefan Sattran. Entre as opções, IPA, weizenbock e variações da stout.

MAXLRAIN

www.maxlrain.com

O CASTELO RENASCENTISTA MAXLRAIN, na Baviera, foi comprado pela família Lobkowicz nos anos 1980 e se tornou cobiçado para a realização de eventos – os torneios medievais e concertos ao ar livre atraem muitos visitantes. Lá se produz cerveja desde 1636, e a família alega fazer as variedades mais sofisticadas da Baviera. No vasto portfólio, destaca-se a Schloss Gold, tipo export. Os cervejeiros estão realizando experiências com barris de madeira para maturar a doppelbock escura.

MECKATZER LÖWENBRÄU

www.meckatzer.de

CERVEJARIA SITUADA EM ALLGÄU, a Meckatzer data do século XVIII e pertence à mesma família desde 1853, sendo atualmente dirigida por Michael Weiß. A diversidade e o alto padrão são valores centrais do empreendimento. A especialidade é a Weiss-Gold, lager blond caracterizada pela perfeita harmonia entre malte e lúpulo, fácil de beber e capaz de manifestar complexidade.

MEISSNER SCHWERTER

www.privatbrauerei-schwerter.de

FUNDADA EM 1460, a Meissner Schwerter é a mais antiga cervejaria da Saxônia. Comprada pelo comerciante Wilhelm Wohlers em 1953, foi nacionalizada em 1972. A partir de 1997, os descendentes de Wohlers reassumiram a empresa, mas a venderam por dificuldades financeiras a Eric Schäffer, dono da companhia de água mineral Oppacher Quellen. Seu portfólio atual inclui uma pilsen, uma lager escura vermelha interessante e uma bock complexa, ambarina.

PAULANER SALVATOR

NEUMARKTER LAMMSBRÄU

www.lammsbraeu.de

FRANZ EHRNSPERGER, da sexta geração dos donos da Neumarkter Lammsbräu, tinha 25 anos quando assumiu a direção da empresa familiar, em 1971. Tornou-se um dos primeiros cervejeiros germânicos a priorizar ingredientes orgânicos, difíceis de obter na época. Ehrnsperger precisou se dedicar intensamente a suas metas, convencendo agricultores e ignorando colegas que o taxavam de insano. Finalmente a primeira cerveja 100% orgânica do mundo foi lançada, em 1987. Hoje existe mais de uma dúzia de cervejas Lammsbräu, como a Urstoff, lager leve, e diversos excelentes tipos de weizen.

PAPIERMÜHLE

www.jenaer-bier.de

A "FÁBRICA DE PAPEL" DE JENA serve cerveja desde 1737 e foi comprada pela família Kanz em 1995. O novo proprietário reformou o bar e acrescentou uma cervejaria. Tem cinco cervejas de barril: duas bock, duas pilsen e uma schwarzbier. A Papiermühle também possui destilaria, onde duas cervejas bock maturam em barris de carvalho antes usados para uísque, na adega. O vetusto limoeiro do Biergarten é tombado como monumento nacional.

PAULANER MÜNCHEN

www.paulaner-brauerei.de

A ORDEM DOS MONGES PAULINOS começou a fazer cerveja em Munique em 1634. A cervejaria, privatizada em 1813, agora faz parte do grupo Heineken, em sociedade com a corporação Schörghuber. Entre as marcas comercializadas destacam-se Hacker-Pschoor, Auer-Bräu, Thurn & Taxis e Hopf. São quinze cervejas com o rótulo principal, inclusive a famosa Salvator, antigamente saboreada pelos monges substituindo alimento sólido nos jejuns, considerada a fundadora do estilo doppelbock. A cerveja de trigo Paulaner é uma das mais vendidas na Alemanha.

PINKUS MÜLLER

www.pinkus.de

A PINKUS MÜLLER é um empreendimento familiar desde 1816, e a última cervejaria de altbier das mais de 150 que funcionavam em Münster, na Westphalia. O mestre cervejeiro Hans Müller trabalha com a filha Barbara e o genro Friedhelm Langfeld para produzir dez cervejas permanentes, todas feitas de acordo com a rigorosa lei de pureza alemã, só com ingredientes orgânicos. Pinkus Spezial, lager com malte pronunciado, usa lúpulo, leveduras e água cervejeira premium. Em vez de ser tratada com estabilizantes proteicos, passa três meses em temperatura próxima a 0°C, o que a torna uma cerveja naturalmente translúcida, sem filtragem. Outras da linha são a Pinkus Alt, com caráter vínico refrescante, e a Pinkus Pils, com notas de ervas e especiarias.

PLANK

www.brauerei-plank.de

NO ANO DE 2001, EM LAABER, vilarejo perto de Regensburg, uma festa comemorou os 50 anos de Maria Plank, matriarca da família cervejeira Plank. O filho Michael criou uma cerveja chamada Dunkler Weizenbock para a ocasião, inspirada na receita de ale que a Plank comercializou até os anos 1980. A recriação do clássico é hoje admirada no mundo inteiro, tendo conquistado medalha de ouro na World Beer Cup – a pequena cervejaria, nascida em 1883, ainda levou um prêmio pela variação mais clara e menos complexa, chamada Heller Weizenbock.

PYRASER LANDBRAUEREI

www.pyraser.de, www.pyraser-herzblut.de

PYRASER, INAUGURADA EM 1870 num vilarejo da Francônia, pode ser considerada a mais ousada cervejaria alemã. Marlies Bernreuther assumiu a direção em 2010, no lugar do pai, e ao lado do mestre cervejeiro Helmut Sauerhammer oferece uma série de cervejas especiais e sazonais. Destaque para Hopfenpflücker Pils, pilsen com lúpulo fresco da própria plantação da casa, Rotbier (lager estilo Vienna) e três ou quatro tipos de weizen diferentes, além de uma original 6-Korn-Bier, feita com trigo, cevada, centeio, espelta, multigrãos, farro e aveia. O lançamento da série Edition Pyraser Herzblut também se caracteriza pelo arrojo, com criações sofisticadas, como IPA e doppelbock envelhecida em barris de bourbon.

PINKUS MÜLLER PINKUS PILS

PLANK-BIER DUNKLER WEIZENBOCK

RATSHERRN

www.ratsherrn.de

RATSHERRN, LANÇADA EM 1951 pela Elbschlossbrauerei de Hamburgo, tornou-se uma das maiores marcas de pilsen da cidade nos anos 1980. Contudo, a cervejaria foi obrigada a fechar em 1994, e a marca assumida pela Bavária foi negligenciada. Em 2005, o grupo Nordmann, atacadista de bebidas, comprou os direitos ao nome e abriu uma nova cervejaria Ratshernn, no meio do bairro boêmio chique de Schanzenviertel, recuperando a marca com cervejas artesanais. Hoje os cervejeiros Thomas Art, Philip Boll Horn e Nile Timmann tentam produzir as cervejas mais deliciosas do norte da Alemanha. Mergulharam na longa história cervejeira da cidade, além de buscar inspiração no movimento da cerveja artesanal de EUA, Dinamarca, Itália e Áustria para produzir pilsen, rotbier ("cerveja vermelha") e pale ale, com o máximo possível de ingredientes locais.

RIEDENBURGER BRAUHAUS

www.riedenburger.de

MARTHA E MICHAEL KRIEGER, quarta geração dos donos da Riedenburger Brauhäus, em operação desde 1866, descobriram os trigos primitivos einkorn e emmer (espécie de espelta) durante uma cooperação com o mosteiro vizinho de Plankstetten. Usaram os grãos para criar a emmer ale para uma festividade local. Os participantes adoraram a bebida, de modo que os Krieger resolveram incorporá-la ao portfólio da empresa, sendo elogiados pela contribuição para reviver o cultivo de grãos antigos. A Emmerbier é especialmente cremosa.

RITTMAYER

www.rittmayer.de

PROPRIETÁRIO E MESTRE CERVEJEIRO da Rittmayer, Georg Rittmayer transformou numa bem-sucedida empresa de porte médio o negócio familiar fundado em 1422 em Hallendorf, na Francônia. Além da engarrafadora, em 2012 ele abriu uma nova fábrica de cerveja, que dispensa o uso de combustíveis fósseis. Também ganhou fama como criador de cervejas diferentes. Além dos clássicos alemães como hefeweissbier, landbier, kellerbier, bock e radler, ele oferece uma Vintage Edition e a Oak Reserve, maturada em barris de carvalho.

RATSHERRN ROTBIER

RITTMAYER HEFEWEISSBIER

ROSENBRAUEREI

www.rosenbrauerei.de

APÓS A REUNIFICAÇÃO ALEMÃ, Nicolaus Wagner comprou de volta a Rosenbrauerei, fundada por seu bisavô, e a tornou uma das cervejarias independentes mais importantes da Turíngia. Desde 1938, a cervejaria utiliza sua própria fonte, beneficiando-se da qualidade da água particularmente mole ali produzida, especialmente adequada para a produção de pilsen. O portfólio da Rosenbrauerei inclui pilsen, helles, bockbier e schwarzbier, estilo que se originou na região.

ROTHAUS

www.rothaus.de

ROTHAUS É UMA DAS TRÊS cervejarias estatais da Alemanha (as outras são Weihenstephan e Hofbräu, na Baviera). Felizmente, o estado de Baden-Württemberg entende do negócio. Enquanto o consumo de cerveja diminui na Alemanha, Rothaus vem expandindo os negócios. Situada na Floresta Negra, usa água muito mole de fontes situadas no meio da mata, em área tombada. A Tannenzäpfle, pilsen macia, aromática e harmoniosa, tornou-se uma das favoritas entre os fãs de cerveja jovens e descolados de Hamburgo e Berlim.

SCHAUMBURGER

www.schaumburger-brauerei.de

A CERVEJARIA SCHAUMBURGER, de Stadthagen, oferece dezesseis tipos diferentes de cerveja, todas lager de baixa fermentação, da mais vendida pilsen à Landbier ambarina ou à bem escura Schwarzen Ritter. A cervejaria extrai água da fonte Bornau, bem mole, que dá à Schaumburger Pilsner uma fina estrutura. Fundada em 1873, a cervejaria da Baixa Saxônia pertence à quinta geração da família do atual diretor, Friedrich W. Lambrecht, no cargo desde 2003 e à frente de uma equipe de vinte pessoas.

SCHEYERN

www.klosterbrauerei-scheyern.de

OS MONGES BENEDITINOS fazem cerveja no mosteiro de Scheyern desde 1119. Em 1951, alugaram a cervejaria para a Hasen-Bräu de Augsburg (que se tornaria o grupo Tucher/Radeberger). O engarrafamento e depois a produção foram transferidos para Augsburg. A cervejaria entrou em decadência, forçando os beneditinos a tomar providências. Eles cancelaram o contrato, reconstruíram as instalações, contrataram o mestre cervejeiro Tobias Huber, de Aichach, e retomaram a produção em 2006. O portfólio consiste em lager clara e escura, cerveja de trigo, doppelbock e pilsen. A Hopfazupfabier, blond märzen, é servida durante a colheita de lúpulo. Afinal de contas, Scheyern fica em Hallertau.

SCHLOSSBRAUEREI HERRNGIERSDORF

www.schlossbrauerei-herrngiersdorf.de

EM 2010, A SCHLOSSBRAUEREI lançou a Hallertauer Hopfen-Cuvée, pilsen preparada com os lúpulos aromáticos Hallertauer Perle, Tradition, Mittehfrüh e Saphir. Bebida elegante, inserida na tendência que usa o lúpulo para criar um perfil de aroma rico, com personalidade, e não apenas notas amargas. Fundada pelos monges beneditinos, desde 1899 a cervejaria pertence à família Pausinger.

SCHMUCKER

www.schmucker-bier.de

DESDE SUA CRIAÇÃO, a cervejaria Schmucker, de Odenwald, pertence à iniciativa privada. A partir dos anos 1960, aumentou a produção e investiu em novas instalações. Em 2006, passou ao controle da Brauholding International (BHI), uma joint venture da Heineken com o grupo alemão Schörghuber. Companhia de médio porte, tem uma linha impressionante de dezesseis cervejas, com destaque para a incomum Rosé Bock, starkbier avermelhada que usa vários tipos de malte, e a refrescante e dourada Meister Pils. Promove uma festa regional importante, a Schmucker Fest, realizada anualmente em julho.

SCHNITZER

www.schnitzer-braeu.de

INAUGURADA EM 1968 pelo dentista dr. Schnitzer, a cervejaria inicialmente se especializou em fabricação de alimentos integrais e moagem de grãos, incorporando depois a seu portfólio uma série de produtos sem glúten. Cerveja sem glúten, preparada com mileto e feijão-mungo maltado, lançada em 2006, a Schnitzer Bräu German Premium é fabricada sob licença e comercializada na Europa, no Canadá e na Austrália. A companhia fica situada na cidade de Offenburg, em Baden-Württemberg, a poucos quilômetros da fronteira francesa.

SPEZIAL

www.brauerei-spezial.de

A CERVEJARIA SPEZIAL surgiu em 1536 e pertence à família Merz desde 1898. É uma das duas cervejarias tradicionais de rauchbier de Bamberg que ainda prepara seu próprio malte, seco em forno a lenha de faia. As cervejas rauchbier, lager, märzen, trigo e bock levam quantidades variáveis de malte defumado, por isso apresentam um discreto sabor de fumaça. Só a Ungespundete não contém malte defumado. Elas são maturadas sem pressão, de modo que parte do dióxido de carbono escapa, fornecendo-lhe uma textura macia.

ST GEORGEN BRÄU

www.st.georgenbraeu.de

FAMOSA PELA KELLERBIER, a St Georgen Bräu afirma ter sido a primeira cervejaria a engarrafar lager sem filtragem, diretamente do tanque de maturação, em cerca de 1900. Em contraste com as grandes cervejarias, que desde os anos 1990 comercializam kellerbier filtrada e pasteurizada, utilizando trub (proteína insolúvel) produzido separadamente, a St Georgen evita esse tipo de tratamento. Além da linha normal, a cervejaria de Buttenheim também produz algumas cervejas sazonais, como a Hopfenzupferbier, com flores frescas de lúpulo da própria horta. A Doppelbock Dunkel tem alto teor alcoólico (7,3%), aroma frutado de ameixa e sabor adocicado.

STAFFELBERG BRÄU

www.staffelberg-braeu.de

TURISTAS COMEM E BEBEM COM GOSTO no bar da cervejaria Staffelberg, situada no coração da Francônia suíça. Karl-Heinz Wehrfritz, cervejeiro e açougueiro, é da sexta geração da família proprietária do negócio, iniciado em 1856. A Staffelberg Märzen, cerveja produzida desde 1951, é uma lager âmbar de baixa fermentação e estilo francônio, sedutora pelo equilíbrio do caramelo com um amargor adequado. Com teor alcoólico na medida (5,5%) e adocicada, preserva uma cerveja tradicional que outras fábricas abandonaram. A Staffelberg insistiu na märzen e atende a muitos fãs do gênero. Também produz Mai-Bock, Landbier Hell, Landbier Dunkel, Pils, Hefe-Weissbier, Festbier e uma Doppel-Bock forte no lúpulo, bem vivaz e condimentada.

SPEZIAL RAUCHBIER

STERNQUELL

www.sternquell.de

A CERVEJARIA STERNQUELL foi fundada em 1883, em Plauen, na Saxônia. A produção anual em 1910 era impressionante, e durante o período em que a Alemanha esteve dividida em Ocidental e Oriental, a Sternquell Pils já havia conquistado fama. A cervejaria foi ampliada até se tornar a maior da região administrativa de Chemnitz. Após a reunificação, a Brauholding International (BHI), uma parceria Heineken-Schörghuber, comprou a fábrica, que passou à direção da Kulmbacher Brauerei AG, pertencente à BHI.

A Sternquell lançou uma kellerbier âmbar em 2007, para comemorar seus 150 anos. O carro-chefe continua sendo a Sternquell Pils, lager de baixa fermentação com intenso sabor de lúpulo, que também lhe dá um aroma intenso. Possui um frescor e teor alcoólico de 4,9%.

STRECK

www.streck-bier.de

A FAMÍLIA QUE CRIOU A CERVEJARIA, no ano de 1718, em Ostheim, continua no comando da empresa. Axel Kochinki assumiu a direção em 2010 e pertence à décima geração de descendentes do fundador Peter Streck, cervejeiro e açougueiro. O mestre cervejeiro Gerhard Felber orgulha-se particularmente da Burgherren Pils, temperada com lúpulos Hallertauer e Spalter e que passa por longa maturação em adega fria. Em 1996 foi relançada a Ostheimer Dunkel, fora de linha havia 50 anos, para comemorar os 500 anos de Ostheim. Ela contém uma generosa porção de malte Munique, que lhe dá uma coloração intensa e escura de castanha. A Weizen é uma cerveja leve de trigo, naturalmente turva, de alta fermentação, que recebeu a medalha de ouro da Sociedade Agrícola Alemã em 2011.

TALSCHÄNKE

www.talschaenke-woellnitz.de

O DISTRITO DE WÖLLNITZ, EM JENA, já foi renomado por sua Berliner Weiße; não surpreende que a única cerveja do bar de Kay Hoppe seja de trigo e do tipo berlinense. Ele a serve pura, acompanhada de xarope de framboesa ou aspérula, bem como de um destilado com alcaravia chamado Strippe. Hoppe criou o bar Talschänke logo depois da queda do muro de Berlim e, em 1997, inaugurou a cervejaria concebida por ele. O conjunto inclui bar e jardim coberto, com amplas acomodações para os clientes.

TRUNK ALTE KLOSTERBRAUEREI

www.bierfranken.eu/brauerei-detail.php?id=31

A IGREJA DE ROMARIA VIERZEHNHEILIGEN, próxima a Bad Staffelstein, abriu em 1772. Bem atrás da basílica, ficava a cervejaria dos monges, inaugurada no mesmo ano, com bar e Biergarten. Desde 1803, a família Trunk produz cerveja no local, usando a marca Nothelfer ("ajudantes sagrados"). A linha inclui pilsen, lager, uma cerveja orgânica de trigo e a mais popular de todas, uma dunkel. Bock, festbier e erntebier (cerveja da colheita) são servidas conforme a estação. Por conta da qualidade da cerveja e da localização da cervejaria, com vista para o vale do Obermain, Trunk tornou-se cult na Alta Francônia.

UERIGE OBERGÄRIGE HAUSBRAUEREI

www.uerige.de

DUAS VEZES POR ANO, na terceira terça-feira de janeiro e outubro, o bar da Uerige lota. É quando servem a Sticke, a famosa variante da altbier com 6,5% de teor alcoólico. Feita com mais malte e lúpulo que a Uerige normal, seu nome deriva de *stickum*, termo do dialeto local para "fofoca". Segundo a lenda, as pessoas costumavam espalhar que o mestre cervejeiro exagerava na pesagem dos ingredientes. A cervejaria Uerige, fundada em 1862, continua usando o método antigo, com coolship e drip cooler. A alt normal é a mais amarga de Düsseldorf, berço desse tipo de ale. Apenas para exportação há a DoppelSticke (8,5%), de viscosidade oleosa e complexidade que equilibra frutas e flores com amargor de ervas.

UNERTL

www.unertl.de

A CLÁSSICA WEISSBIER UNERTL tem cor de âmbar com tons de cobre. Turva devido ao fermento, ela apresenta colarinho alto cremoso. A receita se mantém desde a abertura da cervejaria, em 1895. Embora em certo momento outras cervejarias tenham começado a comercializar variações do estilo, a família se manteve fiel à tradição. Como explica Alois Unertl, da terceira geração de proprietários, eles usam 70% de malte de trigo, e não os costumeiros 50%, o que confere mais frescor à bebida.

WELDE WEIZENGRAPE

WALDHAUS

www.waldhaus-bier.de

OS CERVEJEIROS DE WALDHAUS, na Floresta Negra, orgulham-se de receber nas últimas décadas uma série de importantes prêmios de qualidade, como da World Beer Cup e European Beer Star, conquistados com seu principal produto, a Diplom Pils. Muitos conhecedores a apreciam pelo corpo equilibrado, pela presença precisa de malte e complexidade aromática do lúpulo. Segundo Dieter Schmid, da quarta geração de proprietários, a Waldhaus só usa flores de lúpulo natural colhidas em Spalt, Hallertau e Tettnang. Outro ingrediente importante é a maravilhosa água mole das fontes situadas na floresta local.

WELDE

www.welde.de

O ATUAL DONO DA CERVEJARIA WELDE, dr. Hans Spielmann, da quarta geração da família responsável, combina arte e cultura em sua cervejaria de Plankstadt. Ele criou a garrafa "dançante", primeira garrafa de design para cerveja, e em 1994 lançou o prêmio Welde de arte, realizado todo ano com participantes do mundo inteiro. Anualmente ele rotula a edição limitada de sua cerveja principal, Welde Nº 1 Premium Pils, com obras de artistas plásticos. O mestre cervejeiro Stephan Dück prepara uma cerveja vintage, temperada com lúpulos aromáticos exóticos. Além da hefeweizen clara e escura, há também a WeizenGrape, cerveja leve de trigo, com suco de grapefruit.

WISMAR BRAUHAUS

www.brauhaus-wismar.de

A PRIMEIRA CERVEJA SAIU da Wismar, cervejaria em frente ao velho porto, no ano de 1452. Na época havia mais de cem cervejarias naquela cidade portuária, mas a produção da Wismar era respeitada na Europa inteira. Uma delas ficou famosa, a Mumme, escura de alta fermentação, condimentada com ervas. Em 1995, o diretor Herbert Wenzel reabriu a tradicional cervejaria, e desde 2000 Stephan Beck atua como mestre cervejeiro. Para comemorar os 550 anos da casa, ele roduziu a Jubiläums-Mumme, starkbier escura com 24,4% de teor alcoólico. Uma versão mais leve, com 10%, faz parte da linha de produtos. As outras cervejas são uma pilsner, a suave e aromática Roter Erik, uma Herbsfestbier bem maltada, a Weinachstbier e também a Maibock.

BÉLGICA

Witbier, trapista, lambic, kriek e gueuze estão entre as inúmeras variações dos mais de 25 estilos produzidos pelos belgas. Embora o país faça fronteira com Alemanha e Holanda, muitos cervejeiros e apreciadores se esforçam para resistir à "ofensiva da pilsen", uma tentativa de impor uma monocultura cervejeira. Afinal, a Bélgica tem a merecida fama pela originalidade de suas cervejas. Em Flandres, região com rica e criativa história cervejeira, há muita ale, tipos ácidos avermelhados mais escuros e cervejas de trigo com sementes de coentro. Na Valônia, ao sul, os locais saboreiam saison seca ou picante, um estilo que se tornou obrigatório para cervejeiros, e não só no Novo Mundo – hoje, muitos países tradicionais, como Reino Unido, o imitam. Estilos belgas ganham popularidade mundial. É possível que se beba mais lambic belga em Nova York que na própria Bélgica.

A nova exploração da cerveja também cativou os cervejeiros belgas. Lúpulos de sabor exótico, intenso, como Citra e Amarillo, encontraram admiradores em diversas cervejarias, e os locais investigam as possibilidades que esses lúpulos oferecem, inclusive em termos de compatibilidade com pratos típicos; em Bruxelas e nos arredores encontram-se cada vez mais restaurantes que oferecem harmonizações. Quem visita a capital precisa conhecer a cervejaria Cantillon *(p. 86)*, que também funciona como museu e talvez seja a mais autêntica fábrica de gueuze da Bélgica. Uma das emoções do turista cervejeiro é saborear essa cerveja bem seca, assumidamente ácida, na própria fábrica e na companhia do mestre cervejeiro.

3 FONTEINEN

Armand Debelder preserva a tradição de misturar cervejas tipo lambic para criar combinações clássicas, chamadas gueuze. Ele prepara sua própria lambic, usando fermentação espontânea para obter resultados incomparáveis.

"NÃO SE FAZ FORTUNA COM GUEUZE", diz o alquimista de lambic Armand Debelder. "Mas tenho boas razões para me dedicar a ela. O sabor me fascina." Verdadeiro artista, Debelder cria cervejas que ama. "Por sorte, podemos preparar novamente essas cervejas conforme o antigo costume." Suas cervejas têm sido muito elogiadas por usar fermentação natural. Contudo, sua carreira de cervejeiro não foi sempre fácil.

Em 1953, o pai de Armand comprou o café e a *geuzestekerij*, local onde as cervejas lambic são misturadas, e expandiu o estabelecimento com um restaurante, que hoje é dirigido por um irmão de Armand, Guido. Armand aprendeu a arte do blend com o pai nos anos 1980 e assumiu a função após dez anos de prática. "É preciso experiência para fazer isso, e ela só chega com o tempo", declara. Exigente, ele se recusou a preparar sua própria cerveja por um longo período. Contudo, com a instalação de uma pequena cervejaria, em 1998, dedicou-se a aperfeiçoar a arte da lambic. Houve um desastre em 2009, quando um termostato defeituoso fez que a temperatura na área de estocagem da Debelder subisse de 16°C para 60°C. Algumas garrafas que fermentavam explodiram, outras vazaram. Oitenta mil garrafas de gueuze foram prejudicadas. Muitos voluntários apareceram para ajudar a tirar as rolhas. Debelder destilou o líquido, que foi vendido como Armand'Spirit; mesmo assim, precisou vender o equipamento de produção. Felizmente os fãs da lambic e outras cervejarias ajudaram. A esposa, Lydie Hulpiau, inventou as séries vintage exclusivas, Armand'4, com diferentes blends de lambic disponíveis antes da tragédia. Para garantir a continuidade da 3 Fonteinen, Debelder formou uma parceria com Michaël Blanckaert. Juntos eles adquiriram um novo equipamento e retomaram as atividades cervejeiras.

INFORMAÇÕES

PRODUTOR Armand Debelder

FUNDAÇÃO 1953

ENDEREÇO Hoogstraat 2a, 1650 Beersel

SITE www.3fonteinen.be

FILOSOFIA Antigas tradições combinadas com paixão

3 FONTEINEN
OUDE KRIEK

3 FONTEINEN
OUDE GEUZE VINTAGE

NOTAS DE DEGUSTAÇÃO

OUDE KRIEK 5%

Vermelho rubi, com colarinho fino e renda sutil, a Oude Kriek é feita com lambic jovem maturada em barris com cereja, de seis a oito meses, seguida de quatro meses de fermentação na garrafa. É uma bebida revigorante, com aroma ácido de cereja e almíscar.

HARMONIZAÇÃO: Excelente com pratos marcantes e saborosos, como pato e ganso; cervo com molho de cereja; queijo de cabra.

OUDE GEUZE VINTAGE 7%

Vintage é uma Oude Geuze que após a refermentação na garrafa passa vários anos maturando. A acidez se transforma em sabores profundos e aromas complexos de frutas (inclusive cítricas), em harmonia com elementos terrosos, como madeira e couro.

HARMONIZAÇÃO: Tente com ostra ou mexilhão cozido com molho cremoso, patê e linguiça, salada temperada com vinagre de gueuze ou os sabores intensos do queijo stilton.

BEERSEL BLOND PALE ALE, 7%

Encorpada pale ale belga, com tons dourados cristalinos e colarinho médio. Nariz frutado de ameixa amarela, tangerina e banana, em base de biscoito maltado, com aroma floral e terroso do lúpulo. No primeiro gole, doçura frutada, equilibrada com amargor de especiarias. Corpo médio, textura cremosa, final seco, prolongado, com lúpulo intenso.

HARMONIZAÇÃO: Procure iguarias como presunto cru e salmão defumado, massa ao pesto ou peixe grelhado.

Leve refresco
Cervejas claras são ideais para matar a sede

3 FONTEINEN
BEERSEL BLOND

ACHEL

INFORMAÇÕES

PRODUTOR St Benedict Monastery, Achel

FUNDAÇÃO 1998

ENDEREÇO 3930 Hamont-Achel

SITE www.achelsekluis.org

FILOSOFIA A vida monástica enfatiza a simplicidade, a energia e a qualidade. A cerveja trapista é o produto ideal para simbolizar tudo isso

Achel, a mais recente e menor das seis cervejarias trapistas autorizadas, foi inaugurada em 1998, encerrando 80 anos de abstinência. A abadia de São Benedito, em Achel, resolveu reviver sua tradição cervejeira.

AS ORIGENS DO MOSTEIRO EM ACHEL remontam ao século XVII, quando monges holandeses construíram no local uma capela que depois se tornaria abadia. A primeira cerveja produzida foi a Patersvaatje, em 1852, mas a produção de cerveja se tornou constante somente depois que converteram a abadia em mosteiro trapista, em 1871. Entretanto, a atividade sofreu interrupção na Primeira Guerra Mundial, quando os monges abandonaram o mosteiro por causa da ocupação alemã – em 1917, o exército germânico desmanchou a cervejaria para usar o cobre das instalações. Depois da guerra, os monges de Achel se concentraram na agricultura e na criação de gado.

Há algum tempo, todos os mosteiros, inclusive Achel, encontram dificuldade para recrutar pessoas dispostas a aceitar sua rotina. Conforme a média etária cresce, eles precisam adaptar as tarefas dos monges. Em Achel, parte das terras foi vendida para investir em uma nova cervejaria, taberna, pousada e loja. Com ajuda dos religiosos de Westmalle e Rochefort, os monges retomaram a atividade cervejeira. Começaram com bebidas leves, servidas apenas na taberna. Até hoje, a clara e a escura, ambas não filtradas, com 5% de teor alcoólico, estão disponíveis somente no local. Versões engarrafadas das duas, com 8%, foram lançadas com a escura Achel Extra (9,5%), em 2001. A versão mais recente, Achel Extra Blond (9,5%) só pode ser saboreada na abadia.

NOTAS DE DEGUSTAÇÃO

BRUIN 5.5 BROWN ALE, 5,5%

Marrom, turva, com colarinho bege, essa brown ale se destaca pelo aroma de toffee, frutas escuras e tostados. O primeiro gole adocicado dá lugar a sabor de caramelo, equilibrado pelo amargor do lúpulo. No final, o malte se sobressai.

HARMONIZAÇÃO: Boa para carne suína assada e sanduíche de pão preto com frios.

BLOND 8 BELGIAN ALE, 8%

De colarinho branco firme e cor alaranjada profunda, essa ale belga forte se caracteriza pelo aroma de grãos e frutas que lembram damascos e peras doces. O aroma frutado deságua em um sabor complexo de frutas, malte e alguma especiaria. A Blond 8, encorpada, é densa na boca até o final amargo, herbáceo.

HARMONIZAÇÃO: Vai bem com filé com pimenta, pratos condimentados à base de embutidos de carne suína ou pato, como cassoulet, ou com um delicado chucrute e presunto rústico.

ACHEL BRUIN 5.5

Ale angelical
A renda das cervejas trapistas banca as atividades caridosas dos mosteiros

ACHEL BLOND 8

INFORMAÇÕES

PRODUTOR Davy Spiessens, Glenn Castelein, Marc De Keukeleire

FUNDAÇÃO 2004

ENDEREÇO Vaartstrat 4a, 8552 Moen/ Zwevegem (West-Vlaanderen)

SITE www.alvinne.be

FILOSOFIA Inovação e criatividade na arte cervejeira, com respeito pelas tradições

ALVINNE

Famosa por provocar exaltação ou desânimo no mundo da cerveja, a Alvinne desafia quem a experimenta, não raro com resultados surpreendentes. Em pouco tempo, a pequena microcervejaria se transformou em uma empresa de sucesso.

DESDE 2004, OS FUNDADORES da Alvinne (que significa "elfo"), Glenn Castelein e Davy Spiessens, expandem os limites da arte cervejeira. "Somos inovadores e desbravadores, procuramos usar a tradição de um jeito novo", afirma Castelein. Os dois faziam cerveja em casa, mas logo chegaram à vanguarda entre os mestres cervejeiros. Alvinne foi uma das primeiras a envelhecer cerveja em barris de carvalho, a usar novas variedades de lúpulo e a criar cervejas em colaboração com outros cervejeiros europeus. Admirada no cenário internacional da cerveja artesanal, a "Picobrouwerij Alvinne", como se chamava inicialmente, cresceu depressa, abandonando o barracão de madeira no quintal de casa e passando a amplas instalações em Heule, perto de Kortrijk. Três anos depois, em 2010, Mark De Keukeleire deu novas asas ao elfo, introduzindo inovações tecnológicas. Engenheiro de alimentos e cervejeiro artesanal, ele desenvolveu sua própria cepa de fermento, Morpheus, após anos de tentativas.

Morpheus é uma mistura de cepas para ale com bactérias de ácido láctico que pode ser usada tanto para cervejas ácidas quanto para as que não são ácidas. Perfeita para a fermentação mista típica da região oeste de Flandres, com Oude Bruin ou Vlaams Rood. Com o novo fermento, a Alvinne investiu em equipamento com capacidade de 200 hl (122 barris) e novos fermentadores, instalados em um prédio histórico industrial, perto de Moen. Eles se mudaram para o local em 2011. Hoje o grupo possui loja e cervejaria, com aulas de arte cervejeira, além de um "Proefloft", local para degustações.

O Festival da Cerveja Artesanal acontece na Alvinne nos anos pares e recebe fãs e notáveis cervejeiros artesanais do mundo inteiro.

NOTAS DE DEGUSTAÇÃO

GASPAR 8%

Ale impetuosa, tem tons alaranjados e terrosos, com notas de feno no nariz. O cítrico parece saltar pela espuma clara cremosa, tal a intensidade do lúpulo, que também destaca notas herbáceas no sabor.

HARMONIZAÇÃO: O calor do álcool a torna parceira ideal para um bom hambúrguer com batata frita e salada.

CUVÉE D'ERPIGNY 15,2%

Âmbar, quase marrom, esse barley wine turvo tem colarinho bege e envelhece em barril de Monbazillac. O aroma encantador sugere mel, uva, nozes e notas vínicas. O sabor adocicado combina com a cremosidade que lembra ameixa, carvalho, vinho e tem nuanças terrosas. Final quente.

HARMONIZAÇÃO: Como bebida complexa, mostra melhor seu sabor à beira da lareira, sem pressa.

MORPHEUS WILD UNDRESSED 5,2%

Ale ácida marrom avermelhada, com colarinho bege. Foi a primeira cerveja feita com o fermento Morpheus, exclusivamente para os EUA. Nariz frutado, com especiarias e momentos de madeira, sabor ácido moderado com cereja, limão e terra. Final pungente.

HARMONIZAÇÃO: Refrescante e fácil de beber, essa ale ácida vai bem com frutos do mar, especialmente lagosta. Também é ótima companheira para omelete ou ovos Benedict.

ALVINNE GASPAR

BOON

Em 1975, época em que dúzias de cervejarias e cervejeiros desistiam do negócio, Frank Boon assumiu a direção de uma antiga fábrica de gueuze e kriek. Remando contra a maré, consolidou uma cervejaria próspera, com excelente lambic.

INFORMAÇÕES

PRODUTOR Frank Boon, joint venture com a cervejaria Palm

FUNDAÇÃO 1975

ENDEREÇO Fonteinstraat 65, 1502 Lembeek, Vlaams-Brabant

SITE www.boon.be

FILOSOFIA Premiada, orgulhosa por produzir "consagradas especialidades tradicionais"

EM 1975, AS CERVEJAS ÁCIDAS eram o estilo favorito de Frank Boon, que tinha 20 anos. Seu blender preferido era René De Vits, ex-proprietário da cervejaria. Como De Vits não tinha herdeiros, disse a Boon que fecharia a cervejaria. Boon decidiu interferir e assumir os negócios, pois havia crescido no meio da cerveja. A avó e os irmãos dele cuidavam de uma grande cervejaria que enfrentou sucessivas dificuldades e fechou as portas em 1970. A família continuou fazendo cerveja em casa. Boon tinha prometido que jamais entraria para o ramo cervejeiro. Contudo, aos 20 e poucos anos, com um diploma de ciências sociais no bolso, quebrou a promessa. Quem mais assumiria a tarefa?

Boon comprou a fábrica de De Vits e iniciou uma produção de gueuze e kriek de excelente qualidade, sabendo que nenhuma cervejaria de grande porte estaria preparada para lidar com a produção que usava tanto capital quanto trabalho intensivo na preparação desse estilo antigo. No início, só misturava lambic de outras duas cervejarias para fazer gueuze. Quando as duas abandonaram a produção, como muitas outras de Payottenland, Boon começou a fazer sua própria lambic, em 1990.

Lambic era uma especialidade de nicho, mas Frank Boon se deu bem. Salvou a linda casa coberta de hera e aumentou em vinte vezes a produção. Quando resolveu expandir, conseguiu recursos na parceria com a cervejaria Palm. Hoje possui cerca de 230 recipientes de madeira cheios de lambic em sua adega de Lembeek, cerca de 10 mil hl (6.110 barris) de cerveja para blend. Boon reconhece que "é preciso ter muita cerveja para fazer um pouquinho de boa gueuze". Ao contrário de muitos aliados conservadores que seguem as receitas antigas ("oude"), Boon modificou estilos, lançando produtos mais frutados e menos azedos, graças ao uso de "meerts", lambic muito jovem, para fazer sua kriek, por exemplo.

Mistura e manda
A maestria em preparar a cerveja kriek vem da habilidade em combinar lambic de diferentes idades

BOON KRIEK BOON

NOTAS DE DEGUSTAÇÃO

KRIEK BOON 4%

Essa kriek vermelha brilhante é um blend de cervejas lambic de diferentes idades. Após um ano de fermentação no barril, adiciona-se 400 g de cereja por litro, para ativar a segunda fermentação na garrafa. Após dois anos na garrafa, as refrescantes notas agridoces de cereja evoluem para aroma de vinho do Porto e xerez maduros.

HARMONIZAÇÃO: A acidez da cerveja vai bem com pratos delicados de frutos do mar, como mexilhão e vieira.

FRAMBOISE BOON 5%

O vermelho rosado brilhante encimado pelo colarinho rosado da Framboise Boon é obtido por 300 g de framboesa fresca por litro, mais um pouco de cereja silvestre. Leve, efervescente, com nariz assertivo de fruta. Moderada acidez e final frutado longo, com notas de amêndoas.

HARMONIZAÇÃO: Mais saborosa ainda com musse de chocolate ou salada com queijo de cabra.

OUDE GEUZE BOON 7%

Dourada, turva, brilhante, com espuma branca, essa gueuze é uma mistura de 90% de lambic dezoito meses, 5% de lambic forte de três anos e 5% de lambic bem nova. Fermenta na garrafa por vários meses. O sabor lembra grapefruit, gengibre e uva moscatel, apoiado em suave acidez. Final macio.

HARMONIZAÇÃO: Ácida, essa cerveja pede carnes salgadas e embutidos.

KRIEK MARIAGE PARFAIT 8%

Vermelha rubi com colarinho rosado, essa gueuze é feita com lambic forte envelhecida um ano em barris de carvalho, com 400 g de cereja madura por litro. Matura dois anos após fermentar na garrafa. Apresenta aroma de baunilha, musgo, rosas e cravos. Encorpada, frutada, lembra cereja equilibrada por alguma doçura.

HARMONIZAÇÃO: Ideal com pratos fortes, como pato, ganso, cervo, foie gras e patês.

GEUZE MARIAGE PARFAIT 8%

Blend com lambic de três anos e outras mais novas. Filtrada, depois engarrafada e maturada por seis meses, pelo menos. Suave, com sutil acidez balanceada por sabores do bosque, baunilha e sabor final amargo de cravo que se torna mais intenso durante a degustação.

HARMONIZAÇÃO: Desfrute essa rica combinação com alimentos de sabor pronunciado, como escargot, salmão defumado, queijo de cabra ou ostra.

FARO BOON 5%

Âmbar, quase marrom, com pouco colarinho, a Faro Boon combina lambic antiga com especiarias e açúcar-cândi, resultando numa lambic mais leve, com baixo teor alcoólico. O aroma agridoce lembra vinagre balsâmico, com alguma acidez para equilibrar a doçura.

HARMONIZAÇÃO: O sabor agridoce da cerveja combina bem com sobremesas à base de frutas.

BOON
KRIEK MARIAGE PARFAIT

BOON
FRAMBOISE BOON

BOON
GEUZE MARIAGE PARFAIT

BOON
OUDE GEUZE BOON

BOON
FARO BOON

EM TERMOS DE CERVEJA, A BÉLGICA NÃO É UM PAÍS PEQUENO – OSTENTA MAIS DE 25 ESTILOS LOCAIS, COM INÚMERAS VARIAÇÕES REGIONAIS.

NO UNIVERSO DA CERVEJA, HÁ A ARTE DE FAZER RÓTULOS, COMO SE PODE VER NO MUSEU DE GUEUZE, NA CERVEJARIA CANTILLON DO CENTRO DE BRUXELAS *(P. 86)*.

CANTILLON

INFORMAÇÕES

PRODUTOR Jean Van Roy

FUNDAÇÃO 1900

ENDEREÇO 56 Rue Gheude, 1070 Bruxelas

SITE www.cantillon.be

FILOSOFIA Produzir cerveja à moda tradicional, com equipamento clássico e ingredientes naturais, sem adoçantes nem conservantes, sem substituir fruta por suco

"Fazer essa cerveja exige paixão e paciência", explica o proprietário, Jean van Roy. E devoção também, obviamente: "Um cervejeiro de lambic precisa manter estreito contato com a cerveja. Só assim conseguimos sentir a bebida".

ENTENDER BEM AS CERVEJAS de Jean van Roy pode ser difícil, pois cada fermentação espontânea se desenvolve de maneira diferente. Cada barril de lambic, maturado por até três anos, é único. "Não conseguimos controlar a fermentação, apenas a acompanhamos", declara Van Roy. Sabiamente, explica que os cervejeiros de lambic não podem ser chamados de mestres. Eles dependem da sensibilidade. "É mais complexo que fazer ale ou lager. Temos de experimentar a cerveja", diz. De fato, ele experimenta variedades de lambic de até dez barris, novas e antigas, antes de misturá-las para obter a gueuze.

Van Roy pertence à quarta geração da família que dirige a Cantillon. Cresceu na cervejaria, entrou na empresa em 1989 e, desde 1990, trabalha para dominar todo o processo de produção de cerveja. Sonhou várias vezes em viajar pelo mundo. Em vez disso, porém, o mundo vem até ele. Cerca de 15 mil pessoas visitam a Cantillon anualmente, sendo 90% estrangeiras. Algumas são entusiastas da romaria da gueuze, mas grande parte dos visitantes vai conhecer o "museu" que o pai de Van Roy criou em 1978. Ele transformou a cervejaria numa vitrine, onde a família Van Roy pode ser vista em atividade, usando o mesmo equipamento de 1900. Desde então, os ingressos cobrados garantiram a sobrevivência da Cantillon nas décadas de turbulência econômica.

O pai era conhecido como tradicionalista radical, mas Jean van Roy realiza experiências ocasionais. Fou' Foune é produzida com damasco. Na Iris, ele usa 50% de lúpulo seco e 50% de fresco, além de adicionar mais lúpulo fresco logo antes de engarrafar a cerveja. Também fermenta lambic em ânforas de terracota – técnica que aprendeu com o enólogo siciliano Gabrio Bini.

CANTILLON
KRIEK

CANTILLON
GUEUZE 100% LAMBIC BIO

CANTILLON
GRAND CRU BRUOCSELLA

NOTAS DE DEGUSTAÇÃO

KRIEK 5%

Turva, âmbar, vermelha, a Kriek combina lambic de seis meses a um ano de idade, maturada com cereja fresca em barril de carvalho ou castanheira, por vários meses, depois fermentada na garrafa por até cinco meses. A Kriek tem aroma de cereja e madeira, sabor ácido agradável, com sensação cremosa no paladar. A cervejaria recomenda seu consumo em até um ano após o engarrafamento.

HARMONIZAÇÃO: Deliciosa bebida para dias quentes de verão. Vai bem com petiscos, como queijo, azeitona e rabanete.

GUEUZE 100% LAMBIC BIO 5%

Amarela, turva, a Gueuze é um blend de lambic de um, dois e três anos. O aroma remete a frutas e couro, com um início bem ácido. O sabor da cerveja é de palha, cidra e couro, com final seco.

HARMONIZAÇÃO: Versátil, é ótima como aperitivo ou com mexilhão cozido, ostra e outros frutos do mar, além de acompanhar bem patês adocicados e terrines bem condimentadas.

GRAND CRU BRUOCSELLA LAMBIC, 5%

Opaca, amarela dourada, essa lambic é uma edição especial de único barril selecionado, envelhecida por três anos. Seu aroma lembra maçã e mel. Elegante, ácida, tem notas de pão torrado.

HARMONIZAÇÃO: Companheira perfeita para frutos do mar e pratos delicados, como frango ao estragão.

DE LA SENNE

De la Senne enriquece a cultura cervejeira belga ao assumir um compromisso com Bruxelas e com a recriação de estilos esquecidos. Poderia exportar sua produção inteira, mas, em geral, prefere vendas locais.

INFORMAÇÕES

PRODUTOR Yvan De Baets, Bernard Leboucq

FUNDAÇÃO 2006

ENDEREÇO Steenweg op Gent 565, 1080 Bruxelas

SITE www.brasseriedelasenne.be

FILOSOFIA Fazer cerveja com muito sabor, não com muito álcool

NOVATA NA CENA CERVEJEIRA belga, introduz tendências recentes em cervejas artesanais, virando de cabeça para baixo a imagem dominante na cultura cervejeira belga. "Nossa ideia é criar cervejas com muito sabor, com o menor teor alcoólico possível", afirma Yvan de Baets, cofundador e mestre cervejeiro da De la Senne de Bruxelas, acrescentando: "Produzimos cervejas que gostamos de beber". Quando ele e o sócio Bernard Leboucq terminavam um longo dia de trabalho, não saíam para beber uma cerveja forte, como a tripel, mas "uma opção descontraída, refrescante, saborosa". Por isso a Saison de la Senne (4,3% de teor alcoólico), a Souterik (4,5%) e a blonde Taras Boulba (4,5%) são incrivelmente equilibradas, complexas, únicas e fáceis de beber. O que é ainda mais surpreendente: resultam da inspiração na tradição cervejeira belga. "Nos mosteiros, e para o povo, a bebida cotidiana era cerveja, não água", diz De Baets. Quando as pessoas tomavam seis litros ou mais por dia, para suprir a necessidade de líquidos, preferiam cervejas leves. Leitor voraz, De Baets pesquisou a cultura cervejeira belga em fontes primárias. Ele também conversa com cervejeiros veteranos, aprendendo coisas sobre os estilos antigos comuns, dos quais a tafelbier talvez seja a última remanescente. De la Senne recria alguns tipos com pouco álcool e ressuscita uma cultura perdida.

Contudo, há cervejas fortes em seu portfólio. Destacam-se a ale escura de inverno, Zwarte Piet (8%), a tripel La Jambe-de-Bois (8%) e a brown ale de Flandres Crianza (7%), esgotada. De Baets comenta: "Antigamente, as cervejas fortes eram guardadas para ocasiões especiais, como visitas ilustres e banquetes". Portanto, não surpreende que ele tenha também cervejas do gênero.

NOTAS DE DEGUSTAÇÃO

STOUTERIK STOUT, 4,5%

Marrom, escura, com colarinho bege, essa stout belga oferece aroma amplo, adocicado, com toques tostados e notas de chocolate e café em grão. No paladar, a leveza refrescante do amargor herbáceo se equilibra com notas torradas e um final seco, amargo.

HARMONIZAÇÃO: Bela cerveja para beber pura. Mas vai bem com uma ampla gama de sabores, de sanduíche com pão preto, queijos como emmental e peixe grelhado com batata assada.

TARAS BOULBA ALE, 4,5%

Ouro intenso com tons alaranjados, quase translúcida, com delicado colarinho branco. No nariz, frescor de tangerina e um substrato de caramelo, seguidos de aroma tostado. No primeiro gole, fresca e seca, amargor categórico de lúpulo evoluindo até um centro macio de caramelo e pão torrado. Uma leve acidez conduz a cerveja até um final com amargor aromático, longo, duradouro.

HARMONIZAÇÃO: Aperitivo superior, mata a sede e vai bem com pratos leves condimentados: salada com queijo de cabra, camarão ao curry, torta de limão.

ZWARTE PIET STRONG DARK ALE, 8%

Escura, âmbar quase marrom, com colarinho dourado cremoso, abre com rico aroma de malte tostado, cacau e frutas secas, algumas notas alcoólicas e de fermento. Agradável ao paladar, com frutas secas e chocolate amargo, um toque de baunilha e impressionante aroma de lúpulo até o final moderadamente adocicado.

HARMONIZAÇÃO: Bebida perfeita para a beira da lareira ou em degustação com chocolate, charuto e queijos maturados intensos.

DE LA SENNE
STOUTERIK

DE LA SENNE
TARAS BOULBA

DE LA SENNE
ZWARTE PIET

RODENBACH

Um dos mais inusitados fabricantes de cerveja do mundo, Rodenbach preserva e promove o estilo de produção clássico, com envelhecimento em barris e fermentação com mistura, para oferecer uma série tradicional de ácida brown ale flamenga.

INFORMAÇÕES

PRODUTOR Cervejaria Palm

FUNDAÇÃO 1836

ENDEREÇO Spanjestraat 133-141, 8800 Roeselare, West-Vlaanderen

SITE www.rodenbach.be

FILOSOFIA Cervejas feitas com profundo respeito pela criatividade e pela cultura cervejeira

A RODENBACH É UMA CERVEJARIA FAMILIAR, criada por quatro irmãos em 1821. Nos anos 1870, um deles, Eugène Rodenbach, viajou para o Reino Unido, onde aprendeu a fazer a mistura de cervejas envelhecidas e novas fermentadas em barris de carvalho – essa é, desde então, a especialidade da cervejaria. Em 1998, a companhia pertencia à cervejaria Palm, que converteu a antiga área de fabricação em centro de conferências e construiu uma nova fábrica de alto nível.

Os recipientes de madeira nas adegas da Rodenbach, indispensáveis para a fermentação mista do processo de fabricação de cerveja, tornaram-se uma atração para os visitantes. Imensos corredores revestidos de tijolo e iluminados por lâmpadas são ladeados por enormes dornas de carvalho unidas por cintas vermelhas, todas apoiadas em bases de tijolo, sob teto de madeira escura. A "catedral de foudres", termo francês para "dornas imensas", deslumbra. "Sem as dornas de carvalho, não existiria a Rodenbach", diz o diretor Rudi Ghequire. E explica que a cerveja passa por uma fermentação primária que usa cultura própria de levedura da Rodenbach, em tanques cônico-cilíndricos. A segunda fermentação ocorre em tanques horizontais, para que as células de fermento sedimentem e se desenvolvam as bactérias do ácido láctico. O processo exige pelo menos "mais dois anos de maturação e paciência". Durante a maturação, a cerveja descansa em 300 dornas imensas (120 a 600 hl, 75 a 370 barris), onde a interação entre a madeira e os micro-organismos presentes gera os sabores sensacionais e complexos. Muitas dornas são tão antigas quanto a cervejaria, e a maioria foi construída no local. Algumas foram adquiridas de cervejarias vizinhas e refeitas na sede da Rodenbach. A cervejaria mantém uma equipe de especialistas para fazer a manutenção dos preciosos recipientes.

NOTAS DE DEGUSTAÇÃO

VINTAGE OAK-AGED GUEUZE, 7%

Edição de partida única, é a predileta dos apreciadores. Escolhe-se uma das maiores dornas, onde a bebida matura mais lentamente, por causa do menor contato com a superfície da madeira. Tem aroma complexo de romã, carvalho com notas de baunilha, especiarias e xerez. Primeiro gole doce e redondo, com sabor de malte caramelizado em equilíbrio com a acidez firme. Final prolongado.

HARMONIZAÇÃO: Pede sabores intensos, como carnes de caça, patês condimentados e queijos maturados.

GRAND CRU FLEMISH RED ALE, 6%

Red ale flamenga marrom-rubi, blend de dois terços de cerveja envelhecida em carvalho com um terço de cerveja nova. Agridoce, alterna momentos de fruta e carvalho até chegar ao final seco agradável.

HARMONIZAÇÃO: Delicioso aperitivo ou acompanhada de azeitona, picles e peixe, bem como lagosta e caranguejo.

CARACTÈRE ROUGE FRUIT ALE, 7%

Edição limitada de cerveja envelhecida em carvalho por dois anos, com cereja, framboesa e cranberry. Vermelha rubi, a ale turva abre com um nariz estupendo de frutas vermelhas, com notas vínicas e de madeira. A textura cremosa e o equilíbrio seco excitam e conduzem a um final frutado refrescante.

HARMONIZAÇÃO: Pede fígado de ganso e queijo azul suave.

RODENBACH
VINTAGE

RODENBACH
GRAND CRU

RODENBACH
CARACTÈRE ROUGE

WESTVLETEREN

Uma das cervejarias mais respeitadas do mundo, a Westvleteren produz algumas das variedades mais cobiçadas – talvez a escassez seja uma das razões para tanta popularidade – e atrai gente de todos os cantos.

WESTVLETEREN BLOND

NA PLANÍCIE OCIDENTAL DE FLANDRES, havia uma fila de carros ocupando quilômetros de estrada, avançando lentamente até os portões da abadia Saint Sixtus, em Westvleteren. Os amantes da cerveja aguardavam para comprar uma ou duas caixas de Westvleteren 12. O popular barley wine só está disponível em determinados dias e, como as duas outras cervejas do mosteiro, é vendido apenas na abadia. Quando o trânsito se tornou um problema, os monges passaram a vender aos clientes que encomendavam. Agora as linhas telefônicas ficam tão congestionadas que o sinal vive caindo...

A cervejaria Westvleteren tornou-se local de peregrinação – um copo cheio da 12 serve de Santo Graal para os fãs da cerveja, e em muitos rankings internacionais essa ale escura e forte é considerada a melhor cerveja do mundo. Como resultado, ônibus cheios de turistas cervejeiros e viajantes em carros particulares inundam a gigantesca taberna da abadia para saborear os produtos exclusivos da Westvleteren, que normalmente não podem ser adquiridos fora dali. Não admira que o café na varanda do fundo, banhada pelo sol da tarde, faça que os visitantes se sintam privilegiados ao saborear a 8, uma Westvleteren clara, ou, em raras ocasiões, a 12.

Apesar do sucesso, os frades do mosteiro trapista, cerca de vinte, não se abalam. Continuam mantendo seu modo de vida recluso e a produção limitada. A cada ano, um especialista em cerveja é escolhido para fazer o tour pela cervejaria. Como os monges explicam, eles fazem cerveja, mas o mosteiro não é cervejaria. Fazem como uma oração. E conhecem bem sua arte.

NOTAS DE DEGUSTAÇÃO

BLOND ALE, 5,8%

Dourada, brilhante, levemente turva, com colarinho branco espesso, oferece ao nariz frutas exóticas, feno e especiarias. A doçura inicial evolui para um amargor equilibrado. É efervescente, encorpada, sedosa na boca, com final seco prolongado.

HARMONIZAÇÃO: Ótima para acompanhar pratos substanciais, como linguiça, carne ou peixe frito.

8 DUBBEL, 8%

Dubbel escura, turva, com colarinho creme e aroma complexo de malte que lembra uva-passa, cravo e ervas. Bom equilíbrio de sabor, com notas doces e levemente tostadas, que contrabalançam o amargor. Na boca, é leve e limpa, com final longo, saboroso.

HARMONIZAÇÃO: Tente com carnes grelhadas e defumadas.

INFORMAÇÕES

PRODUTOR Saint Sixtus Trappistenabdij

FUNDAÇÃO 1839

ENDEREÇO Donkerstraat 12, 8640 Westvleteren, West-Vlaanderen

SITE www.sintsixtus.be

FILOSOFIA Fazer cerveja como forma de oração

WESTVLETEREN 8

ABBAYE DES ROCS

www.abbaye-des-rocs.com

EM 1979, JEAN-PIERRE ELOIR começou a fabricar cerveja como hobby em Montignies-sur-Roc; o passatempo logo se transformou em vocação. A filha Nathalie estudou a arte cervejeira e entrou para a pequena empresa familiar. As cervejas da Abbaye des Rocs levam apenas água, lúpulo, malte, levedura e especiarias. Nathalie usa semente de coentro, casca de laranja, cominho e gengibre em pó; ela aboliu completamente o açúcar. A cervejaria foi uma das pioneiras no uso de aveia maltada, como no caso da Blanche des Honnelles (6% de teor alcoólico), lançada em 1991.

ACHOUFFE

www.achouffe.be

A ACHOUFFE, em Houffalize-Achouffe, província de Luxemburgo, exibe uma história de sucesso paradigmática da cerveja artesanal belga. Os cervejeiros caseiros Pierre Gobron e Chris Bauweraerts fundaram a cervejaria em 1982, com a ideia de criar cervejas especiais de qualidade. O primeiro lançamento, La Chouffe, blonde ale com 8% de teor alcoólico, conquistou muitos admiradores no país e no exterior, tornando-se rapidamente um clássico belga. Em 2006, a Achouffe foi comprada pela Duvel Moortgat.

AFFLIGEM

www.affligembeer.be

EM 1970, A CERVEJARIA FAMILIAR De Smedt, em Opwijk, conseguiu uma licença para fabricar cerveja na cidade do mosteiro beneditino de Affligem, no local desde 1790. Devido ao imenso sucesso, a Heineken comprou a cervejaria em 1999. Ao lado da Dubbel e da Tripel, fabrica uma blonde famosa. Affligem também assumiu a produção da abadia de Postel, oferecendo os mesmos tipos com a marca.

BELGOO

www.belgoobeer.be

AS CERVEJAS BELGOO são criadas por Jo van Aert, na Brasserie La Binchoise de Binche. Van Aert fundou a companhia em 2007. Faz ale engarrafada, usando vários tipos de grãos: Magus (clara, 6,6% de teor alcoólico) usa cevada e malte de trigo, além de aveia e espelta (trigo-vermelho); a Luppo, clara, dry-hopped (6,5%) é feita de cevada e aveia. A Saisonneke é uma saison refrescante, também dry-hopped.

BELGOO SAISONNEKE

BOSTEELS DEUS BRUT DES FLANDRES

BLAUGIES

www.brasseriedeblaugies.com

DE FORA, A CERVEJARIA mais parece um galpão, mas do pequeno armazém sai uma saison elegante e efervescente. Pierre-Alex Cartier e Marie-Noëlle Pourtois fundaram a fazenda-cervejaria em 1988, e os filhos a herdaram. Cédric cuida do restaurante, e Kévin faz a cerveja. A Saison d'Epeautre (6% de teor alcoólico) é feita de trigo-sarraceno. Em 2013, começaram a produzir a Vermontoise (6%), em colaboração com a cervejaria americana Hill Farmstead *(p. 191)*, uma saison de espelta (trigo-vermelho) que leva lúpulo Amarillo.

BOSTEELS

www.bestbelgianspecialbeers.be

BOSTEELS SE CONCENTRAVA NA PILSEN, mas desde os anos 1990 se voltou a tipo especiais de ale. Pauwel Kwak (8% de teor alcoólico) é a mais doce, conhecida pelo copo incomum, originalmente projetado para cocheiros. A Tripel Karmeliet (8%) é uma ale frutada com três grãos. A condimentada Deus Brut des Flandres *(Malheur, p. 93)* é inovadora de verdade. A cervejaria, fundada 1791, é comandada por Ivo Bosteels e seu filho Antoine.

BROOTCOORENS

www.bierenaturelle.be

NOS ANOS 1990, ALAIN BROOTCOORENS começou a fazer cerveja e experimentar receitas na garagem de casa. Em dezembro de 2000, abriu uma cervejaria no vilarejo de Erquelinnes e passou a trabalhar nela meio período. Sua paixão é produzir cervejas de alta qualidade como a Angelus, clara e escura, ale orgânica fermentada na garrafa. Ele abre a cervejaria aos sábados para visitantes, que podem preparar cervejas na hora, conforme preferência de estilo.

CARACOLE

www.brasserie-caracole.be

FRANÇOIS TONGLET INAUGUROU a Caracole em 1990. No começo, a cervejaria foi instalada num barracão em Namur, depois mudou para o local de uma linda cervejaria do século XVIII, em Falmignoul, antiga sede da Brasserie Lamotte. Tongled ainda usa o antigo equipamento de fogo direto a lenha. A Caracole comercializa quatro cervejas fermentadas na garrafa: a amber ale Caracole (8% de teor alcoólico), a encorpada escura Nostradamus (9,5%), a clara e seca Saxo (8%) e a condimentada de trigo Troublette (5%).

CAZEAU

www.brasseriedecazeau.be

AS ORIGENS DA FAMOSA cervejaria Cazeau se perdem nos idos do século XVIII. Passou 35 anos fechada, até que Laurent Agache e Quentin Mariage, descendentes da família fundadora, resolveram reabrir a cervejaria, em 2004. Reformaram o prédio e adquiriram equipamento usado na Inglaterra. Os dois primos produzem variedades de ale fermentada na garrafa, com a marca Tournay, e uma deliciosa edição anual chamada Saison Cazeau (5% de teor alcoólico), aromatizada com flores frescas de sabugueiro.

CHIMAY

www.chimay.com

A ABADIA DE NOTRE-DAME, em Scourmont, foi pioneira na fabricação de cerveja em mosteiros belgas: primeira a vender a cerveja, em 1862, e a usar o termo "trapista", após a Primeira Guerra Mundial. Em 1992, os monges investiram em uma fábrica maior. Muitos atribuem a perda de sabor das cervejas – Rouge (7% de teor alcoólico), Tripel (8%) e Bleue (9%) – à nova fábrica. De todo modo, a qualidade é recuperada com o envelhecimento na garrafa.

CNUDDE

www.eine.be/index.php/nl/brouwerij-cnudde

EM 1919, A FAMÍLIA CNUDDE comprou uma cervejaria em Eine, ao norte de Oudenaarde, e a batizou com seu nome. A Flanders Brown Ale, lançada em 1933, usa fermentação aberta. A Cnudde Bruin (5% de teor alcoólico) só costuma estar disponível em barriletes, mas para eventos especiais eles a engarrafam na Strubbe em Ichtegem *(p. 94)*. Os irmãos Lieven, Steven e Piet Cnudde também exercem outras atividades e fazem cerveja conforme a demanda da comunidade. Uma vez por ano, preparam a Bizon (7%), kriek com cereja do pomar próprio.

DE CAM

www.decam.be

DIRETOR DA CERVEJARIA PALM, Willem van Herreweghen criou a De Cam nos anos 1990, no vilarejo de Gooik. Na época, apenas outros dois blenders de gueuze estavam em atividade em Payottenland: 3 Fonteinen *(p. 79)* e Hanssens. O primeiro blend da De Cam saiu em 1997. O atual diretor, Karel Goddeau, estudou arte cervejeira em Ghent, mas ficou um pouco desapontado, pois não ensinavam quase nada sobre fermentação espontânea. Entretanto, isso não diminuiu seu interesse, felizmente. Ele mistura lambic de Lindemans *(p. 93)*, Girardin *(p. 92)* e Boon *(pp. 82-3)*, para criar gueuze e kriek.

DE GRAAL TRIPEL

DE DOCHTER VAN DE KORENAAR

www.dedochtervandekorenaar.be

O IMPERADOR CARLOS V, NOS ANOS 1550, preferia o suco da "filha da espiga de cereal" ao vinho, afirma Ronald Mengerink, fundador da cervejaria, em 2007. Ele faz o possível para convencer os gourmets a adotar a mesma postura do imperador renascentista. Sua clara Noblesse (5,5% de teor alcoólico), a bem defumada Bravoure (6,5%) e a rica, cremosa e fresca Embrasse (9%) estão disponíveis em restaurantes de Nova York desde 2009. A cervejaria faz também diversas edições envelhecidas em carvalho.

DE DOLLE BROUWERS

www.dedollebrouwers.be

ALTERNATIVAS NA APARÊNCIA, as cervejas De Dolle Brouwers (cervejeiros loucos) são dotadas de uma personalidade marcante. Kris Herteleer, fundador e diretor, arejou a cultura cervejeira belga: em 1980, o médico requintado recuperou uma cervejaria arruinada no vilarejo de Esen, perto de Diksmuide, fundando uma das primeiras microcervejarias do país. As cervejas levam uma intricada composição de malte e lúpulos da vizinha Poperinge. A primeira Oerbier, marrom-avermelhada, de fermentação mista, cresce em acidez com o tempo.

DE GRAAL

www.degraal.be

DESDE O INÍCIO, a ideia era oferecer uma vasta gama de cervejas de qualidade. Por isso, a cervejaria De Graal produz clássicos como Blond (6,5% de teor alcoólico), Tripel (9%) e Dubbel (6,5%), além de variações como a blond Gember (8%), com gengibre, ou Slock (6,5%), bitter blond feita com lúpulo americano. Wim Saeyens, formado no curso de cervejaria de Ghent, com doutorado em ciência farmacêutica, inaugurou a cervejaria nas Ardenas flamengas em 2002 e, desde então, a empresa só se expandiu.

DE HALVE MAAN

www.halvemaan.be

DE HALVE MAAN (meia-lua) é a única cervejaria familiar no centro de Bruges. Em 1856, a família Maes começou a fabricar uma ale escura ácida. A geração seguinte dedicou-se a stout e pale ale estilo inglês, e nos anos 1980 Véronique Maes lançou uma ale chamada Straffe Hendrik, antes da interrupção das atividades. Em 2005, o filho dela, Xavier Vanneste, reabriu a cervejaria e lançou a Brugse Zot, além de voltar com a Straffe Hendrik.

DE KONINCK

www.dekoninck.be

A CERVEJARIA FAMILIAR foi adquirida pela Duvel Moortgat em 2010, mas continua a atuar com autonomia. De Koninck, cujas origens remontam a 1833, influenciou profundamente a cultura cervejeira belga – por ser a única cervejaria da cidade de Antuérpia, tornou-se ícone da metrópole flamenga. O principal produto, uma pale ale belga (5% de teor alcoólico), é paradigma do estilo. Bebe-se num copo chamado *bolleke*, termo usado também para pedir cerveja.

DE RYCK

www.brouwerijderyck.be

GUSTAAF DE RYCK, FUNDADOR DA CERVEJARIA, foi a Bremen aprender a arte cervejeira. A atual diretora, da quarta geração da família proprietária, também foi para a Alemanha – e a Ghent – para aprender o ofício, tornando-se uma das poucas mestres cervejeiras da Bélgica. An de Ryck assumiu a empresa familiar nos anos 1970. O carro-chefe é a Special (5% de teor alcoólico), desenvolvida por An a partir de uma receita dos anos 1920. De Ryck também faz cervejas de frutas e clássicos belgas, como a premiada Arend Tripel.

DUPONT

www.brasserie-dupont.com

EM 1986, O "ANO DA CERVEJA" na Bélgica, uma pequena cervejaria familiar, a Dupont, ampliou sua fama para além da região de Hainaut. Desenvolveu-se rapidamente e virou uma das mais respeitadas cervejarias belgas do mundo. Ainda usa fogo direto e recipientes quadrados para fermentação, o que garante um sabor diferenciado. Moinette (clara e escura) foi sucesso regional até a Saison Dupont atrair os holofotes.

DE RYCK AREND TRIPEL

DUVEL MOORTGAT

www.duvelmoortgat.be

PARA COMPETIR COM A ALE BRITÂNICA que invadiu a Bélgica, a Moortgat (fundada em 1871) lançou a Duvel (8,5% de teor alcoólico), em 1923. Logo a cerveja foi reconhecida como o ápice do estilo golden ale. A cervejaria, rebatizada de Duvel Moortgat, lançou ações na bolsa em 1999 e investiu no segmento das especiais – companhias como a Bernard tcheca *(p. 104)*, a americana Ommegang *(p. 151)* e a belga Achouffe *(p. 90)* pertencem ao grupo, que após a recompra das ações e saída da bolsa de valores voltou a ser familiar.

GÉANTS

www.brasseriedesgeants.com

O ENGENHEIRO CERVEJEIRO PIERRE DELCOIGNE restaurou um castelo do século XIII, em Irchonwelz, montou uma cervejaria e a inaugurou em 2000. A Géants usa cevada maltada da região e lúpulos de Poperinge. A cerveja inaugural e mais popular é a Gouyasse (6% de teor alcoólico), blonde sem adições, engarrafada. Delcoigne também dirige a vizinha brasserie Ellezelloise, famosa pela Quintine e a intensa Hercule Stout (9%). As duas cervejarias atuam hoje com a marca Brasserie des Légendes.

GIRARDIN

SEM SITE, SEM E-MAIL, SEM VISITAS – maior entre as autênticas cervejarias de lambic e blender de gueuze, a Girardin é também a mais reservada. Abre, porém, durante a semana, para vender cerveja. Desde 1882, a família produz na fazenda de Sint-Ulriks-Kapelle. Cultiva trigo e cevada próprios. Faz lambic no inverno e pilsen no verão, a Ulricher Extra. A Gueuze Girardin 1882 (5% de teor alcoólico), também conhecida como Black Label, recebe muitos elogios pela acidez moderada e a complexidade equilibrada.

GLAZEN TOREN

www.glazentoren.be

A CERVEJARIA surgiu quando Jef van den Steen se associou ao entusiasta Dirk de Pauw para explorar a paixão. Eles começaram fazendo cerveja em casa, mas logo se deram conta de que precisavam aumentar os conhecimentos sobre os processos. Por isso se matricularam num curso de três anos na escola de cervejaria Ghent e se tornaram mestres cervejeiros certificados. Convidaram Mark de Neef para integrar a sociedade que acabavam de constituir, alugaram um galpão em Erpe-Mere, no leste de Flandres, e lançaram a primeira cerveja em 2004: Saison d'Erpe Mere (6,5% de teor alcoólico). O sucesso da Glazen Toren foi imediato, e a cerveja passou a ser exportada para os EUA e o Japão. Em 2006 e em 2008, eles precisaram expandir a produção.

HET ANKER

www.hetanker.be

EM 1990, CHARLES LECLEF assumiu a empresa da família, que havia comprado a cervejaria Het Anker (a âncora) em 1872. Quando superou os sérios problemas dos anos 1980, Leclef reformou os prédios históricos na cidade de Mechelen, modernizou a produção, refez a linha de produtos, abriu um hotel e montou uma destilaria. Depois da clássica Gouden Carolus, blond ale com 8,5% de teor alcoólico, a cervejaria lançou tipos especiais, como a Cuvée van de Keizer (11%).

HOEGAARDEN

www.hoegaarden.com

O ESTILO WITBIER (trigo belga) estava praticamente extinto quando Pierre Celis reabriu uma antiga cervejaria, em 1966, em Hoegaarden. Sua refrescante witbier, temperada com coentro e casca de laranja, fez sucesso. Muitos a consideram perfeita para o verão. Hoje a companhia pertence à Anheuser-Busch-InBev. Pode-se encontrar a Hoegaarden (4,9% de teor alcoólico) no mundo inteiro, mas a Hoegaarden Grand Cru (8,5%) não é exportada em larga escala.

HOF TEN DORMAAL

www.hoftendormaal.com

SEM A FAZENDA, as cervejas da Hof ten Dormaal não existiriam. A cervejaria, inaugurada em 2009, é inteiramente sustentável. Os Janssen cultivam a cevada e o lúpulo, usam água do poço e criam sua própria levedura. A energia vem do óleo de semente de colza cultivada no local. Fazem diversas variedades de ale, inclusive uma curiosa, que tem como matéria-prima a chicória (witloof). Eles iniciaram um projeto de envelhecimento em barris de vários países europeus. A primeira, blond forte de barris usados para envelhecer genebra, foi lançada em junho de 2012.

HUYGHE

www.delirium.be

EM 1906, LÉON HUYGHE, originário da cidade de Poperinge, famosa pelo lúpulo, assumiu uma cervejaria em Melle, no leste de Flandres, com ajuda da esposa. Oitenta anos depois, a neta Any e o marido dela, Jean de Laet, começaram uma cervejaria pequena para cervejas ale especiais. Estouraram com a Delirium Tremens, blond ale (8,5% de teor alcoólico) em garrafa que parece de pedra e que tem elefantes cor-de-rosa no rótulo. Em 2012, Huyghe inaugurou a nova fábrica, capaz de produzir 350 mil hl, a maior parte para exportação.

JANDRAIN-JANDRENOUILLE

www.hesbayebrabanconne.be/spip.php?article555

AS CAPRICHADAS CRIAÇÕES de dois engenheiros que converteram uma antiga casa de fazenda em cervejaria começaram a surgir em 2007. Hoje as cervejas são IV Saison (blond, 6,5% de teor alcoólico), V Cense (amber, 7%) e VI Wheat (witbier belga sem adição de condimentos, 5%). Ninguém jamais saberá a verdade a respeito das primeiras, I, II e III, pois jamais foram lançadas. Mas os fãs de cerveja estão mais interessados em saber qual será o estilo da VII. E os donos querem ampliar a capacidade, que atualmente é de apenas 8 mil garrafas anuais.

LEFEBVRE

www.brasserielefebvre.be

INAUGURADA EM 1876, a Brasserie Lefebvre é dirigida por Ann e Philippe, com ajuda dos filhos Paul e Céline, da quinta e da sexta geração da família fundadora. Em 1983, a abadia de Floreffe passou a fazer sua cerveja com eles, que também produzem cervejas de frutas, saison e witbier. A saborosa Barbãr (8% de teor alcoólico), preparada com mel, foi lançada em 1989. A busca pela fórmula adequada dos lúpulos para a Hopus exigiu dois anos de experimentos; ale, blonde e bitter (8,3%) são comercializadas em cinco variedades diferentes.

LINDEMANS

www.lindemans.be

GRAÇAS À EXPERTISE FAMILIAR, a Lindemans, fazenda localizada a oeste de Bruxelas, na qual fazer cerveja não passava de atividade secundária, tornou-se há 60 anos especialista na produção de lambic e gueuze. Arriscando um palpite, a Lindemans relançou a cerveja Faro nos anos 1970 – lambic adoçada com açúcar-cândi, além de pesquisar outras cervejas de frutas que não a kriek. As principais marcas dessa bem-sucedida cervejaria de lambic artesanal são a Gueuze e a Kriek Cuvée René.

MALHEUR

www.malheur.be

MALHEUR OU BOSTEELS? Em 2001-02, as duas cervejarias, com sede na pequena cidade de Buggenhout, lançaram uma novidade mundial: bière brut, feita na Bélgica, fermentada na garrafa com levedura de champanhe, mexida e virada até ficar finalmente livre do fermento (processo que se chama remoulage). As cervejas resultantes são espetacularmente espumantes, secas e frutadas. Manu de Landtsheer, mestre cervejeiro da Malheur, produz finas variedades de ale na cervejaria da família, que ele restaurou em 1997. Contudo, nenhuma festa é completa sem a Dark Brut ou outra cerveja champanhada (bière brut).

MORT SUBITE

www.mort-subite.be

UM GRANDE NÚMERO DE PESSOAS experimentou cerveja ácida pela primeira vez quando houve uma degustação de Mort Subite no centro de Bruxelas. O Café Cour Royale foi rebatizado com o nome desse jogo de dados popular localmente, e a cervejaria De Keersmaeker também, quando comprou o café nos anos 1970. Desde então, a cervejaria mudou de dono e hoje pertence ao grupo Heineken. Faz lambic, gueuze, faro e a notável Oude Kriek, sempre no idílico vilarejo de Kobbegem, perto de Bruxelas.

ORVAL

www.orval.be

ORVAL É A ÚNICA CERVEJA da abadia trapista de Valônia, reconstruída em 1926; a cervejaria foi inaugurada em 1931 para bancar o custo da obra. Seca, complexa, elegante, com desenvolvimento intrigante durante a maturação, a Orval (6,2% de teor alcoólico) é fermentada e matura com várias cepas de fermento, recebe dry hopping de flores frescas e Brettanomyces antes do engarrafamento. Quando jovem, é fresca, floral e aromatizada pelos lúpulos. Depois de um mês de guarda, surgem perfumes terrosos das leveduras selvagens. O verdadeiro *goût d'Orval* (sabor da Orval) leva um ano para aparecer.

OUD BEERSEL

www.oudbeersel.com

TEORICAMENTE, A LAMBIC pode ser feita em qualquer lugar. Entretanto, só a encontramos na Bélgica e, mesmo assim, numa pequena área a oeste de Bruxelas, em volta de uma cidadezinha chamada Beersel. Em 2005, os corajosos residentes locais revitalizaram uma cervejaria abandonada, a Oud Beersel, fundada em 1882. Hoje Gert Christiaens e Jos, seu pai, produzem duas excelentes cervejas, Oude Geuze e Oude Kriek, além de dois tipos de ale com a marca Bersalis.

PALM

www.palm.be

POR VOLTA DE 1920, sem poder pagar o sistema de refrigeração para as modernas cervejas lager, a cervejaria do vilarejo de Steenhuffel começou a fazer a Spéciale, de alta fermentação, um pouco mais forte que a pilsen em termos de álcool e sabor. Foi um enorme sucesso. Palm tornou-se cult nos Países Baixos e, depois da Feira Mundial de 1958, passou a ser sinônimo de cerveja belga. Felizmente a família usou o sucesso para manter cervejas como gueuze-lambic da Boon *(pp. 82-3, joint venture)* e red ale flamengas da Rodenbach *(p. 88, aquisição)*.

ROCHEFORT

www.abbaye-rochefort.be

OS TRAPISTAS DA ROCHEFORT fazem três cervejas ale escuras, todas com a mesma receita; apenas o teor alcoólico varia: 7,5% (6), 9,2% (8) e 11,3% (10). Os visitantes podem passar a noite na abadia de Notre-Dame em Saint-Rémy. Lá não há venda de cerveja, porém as duas mais fortes estão disponíveis no país inteiro. A 6 é produzida apenas uma vez por ano.

ROMAN

www.roman.be

MESMO NA BÉLGICA, é raro ver uma cervejaria administrada pela 14ª geração de uma família. A primeira evidência de um cervejeiro chamado Roman no vilarejo de Mater, nas imediações da cidade de Oudenaarde, é do século XVI. Carlo e Lode Roman tocam atualmente uma cervejaria de médio porte que faz praticamente todos os estilos apreciados na Bélgica: lager e witbier, strong ale (Sloeber) e abadia (Ename). Destaca-se a especialidade regional Adriaen Brouwer, brown ale bem escura.

RULLES

www.larulles.be

A CIDADE DE RULLES, situada perto de Orval, tem altas expectativas cervejeiras, pois está próxima da famosa cervejaria Orval *(p. 93)*. Contudo, a produção de Grégory Verhelst em sua cervejaria, que leva o nome da cidade onde está situada, merece respeito por sua qualidade. As primeiras tipo ale (Blonde, Brune, Triple) eram puras e equilibradas, mas em 2005 surgiram criações realmente sensacionais: Estivale, summer ale fresca, rica em aromas, e a escura e saborosa Cuvée Meilleurs Vœux. Desde então, a Rulles triplicou a produção para 2,5 mil hl (1.500 barris), expandindo novamente em 2012, para 5 mil hl (3 mil barris).

SILENRIEUX

www.brasseriedesilenrieux.be

SILENRIEUX É UMA CERVEJARIA ESPECIAL. Na fazenda localizada no sopé das Ardenas, Eric Bedoret cultiva grãos antigos, como espelta (trigo-vermelho) e fagópiro. Desde meados dos anos 1990, em parceria com cientistas do Centro de Maltagem e Ciência Cervejeira da Universidade de Leuven, desenvolveu uma witbier de espelta (Joseph) e uma ale escura de fagópiro (Sara). Outras cervejas especiais surgiram, inclusive uma ale orgânica sem glúten. Graças ao sucesso, a colheita de Bedoret deixou de ser suficiente para abastecer a cervejaria.

SILLY

www.silly-beer.com

O NOME DA CERVEJARIA, que significa literalmente "tola", não foi escolhido por uma questão de humor, embora seja bom para memorizar. Cervejaria familiar fundada em 1850, hoje nas mãos da sexta geração da família, foi batizada de Silly por causa da localidade, por onde passa o rio Sylle, que percorre os densos bosques da província de Hainault. Metade da produção é de baixa fermentação; o programa tradicional de alta fermentação inclui uma variedade escura chamada Saison e a Scotch, com notas de nozes, recentemente lançada em versão envelhecida no barril. Em 1975, a Silly adquiriu a cervejaria Tennstedt Decroes, levando as lendárias receitas do rótulo Double Enghien. Em 1990, uma cerveja clara chamada Titje chegou ao mercado, ajudando no crescimento da empresa. Outras opções: Silly Pils, Double Enghien e Divine.

SINT BERNARDUS

www.sintbernardus.be

A CIDADEZINHA DE WATOU se beneficia da localização, próxima à região de cultivo de lúpulo de Poperinge e da abadia de St. Sixtus, Westvleteren *(p. 89)*. De 1946 a 1992, Watou era o lugar onde se produziam as cervejas comerciais dos monges. Abt 12 e Prior 8 ainda são feitas segundo a receita trapista, com fermento de Westvleteren; e, graças ao ímpeto comercial da casa, a excelente Tripel pode ser encontrada em lugares distantes, como Israel e Cazaquistão. Contudo, fica mais saborosa no magnífico restaurante cervejeiro de Watou, o Hommelhof.

SINT CANARUS

www.sintcanarus.be

PIET MEIRHAEGHE, ENGENHEIRO ALIMENTÍCIO, fundou a "menor cervejaria da Bélgica", em 2002. Por falta de volume de produção, seu maior sucesso, a incrivelmente escura Sint Canarus Tripel, é feita na Proefbrouwerij de Lochristi. No vilarejo de Gottem, na parte leste de Flandres, situada num afluente esquecido do rio Leie, Mierhaeghe produz a blond ale De Maeght van Gottem, que recebe uma flor fresca de lúpulo adicional em cada garrafa. Além disso, ele organiza cursos e debates sobre cerveja, sob o apelido dr. Canarus.

STRUBBE

www.brouwerij-strubbe.be

EM TÍPICO CENÁRIO BELGA, na pequena paróquia de Ichtegem, no oeste de Flandres, duas estruturas se erguem em direção ao céu, na praça do mercado: a torre da igreja e a chaminé da cervejaria. Em 1854, a família Strubbe começou a fazer cerveja ali, para os moradores locais. E em pouco tempo, para a região toda. A sétima geração da família pioneira continua na cervejaria. Desde o fechamento em massa das cervejarias nos anos 1970, os Strubbe aprimoram de forma gradual e inteligente tanto os equipamentos quanto os métodos de preparo. Hoje oferecem de opções clássicas à notável Keyte Dobbel-Tripel.

TILQUIN

www.gueuzerietilquin.be

O INÍCIO DA CERVEJARIA não poderia ter sido mais auspicioso. Pouco depois que Pierre Tilquin, bioengenheiro, abriu uma cervejaria de lambic em Bierghes, em maio de 2011, sua

Oude Gueuze, em garrafa e barril, começou a ser vendida simultaneamente em dois bares de Bruxelas, Moeder Lambic e Café Délirium, além do Monk's Café da Filadélfia. Tilquin é considerado o único blender da Valônia. Compra lambic nova, matura a cerveja em barris de carvalho por anos, mistura bebidas de idades diferentes e matura o resultado após o engarrafamento, por seis meses.

TIMMERMANS

www.brtimmermans.be

FUNDADA NO SÉCULO XVIII, a Timmermans é tida como a mais antiga produtora de lambic ainda atuante. Em Itterbeek, a oeste de Bruxelas, faz uma série de cervejas gueuze, lambic e de frutas, inclusive criações inusitadas, como lambic de abóbora ou Blanche Lambicus, witbier feita como lambic. Entre 1985 e 2013, comercializou uma cerveja escura ácida, especialidade de Bruges, a Bourgogne des Flandres. Desde 1993, pertence ao grupo John Martin.

TRIEST

www.dentriest.be

MARC STRUYF INICIOU A PRODUÇÃO de sua pequena cervejaria, a Triest, em Kapelle-op-den-Bos, 19 km ao norte de Bruxelas, em 2009. Antes disso, fazia cerveja de vez em quando na cozinha de seu bar e restaurante. Rapidamente conquistou o respeito pelas cervejas límpidas de cereja e pela Triest IPA, que leva a nova variedade Mosaic de lúpulo, vencedora do prêmio do público no festival da cerveja de Bruges, em 2013.

TROUBADOUR (BROUWERIJ THE MUSKETEERS)

www.troubadourbeers.com

O NOME EM INGLÊS DA CERVEJARIA, "The Musketeers", não é nenhuma coincidência. Quatro engenheiros cervejeiros se uniram em 2000 (só dois continuam na cervejaria) com um interesse comum por cervejas inglesas. Contudo, suas criações, como a Troubadour Obscura, red stout escura de corpo médio, ou a pale ale Spéciale, são requintadas, com um toque belga de refinamento. Ao lançar a Magma, os cervejeiros consagraram uma cerveja originalíssima: tripel com o toque vigoroso de lúpulo, como uma IPA. Os mosqueteiros produzem suas cervejas na Proefbrouwerij de Lochristi.

TROUBADOUR MAGMA

URTHEL

www.urthel.com

DESDE 2000, HILDEGARD VAN OSTADEN vem criando cervejas maravilhosas em Koningshoeven, também sede da cervejaria trapista La Trappe. A cervejaria se chamava De Leyerth, foi rebatizada como Urthel e tenta revigorar os estilos belgas com adição criativa de lúpulos. Bom exemplo é a Hop-It, IPA em estilo belga, que tem espuma densa e sabor rico de frutas e especiarias. A cervejaria também produz cervejas delicadas com malte pronunciado, como a Parlus Magnificum, de alta fermentação, maturada na garrafa, com amargor de lúpulo, em estilo dubbel. Em 2011, Van Ostaden criou a Hoppeschuur, em Ruiselede, no oeste de Flandres; trata-se de uma cervejaria experimental aberta ao público.

VAPEUR

www.vapeur.com

NA BRASSERIE À VAPEUR (cervejaria a vapor), a tradição cervejeira belga encontra o movimento da cerveja artesanal. Fundada em 1785, no vilarejo valoniano de Pipaix, foi obrigada a fechar em 1983. Mas a fábrica foi comprada e restaurada por um casal apaixonado por cerveja, Jean-Louis Dits e sua esposa, Sittelle. A experiência de Jean-Louis em cervejaria, antes de fundar a própria, se resumia a entusiasmadas tentativas caseiras. Ele visitou a antiga fábrica da Dupont em 1967 e nunca se esqueceu da excitação e da comoção que sentiu ao ver a antiga cervejaria. Quando surgiu a chance de comprá-la, aproveitou. A complexa Saison de Pipaix e a amber ale forte Cochonne, ao lado das ousadas cervejas lager condimentadas sazonais, demonstram sua grande capacidade imaginativa como mestre cervejeiro.

VERHAEGHE

www.brouwerijverhaeghe.be

A NOROESTE DE FLANDRES, acompanhando o rio Leie, entre Kortrijk e Ghent, situa-se o lar de ácidas red brown ale. O negócio da família Verhaeghe, iniciado por Paul Verhaeghe em 1885, no vilarejo de Vichte, está entre as raras cervejarias da área que sobreviveram à explosão da lager nos anos recentes. Até a simples Vichtenaar, azeda e frutada, passa oito meses em barris de carvalho; a complexa Duchesse de Bourgogne descansa por um ano e meio. A Echt Kriekenbier é feita com red brown ale e cereja maturada em barris de carvalho.

REPÚBLICA TCHECA

Seria impossível escrever sobre a República Tcheca sem usar as palavras "cerveja" e "ótima". Assim como o Reino Unido ficou famoso por desenvolver ale escura, essa região pode reivindicar a criação de um estilo cervejeiro que conquistou o mundo: o tipo pilsen. Foi na República Tcheca, em meados do século XIX, que um cervejeiro da cidade de Pilsen (Plzeň) lançou uma cerveja dourada de baixa fermentação. Preparada com o lúpulo local Žatec, aromático e cítrico, a cerveja tem sido imitada no mundo inteiro, mas raramente superada. A criação de Josef Groll também usava a valorizada cevada da Morávia, até hoje base de muitas cervejas tchecas. Antes, a bebida local de alta fermentação variava bastante de qualidade, e muitas eram escuras. A cerveja de Groll, clara, dourada, fermentada a frio, foi uma revelação. Agradável aos olhos quando a serviam, tornou-se um sucesso instantâneo.

As cervejarias tchecas se orgulham de sua herança; muitas possuem uma história longa, ilustre. O país possui algumas das cervejarias de bar mais antigas do mundo, e companhias como a Budweiser Budvar são merecidamente valorizadas além das fronteiras nacionais. Todavia, a reputação cervejeira de um país só permanece quando a cultura cervejeira avança, e atualmente diversos cervejeiros despontam na cena tcheca. Na periferia de Pilsen fica o Hotel Purkmistr *(p. 102)*, aberto em 2007. Num esforço para desafiar a sabedoria convencional, o portfólio da cervejaria inclui uma pale lager não filtrada, uma cerveja de cereja e uma sabor cappuccino. Em setembro, anualmente, o cervejeiro Petr Míč realiza uma festa da cerveja no jardim da cervejaria e nas ruas vizinhas, contando com mais de 140 cervejas da nova leva de produtores da República Tcheca, para que os fãs descubram a imensa variedade da bebida local, que vai muito além da gloriosa pilsen.

BUDWEISER BUDVAR

Mais famosa cervejaria do sul da Boêmia, a Budweiser Budvar usa métodos tradicionais, matérias-primas de alta qualidade, água fresca e maturação lenta. Resultado: uma das melhores cervejas da República Tcheca.

EM 1895, NA CIDADE DE BUDWEIS, no sul da Boêmia, uma minoria que falava alemão dirigia a cervejaria Budweiser. A comunidade de língua tcheca resolveu concorrer e montou uma fábrica rival para fazer cerveja de acordo com sua preferência – assim nasceu a Budvar. A cerveja era dourada, deliciosa: světlý ležák, ou seja, lager clara. Ela se tornaria uma das mais conhecidas cervejas da Boêmia no mundo.

A sede atual da cervejaria é uma fábrica tecnológica, com domos de cobre reluzentes, piso de ladrilho e janelas grandes que permitem a entrada de luz durante a produção; utiliza-se o processo tradicional de duplo cozimento. A cevada maltada vem da Morávia, e flores inteiras de lúpulo Saaz entram na mistura, que contém ainda água de um poço profundo, localizado sob a cidade. A Budvar passa por 90 dias de maturação a frio, período no qual a cerveja "dorme", para acordar fresca, revitalizada. Por muitos anos, a cervejaria se concentrou na 12° plato Světlý Ležák e em uma 10° plato lager de barril, destinada a bares. Contudo, em 1997 lançou a Premier Select, também conhecida como Bud Super Strong. Em seguida vieram a Budvar Dark e uma cerveja com levedura. A Budvar é conhecida como Czechvar nos EUA e no Brasil, devido a uma decisão legal sobre o uso do nome Budweiser.

INFORMAÇÕES

PRODUTOR Governo tcheco

FUNDAÇÃO 1895

ENDEREÇO Budweiser Budvar, Karolíny Světlé 4, České Budějovice 370 21

SITE www.budejovickybudvar.cz

FILOSOFIA Usar as melhores matérias-primas e manter um compromisso com práticas tradicionais de produção e controle de qualidade

Maturação a frio
A maturação de 90 dias a uma temperatura próxima do congelamento é o segredo da famosa vitalidade da Budvar

BUDWEISER BUDVAR PREMIER SELECT

BUDWEISER BUDVAR
IMPORTED DARK LAGER

BUDWEISER BUDVAR
CZECH IMPORTED LAGER

NOTAS DE DEGUSTAÇÃO

PREMIER SELECT STRONG LAGER, 7,6%

Dourada e cintilante no copo, tem um elegante aroma de mel e amêndoas; no paladar, o ataque inicial intenso de álcool dá lugar à suavidade do mel, das amêndoas e da cereja, até um final seco prolongado, agridoce.

HARMONIZAÇÃO: Use para acompanhar aperitivos como salame, presunto cru e linguiça curada sem pimenta.

IMPORTED DARK LAGER 4,7%

Conhecida como Tmavý Ležák na República Tcheca, é negra como a noite. Abre com notas de café e toffee sutil, depois a fumaça preenche a boca de modo agradável. De corpo médio, remete a grãos de café torrado e toffee com baunilha, antes do final seco.

HARMONIZAÇÃO: De sabor intenso, enfrenta um clássico goulash tcheco, pois as notas de tostado e fumaça não se abalam com a untuosidade do molho.

CZECH IMPORTED LAGER PALE LAGER, 5%

Dourado intenso, profundo; nariz adocicado, com aroma de grãos e um toque de limão e especiarias no fundo. No paladar, suculenta e agridoce, com final seco, adocicado, de um amargor apetitoso.

HARMONIZAÇÃO: Boa com camarão grelhado ao alho. O amargor da cerveja provoca a suculência doce do crustáceo.

NA RYCHTĚ

A cidade de Ústí nad Labem sedia uma grande cervejaria, a Zlatopramen, comprada pela Heineken em 2008. Em 2010, os apreciadores da cerveja local saudaram a inauguração da cervejaria e bar Na Rychtě.

INFORMAÇÕES

PRODUTOR Pivovar Hotel Na Rychtě

FUNDAÇÃO 2010

ENDEREÇO Pivovar Hotel Na Rychtě, Klášterní 75/9, Ústí nad Labem 400 01

SITE www.pivovarnarychte.cz

FILOSOFIA Tradicional cerveja tcheca feita num animado restaurante, bar e cervejaria

A SEDE É UM SALÃO e hotel do século XIX, perto da praça principal, na cidade de Ústí nad Labem, na Boêmia setentrional. Na parte interna, muita madeira de lei, ambientes reservados e um salão animado, no qual garçons passam por entre os fregueses com bandejas cheias de poderosos pratos tchecos e copos de cerveja espumante, feita no local. Nos fundos do salão encontra-se o minúsculo equipamento de cobre polido, que combina com a estética vigente no espaço. Com capacidade limitada, produz mil litros por vez, usando a clássica opção de duplo cozimento, cevada maltada à moda antiga e o grande lúpulo tcheco da variedade Saaz. Por causa do processo de duplo cozimento, o dia do cervejeiro dura doze horas. Quando a cerveja fica pronta, ela é bombeada para a adega, onde fermenta por sete a doze dias, antes de passar um mês repousando em recipientes fechados.

Jaroslav Rottenborn é o responsável pela cervejaria. Trata-se de um cervejeiro experiente, que trabalhou na Zlatopramen antes que fosse comprada pela Heineken e na Breznak, fábrica nas margens do rio Labe, na cidade vizinha de Velké Březno. A seleção de cervejas inclui a inevitável lager clara e a inusitada cerveja de cranberry, na qual o suco da fruta é acrescentado após a fermentação. Surpreendentemente, não há em linha cervejas escuras nem de trigo, pois o mestre cervejeiro não quer arriscar a contaminação do local com uma cepa diferente e potencialmente daninha de fermento. Anualmente, o hotel promove uma festa da cerveja, na primavera, com produtos das pequenas cervejarias locais.

NOTAS DE DEGUSTAÇÃO

BRUSINKA FRUIT LAGER, 4,8%

Suco de cranberry é adicionado durante o processo de maturação, com o objetivo de acrescentar notas agridoces, e não apenas sabor adocicado. O suco de cranberry a torna ótima para matar a sede num dia quente de verão. Adição leve de lúpulo.

HARMONIZAÇÃO: Sua acidez alivia o adocicado da linguiça grelhada com panqueca de batata.

MAZEL PALE LAGER, 5,2%

A clássica Světlý Ležák (mais conhecida como pale lager) é um espectro dourado no copo. Abre com malte doce, grão tostado e especiarias do lúpulo Saaz no nariz. Corpo médio, agridoce, com leveza de caramelo antes do final seco e amargo.

HARMONIZAÇÃO: Combina com pato assado, molhos encorpados, repolho roxo e carnes em geral. O amargo da cerveja enfrenta os molhos e ressalta o adocicado da carne.

VOJTĚCH AMBER, 4,8%

Vojtěch significa verter um líquido reluzente, ambarino quase castanho no copo, sob colarinho cor de café espresso. No nariz, caramelo leve e lúpulo terroso; no paladar, simultaneamente doce, amarga, terrosa e seca. Corpo médio.

HARMONIZAÇÃO: Os maltes caramelizados chamam um churrasco, um frango grelhado ou uma salada de radicchio.

NA RYCHTĚ BRUSINKA

NA RYCHTĚ MAZEL

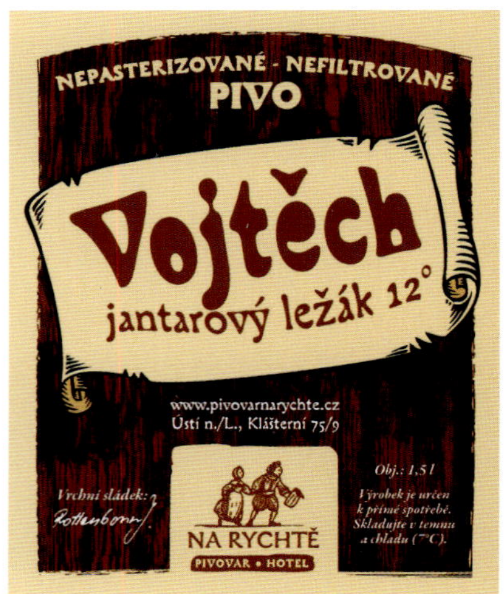

NA RYCHTĚ VOJTECH

PILSNER URQUELL

Quando se considerava a cerveja da cidade de Pilsen impossível de beber, um cervejeiro bávaro foi convocado para ajudar. Em 1842, Josef Groll criou a primeira lager dourada do mundo. Desde então, Pilsner Urquell é sinônimo de boa cerveja.

Maravilha mundial *Muito imitado, mas raramente superado, o estilo pilsen é preparado em todos os continentes*

PILSNER URQUELL PILSNER URQUELL

A LAGER DOURADA NASCEU na cidade boêmia de Pilsen, em 1842, quando lideranças locais resolveram tomar providências a respeito da péssima reputação da cerveja local. Um cervejeiro bávaro chamado Josef Groll foi contratado e produziu uma cerveja de baixa fermentação, dourada, que conquistou Pilsen e Praga antes de empreender sua jornada pela Europa. A cerveja conquistou tamanha popularidade que a lager dourada acabou sendo chamada de pilsner, pilsen ou pilsener (na Alemanha). A marca Pilsner Urquell (que significa "Pilsner da fonte original") foi registrada para diferenciá-la de imitações.

Durante o período comunista, a Pilsner Urquell, assim como a Budvar, eram as duas principais cervejas tchecas disponíveis na Europa Ocidental; depois da Revolução de Veludo de 1989, a cervejaria deixou de lado o estilo antigo de fermentação em recipientes de carvalho revestidos de piche em túneis subterrâneos e mudou para fermentação e maturação em tanques de aço inox cônicos. Mudanças adicionais ocorreram em 1999, quando a cervejaria foi comprada pela multinacional SABMiller. Nada disso importa aos milhares que visitam as atrações turísticas do local, uma espécie de Disneylândia da cerveja. O processo de produção não mudou muito. O triplo cozimento do mosto continua, usando malte de lager modificado, e o líquido fermentado é suave. O lúpulo Saaz é adicionado, e a fermentação dura dez dias, seguida de 30 dias de maturação. Em Praga é possível beber uma Pilsner Urquell sem pasteurização, servida a partir de sacos de poliéster mantidos em enormes tanques de aço.

NOTAS DE DEGUSTAÇÃO

PILSNER URQUELL PALE LAGER, 4,4%

Cor de ouro claro, tem fragrância sutil, caráter maltado doce e lúpulo resinoso, com um toque de mel e aroma herbáceo. No paladar, grãos suaves e sabor de ervas com uma nota leve de cítricos. Agradável amargor e final seco, com cereais.

HARMONIZAÇÃO: Seca e maltada, é excelente parceira para carnes naturalmente adocicadas, como a suína, ou grelhados e churrasco.

GAMBRINUS PALE LAGER, 5%

Excelente cerveja tipo pale lager, dourada, fácil de beber, encorpada, com notas de limão e doçura maltada, paladar cítrico e final vivaz, encorpado.

HARMONIZAÇÃO: Assim como a Pilsner Urquell, boas combinações são carne de porco e frango, que combinam com o frescor e o corpo da cerveja.

INFORMAÇÕES

PRODUTOR SABMiller

FUNDAÇÃO 1842

ENDEREÇO U Prazdroje 64/7, Východní Předměstí, 301 00 Plzeň

SITE www.pilsner-urquell.com

FILOSOFIA Produzir a lager dourada original

PILSNER URQUELL GAMBRINUS

PARA O TURISTA CERVEJEIRO, A CIDADE DE PRAGA, COM SEUS BARES MAGNÍFICOS E CAFÉS AO AR LIVRE, É UM DESTINO OBRIGATÓRIO.

NA REPÚBLICA TCHECA SURGIU O ESTILO CLÁSSICO E MUNDIALMENTE FAMOSO CHAMADO PILSEN, UMA CRIAÇÃO DA PILSNER URQUELL *(P. 99)*.

PURKMISTR

INFORMAÇÕES

PRODUTOR Lukrécius a.s.

FUNDAÇÃO 2007

ENDEREÇO Selská náves 21/2, 32600 Pilsen

SITE www.purkmistr.cz

FILOSOFIA Cerveja, saúde e bem-estar; comida e descanso no mesmo lugar

Seja uma clássica Světlý Ležák, uma lager escura, ou as cervejas com sabor de cannabis ou mirtilo, a Purkmistr tem opções para todos – a cervejaria possui até spa de cerveja, mas não para beber...

QUEM QUER TOMAR BANHO DE CERVEJA está no lugar certo. A Purkmistr abriu um spa de cerveja, no verão de 2012. O lugar também é ideal para quem quer relaxar ou comer. A cervejaria, inaugurada em 2007, encontra-se num amplo conjunto de hotel, restaurante e spa, nas imediações de Pilsen, cerca de 90 km a oeste de Praga, e data do século XVII. A cervejaria fica numa das áreas de alimentação; recipientes reluzentes revestidos de cobre combinam com o fundo de tijolos avermelhados. É possível degustar pratos como o Cooper's Skewer – imenso espeto de carne de porco e peito de frango – ao beber um copo da cerveja da casa, encorpada, com 12% de teor alcoólico, e observar o trabalho do mestre cervejeiro.

Como costuma acontecer nas cervejarias tchecas meticulosas, a Purkmistr usa malte morávio e lúpulo Žatec, a exemplo da vizinha de grande porte, a Pilsner Urquell, a muitos quilômetros de distância, e tem à disposição água mole, perfeita para seu tipo de produção. A cervejaria emprega duplo ou triplo cozimento, e as cervejas lager maturam por três a quatro semanas, enquanto as mais fortes descansam de sete a oito semanas. Duas cepas de fermento são usadas, uma para fermentação a frio, outra para a cerveja de trigo Scribe. Além de ter cervejas no estilo tcheco, a Purkmistr ficou famosa pelos sabores pouco convencionais de suas bebidas. Há variedades com essência de frutas, como mirtilo e amora, embora aos mais atrevidos possa interessar a cerveja com sabor de maconha. Depois de tudo isso, um tempo no spa só pode fazer bem.

NOTAS DE DEGUSTAÇÃO

SVĚTLÝ LEŽÁK PALE LAGER, 4,8%

Clássica lager tcheca, cor de laranja dourada sob colarinho branco como suspiro. No nariz, notas de grão levemente tostado e um toque aromático de relva; no paladar, seca, apresenta caramelo e um final prolongado com amargor.

HARMONIZAÇÃO: Carbonatação vigorosa, doçura de cereal e amargor agudo dessa clássica Světlý Ležák são ideais para equilibrar o ardor dos pratos da cozinha vietnamita, tailandesa ou mexicana.

PIVO WASABI SPICE LAGER, 4,8%

Sem mistério, o ingrediente da Světlý Ležák dessa cervejaria é o wasabi, que dá à cerveja uma coloração esverdeada espectral e apenas um leve toque no nariz. Na boca, o ardor do wasabi faz um contraponto intrigante com a doçura do malte e a nota de relva do lúpulo.

HARMONIZAÇÃO: A melhor escolha de prato para acompanhar é o sushi. Serve como fonte adicional de ardor.

POLOTMAVÝ LEŽÁK AMBER LAGER, 4,8%

Embora descrita como "cerveja de estilo inglês", é uma clássica amber tcheca, com cor de castanha escura, malte caramelizado e aroma herbáceo do lúpulo Saaz no nariz, com paladar ligeiramente tostado e final seco com toffee.

HARMONIZAÇÃO: Rosbife é o companheiro ideal, pois as notas de caramelo e tostado da cerveja aderem ao sabor da carne e ressaltam seu caráter adocicado.

PURKMISTR
SVĚTLÝ LEŽÁK

PURKMISTR
PIVO WASABI

PURKMISTR
POLOTMAVÝ LEŽÁK

U MEDVÍDKŮ

A atividade cervejeira teve um aclamado retorno no restaurante U Medvídků de Praga, em 2005. Essa pequena microcervejaria fabrica a bebida para o restaurante e bar do local, um favorito de moradores e turistas.

INFORMAÇÕES

PRODUTOR U Medvídků

FUNDAÇÃO 2005

ENDEREÇO Na Perštýně 7, 100 01 Praga 1

SITE www.umedvidku.cz

FILOSOFIA Mostrar o melhor processo de fabricação com métodos tradicionais

A MICROCERVEJARIA U MEDVÍDKŮ foi fundada em 2005, no restaurante de mesmo nome, um dos pontos mais populares em Praga que servem Budvar. Foi o retorno mais que justo da arte cervejeira a um prédio histórico onde fizeram cerveja do século XV ao final do XIX. Ali funcionou depois um cabaré, que o governo socialista confiscou dos donos e deixou deteriorar. Depois da Revolução de Veludo em 1989, o prédio voltou aos descendentes do proprietário original. Uma restauração minuciosa fez dele um hotel e restaurante encantador, reinaugurado em 2005. Parte do conjunto fica na antiga maltagem, e alguns quartos do hotel exibem equipamentos cervejeiros, como lembrança do passado. A primeira produção da cervejaria restaurada saiu em 17 de novembro de 2005, exatos quinze anos depois da Revolução de 1989. É uma operação minúscula, quase liliputiana, praticamente invisível no salão repleto de mesas e cadeiras da praça de alimentação da maltagem. Mas o tamanho não importa; segundo a cervejaria, "a meta não é fazer muita cerveja, mas mostrar o processo de manufatura em condições ideais, incluindo procedimentos e equipamentos em desuso, como resfriamento, tanques de fermentação abertos, recipientes de madeira enormes e engarrafamento manual com tampas patenteadas". A cervejaria produz 250 litros (1,5 barril) por vez, e após o cozimento a etapa de resfriamento ocorre em recipiente aberto, reminiscente do microcoolship, popular nas cervejarias lambic de Flandres. A fermentação ocorre em barris de carvalho abertos, e a maturação, em barris forrados com piche. A maturação costuma durar um mês, embora a extra forte X-Beer 33 passe por um período de descanso de 200 dias – segundo a cervejaria, é a lager mais forte do mundo, quando se leva em consideração o teor alcoólico e o extrato do mosto original. Para completar a sedução do amante da cerveja, a casa oferece um esquema (pago) no qual os entusiastas podem passar um dia fazendo cerveja e desfrutar o resultado quando estiver pronto.

Tempo bem gasto
A maturação por um mês, no mínimo, desperta os sabores complexos

U MEDVÍDKŮ OLDGOTT

U MEDVÍDKŮ X-BEER 33

NOTAS DE DEGUSTAÇÃO

OLDGOTT VIENNA/AMBER LAGER, 5,2%

Caramelo, cevada tostada e uma nota de especiarias sedutoras flutuam no copo dessa lager âmbar, não filtrada, maturada em barris de carvalho. No paladar, é adocicada, com mais caramelo, notas de frutas secas e final agridoce.

HARMONIZAÇÃO: Carnes delicadamente condimentadas, como schnitzel de porco, podem ser o acompanhamento ideal, pois as notas de caramelo tostado enfatizam sua doçura.

X-BEER 33 STRONG LAGER, 12,6%

Colarinho cremoso sobre líquido escuro, acastanhado; no nariz, é vinosa, prazerosa, com uma doçura alcoólica e notas terrosas de adega mofada. O paladar complexo destaca impressões adocicadas de vinho, quase de sobremesa, mais toques de cereja e mel, tudo equilibrado pela severidade terrosa.

HARMONIZAÇÃO: Cerveja para beber sozinha, desfrutando de modo contemplativo, ou para uma farra de doces, como pudim de chocolate, em contraste com seu sabor agridoce.

BERNARD

www.bernard.cz

A REVOLUÇÃO DE VELUDO, EM 1989, acarretou altos e baixos para a indústria cervejeira tcheca. Na cidade de Humpolec, a cervejaria local parecia destinada ao fracasso, mas se transformou num exemplo de sucesso quando a família Bernard entrou em cena e reescreveu a história. Atualmente, a empresa progride – conta inclusive com maltagem. A cerveja passa por microfiltragem, sem ser pasteurizada, o que confere à elegante lager clara Celebration e à sensual Dark um paladar rico, refrescante.

ČERNÁ HORA

www.pivovarcernahora.cz

A MORÁVIA É MAIS CONHECIDA pelo vinho, mas a Černá Hora – tem esse nome por causa da montanha negra local e do vilarejo – é uma das heroicas cervejarias regionais, instalada onde se produz cerveja desde o final do século XIX; alguns registros indicam a presença da atividade desde a Idade Média. Faz parte do grupo cervejeiro Lobkowicz e oferece uma série de tipos tentadores, inclusive a vivaz Světlý Ležák.

DĚTENICE

www.pivovardetenice.cz/en_pivovar.html

BANQUETES MEDIEVAIS, jovens atraentes e cavaleiros são comuns no histórico castelo Dětenice, na região nordeste da Boêmia. Ali houve uma cervejaria, fechada no período comunista. Contudo, a exemplo de muitos contos medievais, a cervejaria voltou em 2003, para um final feliz. Duas cervejas são produzidas: uma lager clara aromática e uma escura austera, ambas fermentadas em barris de madeira.

JEŽEK

www.pivovar-jihlava.cz

JEŽEK PRODUZ CERVEJA na cidade de Jihlava, entre a Boêmia e a Morávia, desde os anos 1860. O nome da cervejaria significa "ouriço", mas não há espinho na gama de cervejas, que cobre o tradicional e tentador espectro dos clássicos tchecos, incluindo lager clara e escura. A originalidade da cervejaria está na produção da potente Jihlavský Grand 18° e de uma lager dourada, cor de mel, com 8,1% de teor alcoólico, que alguns chamam de Imperial Pils.

HEROLD

www.pivovar-herold.cz

NA SEQUÊNCIA DA REVOLUÇÃO DE VELUDO e da privatização da indústria cervejeira, a Herold, sediada em Březnice, foi uma das primeiras a lembrar aos tchecos a tradição local da cerveja conhecida como lager de trigo. Embora tenha interrompido a produção em 2007, dois anos depois a cerveja voltou a ser feita, quando a cervejaria passou ao controle tcheco. Continua sendo um item valioso no portfólio da casa, que inclui uma lager escura ampla e cremosa, além de uma fresca e refrescante pale 12°.

KOZEL

www.beer-kozel.cz

A CIDADE DE VELKÉ POPOVICE abriga a Kozel desde os anos 1870, quando a cervejaria lançou seu famoso emblema da cabra – *kozel* em tcheco quer dizer "cabra". Um artista francês visitante a pintou em agradecimento pela hospitalidade recebida. Hoje parte do império SABMiller, a Kozel faz uma série de cervejas populares, inclusive uma premiada lager escura com 3,8% de teor alcoólico. Ela produz também uma escura potente, a Master Tmavý 18°, para a Pilsner Urquell.

KRUŠOVICE

www.krusovice.cz

KRUŠOVICE É UMA CERVEJARIA REAL. Antiga, sediada no centro da Boêmia, fornecia cerveja para o imperador Rudolf, do império Austro-Húngaro, em 1583, além de ter sido em certa época propriedade da coroa. Muita cerveja saiu de lá desde então, e hoje a Krušovice faz parte de outro império, o da Heineken, que a adquiriu em 2007. A Imperial 12° é uma expressão sublime da magia contida no malte morávio e no lúpulo Saaz.

OSTRAVAR

www.pivovary-staropramen.cz/en/our-brands/ostravar

OSTRAVA É A TERCEIRA MAIOR CIDADE da República Tcheca, e a cervejaria que leva seu nome está no local desde o final do século XIX. A cidade já teve uma forte presença da atividade, e os operários sem dúvida se refrescavam com a cerveja local. A indústria decaiu, mas a cervejaria continua firme, com destaques como a agridoce Premium 12° e a Velvet, escura. Desde 1997, faz parte do grupo Staropramen, que pertence à Molson Coors.

PROTIVÍN MERLIN

PERNŠTEJN

www.pernstejn.cz

VENERÁVEL CERVEJARIA, possui maltagem própria e se encontra instalada na parte leste da cidade de Pardubice, na Boêmia, desde 1872, embora a produção cervejeira date de alguns séculos antes. A seleção tradicional e competente de lager – clara, âmbar e escura – mantém os moradores contentes, mas a Pernštejn se destaca pela Pardubický Porter, baltic porter com 8% de teor alcoólico, intensamente maltada, escura, sensual, que começou a ser produzida em 1891 e está entre as raras sobreviventes desse estilo específico.

PIVOVAR EGGENBERG

www.eggenberg.cz

EGGENBERG FICA NA ESPLÊNDIDA cidade de Český Krumlov, sendo a única cervejaria do mundo localizada em área considerada Patrimônio da Humanidade pela Unesco. Desde a Idade Média se produz cerveja ali, mas a cervejaria anteriormente se chamava Schwarzenberg. O foco da Eggenberg é a lager clara, mas também faz uma apetitosa cerveja defumada, influenciada por práticas alemãs. Afinal, Český Krumlov teve população majoritária de idioma alemão até 1945.

PROTIVÍN

www.pivovar-protivin.cz

EMBORA A CERVEJARIA TENHA o nome de Protivín, cidadezinha do sul da Boêmia onde se produz cerveja há séculos, Platan é a marca pela qual a maioria dos apreciadores conhece suas respeitadas variedades. O nome vem da alameda ladeada de plátanos que conduz à cervejaria. Uma das mais aclamadas é a intensa e agridoce Prácheňská Perla 14°. Em 2008, quando o grupo Lobkowicz comprou a cervejaria, continuou a produzir a famosa cerveja, além de uma escura e outra com baixo teor alcoólico.

SVIJANY

www.pivovarsvijany.cz

COMO ACONTECE A MUITAS CERVEJARIAS de vida longa, a trajetória da Svijany teve altos e baixos. Fundada nos anos 1560, no vilarejo de mesmo nome, no norte da Boêmia, pertenceu a várias famílias até a nacionalização, no final da Segunda Guerra Mundial. Após a Revolução de Veludo, várias companhias e corporações se envolveram, até que um grupo de investimentos tcheco adquiriu seu controle, em 2010. As boas cervejas se distribuem na ampla gama de tipos tchecos; a Kvasničák 13° é considerada excepcional na categoria das cervejas leves não filtradas.

SVIJANY KVASNIČÁK 13°

ŽATEC BLUE LABEL

U FLEKŮ

www.ufleku.cz

SE O TURISTA CERVEJEIRO VISITAR PRAGA, não deve perder a oportunidade de conhecer esse bar e cervejaria. Ali se produz uma única cerveja, e os garçons antipáticos são o preço a pagar para saborear a sedutora lager escura. O salão abriga uma cervejaria desde sua construção, em 1499.

ŽATEC

www.zatec-brewery.com

A CIDADE DE ŽATEC situa-se no meio de uma região há séculos importante no cultivo de lúpulo da República Tcheca – *žatec* é o termo tcheco para "Saaz". A cervejaria, construída no início do século XIX, chegou a duas semanas da data prevista para seu fechamento em 2001, quando foi salva por dois empresários tchecos. O ambiente é acolhedor, com corredores enormes e cervejas como a Blue Label, que explora ao máximo as características do magnífico lúpulo regional.

ZLATOPRAMEN

www.zlatopramen.cz

EMBORA DESDE O SÉCULO XVI o malte perfume o ar da cidade de Ústí nad Labem, sede da Zlatopramen, o nome (que significa "poço de ouro") data de 1967, quando um malteador local venceu o concurso para sua escolha. Em 2008, a cervejaria entrou para o grupo Heineken e hoje produz diversas cervejas, com destaque para a respeitada lager clara 11°.

ZUBR

www.zubr.cz

NA MORÁVIA, É VINHO VERSUS CERVEJA, e a cervejaria cujo nome quer dizer "bisão" fica no centro da disputa, na cidade de Přerov. Sendo uma das maiores cervejarias da República Tcheca, destina grande parte da produção à exportação. Destacam-se na linha a Classic Dark, com aroma tostado intenso e sabor agridoce, e a forte Maxxim (6,5% de teor alcoólico), fermentada em tanques abertos e maturada por três meses.

OUTROS PAÍSES DA EUROPA

Desde o Círculo Polar Ártico até as ilhas ensolaradas do Mediterrâneo, as pessoas produzem cerveja de qualidade. Na Dinamarca e na Espanha há cervejarias de tradição secular que convivem com a nova geração de cervejeiros, dedicados a desenvolver bebidas com ervas e condimentos regionais. Na Finlândia surgiu um movimento de revitalização de um dos estilos cervejeiros mais antigos, da cerveja sahti. Nas vizinhanças, as práticas ancestrais da Noruega e da Suécia vêm sendo descobertas por novos cervejeiros.

Recentemente, a Itália se tornou um dos destinos cervejeiros mais procurados, e não é incomum encontrar grupos de especialistas americanos viajando pelo país em busca de novas cervejas. A Áustria fronteiriça, famosa pela Vienna lager, também abriga uma nova geração de cervejeiros que aprimoram o processo de maturação em barris usados para destilados. A França prova que boas cervejas e comidas finas formam uma bela combinação. Na Holanda, a nova geração de cervejeiros inventa cervejas com sabores e estilos diversos. E a Irlanda é a terra da escura Guinness, uma das marcas mais famosas do mundo.

Em Portugal reina a esperança de que a terra da uva se torne também a terra do grão, e na Suíça um grupo aguerrido trata a cerveja como objeto de arte, orgulhoso do compromisso com ingredientes locais. Em Chipre, bares preparam cerveja para os turistas atentos às novidades, enquanto em Malta reina a influência da tradição inglesa. Na Polônia, a indústria ainda engatinha, e os sinais de uma nova revolução cervejeira surgem em países da Europa Oriental, como Croácia, Estônia, Hungria, Romênia, Rússia, Sérvia, Eslováquia, Eslovênia e Ucrânia.

BØGEDAL BRYGHUS

Cerveja artesanal de qualidade é a ordem do dia na Bøgedal Bryghus, onde dois lotes nunca saem iguais. Fundada em 2004, mantém uma produção relativamente baixa, concentrando-se na qualidade e no respeito pela arte cervejeira.

INFORMAÇÕES

PRODUTOR Bøgedal Bryghus
FUNDAÇÃO 2004
ENDEREÇO Høllundvej 9, 7100 Vejle
SITE www.boegedal.com
FILOSOFIA Respeito pela personalidade de cada cerveja

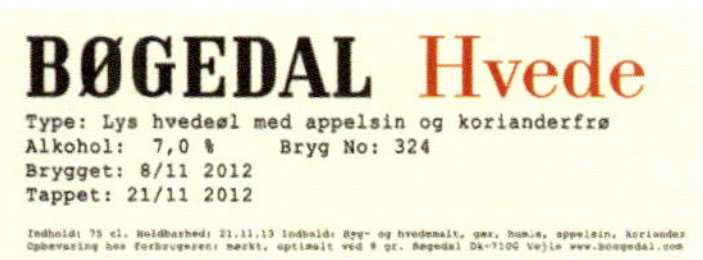

BØGEDAL BRYGHUS
HVEDE

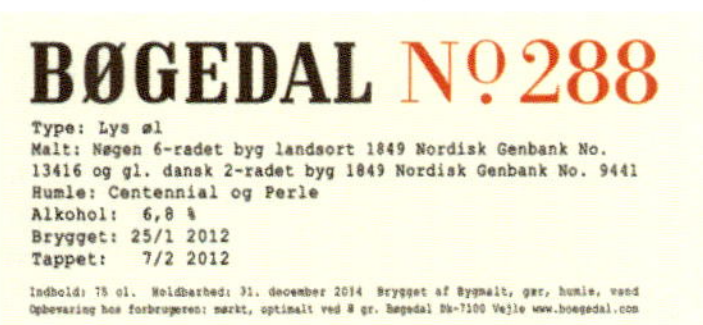

BØGEDAL BRYGHUS
№ 288

Doce por vocação
Cervejas fortes e encorpadas nas quais boa parte dos açúcares naturais permanece intacta

BØGEDAL BRYGHUS № 321

NÃO HÁ DOIS DIAS NEM DUAS CERVEJAS IGUAIS na Bøgedal Bryghus, pequena cervejaria artesanal em Jylland, na Dinamarca. Os cervejeiros Gitte Holmboe e Casper Vorting são passionais na elaboração de suas bebidas. Mesmo quando seguem determinada receita, os resultados variam um pouco, pois cada lote é tratado de forma a desenvolver personalidade. Cada lote individualmente numerado é único e limitado a 700 garrafas. Nos rótulos constam o nome da cerveja, os lúpulos usados e as datas de produção e engarrafamento. Uma visita à cervejaria parece uma visita a um vinhedo: o respeito pela cerveja é palpável.

Holmboe e Vorting querem que suas cervejas tenham o sabor da terra da região. Não tentam imitar gosto e estilo de outras paragens, mas garantir que a personalidade dos ingredientes, moldada pelo terroir, se manifeste.

Sempre que possível, as atividades da cervejaria são manuais, sem emprego de tecnologia. A gravidade e uma série de polias servem para transportar os ingredientes dentro da cervejaria, e o mosto é aquecido por chama direta. Do enchimento e esvaziamento do tanque de fermentação à colocação da tampa, o processo é manual, e os cervejeiros juram que a cerveja é melhor por causa disso. Sem filtragem nem pasteurização, a cerveja produzida está entre as melhores da Escandinávia.

NOTAS DE DEGUSTAÇÃO

HVEDE WHEAT BEER, 7%
Hvede é mais doce que uma cerveja de trigo belga clássica, mas mantém o frescor que a semente de coentro e a casca de laranja oferecem. No nariz, buquê robusto de aroma cítrico, que cede a vez ao sabor de cascas de cítricos e sálvia.

HARMONIZAÇÃO: Combina com sashimi ou picles fatiados.

Nº 288 PALE ALE, 6,8%
Ao formar uma espuma delicada e alva, as bolhas parecem bordadas na parede interna do copo. A cerveja, adocicada, tem notas de amêndoas e cítricos – o eventual amargor é discreto.

HARMONIZAÇÃO: Cerveja para acompanhar um longo almoço preguiçoso, com presunto cozido e picles.

Nº 321 STOUT, 6,1%
Chocolate líquido no copo. Essa stout traz chocolate amargo, baunilha e café, que dão lugar a um amargor cítrico dos lúpulos Cascade, Centennial e Perle, ao lado do aroma rústico do açúcar mascavo.

HARMONIZAÇÃO: Pede uma torta musse de chocolate meio amargo ou um untuoso patê belga.

HORNBEER

INFORMAÇÕES

PRODUTOR Hornbeer

FUNDAÇÃO 2008

ENDEREÇO Hornsherredvej 463, 4070 Kirke Hyllinge

SITE www.hornbeer.dk

FILOSOFIA Nenhum estilo cervejeiro está fora de nosso alcance

Tornar-se um grande cervejeiro não ocorre por acaso, é uma jornada de descobertas. Como talentoso artista, Jørgen Rasmussen está sempre em busca do aperfeiçoamento de sua ampla lista de cervejas e quer criar a bebida perfeita.

PELO JEITO, NADA ASSUSTA Jørgen Rasmussen, que criou a cervejaria Hornbeer no leste da Dinamarca, em 2008. Nem mesmo o incêndio que consumiu as instalações, doze meses depois. Sua atitude sempre foi levantar e seguir em frente. Como a fênix, Rasmussen ressurgiu e, desde então, coleciona inúmeros prêmios em festas da cerveja na Dinamarca, pelas impressionantes cervejas no estilo "vamos tentar para ver no que dá". Que ninguém se engane, porém: a aparente arrogância da abordagem oculta um conhecimento admirável do conjunto de notas que saem dos maltes e lúpulos. Já se disse que as cervejas de Jørgen, se fossem músicas, seriam estrelas no Festival de Jazz de Copenhague.

As criações de Rasmussen são puro estilo, tanto na garrafa quanto no copo. Sua arte sensível para texturas recebe o apoio de sua esposa, Gundhild. Não só ela contribui, sugerindo ingredientes para a cerveja, como faz as ilustrações requintadas dos rótulos. As cervejas são suaves, elegantes e costumam apresentar surpresas no lúpulo. A vasta gama inclui imperial stout russa, cerveja ácida de framboesa, "rumstout" caribenha, cerveja ácida com sabor de cranberry e envelhecida em barris de carvalho, blonde, ale escura e IPA.

Segundo Rasmussen, não há limite: não pode ser um produto destinado apenas aos jovens ou aos mais velhos. Cabe aos marqueteiros ponderar sobre essas trivialidades. Na concepção dele, cerveja é coisa para quem tem discernimento. Como artista inquieto, considera que sua tarefa, a busca pela cerveja perfeita, não termina nunca. Aonde quer que ele vá, procura inspiração para a próxima tentativa.

HORNBEER DRYHOP

HORNBEER FUNKY MONK

HORNBEER ESKIL

NOTAS DE DEGUSTAÇÃO

DRYHOP ALE, 5%

O lúpulo Amarillo estrela essa cerveja, seca como boca de chupar limão. Boa opção de um lúpulo que é tão amargo quanto aromático. A doçura do mosto é convertida inteiramente pela levedura, gerando uma cerveja seca, intensa, com intensas notas de grapefruit.

HARMONIZAÇÃO: Combina com uma porção de torresmo, de frios com mostarda, pepino e pão de centeio fatiado.

FUNKY MONK ALE, 8,8%

Eis uma cerveja intensa, ousada e encorpada. Recebe adição de açúcar-cândi caseiro – só um bom fermento belga dá conta de tanto açúcar fermentável. Nunca compre apenas uma garrafa. No mínimo, duas – uma para beber na hora e outra para guardar por vários meses e confirmar sua evolução.

HARMONIZAÇÃO: A cerveja merece ser degustada com calma, acompanhada de sabores fortes como o do queijo maturado, de batatas assadas ou arroz-doce.

ESKIL OLD ALE, 5,6%

Produzida em colaboração com o famoso especialista dinamarquês em cervejas, Carsten Berthelsen, essa Hornbeer segue o estilo das trapistas belgas. Seu nome homenageia um bispo que criou vários mosteiros, no século XI. Escura, não filtrada, rica em frutas e melaço, com lúpulo marcante.

HARMONIZAÇÃO: Após uma bela caminhada, essa cerveja pede um bom almoço. Por exemplo, um smörgåsbord escandinavo.

MIKKELLER

Desde o início, em 2006, o cervejeiro Mikkel Borg Bjergsø se mostrou competente, produzindo cervejas desafiadoras, empolgantes e sempre atraentes. E ele nem tem cervejaria própria.

MIKKELLER BEER GEEK BREAKFAST

DE PROFESSOR A MESTRE CERVEJEIRO, Mikkel Borg Bjergsø é um príncipe moderno da Dinamarca. Mas sua história nada tem de shakespeariana. A única vingança de Mikkel se concentrou no manual do cervejeiro – que ele simplesmente rasgou. Quando era professor secundário, transformou uma experiência em sala de aula numa das cervejarias mais inovadoras do mundo. Para começar, sua cervejaria não fica em um prédio de tijolos. Ele é nômade, um menestrel itinerante. Sua carreira inusitada no mundo da cerveja o levou a visitar cervejeiros artesanais do mundo inteiro e a colaborar com quem compartilha seu arrebatamento pela emoção, pelo encanto e pelo agito do mundo da cerveja. As viagens o levaram ao Reino Unido, aos EUA, à Bélgica, à Noruega e, claro, ao interior da Dinamarca, sua terra natal.

Sua primeira cerveja comercial, desenvolvida com o então sócio Kristian Klarup Keller, foi a impressionante stout Beer Geek Breakfast. Eles usaram praticamente de tudo no preparo: sete maltes diferentes e cevada foram para brassagem, e foram gastas muitas horas fazendo o café necessário para dar um sabor extra. Mas até as cervejas radicais exigem equilíbrio, e a profusão de maltes torrados e sabores de café tem como contraponto a adição dos lúpulos Cascade e Centennial. Um buquê de aromas cítricos reluz sob o negror torrado da cerveja. Outros projetos de Mikkel incluem IPA com um único tipo de lúpulo, feita para educar as pessoas a respeito dos atributos das variedades de lúpulo. As bebidas do cervejeiro viajante podem ser saboreadas no Mikkeller Bar, no elegante bairro Vesterbro, em Copenhague, que oferece uma seleção variável de vinte cervejas de barril.

NOTAS DE DEGUSTAÇÃO

BEER GEEK BREAKFAST OATMEAL STOUT, 7,5%

Uma cerveja intensa que se apoia na tensa harmonia entre cevada tostada, maltes escuros, sabor de café, e o impacto refrescante das notas cítricas dos lúpulos americanos. As variações incluem versões com pimenta e chocolate.

HARMONIZAÇÃO: Combina com o sabor reconfortante de um croissant quente amanteigado e salgado.

BLACK IMPERIAL STOUT, 17,5%

Mais negra que uma noite sem luar, a Black gira em torno de chocolate amargo, café e ameixa, em contraste com o sabor de vinho do Porto e xerez. Bastante lúpulo, alguma fumaça, seca como um osso calcinado.

HARMONIZAÇÃO: Ótima com biscoitos de amêndoas.

INFORMAÇÕES

PRODUTOR Mikkeller

FUNDAÇÃO 2005

ENDEREÇO Viktoriagade 8, KLD, 1655 Copenhagen V

SITE www.mikkeller.dk

FILOSOFIA As regras existem para ser quebradas

MIKKELLER BLACK

AMAGER BRYGHUS

www.amagerbryghus.dk

NÃO DEVE HAVER MUITAS CERVEJARIAS instaladas em antigos abrigos antiaéreos. A Amager Bryghus nasceu da iniciativa dos amigos Jacob Storm e Morten Lundsback, que em 2007 transformaram em atividade comercial o hobby que tinham. Suas cervejas usam apenas ingredientes naturais, sem apelar para aditivos artificiais. Seu lema é "podemos aprender o que não sabemos". Eles se inspiraram no estilo cervejeiro norte-americano, e não no inglês, para fazer a encorpada IPA. Com lúpulos Amarillo, Cascade e Simcoe, a cerveja tem um final agradável e longo.

BEER HERE

www.beerhere.dk

CHRISTIAN SKOVDAL ANDERSEN é uma lenda viva e a energia criativa por trás da Beer Here, lançada em 2008. Como cervejeiro "cigano" ou "andarilho", ele aperfeiçoa as receitas usando equipamento caseiro em Copenhague, antes do início da produção comercial, em colaboração com cervejarias como BrewDog, no Reino Unido, ou Herslev Bryghus, na Dinamarca. Andersen conquistou renome mundial entre fãs de cerveja por causa da inovação. Seu lema é: "não desperdice sua sede".

BREWPUB KØBENHAVN

www.brewpub.dk

BREWPUB KØBENHAVN é uma microcervejaria inovadora no centro de Copenhague. Situada em um atraente prédio do século XVII, oferece onze tipos de cerveja, muitas feitas na adega sob supervisão do cervejeiro Hans-Ole Kragelund. A missão é se manter criativo e experimentar sempre, formulando cervejas inspiradas em estilos do mundo inteiro. Uma das mais populares é a Stevie Ray, interpretação dinamarquesa de uma lager artesanal americana. Com amargor moderado, possui aroma floral intenso. Os maltes levemente tostados dão um fundo de biscoito à bebida.

CARLSBERG

www.carlsberg.com

PIONEIRA NO MUNDO DA CERVEJA dinamarquesa, a Carlsberg é a mais influente das companhias tradicionais. Surgiu em 1847, em Copenhague, por iniciativa do lendário Jacob Jacobsen, que a batizou em homenagem ao filho Carl. O legado de Jacobsen é a aplicação de conhecimentos científicos na arte cervejeira – foi ele que popularizou o uso de vapor e refrigeração no processo. Contudo, sua maior contribuição consistiu em identificar e cultivar uma cepa específica de levedura, facilitando a produção de cervejas com o mesmo sabor, repetidas vezes.

CARLSBERG ELEPHANT

JACOBSEN WEISSBIER

DET LILLE BRYGGERI

www.detlillebryggeri.dk

POR MENOR QUE SEJA, a Det Lille Bryggeri possui um coração enorme, do tamanho de sua imaginação. Pimenta, zimbro, alcaçuz e mel já entraram em suas receitas, igualmente influenciadas pelos estilos americano, britânico, belga e alemão – ou uma mistura dos quatro. Uma das cervejas mais escandalosas é um barley wine forte, que chega a 10% de teor alcoólico. Maturada em barris de Cognac, deve envelhecer e ser bebida dentro de alguns anos.

EVIL TWIN

www.eviltwin.dk

POR QUE, NA MITOLOGIA, um gêmeo é sempre bom, e o outro, ruim? Os romanos têm Rômulo e Remo; os dinamarqueses, Mikkel e Jeppe Jarnit-Bjergsø. Contudo, no caso, os irmãos idênticos somam energias positivas para fazer boas cervejas. Mikkel é a força criativa por trás da Mikkeller *(p. 109)*, e Jeppe, usando a alcunha de Evil Twin, desponta na promissora categoria dos "cervejeiros ciganos" que criam fabulosas IPA, stout e pale ale.

GOURMETBRYGGERIET

www.gourmetbryggeriet.dk

"CERVEJA FOI FEITA PARA SER APRECIADA COM COMIDA" é o lema da Cervejaria Gourmet, fundada em 2005 pelo chef Lars Dietrichsen e pelo cervejeiro Michael Knoth. O requintado bar e cervejaria pertence atualmente ao grupo Harboe, e, embora os fundadores não tenham mais envolvimento, sua influência permanece. Quatro variedades regulares e uma sazonal são produzidas, com destaque para uma porter forte, com notas de café e chocolate, escura como a noite de inverno sem estrelas da Dinamarca.

HERSLEV BRYGHUS

www.herslevbryghus.dk

O MANTRA DE Tore Jørgensen, criador da Herslev, é que "as estações inspiram as cervejas". Apaixonado por sua fazenda e pela influência do terroir na produção de cerveja, diz: "Fazemos as cervejas que gostamos, inspirados pelas estações – cada lote tem seu sabor, sua história". Ele acredita que o solo local e o clima em torno de Roskilde têm efeito profundo nas cervejas orgânicas não pasteurizadas que produz.

INDSLEV BRYGGERI

www.indslevbryggeri.dk

ESPELTA É UMA ANTIGA VARIEDADE DE TRIGO que fornece o malte para a Indslev. O cervejeiro Anders Busse Rasmussen virou de ponta-cabeça as teorias cervejeiras, alegando que todas as cervejas podem ser feitas com trigo e que sente muito orgulho da stout feita na cervejaria fundada em 1897 por seu antepassado Frederik Christian Rasmussen e ganhadora de diversos prêmios. Segundo ele, "estamos decididos a mostrar ao mundo que a cerveja de trigo vai muito além das hefeweizen e witbier".

JACOBSEN

www.jacobsenbeer.com

PARECE JORRAR HISTÓRIA de cada tijolo, rebite e recipiente metálico da cervejaria, que parece um museu vivo. Ali, a partir de 1847, o fundador da Carlsberg, Jacob Jacobsen, colocou em prática suas teorias sobre fermento. Hoje a fábrica produz uma série de cervejas especiais. Modernos na atitude, os cervejeiros buscam novidades nos ingredientes antigos, como a aspérula, erva com propriedades revigorantes e purificadoras usada nas cervejas primaveris.

MIDTFYN BRYGHUS

www.midtfyns-bryghus.dk

FUNDADA EM 2004, a Midtfyn deu um salto quando Eddie Szweda a comprou. Americano de nascimento, ele refez o portfólio de cervejas para criar uma "experiência uau" – basta experimentar a Chili Tripel para ter uma noção do que ele quer dizer com isso. Localizada em Brobyværk, na ilha de Fyn, as cervejas são feitas conforme a época e a ocasião. Uma delas homenageia o Arsenal Football Club da Inglaterra, por exemplo. A Gunners Ale foi desenvolvida para os torcedores do time e, segundo Eddie, deve ser tomada em companhia de outros "gooners", como são conhecidos os fãs da equipe.

NØRREBRO BRYGHUS

www.norrebrobryghus.dk

O SONHO DE ANDERS KISSMEYER era ter sua própria cervejaria. Ele o transformou em realidade com a Nørrebro, de Copenhague. Ali são feitos e vendidos até dez tipos de cervejas artesanais, em estilo tradicional. A ambição de Kissmeyer é renovar a cultura cervejeira dinamarquesa, e para tanto ele não teme desafiar o conceito de cerveja e do sabor que a bebida deve possuir. Ele defende que a qualidade é mais importante que a tradição. Cervejas ácidas e envelhecidas em barris de madeira desempenham um papel central em seu impressionante portfólio.

ØERBAEK BRYGGERI

www.oerbaek-bryggeri.nu

O FUTURO PARECIA SOMBRIO para a Øerbaek até o dia em que Niels e Nicolai Rømer assumiram a direção, em 1996. Inaugurada em 1906, a cervejaria passou por diversos donos, e nos anos 1990 decretou falência. Os novos proprietários decidiram restaurar o prédio antigo abandonado para ali produzir uma série de cervejas orgânicas. Hoje elas estão entre as melhores da Dinamarca. Os ingredientes incluem espelta (trigo-vermelho) e sabugueiro.

MIDTFYN CHILI TRIPEL

SVANEKE MORK GULD

REFSVINDINGE

www.bryggerietrefsvindinge.dk

DESDE 1885, quatro gerações da mesma família, os Rasmussen, tocam a cervejaria Refsvindinge em sua fazenda. Contudo, o esforço durante os anos 1990 responde pela reputação adquirida de cervejaria inovadora. A Ale Nº 16, lançada em 1995, atraiu uma geração inteira de apreciadores para as delícias da cerveja artesanal. Trata-se de uma ale intensa, adocicada, escura, feita com fermento inglês. A popularidade de algumas cervejas também tem a ver com o fato de serem produzidas sob supervisão da cervejaria Vestfyen.

SVANEKE BRYGHUS

www.svanekebryghus.dk

DESDE 2000, a cervejaria Svaneke, no vilarejo de Svaneke, na ilha Bornholm, faz cervejas não filtradas. Além das três básicas – pilsen, golden ale e sweet stout –, destaca-se a interessante gama de cervejas especiais, destinadas a acariciar o paladar dos consumidores. Uma delas é a premiada Mork Guld, 5,7% de teor alcoólico, em tons acobreados, com intenso sabor de nozes e caramelo. Outra é a Red Hot Chili Ale, de alta fermentação, cor vermelha impressionante e condimentada.

THISTED

www.thisted-bryghus.dk

UMA DAS CERVEJARIAS MAIS ANTIGAS da Dinamarca, a Thisted pertence atualmente a moradores novos e antigos da cidade que lhe empresta o nome. Mais de mil sócios se juntam anualmente para degustar a cerveja, na reunião anual da empresa. Dali saiu em 1995 a primeira cerveja orgânica dinamarquesa, bem como a valorizada Baltic Porter, de baixa fermentação, que recebe adição de malte tostado e alcaçuz.

UGLY DUCK

www.uglyduckbrewing.dk

SAUDADO COMO O MAIS NOVO cervejeiro artesanal da Dinamarca quando fundou a Rassted, em 2005, Martin Jensen responde atualmente pela produção das cervejas Ugly Duck, lançadas em 2006. Jensen amadureceu, tornando-se um dos cervejeiros mais respeitados da cena dinamarquesa, pois busca constantemente novas variedades de lúpulo para dar a textura desejada às cervejas stout e IPA rústicas que faz. Ele já experimentou até inocular barris de cerveja com a levedura selvagem Brettanomyces, só para ver o que acontecia.

JÄMTLANDS

Romeiros que rumavam para o túmulo de Santo Olaf, em Trondheim, reverenciavam as águas cristalinas borbulhantes do Östersund. Hoje os fãs de cerveja louvam a qualidade que elas acrescentam às Jämtlands.

INFORMAÇÕES

PRODUTOR Jämtlands

FUNDAÇÃO 1996

ENDEREÇO Jämtlands Brewery, Box 224, 831 23 Östersund

SITE www.jamtlandsbryggeri.se

FILOSOFIA Qualidade, não quantidade

JÄMTLANDS
HELL

JÄMTLANDS
JULÖL

DURANTE BOA PARTE DO SÉCULO XX, a Suécia teve as leis de proibição de álcool mais severas da Europa. A produção e a venda de bebidas eram controladas pelo Estado e por grupos de abstêmios, de modo que a fabricação se concentrou em algumas grandes cervejarias. Poucos acreditavam que o movimento pela cerveja artesanal pudesse prosperar no país.

Mas nem tudo estava perdido. Nos anos 1990, os cervejeiros domésticos, sem dúvida inspirados pelo exemplo norte-americano, tentaram transformar o hobby em atividade comercial. A entrada da Suécia na União Europeia, em 1995, marcou a redução da influência do movimento antialcoólico sobre a produção de bebidas. Uma das restrições abolidas foi a que proibia fazer cerveja com mais de 5,6% de teor alcoólico.

Uma das primeiras companhias a tirar proveito das novas regras foi a Jämtlands, situada em área remota do noroeste sueco. David Jones, mestre cervejeiro, produz anualmente uma ale de aniversário com 6% de teor alcoólico para comemorar os lançamentos pioneiros. A cervejaria mantém uma linha grande de cervejas fixas, mais algumas sazonais. O malte inglês dá potência às cervejas da companhia, e seu renomado amargor vem de lúpulos de países como Inglaterra, Alemanha, Eslovênia e EUA. Os estilos seguem a tradição de países como Reino Unido, Alemanha e Bélgica, e, como muitos cervejeiros são do movimento artesanal, acompanha-se de perto o desenvolvimento dos EUA. Todas as cervejas são filtradas, mas nenhuma é pasteurizada. A fórmula funciona e a cervejaria tem um armário imenso para troféus, já insuficiente, pois coleciona prêmios da Festa da Cerveja de Estocolmo.

NOTAS DE DEGUSTAÇÃO

HELL LAGER, 5,1%

Cerveja dourada que parece ferver no copo conforme as bolhas formam um colarinho branco firme. O aroma de limão do lúpulo dá lugar ao sabor de frutas, mel e casca de laranja. Final longo, satisfatório, muito apetitoso.

HARMONIZAÇÃO: O sabor suave não sofre danos com temperos asiáticos ou peixe defumado sueco.

JULÖL ALE, 6,5%

Sazonal, a Julöl é produzida durante o gélido inverno sueco. Frutas escuras e ameixa dominam essa cerveja vermelha, escura, cujo calor alcoólico e doçura de laranja chamam a atenção, bem como notas de especiarias, sobretudo canela. É suficientemente encorpada para aquecer até a mais escura e fria noite de inverno.

HARMONIZAÇÃO: A doçura da cerveja combina bem com pudim ou bolo de frutas cristalizadas ou pão doce de canela.

POSTILJON ALE, 5,8%

Interpretação sueca de uma ale inglesa forte. Cor âmbar, abundância de sabores intensos. Sobre o caramelo, percebe-se casca de laranja azeda e até notas de pão fresco, balanceados pela intensidade amarga do lúpulo inglês.

HARMONIZAÇÃO: Vai bem com carnes suínas e bovinas, assadas ou grelhadas.

Confraria dos cervejeiros
Cervejeiros artesanais se inspiram nas criações de colegas do mundo inteiro

JÄMTLANDS POSTILJON

NILS OSCAR

Nils Oscar deve ter sido um sujeito e tanto – o neto Karl-David Sundberg batizou a cervejaria com o nome do avô. Oscar, seu herói da infância, possuía todas as qualidades que Sundberg desejava promover em seu negócio.

INFORMAÇÕES

PRODUTOR Nils Oscar
FUNDAÇÃO 1996
ENDEREÇO Fruängsgatan 2, 611 31 Nyköping
SITE www.nilsoscar.se
FILOSOFIA Honestidade permanente. Coragem para cumprir o dever

SE CONSEGUISSEM CULTIVAR LÚPULO com sucesso nas terras de Karl-David Sundberg, Tärnö Manor, a sudoeste de Estocolmo, todas as matérias-primas de suas cervejas sairiam da fazenda. Ele já cultivava cevada, aveia, centeio e trigo para as criações de seu mestre cervejeiro, Patrick Holmqvist. Contudo, as melhores latitudes para plantio de lúpulo estão entre os paralelos 35° e 55°, tanto no Hemisfério Norte quanto no Sul. Para uma colheita bem-sucedida, os pés de lúpulo precisam de longas horas de luz diurna. Mesmo na terra do sol da meia-noite, na latitude de 58°, as horas de luz no restante do ano não bastam para fazer o lúpulo crescer direito.

Nils Oscar faz parte da nova geração de cervejeiros suecos que conseguiram se estabelecer depois que relaxaram as leis do país referentes ao álcool. A Kungsholmens Kvartersbryggeri de Estocolmo se tornou a Tärnö Bryggeri e se mudou para fora da cidade. Em 1999, o nome foi mudado para Nils Oscar. A revolução cervejeira sueca ainda precisa alcançar o crescimento exponencial de outros países europeus, mas enfrenta o Systembolaget, organização estatal sueca que controla as lojas onde as bebidas alcoólicas podem ser vendidas.

Sundberg homenageou o avô Nils Oscar ao dar o nome dele à companhia, pois ele exerceu forte influência em sua infância. Nascido em 1865, Oscar emigrou para os Estados Unidos aos 17 anos, tornando-se um bem-sucedido fazendeiro e homem de negócios, tanto na América quanto na Suécia, para onde regressou. Os relatos o descrevem como trabalhador, honesto e dedicado às responsabilidades. Sundberg considerava essas qualidades fundamentais para sua cervejaria. Das quinze cervejas (ou mais) fabricadas, a mais vendida é a God Lager. Essa cerveja divina é uma dádiva dos céus, mas o nome vem da palavra sueca para "bom".

NILS OSCAR IMPERIAL STOUT

NILS OSCAR COFFEE STOUT

NILS OSCAR GOD LAGER

NOTAS DE DEGUSTAÇÃO

IMPERIAL STOUT 7%
Cerveja envelhecida, redonda, intensa no sabor de chocolate amargo e caramelo queimado dos maltes torrados, suavizado pelo uso de aveia cultivada na fazenda da cervejaria. O lúpulo acrescenta um amargor original e prolongado.

HARMONIZAÇÃO: Combina com sobremesas à base de chocolate, como trufas ao rum añejo.

COFFEE STOUT 6,4%
Grãos de café da Fazenda Ambiental Fortaleza, do Brasil, atuam em doce harmonia com as notas de chocolate. A doçura é intensa, vibrante, mas não enjoativa. Forma parceria com toques cítricos e o amargor do lúpulo.

HARMONIZAÇÃO: Adequada para bolo de chocolate ou chocolate com café, para agregar sabor.

GOD LAGER 5,3%
Lager que destaca os grãos e nozes sutis sobre fundo de manteiga sem sal. O lúpulo acrescenta notas de flor de limoeiro e conduz a um final prolongado, agradável, quase quente. Uma cerveja suave e original, fácil de beber.

HARMONIZAÇÃO: Os toques tostados da bebida pedem carne bovina, grelhada ou frita.

ÅBRO BRYGGERI

www.abro.se

O MESTRE CERVEJEIRO DA ÅBRO, Lennarth Anemyr, diz que cerveja é muito mais que a bebida que a gente despeja no copo – é uma filosofia e um modo de encarar a vida. Åbro é a mais antiga cervejaria familiar sueca: foi fundada em 1856, em Småland Vimmerby. Fica no sopé da cordilheira de onde obtém água fresca usada na produção.

Anemyr produz hoje algumas das grandes cervejas sem pasteurizar nem filtrar, para a Festa da Cerveja e do Uísque de Estocolmo. As especialidades do mestre cervejeiro abrangem toda a gama de estilos europeus, inclusive uma versão sutil da defumada de Bamberg, na Alemanha.

DUGGES ALE & PORTER

www.dugges.se

LÚPULO, MALTE E PAIXÃO são os ingredientes essenciais para as cervejas de Mikael Dugge Engström. Ele exulta quando os visitantes entram em contato com o ambiente de sua "genuína cervejaria artesanal". Quer que as pessoas sintam o sabor dos ingredientes e compartilhem seu entusiasmo. Localizado em Landvetter, perto de Gotemburgo, Engström se inspira nos estilos americanos e britânicos para criar cervejas do tipo ale, ressaltando que o malte de qualidade e o lúpulo intenso iluminam a jornada de descobertas.

GOTLANDS

www.gotlandsbryggeri.se

GOTLANDS PERTENCE à maior companhia cervejeira sueca, da família Spendrup, que a usa para fazer cervejas comerciais e desenvolver receitas. Alguns dizem que circula lúpulo no corpo de Johan Spendrup, supervisor da produção. Cervejeiro da quarta geração, aprendeu o ofício em Bamberg, na Alemanha. Ele adiciona uma pitada de malte defumado à Wisby Stout, para elevá-la a um patamar mais alto. "É tão boa que a gente toma duas e pede a terceira."

HANTVERKS

www.hantverksbryggeriet.se

HANTVERKS SURGIU EM 2003. Os cervejeiros dizem que a intenção era ampliar o conhecimento da cerveja e sua cultura por meio da produção de bebidas que se destacam na multidão. A ampla gama inclui Alchemist, inspirada na tradição belga de adicionar frutas na lambic. Com seu curioso tom azulado, leva mirtilo sueco e matura durante um ano, para gerar um cativante dueto de sabores ácidos. A Chimney Sweep é uma black stout saborosa, na qual a aveia convive com o sabor de caramelo e chocolate do malte, resultando numa saborosa forma líquida de chocolate amargo.

MONKS CAFÉ

www.monkscafe.se

APÓS ANOS SEM CERVEJARIAS, o Monks Café trouxe a arte cervejeira de volta à cidade de Estocolmo, em 2008. Ao que tudo indica, a fórmula conquistou sucesso, pois desde então a companhia abriu um segundo pub, o Monks Porterhouse. No passado havia muitos bares com cervejaria na região, e a lacuna começou a ser preenchida com uma série de cervejas interessantes. Além das regulares, como a IPA e a porter, estão disponíveis aos clientes novidades em colaboração com cervejeiros visitantes e estudantes do assunto. A cervejaria e bar oferece cursos para quem deseja aprender a fazer cerveja em casa ou lançar sua própria marca.

NÄRKE KULTURBRYGGERI

www.kulturbryggeri.se

"CERVEJA É ARTE", segundo Berith Karlsson e Rolf Larsson, fundadores da Närke Kulture, inaugurada em 2003 em Grenadjärstaden. Desde o lançamento da primeira cerveja, em 2004, eles se dedicam a combater a cerveja industrial medíocre. Usando a experiência de apreciadores e cervejeiros artesanais, se especializaram numa série extravagante de ale leve lupulada que não passa por pasteurização nem filtragem, bem como cervejas porter ousadas. Sua recomendação é guardar as versões mais fortes para maturação na garrafa.

NYA CARNEGIE

www.nyacarnegiebryggeriet.se

EM 2011, O FAMOSO MESTRE CERVEJEIRO Garrett Oliver *(p.152)*, da Brooklyn Brewery, colaborou com a Carlsberg sueca para produzir uma versão envelhecida em barris de bourbon da sua famosa Carnegie Stark-Porter, cerveja histórica datada de 1836. O resultado da união foi uma sociedade transatlântica envolvendo as duas companhias, responsável pela abertura

NYNÄSHAMNS INDIAN VIKEN PALE ALE

de uma nova cervejaria e um restaurante no centro de Estocolmo. A produção, supervisionada pela Brooklyn, deve tornar a cervejaria uma das preferidas dos fãs suecos da cerveja artesanal.

NYNÄSHAMNS

www.nyab.se

QUANDO UM GRUPO DE AMIGOS LAMENTAVA, em 1988, a mediocridade das cervejas disponíveis, provavelmente não esperava que a discussão os levasse a criar uma das mais influentes cervejarias artesanais suecas. Juntos eles viajaram pela Europa e descobriram as delícias das cervejas britânicas e belgas, mas demoraram dez anos até criar coragem e abrir uma cervejaria comercial, a Nynäshamns. O primeiro lançamento, Bedarö Bitter, foi inspirado nas cervejas ale inglesas e arrebatou a medalha de ouro na Festa da Cerveja de Estocolmo. Também digna de nota é a premiada e aromática Indian Viken Pale Ale.

OCEAN

www.oceanbryggeriet.se

O CERVEJEIRO THOMAS BINGEBO alimentou sua paixão em visitas a Londres, onde aprimorou o gosto por cervejas maltadas. Inaugurou a Ocean em Gotemburgo, em 2007, ao lado de alguns amigos, acreditando que o malte deve ter papel preponderante na cerveja, deixando ao lúpulo o papel de coadjuvante. Desde então, a cervejaria vem crescendo substancialmente, e seus produtos podem ser encontrados na Suécia inteira.

Contudo, o tempo amansou Bingebo, e ele hoje usa lúpulos cítricos americanos em diversas cervejas bem equilibradas. A linha básica da Ocean inclui a Glenn Nº 5, com aroma frutado, a maltada 12 Plato Lager, a West Coast, intensa em frutas frescas, e a Gothenburg Sports, com sabor de chocolate, groselha-preta e alcaçuz. Tem uma ampla gama de cervejas especiais e sazonais.

OPPIGÅRDS

www.oppigards.com

EM 2004, BJÖRN FALKESTRÖM transformou em cervejaria o celeiro da fazenda que sua família mantinha havia 250 anos. As cervejas produzidas pela Oppigårds partem de uma base de quatro tipos de ale – a popular e maltada Golden Ale, a Single Hop Ale, inspirada nas inglesas, a frutada Amarillo Ale e a lupulada Indian Tribute Ale. São combinações felizes de ingredientes naturais de qualidade. Com essa fórmula, a cervejaria conquistou imensa popularidade.

SIGTUNA

www.sigtunabrygghus.se

AMBIÇÃO NÃO É UMA COISA RUIM. Peter Forss, fundador da Sigtuna, diz que deseja ter a melhor cervejaria artesanal da Suécia. A cervejaria abriu as portas em 2006, e de lá para cá a produção só cresceu. O cervejeiro Mattias Hammenlind atribui isso ao fato de tocar rock em alto volume – principalmente AC/DC – para o mosto durante a fermentação. A cerveja roqueira funde vários estilos. Ele acrescenta capim-limão à wit belga e lúpulos exuberantes da Nova Zelândia à IPA estilo americano.

SLOTTSKÄLLANS

www.slottskallan.se

ORIGINALMENTE INSPIRADO PELA VIAGEM que fez a São Francisco nos anos 1990, quando assistiu ao desabrochar da onda de cerveja artesanal americana, o fundador da Slottskällans iniciou a série de tipos ale e lager fáceis de beber e que hoje se destacam em sua linha. Uma das metas da cervejaria instalada em Uppsala é convencer as pessoas a pensar na cerveja do mesmo jeito que pensam no vinho. Cada tipo vem acompanhado de recomendações de harmonização. Por exemplo, a Slottskällans Slottslager, encorpada e amarga, deve ser saboreada com saladas e peixes ou com pratos salgados e untuosos, como carne gorda e frutos do mar. Sabor e equilíbrio são os parâmetros que definem suas cervejas, ganhadoras de diversos prêmios na Festa da Cerveja de Estocolmo. A Slottskällans também recebeu várias medalhas pela Imperial Stout maturada na garrafa.

SPENDRUPS

www.spendrups.se

SPENDRUPS, companhia familiar cervejeira, surgiu em 1897. Muitas cervejas se inspiram na herança alemã, e no portfólio predominam os estilos pilsen e Dortmund. Com três fábricas grandes, comercializa em muitos pontos de venda. A mais popular é a Norrlands Guld. Contudo, muitos apreciam a Old Gold, pilsen de estilo alemão, ou a lager Pistonhead Hot Roddin', meio amarga, com muita personalidade; a Pistonhead Plastic Fantastic é uma cerveja encorpada comercializada em embalagem de plástico reciclável.

SPENDRUPS PISTONHEAD HOT RODDIN' LAGER

ANNOEULLIN

INFORMAÇÕES

PRODUTOR Família Lepers

FUNDAÇÃO 1905

ENDEREÇO 199 Bis, Rue Marle 59930 La Chapelle d'Armentières

SITE www.langelus.fr

FILOSOFIA Acreditar na diversidade

Uma família garantiu a tradição de preparo de cervejas finas em Annoeullin durante seis gerações e sobreviveu à mudança do equipamento centenário para um novo local.

OS CERVEJEIROS DA PARTE FRANCESA DE FLANDRES, no extremo nordeste do país, têm razão em se orgulhar de suas tradições campestres, e muitos fazem sua *bière de garde* aromática e condimentada, uma alternativa deliciosa e atraente para cervejas lager industriais disponíveis. Tradicionalmente, as bières de garde eram feitas no inverno ou em meses mais frios da primavera. Depois eram guardadas para consumo nos dias quentes de verão, quando os agricultores sentiam muita sede ao final de uma jornada extenuante nos campos e o clima não permitia o preparo caseiro de cerveja. Hoje se faz cerveja o ano inteiro.

Com o passar do tempo, as cervejarias artesanais desapareceram, mas uma família não quis parar. Recentemente, Charles Lepers assumiu a direção da cervejaria Annoeullin, comandada por seus pais, Bertrand e Yolande, desde os anos 1970. Uma das primeiras tarefas de Charles foi transferir as instalações para um novo local, em La Chapelle d'Armentières. Ali havia uma cervejaria, Motte-Cordonnier, que produzia a Stella Artois antes de fechar. Para garantir que o aroma de malte e especiarias permanecesse igual, ele levou duas imensas e frágeis panelas de brassagem da antiga sede, onde estavam desde 1905, quando foram instaladas por seu tataravô. No novo local há espaço para tours cervejeiros, sala de degustação e loja para comercializar as cervejas, muitas em garrafas tipo champanhe.

NOTAS DE DEGUSTAÇÃO

L'ANGELUS WHEAT BEER, 7%

Cevada maltada, trigo sem maltar, lúpulo e especiarias resultam num conjunto aromático de cítricos (limão e lima), sob o qual se percebe frutas verdes e banana. Não filtrada, é turva, amarelo-esverdeada.

HARMONIZAÇÃO: Tente com carne ensopada na cerveja.

LEPERS 8 BIÈRE DE GARDE, 8%

Cor de laranja com faixas douradas no copo encimadas por um colarinho branco fosco. Notas intensas de especiarias, toques de malte de biscoito crocante e um aroma delicioso de lichia e limão.

HARMONIZAÇÃO: Acompanha pratos à base de carne, como o *pot'je vleesch* de Flandres, um ensopado de frango, coelho e vitela.

LEPERS 6 BIÈRE DE GARDE, 6%

De coloração marrom-avermelhada sutil, a cerveja abusa da laranja e da casca de limão. Adocicada, tem notas de caramelo amanteigado, sob o qual se percebe cravo e um toque fenólico agradável.

HARMONIZAÇÃO: Vai bem com patês, queijos e pão rústico.

ANNOEULLIN L'ANGELUS

DUYCK

INFORMAÇÕES

PRODUTOR Duyck
FUNDAÇÃO 1922
ENDEREÇO 113 Route Nationale, BP 6, 59144 Jenlain
SITE www.duyck.com
FILOSOFIA Evoluir enquanto o tempo faz sua parte

DUYCK OR BIÈRE BLONDE

DUYCK AMBRÉE

Fabricantes da cerveja em Jenlain há quatro gerações, os membros da família Duyck carregaram a bandeira da cerveja artesanal francesa e preparam a próxima geração para manter a tradição cervejeira.

A FAMÍLIA DUYCK faz cerveja no vilarejo de Jenlain, no norte da França, perto da fronteira com a Bélgica, desde 1922. O fundador, Félix Duyck, herdou a paixão cervejeira do pai, Léon, fazendeiro e cervejeiro residente na Bélgica. A tradição de fazer cerveja nas fazendas durou séculos, na região de Flandres, onde surgiram alguns dos estilos mais afamados do mundo cervejeiro: belga vermelha, bruin, saison, bière de garde. Embora não se saiba que cervejas Léon fazia, sua origem belga influenciou intensamente a criação da cervejaria de Félix.

Félix elaborou as receitas para as cervejas consagradas da companhia e introduziu nos anos 1950 o uso de garrafas de champanhe recicladas, permitindo que os apreciadores levassem a cerveja para casa. Com o passar do tempo, surgiram nuanças que distinguiram os cervejeiros belgas dos franceses. Os belgas tendiam a produzir saisons leves com bastante lúpulo ou vermelhas ácidas. Na França, cervejeiros como Duyck desenvolveram bebidas mais intensas no malte, encorpadas e doces. Hoje a moderna cervejaria artesanal está sob o comando de Raymond Duyck, que planeja passar a direção ao filho, esperando que seu legado ajude a tornar a França conhecida também por cervejas excitantes, de classe internacional, e não apenas pelo trio vinho, champanhe e gastronomia.

NOTAS DE DEGUSTAÇÃO

OR BIÈRE BLONDE BIÈRE DE GARDE, 7,5%
No copo é clara, dourada, esbanja vigor juvenil. Cerveja complexa na qual o malte ousado combina com os lúpulos cítricos e terrosos, especiarias aromáticas e notas de cravos e baunilha.
HARMONIZAÇÃO: Vai bem com queijos pungentes ou uma porção de mexilhões cozidos com um pouco de cerveja.

AMBRÉE BIÈRE DE GARDE, 7,5%
Não pasteurizada, brilha com nuanças ambarinas. Carrega sabor intenso de frutas carnudas, como ameixa e pêssego, além do malte levemente tostado. Não é fraca, mas encorpada, saborosa.
HARMONIZAÇÃO: Par ideal para pratos suculentos. Por exemplo, ave assada recheada com farofa de ameixa e outras frutas secas.

ÉCLATS D'AMBRE BIÈRE DE GARDE, 6,8%
Um verdadeiro pudim de especiarias engarrafado. Sabores marcantes de cravo e canela combinam com tangerina satsuma e casca de laranja cristalizada. Encantadora presença de malte, quase mastigável, com camadas de toffee e calda de açúcar queimado.
HARMONIZAÇÃO: Desfrute com pudim ou bolo de fruta.

Elegância ambarina
Devemos venerar as grandes cervejas como outros endeusam o champanhe

DUYCK ÉCLATS D'AMBRE

AU BARON

www.brasserieaubaron.com

NO VILAREJO DE GUSSIGNIES, região da França onde a culinária do país e a cultura cervejeira da vizinha Bélgica se entrelaçam, Alain e Xavier Bailleux, pai e filho, fazem cerveja desde 1989 para vender no restaurante da família, localizado à beira do rio que delimita a fronteira entre as duas nações. A sazonal da primavera é a Cuvée des Jonquilles, ale dourada, intensa. Sua cor é vibrante como a dos narcisos que florescem nas margens do Hogneau. No portfólio da Au Baron também se destaca uma natalina âmbar.

BOURGANEL

www.bieres-bourganel.com

A EXEMPLO DE MUITOS FRANCESES, Christian Bourganel se orgulha dos sabores da região em que vive. A cervejaria Bourganel fica na estância hidromineral de Vals les Bains, sob a sombra dos montes Ardèche. Em área famosa pelas castanhas, nougat e mirtilos, não chega a ser surpresa que ele tenha recorrido a esses ingredientes quando resolveu abrir uma cervejaria em 1997, onde desenvolveu uma linha de cervejas claras e ambarinas.

CASTELAIN

www.chti.com

NO NORTE DA FRANÇA, vigora uma rica tradição de produzir bière de garde, uma ale ou lager forte, com potencial de guarda. Tradicionalmente, os fazendeiros a faziam no inverno e na primavera. A família Castelain faz cerveja desde 1926, tendo uma linha ampla em que todas passam por um longo período de maturação a frio, o que proporciona complexidade e intensidade. A mais conhecida é a Ch'ti Blonde, bem encorpada.

LA CHOULETTE

www.lachoulette.com

LA CHOULETTE É SOBREVIVENTE rara entre centenas de cervejarias espalhadas pela região de Nord-Pas-de-Calais, no norte da França, até o final do século XIX. Foi fundada em 1885, e o atual cervejeiro, Alain Dhaussy, se orgulha de fazer a bebida à moda antiga. Ele a engarrafa com fermento, obtendo sabores complexos. O destaque é a encorpada Choulette Amber. Entre as sazonais, faz sucesso a Choulette Framboise, que recebe adição de framboesa fresca.

GAYANT LA GOUDALE

DEUX RIVIÈRES

www.coreff.com

ESSA REVOLUCIONÁRIA CERVEJA FRANCESA tem raízes numa cervejaria inglesa de Hampshire. Christian Blanchard e Jean-François Malgorn faziam parte da nova leva de cervejeiros da Bretanha quando abriram a Deux Rivières, em 1985. No início da década de 1980, os dois haviam passado dois anos trabalhando na cervejaria Ringwood *(p. 49)*, em Hampshire, sob orientação de um pioneiro das microcervejarias, Peter Austin. As cervejas encorpadas que fazem hoje combinam com a ousadia dos maltes franceses e ingleses.

LA FERME BECK

www.fermebeck.com

A FAMÍLIA BECK, ao começar a produção cervejeira de La Ferme Beck em 1994, aproveitou bem o lúpulo cultivado em sua fazenda, na região de Nord-Pas-de-Calais, perto da fronteira com a Bélgica. Dando prioridade à qualidade, e não à quantidade, produzem anualmente um lote de Hommelpap, com lúpulo recém-colhido, sempre a tempo de saboreá-la no festival anual do lúpulo, em setembro. Com personalidade marcante, tem predomínio de sabores cítricos (limão e laranja).

GAYANT

www.brasseurs-gayant.com

A FAMÍLIA GAYANT mantém a cervejaria que leva seu nome em Douai, na Flandres francesa, desde 1919. Um de seus rótulos mais conhecidos é a Bière du Demon, que, com 12% de teor alcoólico, reivindica o posto de cerveja mais forte da França. A Gayant também produz a Amadeus, cerveja turva de trigo com toque de semente de coentro e laranja, e a La Goudale, feita conforme uma receita da Idade Média. Os cervejeiros têm orgulho de sua tradição, privilegiam a qualidade sobre a quantidade, bem como os métodos tradicionais em vez de produção em massa. Dizem que as cervejas são feitas com o mesmo cuidado e a atenção normalmente dedicados aos vinhos finos.

LORRAINE

www.brasseurs-lorraine.com

EM 2003, Régis Bouillon e Jean-François Drouin decidiram reviver a tradição cervejeira em Lorraine e fundaram a Brasseurs Lorraine – a atividade havia prosperado na região em tempos antigos. Eles produzem cerveja de alta fermentação, empregando cevada e trigo maltados. Abominam o uso de aditivos. A Duchesse de Lorraine se baseia em receita do século XVIII e inclui maltes vermelhos e defumados, além de erva sassafrás, que dá um toque de especiaria a essa cerveja não pasteurizada.

MÉTÉOR

www.brasserie-meteor.fr

A PRODUÇÃO DE CERVEJA nesse local de Hochfelden remonta a 1644, fazendo da Météor a mais antiga cervejaria familiar francesa ainda em operação. A variedade mais conhecida da casa, a Météor Pils, criada em 1927 por Louis Haag e seu filho Frederick, imita cervejas da cidade de Pilsen, na República Tcheca. Usa lúpulo Saaz tcheco e malte Strisselspalt cultivado localmente. Vendida em bares locais, não pasteurizada e refrescante, tem notas de biscoito maltado e um toque floral amargo generoso, por conta do lúpulo.

MICHARD

www.bieres-michard.com

JEAN MICHARD foi revolucionário ao inaugurar seu primeiro bar e cervejaria, o Bières Michard, confiando que haveria mercado para cervejas frescas, não pasteurizadas. Ao lado da filha Julie, ele desenvolveu uma série de cervejas inspiradas nas práticas bávaras. Embora Michard produza numa cervejaria refinada, tradição e artesanato continuam a predominar em suas cervejas. A Ambrée é refrescante, vivaz, com um toque amargo prazeroso.

PIETRA

www.brasseriepietra.com

QUANDO ARMELLE E DOMINIQUE SIALELLI decidiram regressar ao país natal, levaram consigo a ideia de abrir uma cervejaria na Córsega. Queriam beber cerveja produzida no local. Inauguraram a Pietra em 1992, determinados a capturar nas criações o frescor das flores silvestres da ilha. Entre os sabores usados destacam-se castanha, zimbro, murta e medronho.

Pietra, o destaque da cervejaria, é âmbar e recebe adição de farinha de castanha corsa, ao passo que a Serena é leve, feita apenas com malte. A Pietra de Nöel é uma bebida festiva que também emprega a farinha de castanha local.

ST SYLVESTRE 3 MONTS

THIRIEZ ETOILE DU NORD

ROUGET DE LISLE

www.brasserie-rouget-lisle.fr

INSTALADA NO SOPÉ dos montes Jura, a Rouget de Lisle recebeu o nome em homenagem ao autor da Marselhesa (1792). Inaugurada em 1994, produz uma ampla gama de cervejas, usando ingredientes locais descobertos nos morros da região, para acrescentar notas de especiarias picantes. Entre eles se destacam absinto, dente-de-leão, cassis e genciana. Na dourada Absinthe Lager o amargor do absinto se manifesta claramente.

SAINT GERMAIN

www.page24.fr

OS DOIS CERVEJEIROS que lançaram a Saint Germain, em 2003, seguem confiantes de que suas cervejas manterão o caráter artesanal e os vínculos estreitos com os agricultores franceses. Em 2008, eles decidiram usar apenas lúpulo produzido por uma cooperativa francesa de Flandres, para valorizar o ingrediente local. Todas as cervejas são de alta fermentação, e uma delas foi batizada em homenagem a Santa Hildegarda, freira alemã que alguns consideram a primeira a mencionar o lúpulo na elaboração da cerveja.

ST SYLVESTRE

www.brasserie-st-sylvestre.com

QUEM PARAR NO ALTO de uma das três colinas que dão nome à mais famosa das cervejas da St Sylvestre poderá avistar os campos de lúpulo e as maltarias de onde saem os ingredientes usados na cervejaria. Clássicos cervejeiros artesanais de Flandres, os irmãos François e Serge Ricour dirigem a empresa inspirados pela paixão do pai, que assumiu a direção em 1954. A cerveja 3 Monts é encorpada, exemplo vibrante de uma bière de garde robusta, dourada, não pasteurizada.

THIRIEZ

www.brasseriethiriez.com

QUANDO DANIEL THIRIEZ mudou para a zona rural de Esquelbecq, no coração de Flandres, em 1996, não se fazia cerveja ali desde a Segunda Guerra Mundial. Em um celeiro que já abrigara a cervejaria Poitevin, nasceu a Etoile du Nord, desenvolvida em parceria com o cervejeiro inglês John Davidson, da cervejaria Swale. Loira, leve, leva doses generosas de lúpulos aromáticos de Kent, que lhe dão personalidade única.

BROUWERIJ 'T IJ

A carreira de Kasper Peterson na estrada como roqueiro o levou às cervejas belgas fortes, depois à paixão pela arte cervejeira. Após um início humilde, a cervejaria cresceu e se tornou referência em Amsterdã.

INFORMAÇÕES

PRODUTOR Brouwerij 't IJ
FUNDAÇÃO 1985
ENDEREÇO Funenkade 7 1018 AL Amsterdã
SITE www.brouwerijhetij.nl
FILOSOFIA Fazer cervejas de personalidade

A BROUWERIJ 'T IJ iniciou suas atividades em 1985. O roqueiro Kasper Peterson, que viajava muito pela Europa, para tocar, experimentava cervejas locais sempre que possível. Elegeu como favoritas as belgas mais fortes e resolveu aprender como fazê-las em sua terra natal. Em 1983, passou a se dedicar a isso, usando um quarto na casa invadida onde residia, nas margens do 't IJ, em Amsterdã.

Com o tempo, o hobby de Peterson se transformou em negócio. Poucos anos depois, a Brouwerij 't IJ, com bar e mesas à beira da água, abriu em local antes ocupado por um balneário comunitário, perto de um dos moinhos de madeira mais altos da Holanda. Após vinte anos, Kasper se aposentou e a empresa foi adquirida por Patrick Hendrikse e Bart Obertop, que mantiveram a tradição cervejeira.

Com o passar dos anos e a expansão, a segunda cervejaria foi aberta, perto do local original. Nela a cerveja é engarrafada para venda, enquanto a cervejaria original continua produzindo a bebida em barril, para o bar. Apenas uma pequena quantidade da matéria-prima se perde. A cevada maltada, após dar à cerveja sabor, cor e teor alcoólico, é ideal para alimentar animais. Os grãos da 't IJ, ainda ricos em proteínas, seguem para uma fazenda de criação de carneiros nas imediações. As ovelhas devem ser felizes, pois produzem um delicioso queijo cremoso chamado Skeapsrond, que é vendido no bar, claro.

Nem todos os cervejeiros podem se gabar de possuir instalações vizinhas a um moinho de vento, mas a Batemans *(p. 42)*, uma das mais antigas cervejarias familiares da Inglaterra, pode. Nada mais natural que tenham unido as forças para fazer a bock de uma festa da cerveja na Inglaterra.

BROUWERIJ 'T IJ ZATTE

NOTAS DE DEGUSTAÇÃO

ZATTE TRIPEL, 8%
Dourada, se inspira na tradição belga de cervejas claras e fortes. Aroma de frutas vermelhas compete com camadas de pão maltado e caramelo. No final quente, muita especiaria.

HARMONIZAÇÃO: Funciona bem com cordeiro levemente condimentado e pratos com frango.

IJWIT WHEAT BEER, 7%
A cerveja forma uma nuvem turva dourada – a opacidade vem do uso de trigo na preparação. O frescor ácido é reforçado pelos sabores de banana, limão e compostos fenólicos. Mata a sede.

HARMONIZAÇÃO: No bar da 't IJ eles recomendam acompanhar a cerveja com amendoim, ovo cozido, queijo, salame e uma linguiça holandesa especial.

SPECIALE VLO ALE, 7%
Irmã mais velha da cervejaria, criada para celebrar o 25º aniversário da loja de cerveja De Bierkoning de Amsterdã, é um tipo peso pesado. Rica em semente de coentro e sabor de caramelo, exala aroma cítrico do lúpulo Cascade.

HARMONIZAÇÃO: O açúcar da cerveja combina com pratos que tenham muito manjericão e aspargo.

BROUWERIJ 'T IJ
IJWIT

BROUWERIJ 'T IJ
SPECIALE VLO

DE MOLEN

INFORMAÇÕES

PRODUTOR De Molen

FUNDAÇÃO 2004

ENDEREÇO Overtocht 43 2411 BT Bodegraven

SITE www.brouwerijdemolen.nl

FILOSOFIA Em busca da cerveja perfeita

Batizada com o nome da cidade onde se situa, no oeste da Holanda, a De Molen agitou o mundo da cerveja artesanal ao empregar ingredientes inusitados, colaborar com outras cervejarias e lançar mão de um senso de humor peculiar.

OS CERVEJEIROS DA DE MOLEN não temem explorar novos sabores em sua busca da cerveja perfeita e encaram confiantes qualquer estilo – têm uma queda especial, porém, por porter e stout encorpadas. Tampouco fogem de uma boa briga, pois não têm papas na língua. Em um caso famoso, a cervejaria começou a exportar para os EUA a Rasputin, uma das imperial stout que faz, e acabou se metendo numa briga de bar, por assim dizer. O cervejeiro americano que fazia a Old Rasputin ficou furioso com os invasores holandeses que usavam o mesmo nome. Em vez de gastar uma fortuna com advogados, a De Molen simplesmente mudou o nome da cerveja nos EUA para Disputin e incluiu uma mensagem no rótulo: "Esta stout se chamava Rasputin, mas os fabricantes da Old Rasputin, na Califórnia, acharam que vocês são burros demais para distinguir os dois produtos e nos ameaçaram com um processo por violação dos direitos da marca".

Fundada em 2004 por Menno Olivier, é uma legítima cervejaria artesanal. Ele acredita em colaboração com cervejeiros de outros países para desenvolver novas cervejas ou redescobrir estilos antigos. Suas parcerias, especialmente com a Flying Dog *(p. 158)* americana, são lendárias. A inspiração veio da premiada stout Hell and Damnation, e da multifacetada e enigmática Gonzo Imperial Porter da Flying Dog. Daí nasceu a Bat out of Hell, lupulada e escura como a noite. A cervejaria alcançou enorme sucesso – em 2010 foi a única europeia no Top 10 do prêmio Best Brewers in the World da RateBeer. A cervejaria possui também restaurante e loja, que vende as melhores cervejas artesanais do mundo. A festa anual Borefts Beer acontece na cervejaria no começo do outono.

DE MOLEN KOPI LOEWAK

DE MOLEN TSARINA ESRA

DE MOLEN HEMEL & AARDE

NOTAS DE DEGUSTAÇÃO

KOPI LOEWAK IMPERIAL STOUT, 9,5%

Cerveja feita com Kopi Luwak, o café mais caro do mundo. Os grãos são comidos pela civeta asiática, um gato-almiscarado. Como o animal não digere os grãos, eles são coletados, lavados e torrados. A cerveja adquire um sabor intenso e amargo de café.

HARMONIZAÇÃO: Combina com chocolates belgas artesanais, meio amargos ou amargos.

TSARINA ESRA IMPERIAL PORTER, 11%

Escura como a noite sem luar, a cerveja cor de ébano tem colarinho fino, cremoso, bege. Seu sabor lembra mel, baunilha, malte escuro, café espresso, chocolate amargo, gengibre, Porto e ameixa seca. Encorpada, com notas alcoólicas intensas.

HARMONIZAÇÃO: Experimente com pratos de sabor forte, como queijo azul, tiramisù ou sorvete de chocolate.

HEMEL & AARDE IMPERIAL STOUT, 9,5%

O céu e a terra numa garrafa. A terra vem do malte trufado usado no uísque Bruichladdich, e o céu, do coro angelical de cacau torrado, alcaçuz queimado e brasa de lenha de pinheiro.

HARMONIZAÇÃO: Procure sabores como chocolate amargo, queijos azuis ou defumados (frango e salmão).

GROLSCH PREMIUM LAGER

ALFA

www.alfabier.nl

POUCAS CERVEJARIAS nos Países Baixos cujas raízes remontam ao século XIX sobreviveram até hoje. Joseph Meens fundou em 1870 a Alfa, que até hoje usa a água do próprio poço. São raras as cervejarias holandesas que ainda obedecem à lei alemã de pureza, a Reinheitsgebot, e sua marca mais famosa é a Edel Pils, cerveja fácil de beber, com sutil aroma de lúpulos cítricos.

BUDELS

www.budels.nl

UMA ÂNCORA, SÍMBOLO DA ESPERANÇA, é associada à cervejaria Budels desde sua fundação por Gerardus Arts, em 1870, na cidade de Budel, em Brabant. A imagem consta nos rótulos até hoje. A quarta geração da família Arts dirige a cervejaria, produzindo cervejas de alta e baixa fermentação. Muitas se inspiram na tradição cervejeira alemã.

DE 3 HORNE

www.de3horne.nl

ESTENDER OS LIMITES DA CERVEJA é a paixão de Sjef Groothuis, que criou a cervejaria De 3 Horne, em 1991. Destacou-se entre os novos cervejeiros holandeses, lutando contra a predominância da pilsen produzida em massa no país. No início, Groothuis se inspirou nos estilos belgas e experimentou muitas frutas, incluindo damasco e cassis. Ele ficou famoso por ter criado uma cerveja de alta fermentação, a Bananatana, ale com a fruta do nome e 7% de teor alcoólico.

DE BEKEERDE SUSTER

www.beiaardgroep.eu

QUINTA OU SEXTA-FEIRA são dias bons para se deleitar com uma saborosa cerveja no "Irmã Convertida" e desfrutar o doce aroma da cervejaria. Nos fundos do bar, pequeno e em geral sempe lotado, há um emaranhado de canos e recipientes de cobre reluzentes, e outros por trás das portas de vidro, onde os cervejeiros atuam. O mestre cervejeiro é o experiente Harrie Vermeer, que produz uma série de blond, dubbel e tripel, com destaque para uma cerveja de trigo com 4,9% de teor alcoólico, com adição de cítricos e sementes de coentro.

DE PRAEL

www.deprael.nl

"JUNTOS PODEMOS FAZER CERVEJA" é o lema da De Prael, instalada numa viela humilde a pouca distância da estação central de Amsterdã. Foi aberta em 2002, por dois cervejeiros caseiros, Arno Kooy e Fer Kok, que trabalhavam num hospital psiquiátrico do bairro. Eles empregam vários pacientes em reabilitação na fábrica, e a cervejaria começou a usar voluntários do hospital. Desde o início, a cervejaria vem crescendo, sem perder o forte envolvimento social. Todas as excelentes cervejas das linhas belga e holandesa são batizadas em homenagem a cantoras que interpretam canções folclóricas holandesas sentimentais.

DE SCHANS

www.schansbier.nl

A PEQUENA CERVEJARIA e destilaria localiza-se no vilarejo de Uithoorn, às margens do rio Amstel, pouco depois dos subúrbios de Amsterdã. Antes cervejeiro caseiro, Guus Roijen projetou a cervejaria original, instalada em 1998 numa antiga barbearia da rua Schans. A pequena produção inclui preciosidades interessantes, como uma american stout de razoável complexidade, uma saison e uma ale forte em estilo abadia belga.

EMELISSE

www.emelisse.nl

EMELISSE ESTÁ NA CRESCENTE LISTA de cervejarias holandesas que deram as costas para cervejas do tipo pilsen sem personalidade. As bebidas são produzidas no local para atender ao restaurante anexo, e entre elas se destaca uma IPA intensa nos lúpulos, uma defumada e até a robusta imperial stout. O mestre cervejeiro Kees Bubberman é fã dos lúpulos saborosos e usa diversas variedades dos EUA e da Nova Zelândia. Os sabores da Espresso Stout crescem com o uso de café italiano em grão. A produção anual da cervejaria cresce a cada ano, e boa parte é exportada para países como EUA e Brasil, além da Europa.

GROLSCH

www.grolsch.nl

AS ORIGENS DA CERVEJARIA GROLSCH remontam a 1615, mas hoje ela pertence à multinacional SABMiller. Suas cervejas são vendidas com tampa de pressão, o que elimina a necessidade de abridor. A mais conhecida é a Premium Pilsner, ou Premium Lager, uma cerveja encorpada, com especiarias sob um toque adocicado. A linha inclui também uma hefeweizen tradicional.

GULPENER

www.gulpener.nl

O COMPROMISSO COM O MEIO AMBIENTE levou a Gulpener a obter a cevada maltada, o trigo, o centeio e a espelta (trigo-vermelho) de uma cooperativa de agricultores da região de Limburg. O cervejeiro Jan Willem den Hartog se orgulha de trabalhar em parceria com os fazendeiros e recentemente apresentou uma linha de três cervejas orgânicas. Um das mais interessantes é a Korenwolf, cerveja clara em estilo belga, saborosa, com toque de sabugueiro (sambuca). Ele também produz a Korenwolf Rosé, adocicada e equilibrada, com adição de framboesa.

HANZE-STADS

www.hanze-stadsbrouwerij.nl

NA IDADE MÉDIA, havia mais de 40 cervejarias na antiga cidade hanseática de Zutphen. Infelizmente, todas fecharam. Contudo, um pequeno bar com cervejaria no centro tenta reviver a arte cervejeira na cidade. Do Hanze-Stads saem várias cervejas de alta fermentação, não pasteurizadas, não filtradas. Sempre há blonde, dubbel e tripel. Entre as sazonais, destaque para a barley wine de 12% de teor alcoólico, descrita como "cerveja escura digestiva para os meses de inverno".

HEMEL

www.brouwerijdehemel.nl

O PARAÍSO (HEMEL) é realmente um lugar especial. Cervejaria montada pelo veterano cervejeiro holandês Herm Hegger, em 1983, usava a marca Raven. Sua primeira cerveja clara em estilo holandês, a White Raven, fez tanto sucesso que ele vendeu o nome para a Oranjeboom e fechou as portas.

Contudo, a cidade de Nijmegen teve uma segunda chance com a inauguração de uma cervejaria em 1996, decidida a não crescer demais. Localizada no prédio de um convento do século XII, ela é descrita como um museu da arte cervejeira. Ali se produzem várias cervejas em estilo holandês tradicional e um destilado de cerveja envelhecido em barris de madeira.

HERTOG JAN

www.hertogjan.nl

EMBORA HOJE SEJA APENAS UMA PEÇA minúscula na imensa engrenagem internacional do império Anheuser-Busch InBev, a Hertog Jan ("duque João") ainda é vista com carinho por muitos holandeses fãs de cerveja. Eles se lembram de 1981, quando a fábrica se livrou do fechamento graças à compra pelos diretores. Nos anos seguintes, ela contribuiu para a revolução da cultura cervejeira do país com uma série de baixa fermentação. A Dubbel, ale escura feita com malte tostado, trigo e açúcar cervejeiro, é preparada no estilo das cervejas belgas mais fortes.

JOPEN

www.jopen.nl

A JOPEN foi criada em 1994 por um grupo de entusiastas que desejavam reviver os estilos esquecidos da cidade holandesa de Haarlem, antes famosa pela cerveja. A última cervejaria havia fechado em 1916, e os fãs reviveram a arte na cidade lançando a Hoppenbier, com receita de 1501, cujo nome remete ao *jopen*, antigo recipiente para fermentação. Com alto teor alcoólico (6,8%), leva cevada, trigo e aveia. De alta fermentação, tem alto teor de lúpulo, o que lhe dá aroma floral e final amargo prolongado. A Bokbier da Jopen é a cerveja mais vendida entre as cervejarias independentes dos Países Baixos.

KLEIN DUIMPJE

www.kleinduimpje.nl

O CERVEJEIRO ARTESANAL ERIK BOUMAN transformou o passatempo em profissão ao abrir a cervejaria Klein Duimpje, ou "pequeno polegar". A cervejaria pode ser minúscula, mas produz uma ampla gama de cervejas. Erik baseia suas criações de alta fermentação nos EUA, na Inglaterra e na Bélgica. A mais conhecida é uma porter com café espresso e chocolate. Ele a lançou no mercado ao vencer um importante concurso holandês de cerveja artesanal, em 1997.

LA TRAPPE

www.latrappe.nl

LA TRAPPE é uma cervejaria trapista no interior da abadia Onze Lieve Vrouw van Koningshoeven. Uma cerveja só pode ser chamada de trapista se for feita dentro de mosteiro e houver envolvimento dos monges em sua produção. Uma parte dos lucros vai para as atividades filantrópicas da abadia. La Trappe é a mais comercial das cervejarias trapistas e produz uma boa variedade, inclusive uma com 10% de teor alcoólico, que faz a língua formigar, a Quadrupel, maturada em barris de carvalho. Os visitantes podem experimentar todas na loja e no salão de degustação do mosteiro.

LINDEBOOM

www.lindeboom.nl

LINDEBOOM É UMA PEQUENA CERVEJARIA familiar de Limburg, província no extremo sul da Holanda. Fundada em 1870 por Willem Geenen, ainda pertence à família. Recebeu o nome por causa de um limoeiro existente ao lado da cervejaria. Produz diversas cervejas de alta e baixa fermentação. A pilsen tem notas de milho-verde e lúpulo herbáceo, além de um toque de limão, claro.

MOMMERIETE

www.mommeriete.nl

DOIS EX-CERVEJEIROS ARTESANAIS, Gert e Carina Kelder, produzem grandes cervejas em escala comercial há quase uma década. O par se inspirou nas cervejas belgas intensas e dedicou quinze anos à exploração de receitas, ingredientes e fermentos antes de criar coragem para transformar o hobby em profissão. Destaca-se no portfólio a Scheerse Triple, com 9,9% de teor alcoólico, que tem muitos fãs. Leva bastante lúpulo condimentado, e na boca dançam sabores de mel, tabaco e pimenta. Outras em linha normal são: Blond, Meibock, Klokhennes Weizen, Gramsbarger Najaars Bock e Bisschops Bier.

ST CHRISTOFFEL

www.christoffelbier.nl

FUNDADA EM 1986, a cervejaria St Christoffel recebeu o nome por causa do santo padroeiro do antigo centro mineiro de Roermond, em Limburg. Ela é uma das veteranas da nova onda de cervejarias holandesas, e todas as cervejas são de baixa fermentação em recipientes abertos. A mais conhecida, Christoffel Blond, com 6% de teor alcoólico, esbanja sabor de especiarias e frescor. Não filtrada e não pasteurizada, já foi considerada a melhor da Holanda em diversas ocasiões. Uma doppelbock escura de inverno, cujo preparo exige no mínimo quatro meses, também se destaca.

BALADIN

Mais que mero cervejeiro, Teo Musso pertence à vanguarda do movimento que busca transformar o conceito popular de cerveja. Sua missão é promover a cultura cervejeira no mundo da gastronomia.

INFORMAÇÕES

PRODUTOR Baladin
FUNDAÇÃO 1996
ENDEREÇO Piazza V Luglio 15, 12060 Piozzo (CN)
SITE www.baladin.it
FILOSOFIA Amizade e intercâmbio

BALADIN XYAUYÙ

SEMPRE CONFIANTE, Teo Musso dirige sua cervejaria e bar em Piozzo, vilarejo no alto da serra piemontesa, acima das regiões viníferas de Asti e Barolo. "Baladin" é um termo francês para "contador de histórias". Teo procura se expressar por meio das cervejas, que considera extensões de sua personalidade. Musso abriu o bar e cervejaria em 1996 e projetou as garrafas em estilo semelhante ao das garrafas de vinho, para que fossem aceitas nos restaurantes e degustadas durante a refeição. Alguns o consideram o Frank Zappa do mundo da cerveja – a exemplo do falecido músico americano, ele é alto, tranquilo e desleixado. A dedicação aventureira, o desejo de ser diferente e a busca da perfeição o destacam na multidão, como Zappa. Faz cervejas ecléticas e experimentais, um verdadeiro desafio aos preconceitos existentes. Para começar, elas quase não ganham publicidade. E não são necessariamente suaves ou claras nem servidas geladas.

Teo se dedica à empreitada de levar a cerveja a ocupar o centro do palco gastronômico, destronando o vinho. Suas criações são tão artísticas quanto científicas e artesanais. Com uma ideia clara de seu papel no panteão dos cervejeiros, sua Xyauyù traz no rótulo a sugestão "para ser consumida no dia do fim do mundo". Ele costuma tocar música para suas cervejas, usando fones de ouvido, como fazem alguns pais antes do nascimento do bebê. Afinal de contas, os tanques de fermentação são úteros para suas criações. Um compositor chegou a criar uma peça musical para acompanhar as diversas etapas da fermentação.

E quais são as notas usadas para compor as sinfonias cervejeiras? A seção rítmica é formada pela cevada e pelo lúpulo, obviamente. Há um coro de sabores de frutas e flores. Com frequência, o fermento de cerveja acompanha no segundo violino os de vinho ou uísque. Na frente de tudo está o maestro, Teo Musso, armado apenas com imaginação e criatividade.

Uma obra de arte
O cervejeiro Teo Musso quer que suas cervejas se destaquem na multidão

BALADIN ISAAC

BALADIN NORA

NOTAS DE DEGUSTAÇÃO

XYAUYÙ BARLEY WINE, 14%
Cerveja complexa, marrom, envelhecida no barril por dezoito meses pelo menos, o que desenvolve um sabor de xerez excepcional. No copo, é firme, serena, sem colarinho nem carbonatação. O resultado: uma cerveja complexa, rica, com nozes e aroma de uva-passa, ameixa preta e móveis antigos encerados. Uma cerveja vintage que evolui com o tempo.

HARMONIZAÇÃO: Perfeita para a hora de dormir, com biscoitos de chocolate amanteigados.

ISAAC WHITE ALE, 5%
Há certa precocidade nas notas cítricas e de especiarias, que quase saltam do copo. Mas a energia do curaçau e das sementes de coentro é atenuada pelo sabor de frutas como figos e peras pochés. Gelada, refresca de verdade.

HARMONIZAÇÃO: Sirva sozinha para seus convidados, antes do jantar ou acompanhada de salada leve ou peixe.

NORA SPICED ALE, 6,8%
Feita de kamut não maltado, uma variedade antiga de trigo, destaca-se pela adição de gengibre e casca de laranja. A cor ambarina oculta aroma de baunilha e rosas vermelhas. Final prolongado, vinoso. A mirra dá um amargor balsâmico.

HARMONIZAÇÃO: Acompanha sobremesas, como puxa-puxa de gengibre, pudim de pera ou doces árabes com água de rosas.

BIRRIFICIO ITALIANO

Agostino Arioli, fundador do Birrificio Italiano, é um mestre cervejeiro e artista com excelente capacidade técnica e meticulosa atenção aos detalhes, capaz de expor com eloquência a complexidade e a poesia da cerveja.

INFORMAÇÕES

PRODUTOR Birrificio Italiano

FUNDAÇÃO 1994

ENDEREÇO Nuovo Birrificio Italiano srl, Via Monviso, 1, 22070 – Limido Comasco, Como

SITE www.birrificio.it

FILOSOFIA Transformar emoções e ideias em cervejas maravilhosas

BIRRIFICIO ITALIANO
FLEURETTE

BIRRIFICIO ITALIANO
TIPOPILS

ARIOLI É CONSIDERADO um dos pioneiros da cena cervejeira italiana. Ele considera suas produções obras de arte; os ingredientes utilizados são as cores com que pinta as telas. Começou a fazer cerveja ainda no ensino médio, mas foi uma viagem à cervejaria Granville Island de Vancouver, no Canadá, que abriu seus horizontes para o potencial inesgotável do processo cervejeiro.

Em Lurago Marinone, perto do lago Como, Arioli instalou o Birrificio Italiano ao lado do irmão Stefano e alguns amigos. No começo, concentrou-se nas cervejas ao estilo alemão, e sua meta hoje é fazer a melhor. A atenção aos detalhes o levou a visitar fazendas bávaras para escolher os lúpulos adequados. O processo de produção é complexo e elaborado, sempre com a intenção de extrair os sabores que os ingredientes ocultam. Ele ambiciona emancipar das multinacionais um estilo como o pilsen, provando que pode ter sabor e aroma de lúpulo. Conforme o paladar cervejeiro de Arioli aumentava, suas cervejas se diversificavam. Flores, canela, cereja, gengibre, cassis e fermentos selvagens já foram usados em suas criações. Ele nunca sentiu diminuir seu desejo de lançar cervejas desafiadoras porém saborosas e fáceis de beber.

NOTAS DE DEGUSTAÇÃO

FLEURETTE ALE, 3,8%
Leve, gasosa e rosada, tem sabor de rosa, violeta e sabugueiro, com notas de mel. Há uma acidez natural nessa cerveja satisfatória e provocante.

HARMONIZAÇÃO: Saboreada com perfeição em jantares com amigos, a Fleurette também vai bem com um pôr do sol nas montanhas do norte da Itália.

TIPOPILS PILSNER, 5,2%
Seca, essa cerveja dourada distribui sabores de flores, lúpulo herbáceo e mel sutil. Termina com amargor agradável, prolongado e refrescante. Dá para entender por que a consideram uma das melhores pilsen artesanais do mundo.

HARMONIZAÇÃO: O sabor leve e suave a torna ótima com pizzas, pratos condimentados e suculentos ou saborosos queijos italianos.

SCIRES CHERRY ALE, 7,5%
Cerveja com personalidade bravia, graças ao uso de bactérias lácticas, fermento selvagem e cereja preta Vignola. Matura longamente em barris de madeira antes de ser engarrafada. Os sabores ácidos, empolgantes e vinosos continuam a evoluir na garrafa.

HARMONIZAÇÃO: A acidez vai surpreendentemente bem com ostras ou sobremesas cremosas, como cheesecake.

BIRRIFICIO ITALIANO SCIRES

32 VIA DEI BIRRAI

www.32viadeibirrai.com

FAZER CERVEJAS COMO FORMA de explorar caminhos desconhecidos é a filosofia dos três parceiros que criaram a 32. Apaixonados pela arte cervejeira, eles se orgulham de usar apenas ingredientes 100% italianos. Nascidos em um país famoso pela elegância e funcionalidade do design que produz – basta pensar numa Ferrari –, eles usaram esse diferencial para distinguir suas cervejas e garrafas. A dourada Audace, ale forte em estilo belga, com notas intensas de especiarias e cítricos, é pura arte para beber.

ALMOND 22

www.birraalmond.com

O GRANDE COMPOSITOR ITALIANO Claudio Monteverdi disse que "a finalidade da boa música sempre é tocar a alma". Jurij Ferri, fundador da Almond 22, acredita que uma boa cerveja também deve tocar a alma. Muitos dos ingredientes de suas cervejas não filtradas e não pasteurizadas saem das colinas verdejantes e das montanhas de Abruzzo, onde a cervejaria se encontra. As criações de Ferri se inspiram nos estilos ingleses e belgas, mas ele se delicia com a busca por novos sabores.

BARLEY

www.barley.it

"CERVEJA E VINHO devem compartilhar a mesa", segundo o cervejeiro Nicola Perra, que fundou a cervejaria sarda em 2006 com Isidoro Mascia. Como muitos cervejeiros italianos, ele prefere ingredientes locais. As uvas tintas escuras Cannonau cultivadas em seu vinhedo dão ao barley wine BB10 de Perra um caráter vinoso; ele ferve as uvas até que formem um caldo grosso. A cerveja encorpada esbanja sabores frutados e fica perfeita com um queijo de ovelha da Sardenha.

BEBA

www.birrabeba.it

QUANDO A BEBA foi fundada, em 1996, o número de cervejarias artesanais italianas podia ser contado nos dedos das duas mãos. Hoje existem mais de 400. Os pioneiros da Beba, os irmãos Alessandro e Enrico Borio, preferem sabores intensos, inéditos. Usam centeio na sazonal Talco para produzir uma cerveja picante, refrescante, para o verão. Uma das cervejas mais fortes da Beba é a Motor Oil. Escura, encorpada, apresenta abundância de sabores como alcaçuz e maltes tostados queimados, com final prolongado e memorável.

BI-DU

www.lebirredelbidu.altervista.org

O BAR E CERVEJARIA BI-DU fica no alto dos Alpes, na fronteira entre Itália e Suíça. Chega-se lá por uma estradinha tortuosa. As cervejas são intensas, ousadas como o proprietário cervejeiro, um montanhês rústico e barbudo chamado Beppe Vento. Ele gosta de lúpulo – muito –, e as cervejas combinam bem com os pratos servidos, como porções fartas de salsichas e linguiças com chucrute ou risoto ao gengibre. Mas Beppe também tem um lado suave, e sua Rodersch é uma interpretação sutil da kölsch alemã. Outras cervejas incluem a ale Artigian, vermelha cor de cobre, com 6,2% de teor alcoólico e a Confine, escura, no estilo porter inglês.

BIRRA DEL BORGO

www.birradelborgo.it

A PRIMEIRA CERVEJA COMERCIAL que o cervejeiro caseiro Leonardo di Vincenzo preparou quando abriu a Del Borgo, em 2005, foi a ReAle APA, uma american pale ale de inspiração britânica que ele condimentou com lúpulos dos EUA. As experiências de Di Vincenzo com sabores dos lúpulos renderam a My Antonia, pilsner imperial feita em colaboração com o cervejeiro americano Sam Calagione, da Dogfish Head *(pp. 154-5)*. Leva um bocado de lúpulos Saaz, Simcoe e Warrior. Ele também emprega folhas de tabaco, chá e raiz de genciana em suas cervejas. Em colaboração com Teo Musso, da Baladin *(p. 124)*, Leo está envolvido com a Open Baladin, cervejaria e bar no centro de Roma, e com a Birreria de Nova York.

BRÙTON

www.bruton.it

OS MINOICOS DA ANTIGA CRETA bebiam uma cerveja chamada Brùton, segundo algumas fontes. Mas, como não existem registros dessa cerveja da Idade do Bronze, os cervejeiros desse pequeno bar e cervejaria da Toscana procuraram inspiração nos EUA e na Bélgica para suas criações. Uma das mais interessantes é a Bianca, feita com espelta italiana e trigo não maltado. Essa cerveja agressiva e opaca, de acidez pronunciada, se destaca pelos sabores de semente de coentro e casca de laranja.

CITABIUNDA

www.birrificiocitabiunda.it

AS EXTENSÕES DE COLINAS do Piemonte parecem lotadas de videiras. A região, famosa pela qualidade dos vinhos, também abriga um pequeno paraíso cervejeiro, o bar e cervejaria Birrificio CitaBiunda. No dialeto local, o nome significa "jovem loira", e o cervejeiro Marco Marengo provavelmente estava pensando nela quando criou sua versão da witbier belga, a Biancaneive. A voluptuosa cerveja se destaca pelas notas florais, consequência do uso de fermento de champanhe.

DUCATO

www.birrificiodelducato.net

AS CRIAÇÕES DO CERVEJEIRO Giovanni Campari, da microcervejaria Ducato, são entusiasmantes e arrebatadoras como as óperas compostas pelo gênio local Giuseppe Verdi. A fundação da empresa, em 2007, consagrou um dos cervejeiros mais apaixonados e criativos do país. Campari agrega arte, ciência e tempo para fazer grandes bebidas. Uma delas, a premiada Sally Brown, é feita desde sua época como produtor artesanal. Com dez maltes diferentes, é escura e suave como seda negra.

GRADO PLATO

www.gradoplato.it

SERGIO E GABRIELE ORMEA tornaram o sonho realidade ao abrir o bar e cervejaria Chieri, nas imediações de Turim, em 2003. Os clientes gostaram das cervejas, e o sucesso os levou a novas instalações em 2008, para atender à demanda. O restaurante oferece pratos regionais – com destaque para escargots, preparados de vinte maneiras diferentes. Escargots ainda não foram usados nas cervejas, embora sejam acrescentados outros ingredientes locais, como castanhas.

LAMBRATE

www.birrificiolambrate.com

COPIADO, MAS NUNCA SUPERADO, o Lambrate foi o primeiro bar e cervejaria aberto em Milão, a cidade da moda. Os proprietários se inspiraram na visita feita à famosa cervejaria Brouwerij 't IJ *(p.120)* de Amsterdã, na Holanda. Juntos, eles criaram uma meca para o movimento cervejeiro artesanal italiano, que continua crescendo. O bar sempre lotado, escuro e animado é o lugar perfeito para experimentar as cervejas Lambrate.

MALTUS FABER IMPERIAL

L'OLMAIA

www.birrificioolmaia.com

MORENO ERCOLANI, cervejeiro da L'Olmaia, é fanático por cervejas artesanais de qualidade. Após dois anos produzindo em casa, instalou uma pequena cervejaria comercial numa fazenda, em 2005. A fazenda era chamada de L'Olmaia, por causa dos três olmos (*olmi*, em italiano) que sombreavam a sede. Instalado atualmente em acomodações mais amplas em Montepulciano, Siena, Moreno continua em busca da cerveja perfeita.
A edição de Natal utiliza mel feito por abelhas que recolhem o pólen das flores dos olmos locais.

MALTUS FABER

www.maltusfaber.com

O AMOR PELA CERVEJA BELGA levou dois amigos que faziam cerveja em casa, Fausto Marenco e Massimo Versaci, a abrir a Maltus Faber, em 2007, num prédio antigo de Gênova, onde antes funcionou uma cervejaria grande, pertencente à Dreher e depois à Heineken. Massimo é um conhecido colecionador de raridades cervejeiras, por isso não surpreende que na cervejaria haja muitos objetos em exposição, contando um pouco da história cervejeira de Gênova. Uma das melhores cervejas dele é uma imperial stout, com sabor de alcaçuz e aroma intenso como o de um café espresso italiano.

MONTEGIOCO

www.birrificiomontegioco.com

PÊSSEGO, UVA, SÁLVIA E COENTRO cultivados nos morros de Tortona têm sido usados nas cervejas feitas pelo ex-cervejeiro artesanal Riccardo Franzosi, na Montegioco. Ele abriu a empresa em 2005 e envelhece a bebida em barris de carvalho para obter sabores adstringentes, vinosos, cítricos e tânicos, o que a torna ótima para tomar comendo peixe.
A acidez da Quarta Runa, ale com pêssego, vem dos fermentos selvagens presentes na casca da fruta.

PANIL (TORRECHIARA)

www.panilbeer.com

SERIA REALMENTE VERDADE que uma das melhores cervejas vermelhas ácidas é feita na Itália, numa cervejaria fundada em 2000, superando os criadores do estilo histórico da Holanda e de Flandres, na Bélgica?

O cervejeiro Renzo Losi ama maturar cerveja em barris, talvez por influência do pai, viticultor. A Barriqueè Sour da Panil é vinosa, ousada, e passa três meses descansando num barril de Cognac. Os fermentos lácteos e o Brett selvagem agem de modo imprevisível, mas costumam render cervejas interessantes.

PICCOLO

www.piccolobirrificio.com

NÃO HÁ PEQUENEZ nas cervejas da cervejaria Piccolo ("pequeno", em italiano). O cervejeiro Lorenzo Bottoni vai às alturas com criações que encantam as papilas imediatamente. Abriu a cervejaria em 2005, na linda cidade de Apricale, perto da fronteira com a França. Sua cerveja mais conhecida é a Chiostro. Em estilo belga, é uma blonde ale condimentada, com notas intensas de levedura, adição de absinto, para dar um amargor amadeirado e sabor que lembra anis.

SCARAMPOLA

www.birrificioscarampola.it

A ANTIGA ABADIA DE SANTO ESTEFANO em Millesimo abriga hoje a cervejaria Scarampola. O cervejeiro Maurizio Ghidetti devota seu tempo a criar cervejas divinas. Após cinco anos na Inglaterra, estudando a arte cervejeira local, ele voltou para a Itália e foi trabalhar na Baladin *(p. 124)* com Teo Musso, antes de abrir sua própria cervejaria no celeiro de uma fazenda. Gosta de usar ingredientes locais, por isso castanhas e laranja de uma variedade rara, a chinotto, acabam entrando nas receitas. Sua versão italiana da IPA recebe adição de grapefruit, que dá uma acidez picante e notas cítricas intensas, também presentes no lúpulo Cascade.

ZAHRE

www.zahrebeer.com

NO ALTO DAS MONTANHAS situa-se o vilarejo de Sauris, perto das fronteiras com a Áustria e a Eslovênia, onde a iguaria mais apreciada é o presunto defumado. Quando Sandro Petris inaugurou sua cervejaria, em 1999, era óbvio produzir uma cerveja para acompanhá-lo. A Affumicata de Petris tem um aroma sutil inconfundível de malte defumado, sendo destaque na interessante linha de lager. A Canapa, com flores de cânhamo de Campagnola, possui uma doçura floral muito leve.

GUINNESS

Muitas vezes chamada simplesmente de "black", a Guinness simboliza o pint perfeito de uma stout escura, com colarinho cremoso e denso. Graças também à espetacular publicidade, tornou-se uma das marcas mais conhecidas do mundo.

INFORMAÇÕES

PRODUTOR Diageo
FUNDAÇÃO 1759
ENDEREÇO St James' Gate, Dublin 8
SITE www.guinness.com
FILOSOFIA É boa para você

O FUNDADOR DA CERVEJARIA, Arthur Guinness, provavelmente começou a produzir porter nos anos 1770. Na época, o setor se transferia dos chalés das fazendas para as fábricas urbanas. Cervejeiros ambiciosos não apenas transportavam cervejas para os centros industriais britânicos em franco crescimento como acompanhavam soldados e funcionários públicos aos mais recônditos recantos do mundo, conforme crescia o Império Britânico.

Em 1880, a fama da cervejaria e da stout encorpada já tinham atingido longas distâncias. A Guinness se tornou a maior cervejaria do mundo, produzindo mais de 1,6 milhão de hectolitros (1 milhão de barris) por ano. Embora muitos cervejeiros fizessem stout, a Guinness praticamente monopolizou o estilo durante a Primeira Guerra Mundial, quando restrições ao uso de combustível dificultaram a produção das casas inglesas de maltagem. Na Irlanda não havia restrições.

No final dos anos 1920, porém, as fortunas ligadas à produção de cerveja declinavam no Reino Unido – os consumidores aos poucos trocavam a stout por cervejas mais leves. Contudo, sem temer ações ousadas, a companhia tomou uma decisão que consagraria seu sucesso. Em 1927 lançou uma campanha na Escócia. O sucesso do slogan "Guinness é boa para você" levou a campanha ao Reino Unido inteiro em 1929. As propriedades saudáveis da Extra Stout foram proclamadas aos quatro ventos – nos anúncios a Guinness era boa para nervos, digestão, insônia e cansaço. A certa altura, mulheres grávidas e mães recentes foram aconselhadas a beber Guinness para prevenir anemia – médicos chegavam a prescrever a bebida. Hoje os fabricantes não podem mais alegar benefícios à saúde, no caso das cervejas, mas seu legado permanece. Um cartaz do anúncio emblemático da Guinness fica exposto no centro de visitantes, em Dublin. Os famosos pôsteres criados por John Gilroy de 1930 a 1960 usavam slogans como "Boas coisas acontecem a quem sabe esperar", "Meu Deus, Minha Guinness" e "Belo dia para uma Guinness" *(à esq.)*.

A Guinness atualmente é fabricada em mais de 50 países, com variantes, inclusive a draught: Red, Extra Smooth e Extra Cold – descritas na página ao lado. Em muitos países ela é fermentada a partir de um extrato feito na Irlanda, com adição de grãos locais; a variante nigeriana usa sorgo, que acrescenta sabor de banana à bebida. Os apreciadores na Irlanda e no Reino Unido costumam encontrar a bebida em barril, mas em outras partes do mundo predominam as garrafas, com teores alcoólicos de 4,1% a 8%. A Guinness se distingue de outras cervejas tipo stout pela secura intensa e pelo sabor defumado, torrado, contribuição da cevada não maltada e queimada até quase virar cinza. Na cervejaria de St James' Gate, primeiro edifício com estrutura de ferro das ilhas britânicas, há um recipiente gigantesco onde a cevada é tostada, enchendo o ambiente de aroma de café queimado. Uma característica da Guinness servida nos pubs irlandeses é a demora para verter a cerveja no copo. Um pub costuma servir vários pints antes do horário de abertura, e deixá-los descansar até a chegada dos fregueses. No Reino Unido os clientes são avisados de que servir um pint perfeito de Guinness demora 119,5 segundos.

JOHN GILROY POSTER
"LOVELY DAY FOR A GUINNESS"

GUINNESS DRAUGHT

Beleza negra
Seca, com sabor defumado, a Guinness se distingue de outras cervejas tipo stout

GUINNESS FOREIGN EXTRA

GUINNESS ORIGINAL

NOTAS DE DEGUSTAÇÃO

DRAUGHT STOUT, 4,1%
Fruta, creme e toffee escuro se misturam a notas de alcaçuz. Sabor de lúpulo perceptível, mas não intenso. Final bastante seco.

HARMONIZAÇÃO: Cervejas do tipo stout secas são tradicionalmente degustadas com ostras e champanhe.

FOREIGN EXTRA STOUT, 7,5%
Marrom-escuro com tom rubi, sabor intenso de alcaçuz queimado e um fundo de fermento selvagem. Quando é feita em Dublin parte da cerveja passa cem dias maturando, o que gera sabores lácticos pronunciados. Depois ela é misturada com stout recém-maturada.

HARMONIZAÇÃO: Boa com bolo de chocolate amargo ou embutidos condimentados, como chorizo espanhol.

ORIGINAL 4,3%
A cor escura passa a marrom suave no colarinho. Nariz dominado pelo lúpulo, que dá lugar a notas de torrada e sabor intenso de malte, incluindo café e alcaçuz.

HARMONIZAÇÃO: Experimente com cheddar maturado ou carne ensopada. Alternativamente, despeje a Guinness sobre sorvete de baunilha.

RED STOUT, 4,1%
Um pouco mais doce que a Draught, tem seu negror tingido por tons de vermelho. O típico sabor de malte tostado não falta, mas a intensidade do café e do alcaçuz em relação à versão original é menor. Fácil de beber, com final amargo agradável.

HARMONIZAÇÃO: Linguiça acebolada e purê de batata foram inventados para acompanhar essa cerveja.

EXTRA COLD STOUT, 4,1%
Mesma cerveja que a Guinness Draught, preta com reflexos rubi, com o emblemático colarinho, criado pela injeção de nitrogênio na hora de servir. Para ser saboreada a 3,5°C, dando um toque de frescor gelado.

HARMONIZAÇÃO: Combine com peixe e batata frita ao estilo inglês, com sal grosso marinho.

EXTRA SMOOTH STOUT, 5%
Versão disponível em Uganda, da fábrica de Kampala. Os ingredientes locais recebem adição de extrato sem fermentar, contendo lúpulo de Dublin. Tem o sabor clássico, com final mais quente devido ao álcool extra.

HARMONIZAÇÃO: Vai com carne bovina ensopada lentamente na cerveja Guinness.

FINLANDIA

Um copo de sahti possui algo de primordial, afinal é um dos estilos de cerveja mais antigos do mundo. A cerveja sahti provavelmente foi feita por fazendeiros nórdicos na época medieval, mas sua origem remonta a épocas anteriores.

INFORMAÇÕES

PRODUTOR Finlandia Sahti Ky

FUNDAÇÃO 1992

ENDEREÇO Palomäentie 342, Sastamala 38510

SITE www.finlandiasahti.fi

FILOSOFIA Manter viva uma antiga tradição

SAHTI É UMA CERVEJA PRIMITIVA que pode ser preparada com vários grãos – maltados ou não. Inclui cevada, centeio, trigo e aveia; por vezes fermenta-se o pão feito com esses grãos em vez de malte, com acréscimo de fermento de padaria. Qualquer que seja o grão, a mostura deve ser filtrada através de galhos de zimbro, tradicionalmente espalhados por um tanque de madeira chamado *kuurna*, em finlandês. O *kuurna*, dizem, dá à cerveja complexidade e magia, por conter diversas leveduras selvagens.

Historicamente a Finlândia teve leis antiálcool das mais rigorosas da Europa, e por muitos anos o costume de fazer bebidas alcoólicas ilegais domesticamente vigorou. Contudo, a mudança na legislação permitiu que Antti Vesala abrisse uma pequena cervejaria, em 1992, e vendesse sahti em sua fazenda de Matku, na cidade nortista de Forssa. Foi um dos poucos a manter vivo o ancestral estilo cervejeiro.

Na Finlândia predomina o mosto de centeio e aveia, que, segundo a tradição, é fervido e coado através de uma camada de galhos de zimbro. Não se usa lúpulo nessa genuína ale. O zimbro dá à bebida sabor de gim e notas vegetais.

Petteri Lähdeniemi e Auli Mattila assumiram a produção de cerveja de Antti Vesala em 2011 e começaram a comercializar em 2012. Embora a produção de sahti seja pequena e disponível apenas na Finlândia, os cervejeiros locais insistem em preservar o magnífico legado. É possível adquirir kits para produção caseira da cerveja fora da Finlândia, para quem deseja saborear a receita ancestral. A sahti finlandesa esteve na festa da cerveja de Helsinque em 1999 e 2003.

NOTAS DE DEGUSTAÇÃO

SAHTI STRONG 10%

Cerveja âmbar, turva pela proteína, forma colarinho rústico branco. Aroma terroso, depois surgem notas de zimbro e cravo. Gosto de tutti-frutti, banana e centeio. Ligeiramente untuosa, é doce e encorpada.

HARMONIZAÇÃO: Experimente com clássicos escandinavos, como arenque em conserva com pão de centeio.

TAVALLINEN SAHTI, 8%

Alaranjada, nariz levemente fenólico, com notas abundantes de banana. Embora não seja encorpada como a Sahti Strong, oferece uma experiência cervejeira igualmente interessante.

HARMONIZAÇÃO: Para acompanhar queijos pungentes, como wensleydale, pão de centeio e relish de cranberry.

FINLANDIA SAHTI STRONG

KARJALA

A cerveja Karjala é produzida na Finlândia desde 1932. No início era feita por uma cooperativa; atualmente pertence ao poderoso grupo holandês Heineken, mas continua sendo um ícone nacional.

INFORMAÇÕES

PRODUTOR Heineken

FUNDAÇÃO 1932

ENDEREÇO Atomitie 2a, FI-00371 Helsinki

SITE www.hartwall.fi

FILOSOFIA Orgulho de ser finlandês

NÃO É FÁCIL SER CERVEJEIRO na Finlândia. A relação do país com o álcool sempre foi difícil. Em geral, as bebidas são comercializadas por uma rede estatal, as vigiadas lojas Alco, que preferem vender cervejas importadas às produzidas localmente. As demais lojas não podem vender cerveja com mais de 4,7% de teor alcoólico, portanto, não surpreende que os finlandeses peguem um barco para a Estônia, de onde levam cerveja aos montes para beber em casa. Ou que visitem frequentemente a Suécia para beber lá.

As condições não estimulam o desenvolvimento das pequenas cervejarias. Na Finlândia a cerveja se enquadra em cinco faixas diferentes para impostos: I, II, III, IVA e IVB, com base no teor alcoólico, com máximo de 8%. Essas faixas se destinam a diferenciar as cervejas e incluem toda a linha da Karjala.

As cervejas Karjala começaram a ser feitas pela cooperativa East-Karelian em 1932, adquirida em 1966 pela companhia de refrigerantes Hartwall, que comprou diversas cervejarias finlandesas, como a Lapin Kulta. Em 2002 o grupo passou ao controle da Scottish & Newcastle, que foi comprada em 2008 pela sociedade entre Carlsberg e Heineken. Depois o grupo holandês passou a controlar tudo.

A Finlândia sempre manteve relações tensas com o vizinho gigantesco, a antiga União Soviética. Nos anos 1960, por exemplo, um diplomata soviético criticou o rótulo e o logotipo da Karjala, que segundo ele mostrava uma espada ocidental empurrando um sabre russo. Embora a queixa abalasse o relacionamento, foi ótima para a cerveja, pois muitos finlandeses passaram a tomá-la para demonstrar patriotismo.

KARJALA IVA

KARJALA IVB

Ales valorizadas
Muitos finlandeses consideram que beber Karjala é um dever patriótico

KARJALA III

NOTAS DE DEGUSTAÇÃO

IVA LAGER, 5,2%
Sabor de açúcar de malte perceptível em uma cerveja dourada intensa, que possui colarinho alto, firme. A IVA tem final agradável, quente, alcoólico.

HARMONIZAÇÃO: A doçura da bebida combina com ensopados bem condimentados.

IVB LAGER, 8%
Aposta sueca no estilo doppelbock. Lager forte, dourada, com colarinho denso e alto. Sabor adocicado, com final alcoólico extenso.

HARMONIZAÇÃO: Vai bem com pipoca doce crocante.

III LAGER, 4,6%
Fácil de beber, amarela com tons dourados e colarinho branco alto, essa lager é doce, com sedutoras camadas de toffee e caramelo.

HARMONIZAÇÃO: Acompanha cachorro-quente com mostarda em pão saído do forno.

1516 BREWING CO

INFORMAÇÕES

PRODUTOR 1516 Brewing Co

FUNDAÇÃO 1998

ENDEREÇO Schwarzenbergstraße 2, 1010 Vienna

SITE www.1516brewingcompany.com

FILOSOFIA Usar lúpulo, muito lúpulo

Pequena cervejaria e bar de Viena, a 1516 Brewing fornece uma bela amostra da cerveja artesanal austríaca e se empenha em mostrar que os norte-americanos não são os únicos a obter resultados espetaculares com lúpulos aromáticos.

VIENA DESEMPENHOU UM PAPEL IMPORTANTE no desenvolvimento da arte cervejeira. Foi onde o grande mestre cervejeiro Anton Dreher criou um novo estilo, em 1841: a Vienna lager. Usou cevada intensamente maltada que rendia um tom ambarino brilhante e dava uma textura adocicada e sutil. Ele a empregou para fazer a primeira lager de baixa fermentação, usando tanques grandes para maturação a frio, de modo a obter uma cerveja límpida.

Na época, como hoje, os cervejeiros se inspiravam em outros países e outras cervejarias. Dreher, vindo de família de cervejeiros, foi um aplicado estudioso dos processos cervejeiros. Visitou a Inglaterra e a Escócia em 1833, onde conheceu as técnicas usadas para fazer cervejas de teor alcoólico e coloração uniformes.

A cerveja maltada, ambarina e límpida logo se tornou popular e chegou aos EUA graças aos imigrantes de fala alemã, que começaram a produzi-la em sua nova terra. Mas o estilo ficou comprometido quando corporações americanas passaram a despejar no mercado grandes volumes de lager leve e clara. Felizmente o estilo foi revivido pelos novos cervejeiros artesanais americanos na época em que quase havia desaparecido da Europa. A 1516 Brewing trouxe de volta a Vienna lager para sua terra natal e a comercializa num bar e cervejaria em estilo assumidamente americano. Considerado um dos bares mais ousados, é inspirado nas cervejas transcontinentais. Costuma receber cervejeiros que arregaçam as mangas e preparam suas receitas. O fundador da 1516, Horst Asanger, tem a missão de mostrar que a cerveja austríaca vai muito além da trinca helles, pilsen e hefeweizen. E que eles também sabem usar os lúpulos.

NOTAS DE DEGUSTAÇÃO

WEISSE BAVARIAN WHEAT BEER, 5,2%

Colaboração transcontinental que usa cepa de levedura de uma cervejaria próxima a Frankfurt e lúpulos americanos Cascade. Turva, abundante em sabor de banana e cravo sobre o cítrico (limão) do lúpulo.

HARMONIZAÇÃO: Vai bem com pratos agridoces, como espetinho de frango grelhado ao molho satay de amendoim e arroz.

SAVINJSKI IMPERIAL IPA 10,3%

Cerveja envelhecida em barris de carvalho que antes guardaram vinhos Château Mouton Rothschild e uísques da destilaria Glenmorangie. Maltes belgas claro e cristal e lúpulos aromáticos da Eslovênia (Magnum e Savinjski) criam uma incrível salada de frutas vermelhas, limão e notas de uísque. Final prolongado, amargo.

HARMONIZAÇÃO: Para acompanhar bolos cremosos e recheados, como o floresta negra, e outras sobremesas untuosas.

AMERIKANSKY IPA, 5,8%

Pale ale em estilo americano feita por um cervejeiro ucraniano. Notas de açúcar mascavo e laranja queimada, com aroma cítrico dos lúpulos eslovenos Magnum e Dana, bem como das flores de lúpulo Cascade do estado de Washington.

HARMONIZAÇÃO: Bom com filé grelhado e batata frita.

1516 BREWING CO WEISSE

SCHLOSS EGGENBERG

Todos os anos, em dezembro, os cervejeiros da Eggenberg começam o longo processo de produção de uma das cervejas mais famosas do mundo, que por muito tempo foi considerada a mais forte do mercado.

INFORMAÇÕES

PRODUTOR Eggenberg

FUNDAÇÃO 1640

ENDEREÇO Eggenberg 1, A-4655, Vorchdorf

SITE www.schloss-eggenberg.at

FILOSOFIA Guardiões de uma cerveja emblemática

COMO MUITAS CERVEJARIAS TRADICIONAIS, sua longa história parece inacreditável. Na região de Eggenberg, norte dos Alpes, a produção de cerveja data do século X, e a cervejaria atual começou a funcionar em 1640. Hoje está sob o comando da sétima geração da família Stöhr, dona da cervejaria há dois séculos. Tornou-se muito conhecida por uma cerveja lançada no ano 2000 – a mundialmente famosa doppelbock Samichlaus Bier, que já foi considerada a mais forte do planeta.

O primeiro lote da cerveja começou a ser feito no dia 6 de dezembro de 1979 (Dia de São Nicolau, ou Samichlaus, para os austríacos), para venda no Natal seguinte, de 1980, na cervejaria suíça Hürlimann. A longa maturação a frio de quase dez meses usa todo o açúcar do malte, convertendo a maior parte em álcool, o que gera uma cerveja forte, com intensidade frutada singular.

Por muitos anos os apreciadores aguardavam a chegada da Samichlaus ao mercado. Comparavam cada edição com a do ano anterior. Muitos colecionadores sérios tiravam garrafas empoeiradas da adega para comparar antigas e novas, reencontrar a velha amiga e analisar as mudanças.

Contudo, o universo dos fãs da Samichlaus sofreu grande abalo em 1997, quando a cervejaria fechou as portas e a sede se transformou em escritório de multinacionais, shopping center e prédio de apartamentos luxuosos. Mas São Nicolau deve mesmo existir, pois os apreciadores receberam o presente de Natal que tanto sonhavam em 2000, quando ex-cervejeiros da Hürlimann, de posse da receita original, passaram a produzi-la novamente na Eggenberg.

Enquanto todos comemoram o dia de São Nicolau, a família insiste todos os anos para que os cervejeiros iniciem o longo e lento processo de fazer essa cerveja emblemática, que só deverá ser saboreada no ano seguinte. Outras notáveis são a Mac Queen's Nessie, red beer com malte de uísque, e a premiada Doppelbock Dunkel.

NOTAS DE DEGUSTAÇÃO

SAMICHLAUS BIER DOPPELBOCK, 14%

Sabores intensos de ameixa fresca e seca marcam essa nobre cerveja escura e rubi. É um pacote de biscoito doce maltado com final prolongado, quente, alcoólico.

HARMONIZAÇÃO: Tente com bolos de frutas com especiarias, como o Stollen alemão, ou com chocolate.

HOPFENKÖNIG PILSNER, 5,1%

A Hopfenkönig tem aroma de lúpulo cítrico e cor de palha. Leve, com uma doçura inicial que cede lugar ao final curto, seco, amargo.

HARMONIZAÇÃO: Harmoniza com presunto e queijo suave.

URBOCK 23° DOPPELBOCK, 9,6%

Intensa e escura, a Urbock 23° descansa durante nove longos meses. A doçura do açúcar é equilibrada pelo amargor intenso do lúpulo.

HARMONIZAÇÃO: Boa com tênder assado com calda caramelada ou outras carnes adocicadas.

SCHLOSS EGGENBERG
SAMICHLAUS BIER

SCHLOSS EGGENBERG
HOPFENKÖNIG

SCHLOSS EGGENBERG
URBOCK 23°

HAAND BRYGGERIET

Em 2005, um quarteto de entusiastas decidiu colocar um sonho em prática e abrir uma cervejaria para explorar a sublime e infinita variedade de cervejas. Os nomes: Arne Eide, Rune Eriksen, Egil Hilde e Jens Maudal.

INFORMAÇÕES

PRODUTOR Haand Bryggeriet

FUNDAÇÃO 2005

ENDEREÇO Skogliveien 4, Bygg H, Sundland, 3047 Drammen

SITE www.haandbryggeriet.net

FILOSOFIA Tornar divertida a fabricação de cerveja

HAAND BRYGGERIET
HAANDBAKK

HAAND BRYGGERIET
FYR & FLAMME

Pelo amor da cerveja
Na Haand, tenta-se capturar a arte cervejeira em todos os tipos

HAAND BRYGGERIET DARK FORCE

FAZER CERVEJA NÃO É TRABALHO para a turma da Haand Bryggeriet, mas uma aventura – eles atuam como voluntários da cervejaria nas horas vagas. A ambição era recriar algumas cervejas artesanais experimentadas em viagens pela Europa, mantendo simultaneamente as antigas tradições cervejeiras norueguesas. Eles valorizam a cerveja artesanal da fazenda e se deslumbram com as qualidades misteriosas e transcendentais que os fermentos selvagens e as bactérias do ácido láctico podem acrescentar à bebida.

Eles envelhecem algumas cervejas em barris de carvalho – procedimento que não era usado na Noruega havia cem anos. O cervejeiro Jens Maudal diz que os barris eram da França, onde serviram para envelhecer vinho borgonha, de modo que levaram consigo fermentos e bactérias. A primeira cerveja saiu ácida, acética, mas eles continuam realizando experiências com a técnica.

Do teto da cervejaria pende um bastão de madeira cheio de furos. É o bastão de fermento do cervejeiro. No tempo da cerveja de fazenda, o produtor mergulhava um bastão nos resíduos de um lote repleto de fermento e o inseria no novo lote para dar início ao processo de transformar mosto em cerveja. Esses bastões abrigam uma série de sabores silvestres complexos. Eles ainda não usaram o bastão, mas têm certeza de que darão início a mais um momento no mundo da cervejeira quando o fizerem.

NOTAS DE DEGUSTAÇÃO

HAANDBAKK OAK-AGED ALE, 8,5%
Edição vintage rústica, fermentada com leveduras selvagens e maturada em barris de vinho. O sabor mutante é ácido, com toques de queijo. Notas de couro, morango e cereja.

HARMONIZAÇÃO: Combina com uma boa conversa – uma cerveja assim merece discussão, não distração.

FYR & FLAMME AMERICAN STYLE IPA, 6,5%
Os lúpulos cítricos confirmam a influência dos EUA. Essa cerveja envolve com aroma herbáceo e um toque de pinheiro. Não muito doce, tem final seco, com agradável nota cítrica do lúpulo.

HARMONIZAÇÃO: IPA americana sempre vai bem com carnes grelhadas, suculentos pratos condimentados e pizza.

DARK FORCE WHEAT STOUT, 9%
Sedosa, com frutas escuras e sabor de floresta; o malte de trigo dá leveza. Embora tenha alto teor alcoólico, é fácil de beber.

HARMONIZAÇÃO: Com chocolate amargo ou sobremesa doce.

NØGNE Ø

O impulso de produzir uma ale engarrafada perfeita fez com que a Nøgne Ø pusesse a Noruega no mapa como um país de onde saem cervejas artesanais de alta qualidade.

INFORMAÇÕES

PRODUTOR Nøgne Ø
FUNDAÇÃO 2003
ENDEREÇO Lunde 8, 4885 Grimstad
SITE www.nogne-o.com
FILOSOFIA Criar cervejas artesanais encorpadas e fantásticas

AS CERVEJAS DA NØGNE Ø são tão implacáveis quanto o clima e as rochas fustigadas pelo mar bravio das ilhas escarpadas em torno de Grimstad, sede da cervejaria. O nome vem da expressão norueguesa que significa "ilha nua", usada pelo dramaturgo Henrik Ibsen para descrever a área. Autor do século XIX, ele renovou o teatro com sua vitalidade e colocou a Noruega no cenário dramático internacional. A equipe de cervejeiros da Nøgne Ø espera deixar como legado a mesma contribuição com a cerveja.

O cervejeiro e cofundador Kjetil Jikiun aprendeu técnicas caseiras nos EUA e conta que o início foi duro. Muita gente trabalhou de graça. Num país onde 98% do consumo é de lager industrial feita em larga escala, uma cervejaria que produz ale acondicionada em garrafa precisou de tempo para obter reconhecimento. Contudo, a recusa da Nøgne Ø em cortar custos, usar matérias-primas inferiores ou abrir mão da convicção de que a qualidade é mais importante que a quantidade levou a companhia à liderança no segmento de ale engarrafada da Noruega.

A bebida é feita com a melhor cevada inglesa Maris Otter, e os lúpulos são em geral escolhidos entre o quarteto dourado americano: Cascade, Centennial, Chinook e Columbus. Além do portfólio de mais de vinte cervejas, a cervejaria é a única fabricante europeia de saquê, tradicional fermentado de arroz. O saquê da Nøgne Ø exige fermentação longa e meticulosa, o que nem sempre acontece com os saquês comerciais.

NØGNE Ø IMPERIAL STOUT

NØGNE Ø SAISON

Menos é mais
Pequena mas bela, a Nøgne Ø é a maior produtora de cervejas maturadas na garrafa

NØGNE Ø BITTER

NOTAS DE DEGUSTAÇÃO

IMPERIAL STOUT 9%
A intensidade da cor e do sabor deriva de maltes torrados e chocolate escuro. Trava-se um dueto entre o sabor adocicado do malte e o áspero dos lúpulos aromáticos e amargos.

HARMONIZAÇÃO: Vai bem com chocolate amargo ou sorvete de baunilha feito na hora.

SAISON 6,5%
Como toda boa saison, é puro verão no copo. Turva, dourada, com aroma de feno e cítrico. Muito refrescante.

HARMONIZAÇÃO: Indicada com frutos do mar, especialmente ostras.

BITTER ALE, 4,5%
Grande interpretação de uma saborosa ale inglesa, bem lupulada. O malte encorpado convive com o aroma intenso do lúpulo.

HARMONIZAÇÃO: Com diversos alimentos, sobretudo queijo.

INFORMAÇÕES

PRODUTOR Amber

FUNDAÇÃO 1992

ENDEREÇO Bielkówko ul, Gregorkiewicza 1, 83-050 Kolbudy

SITE www.browar-amber.pl

FILOSOFIA Dar prosseguimento à tradição cervejeira da Pomerânia, famosa desde a Idade Média

AMBER

O fim do governo comunista polonês criou um ambiente empresarial que permitiu a abertura de cervejarias. A Amber é um empreendimento familiar que produz cervejas na tradição da região de Gdańsk.

Nome nativo
A Koźlak recebeu esse nome por causa da rara cabra que vive nos montes Tatra

AMBER
GRAND IMPERIAL PORTER

AMBER
PIWO ZYWE

AMBER KOŹLAK

EM TERMOS POLÍTICOS, a Polônia desempenhou papel central na história recente da Europa Central e Oriental, abrigando um movimento que contribuiu para o fim do comunismo, em 1989. A revolução política não levou, porém, a uma revolução da cerveja artesanal. Muitas cervejarias pequenas abriram na Polônia no início dos anos 1990, mas as companhias multinacionais acordaram para o potencial do mercado local e compraram a maioria das cervejarias.

Mas a Amber, iniciativa do fazendeiro Andrew Przybyło logo após o fim da era comunista, sobreviveu. Atento aos estreitos vínculos com a Grã-Bretanha e o comércio marítimo que lhes deu a imperial stout, ele faz sua Grand Imperial Porter. Também produz outras cervejas, como uma hefeweizen. Historicamente, boa parte das cervejarias do país se localizava na região de Gdańsk, inclusive as fábricas de cervejas fracas para o café da manhã e as fortes para viagens marítimas. Em 2008, a cervejaria lançou uma âmbar maturada com o nome de Johannes, em parceria com o Museu Histórico de Gdańsk, para homenagear o maior mestre cervejeiro da cidade, Johannes Hevelius. Contudo, ainda não enfrentou o desafio de fazer uma Grodziskie, defumada de trigo de alta fermentação, antes popular na região e hoje praticamente esquecida.

NOTAS DE DEGUSTAÇÃO

GRAND IMPERIAL PORTER 8%
Cor de ébano com reflexo rubi. Sabor intenso de malte tostado e alcaçuz, com notas de chocolate e frutas pretas frescas. Bem doce, com pouco lúpulo.

HARMONIZAÇÃO: Combina com musse de chocolate ou bolo de chocolate coberto de morango.

PIWO ZYWE PILSNER, 6,2%
Forte para uma pilsen, não pasteurizada, forte na percepção do álcool e notas quase de relva, por conta dos lúpulos aromáticos poloneses cultivados em Lublin.

HARMONIZAÇÃO: Pede pratos apimentados da culinária asiática ou mexicana.

KOŹLAK DUNKEL BOCK, 6,5%
Cerveja avermelhada, com sabor de toffee e caramelo. Notas de frutas frescas e pão saindo do forno, com algum amargor de lúpulo.

HARMONIZAÇÃO: Acompanha carnes grelhadas, assadas e embutidas. Suporta bem pratos condimentados.

BROWARMIA KRÓLEWSKA

Pequeno restaurante e microcervejaria no centro de Varsóvia que valoriza a cerveja artesanal polonesa. A Browarmia Królewska usa receitas tradicionais europeias para produzir cervejas que atendem a todos os paladares.

INFORMAÇÕES

PRODUTOR Browarmia Królewska

FUNDAÇÃO 2005

ENDEREÇO Królewska 1 Varsóvia, Entrada pela Krakowskie Przedmieście

SITE www.browarmia.pl

FILOSOFIA Orgulho de ser a primeira cervejaria com restaurante de Varsóvia

POUCA GENTE VAI A VARSÓVIA tomar cerveja, comparando com a quantidade que visita Munique, na Alemanha, ou Bruxelas, na Bélgica. Mas quem chega à capital polonesa deve procurar um dos raros bares e cervejaria da cidade, o Browarmia Królewska, localizado numa área agitada do centro.

Animado restaurante e microcervejaria, oferece bela seleção de pratos locais. Quem quiser, porém, pode ficar no bar apenas bebendo. Browarmia, de 2005, foi o primeiro restaurante e cervejaria de Varsóvia e hoje tem uma seleção de doze cervejas próprias. Quem deseja experimentar a linha inteira pode pedir a seleção de quatro para degustação. Ao contrário da maioria das cervejarias polonesas, produz também cervejas de alta fermentação, e não apenas de baixa.

Parte da diversão de beber em cervejarias com bar é estar perto do lugar onde as cervejas são feitas. No bar da Browarmia há dois reluzentes recipientes de cobre onde os ingredientes são aquecidos e fervidos. Atrás das janelas de vidro ficam os fermentadores abertos, onde o mosto normalmente feito de malte de cevada bávara e tcheca, lúpulos poloneses aromáticos Lubelski e Marynka passa o período de fermentação. Os cervejeiros da casa, bem-humorados, conhecem muito do processo cervejeiro. Descartam as noções hiperbólicas e extravagantes sobre sua água, dizendo: “Não usamos água cristalina de fontes ou riachos das montanhas nem água de poços artesianos, e sim a água municipal de alta qualidade”. Vale a pena também explorar mais dois bares com cervejaria da cidade, sob o nome de Bierhalle.

Berço da cerveja
A empolgação de beber num bar e cervejaria é estar no ambiente em que se faz a cerveja

BROWARMIA KRÓLEWSKA PILS

NOTAS DE DEGUSTAÇÃO

PILS 5%
Amarela e turva, essa lager não filtrada forma um colarinho pequeno, branco. Sabor agradável de pão maltado mesclado a relva e aroma forte de lúpulo.

HARMONIZAÇÃO: Com linguiça e batata frita.

WHEAT 4,8%
Só para confundir, o bar apresenta a cerveja em duas versões, clara e escura. A blonde é rústica, mas não muito fenólica, e a bruin tem notas agradáveis de toffee.

HARMONIZAÇÃO: Para acompanhar sabores delicados, como salmão marinado, ou mesmo um joelho de porco.

STOUT 5,2%
Stout suave e agressiva, na qual chocolate e café disputam a atenção. O lúpulo Marynka dá um amargor intenso, agradável na língua.

HARMONIZAÇÃO: Experimente com sobremesas bem doces, como cheesecake com calda quente de cereja.

INFORMAÇÕES

PRODUTOR Alhambra

FUNDAÇÃO 1925

ENDEREÇO Avenida de Murcia 1, 18012 Granada

SITE www.cervezasalhambra.es

FILOSOFIA A boa cerveja exige tempo

ALHAMBRA

Hora da cerveja? Depois de um dia de trabalho muitos andaluzes passam no bar da esquina para beber um copo de Alhambra e saborear os petiscos locais, chamados de tapas.

A CERVEJA ESPANHOLA para alguns ainda significa canecas de lager amarela e gaseificada tomadas por veranistas do Reino Unido e da Alemanha. Não é nada disso. A Espanha possui cervejarias consagradas e interessantes, e sobram sinais de que o país em breve passará pelo crescimento das cervejarias artesanais, como a Itália. Afinal de contas, os espanhóis bebem muita cerveja – especialmente no verão, quando muitos preferem uma cerveja gelada e refrescante a outras bebidas alcoólicas. E a procura por cervejas criativas, desafiadoras, só cresce.

A Alhambra abriu as portas em 1925 e seu nome evoca o famoso palácio mouro. Até o logotipo da cervejaria mostra dois leões do Patio de los Leones, do palácio. Em 1979, a companhia já empregava mais de 400 pessoas. Durante os anos 1990, passou a operar sob nova direção, que revitalizou e expandiu a linha de produtos, investindo em maquinário e tecnologia. Em 1998, foi lançada a Alhambra Reserve 1925, que conquistou vários prêmios. A garrafa simples, sem rótulo, foi inspirada nas garrafas originais da companhia. A cerveja recebeu muitos elogios por ser um tipo artesanal de qualidade. As outras cervejas são a Mezquita, cor de cobre, bem maltada, a Especial, suave e cristalina, a Negra, com sabor de alcaçuz, e a Premium Lager, blonde com notas cítricas. Todas podem ser encontradas em Granada e no resto da Andaluzia.

As cervejas da Alhambra recebem muito cuidado e atenção. A água vem das montanhas vizinhas de Sierra Nevada, considerada a mais pura da Espanha. O tempo de preparo é sempre um modo de distinguir as cervejas interessantes das industriais, e os cervejeiros da Alhambra procuram sempre garantir que suas bebidas tenham fermentação lenta e boa maturação durante um período de 39 dias. Isso ajuda a liberar sabores ocultos, pois os componentes se acomodam, equilibram e suavizam.

ALHAMBRA MEZQUITA

ALHAMBRA PREMIUM LAGER

ALHAMBRA NEGRA

NOTAS DE DEGUSTAÇÃO

MEZQUITA LAGER, 7,2%

Cor escura acobreada, similar em estilo a uma cerveja belga de abadia, com notas de açúcar mascavo na língua. Final seco, equilibrado com o calor do álcool. É uma cerveja de considerável complexidade.

HARMONIZAÇÃO: Para acompanhar uma porção de tapas.

PREMIUM LAGER 4,6%

Versão espanhola do estilo clássico. Fresca e dourada, ideal para matar a sede. Adocicada, com um toque cítrico, desce melhor bem gelada. Notas de baunilha e mel.

HARMONIZAÇÃO: Versátil, vai bem com muitos pratos. Experimente com peixe e saladas.

NEGRA DARK LAGER, 5,4%

Preta como uma bala de alcaçuz por conta do malte de cevada escuro que dá notas de café no nariz. O apimentado inicial leva ao final doce, açucarado.

HARMONIZAÇÃO: Combina com sobremesas, além de ser boa com pratos com arroz, como a paella.

DAMM

Uma das mais conhecidas cervejarias espanholas, a Damm está elevando a harmonização de bebida e comida a um novo patamar com a criação de uma cerveja para um dos melhores restaurantes do mundo, com três estrelas no guia Michelin.

INFORMAÇÕES

PRODUTOR Damm
FUNDAÇÃO 1876
ENDEREÇO Carrer del Roselló 515, 08025 Barcelona
SITE www.damm.es
FILOSOFIA Manter vínculos com a cultura e a sociedade espanholas

DAMM
VOLL

DAMM
ESTRELLA

O PANDEMÔNIO DA GUERRA e os eventos decorrentes a 900 km de Barcelona levaram à abertura de uma das imponentes rainhas da arte cervejeira europeia, a Damm. Em 1871, a guerra Franco-Prussiana chegava ao auge, num aparentemente eterno *pas de deux* entre os dois países, que disputavam a Alsácia-Lorena, região merecidamente famosa pela gastronomia e pela longa tradição cervejeira. Um morador de Estrasburgo, August Kuentzmann Damm, engrossou a leva de refugiados que seguiam em direção ao sul, buscando a paz no clima ensolarado do Mediterrâneo. Cervejeiro por profissão, em 1876 Damm teve a iniciativa de abrir uma cervejaria que se tornaria uma estrela no universo da Catalunha.

No início, as cervejas se inspiraram nos estilos da região de Estrasburgo. Leves, fáceis de beber, essas bebidas tendem mais à doçura que aos lúpulos cítricos. Cerveja e comida na Espanha sempre andaram juntas, mas a Damm foi longe na tentativa de disputar com o vinho a mesa dos restaurantes requintados. Em parceria com Ferran Adrià, chef do respeitado restaurante El Bulli, a cervejaria lançou Inedit, cerveja em garrafa de espumante com notas de semente de coentro e casca de laranja. No restaurante, é servida em balde com gelo e em taças de vinho branco.

NOTAS DE DEGUSTAÇÃO

VOLL DOPPELBOCK, 7,2%
Cerveja de personalidade, tem cor de ouro velho. Álcool marcante no paladar, doçura persistente, fazendo par com notas de cevada tostada.

HARMONIZAÇÃO: Cerveja com potência para encarar pratos suculentos, como uma pizza com muito queijo.

ESTRELLA PILSNER, 5,4%
Não permita que a cor engane, pois essa cerveja bem clarinha é encorpada. Seca, amarga por conta do malte e do lúpulo, é refrescante, boa para matar a sede.

HARMONIZAÇÃO: Combina com pratos que levam carne e frutos do mar. Na Catalunha, frango com camarão.

AK DAMM LAGER, 4,8%
Cerveja espanhola com forte influência alemã. A AK Damm é dourada, clara, boa de beber no calor, com sabor suave de malte.

HARMONIZAÇÃO: Sirva com queijos suaves e presunto cozido.

DAMM AK DAMM

CROÁCIA

LIČANKA

www.pivovara-licanka.hr

A EXEMPLO DO QUE OCORRE em grande parte dessa região europeia, a cena cervejeira na Croácia é dominada por um pequeno grupo de produtores multinacionais.

Contudo, a Ličanka, fundada em 1997 por Karlo Starčević, é considerada uma das melhores cervejarias do país. Sediada perto da Gospić, nos montes Velebit, a companhia produz cervejas com a marca Velebitsko e diz que a água obtida na região serrana de Lika é muito boa para lager. Também faz uma ale leve, a Velebitsko Svijetlo, e uma escura, a Velebitsko Tamno.

CHIPRE

DRAUGHT

www.carobmill-restaurants.com

AINDA VAI DEMORAR UM POUCO para haver uma cervejaria com bar em cada ilha do Mediterrâneo, mas vamos chegar lá. Carob Mill toca uma cervejaria com vários bares e restaurantes em Chipre. A Draught pode ser encontrada no complexo de Lanitis Carob Mill, perto do castelo medieval. Microcervejaria moderna, em geral faz cervejas no estilo alemão e tcheco para harmonizar com a comida dos restaurantes, que é tex-mex, alemã e norte-americana.

ESTÔNIA

A LE COQ

www.alecoq.ee

A LE COQ desempenhou papel de destaque na história da cerveja. Foi fundada na Prússia, em 1807, por uma família huguenote francesa fugindo da perseguição e que mais tarde se estabeleceu em Londres. Em 1912, a cervejaria montou fábrica na Rússia imperial, onde podia fazer sua Imperial Stout sem pagar impostos de exportação. Contudo, a Revolução Russa interrompeu a produção de cerveja com vínculos reais. A Imperial Stout é feita hoje pela Harveys *(p. 34)* inglesa. Após o turbilhão da Segunda Guerra Mundial, a cervejaria continua funcionando com o mesmo nome, sendo atualmente líder no mercado na Estônia, com ampla linha de cervejas.

HUNGRIA

GYERTYÁNOS

www.gyertyanos.hu

BANANA, CEREJA, ABÓBORA E CHOCOLATE são usados nas cervejas produzidas pela Gyertyános, criada em 1996 na cidade de Miskolc. Considerada uma das melhores entre as novas cervejarias artesanais húngaras, faz bebidas que são uma verdadeira rapsódia de ingredientes locais, com ampla gama de sabores. Os fãs de cerveja correm para Budapeste em setembro para experimentá-las na Főzdefeszt, primeira festa nacional da cerveja artesanal da Hungria.

SERFORRÁS

www.serforras.hu

COMEÇOU A NOVA REVOLUÇÃO HÚNGARA, a da cerveja artesanal. Ela acontece nos bares do país inteiro, alimentada por conversas entre fãs de cerveja que desejam escolher entre bebidas locais, e não apenas entre grandes produtores internacionais. Uma das cervejarias da vanguarda dessa insurreição maltada é a Serforrás, proveniente de Felsőzsolca, cidadezinha no norte do país, perto da fronteira com a Ucrânia. Uma das mais interessantes, a Corvinus Rex, é feita com vinho Tokaji do vale de Hernád.

MALTA

SIMONDS FARSONS CISK

www.farsons.com/brewery.htm

QUANDO SE LEVA EM CONTA a história recente da República de Malta – a ilha foi oficialmente uma colônia britânica por mais de um século, entre 1814 e 1947 –, não chega a surpreender que a Simonds Farsons Cisk tenha sofrido forte influência dos estilos cervejeiros do Reino Unido. Entre as cervejas produzidas, há uma lager fácil de beber, com sabor de limão, ideal para dias quentes no Mediterrâneo, bem como uma série versátil de ale lupulada à moda inglesa, inclusive com Hopleaf de 1928. Mas os apreciadores de cerveja tarimbados preferem a Farsons Lacto. Trata-se de uma clássica milk stout, sedosa e escura, que acaricia a língua antes de pespegar um atrevido beijo leitoso.

PORTUGAL

PRAXIS

www.praxis.pt

AOS POUCOS A REVOLUÇÃO CERVEJEIRA está chegando a Portugal. A microcervejaria e restaurante Praxis fica na antiga capital portuguesa, a famosa cidade universitária de Coimbra. Produz uma pilsner clara, uma weiss turva, uma red amber quase estilo Vienna e uma dunkel defumada agradável, com toques adocicados. Gostosas de beber, essas variedades sinalizam a auspiciosa decolagem da revolução cervejeira na terra do vinho.

ROMÊNIA

S.C. MARTENS

www.martens.ro

A S.C. MARTENS, controlada por belgas, se baseia na herança dos Países Baixos para produzir várias cervejas de trigo. A cervejaria fundada por Josef Ploll em 1888 foi estatizada até sua privatização, em 1998. A SuperBrew 15, lager encorpada em estilo imperial, com 15% de teor alcoólico, tem seguidores cult entre os fanáticos por cerveja dos EUA.

RÚSSIA

MOSCOW BREWING

www.mosbrew.ru

NOVIDADE NA CENA CERVEJEIRA RUSSA, a Moscow Brewing inaugurou uma cervejaria de ponta em 2008. Incentivadora das festas da cerveja locais, com bebidas nacionais e importadas, tem planos ambiciosos de desenvolver uma marca russa de cerveja. Produz uma lager interessante em estilo Vienna, a Khamovniki Venskoe, com aroma cativante dos lúpulos Tettnanger.

TVER

www.afanasy.ru

AS RAÍZES DA CERVEJARIA TVER datam de 1887. Batizou sua cerveja mais conhecida com o primeiro nome de Afanasy Nikitin, explorador russo que teria sido o primeiro europeu a viajar até a Índia, no século XV. A Afanasy Tver, bem equilibrada em estilo bávaro, tem aroma inicial de frutas maduras.

SÉRVIA

BLACK TURTLE

www.theblackturtle.com/srb

UM DOS PALADINOS da cerveja artesanal na Sérvia, a Black Turtle vende seus produtos numa pequena rede de bares de mesmo nome, na região de Belgrado. Os cervejeiros se inspiram principalmente nas tradições germânicas, e a linha inclui uma cerveja defumada e uma de trigo. Contudo, eles também aproveitam a experiência belga na Amber Abbey e na Stout. Recentemente lançaram cervejas com adição de frutas como mirtilo, morango e limão.

ESLOVÁQUIA

KALTENECKER

www.kaltenecker.sk

A MICROCERVEJARIA KALTENECKER, inaugurada em 1997, fica dentro de um restaurante consagrado, perto da cidade histórica de Košice. Embora a cultura do vinho predomine no país, a cervejaria provou que há procura e interesse por cervejas artesanais. Produz uma linha diversificada de cervejas não pasteurizadas, com várias sazonais. Uma das mais interessantes, a Brokát 27, matura em barris de vinho e recebe adição de folhas de abeto, zimbro e sementes de coentro.

PILSBERG

www.pilsberg.sk

SITUADA NA CIDADE DE POPRAD, no alto dos montes Tatra, a cervejaria Pilsberg carrega uma tradição de dois séculos. Passou por vários donos, pertenceu ao governo e assumiu a estrutura atual em 2005. Produz diversas cervejas claras e escuras. A pilsen tem amargor de lúpulo pronunciado e sabor adocicado de malte.

ESLOVÊNIA

KRATOCHWILL

www.kratochwill.si

A ESLOVÊNIA PASSA por uma revolução cervejeira, com muitas cervejarias em bares recentes ou por inaugurar. Uma das melhores é a Kratochwill, na frente da estação ferroviária central de Ljubljana. A linha inclui uma lager estilo boêmio, uma de trigo turva e uma escura com sabor de chocolate e malte. Vale a pena procurar o Adam Ravbar, nos subúrbios da cidade, perto da estação de Rodica. O equipamento cervejeiro de cobre reluzente domina a cena no bar.

LOCHER VOLLMOND BIER

SUÍÇA

BRASSERIE TROIS DAMES

www.brasserietroisdames.ch

"FAZER CERVEJA É UMA PAIXÃO que deve ser compartilhada, assim como compartilham a música e a pintura", diz o mestre cervejeiro da Brasserie Trois Dames, Raphaël Mettler. Ele começou a fazer cerveja em casa em 2002, mas um período dedicado ao assunto nos EUA e no Canadá o levou a abrir uma cervejaria em 2008. O nome Bière Trois Dames homenageia a esposa Sylvie e as filhas Julie e Elise. A linha inclui IPA em estilo americano e cervejas envelhecidas em barris de madeira.

LOCHER

www.appenzellerbier.ch

COM CERVEJA LOCAL de fama nacional, a Locher se orgulha de usar apenas ingredientes suíços orgânicos da região de Appenzeller. As cervejas fermentadas aos domingos são "abençoadas", dizem. A melhor cerveja da Locher, para os produtores, é a Vollmond, feita na lua cheia e que estimularia a atuação do fermento durante a conversão dos açúcares do malte em álcool.

UCRÂNIA

PIVARIUM

pivarium.com.ua/en

NÃO FALTAM SINAIS de que a cultura cervejeira ganha força na Ucrânia, e está cada vez mais fácil encontrar cervejas locais e cervejarias em bares. Em geral elas se inspiram nos estilos alemães e tchecos. Na Pivarium os clientes podem ver todo o processo enquanto bebem num bar moderno de Kiev. Na ampla gama de cervejas fáceis de beber há uma com mel, uma light, uma premium e uma com trigo e café.

Bourbon
VIEUX
Meetings · Receptions · Private Parties
BIG EASY
DAIQUIRIS
PIZZA BEER
COCKTAILS HURRICANES
BY THE SLICE
Blues Company

BROOKLYN BREWERY
BROOKLYN BREWERY
BROOKLYN BREWERY

AMÉRICA

ESTADOS UNIDOS

O novo mundo da cerveja nos EUA é empolgante. Um país antes conhecido pela mediocridade e a mesmice nesse aspecto apresenta hoje versões da bebida mais intensas em sabor, numa variedade praticamente infinita de estilos. De stout negra a ale e cerveja de trigo preparadas com frutas, vegetais, especiarias e ervas, o país anseia por maturação no barril, acondicionamento na garrafa, bem como adição de lúpulos para disseminar novos sabores.

A revolução cervejeira começou nos anos 1970 – na época havia apenas 44 companhias produzindo nos EUA; na maioria dos casos, os resultados eram insípidos e previsíveis. Mudanças na legislação permitiram a produção caseira de cerveja, e muita gente aderiu ao hobby. Vários cervejeiros perceberam que havia um bom mercado para bebidas saborosas e instigantes, que abriam excelentes oportunidades para transformar uma paixão em negócio. A partir da Costa Oeste, a revolução tomou conta do país. Os pioneiros mergulharam nas tradições do Velho Mundo, recuperando diversos estilos desaparecidos. Também criaram novidades americanas, cervejas intensas e ousadas em termos de aroma e sabor. O sucesso é atestado pela quantidade de empresas atuantes. O número de cervejarias artesanais subiu de oito em 1980 para mais de 2 mil, e atualmente a grande maioria dos americanos mora a menos de 15 km de uma cervejaria. A revolução não dá sinais de perder forças, pois calcula-se que mais de 1 milhão de pessoas esteja fazendo cerveja em casa nos EUA.

INFORMAÇÕES

PRODUTOR Alaskan Brewing Co

FUNDAÇÃO 1986

ENDEREÇO 5429 Shaune Drive, Juneau, Alasca 99801-9540

SITE www.alaskanbeer.com

FILOSOFIA Engarrafar um gole do Alasca

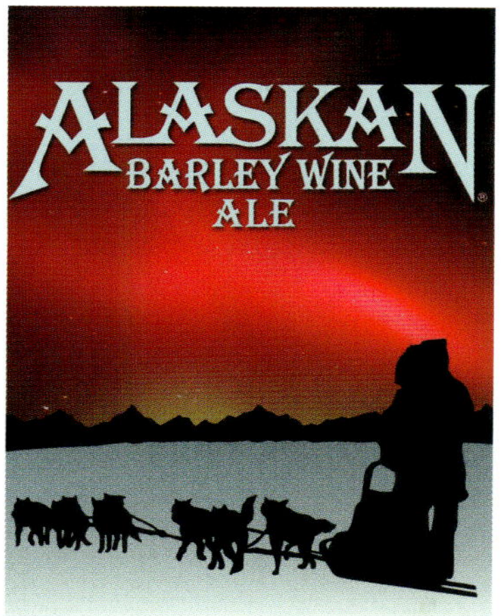

ALASKAN
BARLEY WINE ALE

ALASKAN
SMOKED PORTER

ALASKAN

Raras cervejas fincaram raízes tão firmes na terra natal quanto as produzidas pela Alaskan. Elas refletem o espírito regional e a liderança em termos ambientais para fazer cerveja na chamada "Última Fronteira".

GEOFF E MARCY LARSON fundaram a Alaskan em 1986, priorizando fazer tudo localmente. Desenvolveram a Amber Ale a partir de uma receita usada cem anos antes por uma cervejaria que ficava do outro lado do canal Gastineau. Sua cerveja mais famosa, a Smoked Porter, é feita com malte defumado com lenha de amieiro, usada há séculos pelos Tlingit nativos para defumar peixe. Outras cervejas têm histórias similares.

Os Larson não nasceram no Alasca, mas sem dúvida absorveram o espírito do lugar. "Somos afetados pelo ambiente de forma diferente e encontramos aqui obstáculos e desafios que outras pessoas ignoram", disse Marcy. Uma das questões era o destino dos resíduos dos grãos. Não há estradas para Juneau; e dar os grãos para pecuaristas, como fazem outros cervejeiros, não era uma opção, pois no Alasca não há gado suficiente para consumir tal quantidade. Por isso a Alaskan se tornou a primeira cervejaria a usar resíduos de grãos como combustível das caldeiras na produção. Implantar o processo foi apenas um dos atos ecológicos pioneiros da casa. Como declarou Geoff Larson, "nem sempre fazemos as coisas como os outros fazem".

NOTAS DE DEGUSTAÇÃO

BARLEY WINE ALE 10,7%

Cerveja intensa, rubra, convidativa. Aroma complexo de açúcar queimado, frutas escuras e caramelo quente a partir da espuma. Sabores similares acompanham até o final.

HARMONIZAÇÃO: O sabor intenso atropela muitos pratos, mas pode ser uma boa opção para comida suculenta e untuosa. Melhor é saboreá-la com uma sobremesa ou um queijo forte.

SMOKED PORTER 6,5%

Pungente e defumada desde o começo, essa porter captura no aroma um passeio pelas praias do sudeste do Alasca, em meio à fogueira. Untuosa na língua, a textura completa o sabor de chocolate e frutas escuras queimadas, em garrafa envelhecida.

HARMONIZAÇÃO: Complemento delicioso para frutos do mar defumados, mas também para sobremesas, como sorvete de baunilha e framboesa.

AMBER ALE, 5,3%

No copo parece cobre líquido, no nariz o pão maltado tem nota frutada. O caramelo emerge no paladar, com final seco, prazeroso. Desce com uma facilidade impressionante.

HARMONIZAÇÃO: Intensa porém fresca, ideal para salmão do Alasca, carnes temperadas e pratos italianos condimentados.

ALASKAN AMBER

ALLAGASH

INFORMAÇÕES

PRODUTOR Allagash Brewing Co

FUNDAÇÃO 1995

ENDEREÇO 50 Industrial Way, Portland, Maine 04103

SITE www.allagash.com

FILOSOFIA Produzir as melhores cervejas artesanais em estilo belga do mundo

Rob Tod abriu a Allagash sozinho, para lançar cervejas inspiradas nas tradições belgas. Logo percebeu a importância de experimentar e enfatizar que suas cervejas combinam com comida.

"NOS PRIMEIROS OITO ANOS, as pessoas não se interessavam por cervejas belgas", disse. "Elas perguntavam: 'Por que não torna a white mais acessível? Não precisa exagerar no trigo, pode tirar um pouco das especiarias'." A Allagash White foi a primeira cerveja produzida por Tod e hoje lidera as vendas – responde por três quartos do faturamento total. O sabor se mantém praticamente igual ao de quando ele abriu o primeiro barril para servir no bar Great Lost Bear, na sede da cervejaria em Portland, no Maine.

"Eu não sabia se faríamos uma ou dez cervejas, mas sabia que o foco seriam as belgas." A cervejaria hoje faz mais de dez tipos anuais, alguns constantes, outros uma vez por ano ou até em produção única. "Uma das melhores coisas sobre as cervejas belgas é que encorajam experiências", comentou Tod. Ele fez testes que jamais fariam na Bélgica – pelo menos na época –, como envelhecer em barris antes usados para destilados. Contudo, a tentativa mais ousada provavelmente foi a construção de um pequeno galpão ao lado da cervejaria para instalar o koelschip, recipiente raso para expor o mosto à microflora local, possibilitando a fermentação espontânea. Na época, o processo se restringia ao vale do Senne, perto de Bruxelas.

Quase tão revolucionária quanto essa experiência foi a decisão tomada por Tod de se associar ao Instituto de Educação Culinária de Nova York para oferecer o concurso Cozinhando com Allagash, a fim de mostrar como suas cervejas harmonizavam com comida. Na competição, chefs iniciantes criavam receitas originais, incluindo as cervejas Allagash entre os ingredientes. Hoje a cervejaria em estilo belga da Nova Inglaterra é bem-sucedida e respeitada.

ALLAGASH WHITE

ALLAGASH CURIEUX

ALLAGASH INTERLUDE

NOTAS DE DEGUSTAÇÃO

WHITE BELGIAN WHITE ALE, 5%

Turva, a Belgian White Ale emite reflexos brancos sob a luz correta. No nariz, especiarias, além de notas de ervas, frutas e cítricos. Suave no paladar, com notas de trigo que acentuam a acidez sutil que acompanha o sabor frutado cítrico.

HARMONIZAÇÃO: O caráter frutado e o frescor ácido a tornam adequada a muitos pratos. Leve para acompanhar frutos do mar condimentados.

CURIEUX BOURBON BARREL TRIPEL, 11%

Parte da tripel com mel da cervejaria é maturada em barris de bourbon e depois misturada com tripel nova para produzir a Curieux. Dourada, brilhante, abre com sabor de bourbon e baunilha. Em seguida surgem aroma e sabor frutados, incluindo banana; final suave.

HARMONIZAÇÃO: Uma sobremesa em si, vai bem com doces, de cheesecake a crème brûlée.

INTERLUDE FARMHOUSE ALE, 9,5%

De espantosa complexidade, é fermentada com duas cepas de levedura. Em parte o lote é maturado em barris de vinho. Coloração vermelho-alaranjada, aroma de frutas tropicais e carnudas, tornando-se vinosa na língua. A textura lembra casca de pão. Moderadamente ácida, termina com taninos sutis.

HARMONIZAÇÃO: Combina com queijos pungentes e carnes defumadas; o final ácido dilui as gorduras.

ANCHOR BREWING

Antes que os termos "microcervejaria" e "cerveja artesanal" se difundissem nos EUA, a Anchor Brewing já estava lá. Fritz Maytag não apenas salvou a cervejaria em 1965, como se tornou pioneiro da renovação da cena americana.

INFORMAÇÕES

PRODUTOR Anchor Brewing
FUNDAÇÃO 1896
ENDEREÇO 1705 Mariposa Street, São Francisco, Califórnia 94107
SITE www.anchorbrewing.com
FILOSOFIA Cerveja artesanal moderna com tradição e espírito pioneiro

A ANCHOR COMEÇOU A FAZER CERVEJA em 1896 e detém a marca registrada de steam beer ("cerveja a vapor"). Circulam várias histórias a respeito do nome; a versão de maior credibilidade conta que é devido à prática de fermentar cerveja nos telhados de São Francisco, pois faltava gelo para esfriar o mosto. Os cervejeiros deixavam que o ar frio, em geral nevoento, controlasse a temperatura. O vapor subia dos recipientes rasos e quentes – era um processo comum na Costa Oeste e rendia cervejas diferentes, pois descansavam em temperaturas superiores às outras e ficaram conhecidas pelo termo "vapor". A Anchor ainda prepara a Steam Beer com esse mesmo método, em recipientes rasos, mas agora isso acontece dentro da cervejaria, com ar filtrado.

Em 1965, Fritz Maytag, de uma famosa família fabricante de máquinas de lavar roupa, adquiriu o controle acionário da Anchor por alguns milhares de dólares, pois a cervejaria estava à beira da falência. Quando conseguiu melhorar a qualidade da Steam, deu início a uma revolução. Provou que os americanos, se tivessem oportunidade, comprariam cervejas diferentes das lager industriais, que no início dos anos 1970 ficaram ainda mais fracas e padronizadas. Maytag introduziu, ou recuperou, uma série de estilos cervejeiros, como porter, barley wine e wheat ale. Quando lançou a Liberty Ale, em 1975, inicialmente como ale natalina, consagrou o lúpulo Cascade, caracterizado pelo aroma único dos lúpulos cultivados nos EUA. Cascade se tornou paradigmático para os pequenos cervejeiros, como ocorreu depois com lúpulos de propriedades similares, até então considerados "grosseiros". Maytag vendeu a cervejaria para Keith Greggor e Tony Foglio, em 2010. Para superar os gargalos produtivos, em 2013 os novos proprietários anunciaram que a Anchor pretendia construir uma nova fábrica, maior, com previsão de início das atividades na costa de São Francisco em 2016.

ANCHOR BREWING LIBERTY ALE

NOTAS DE DEGUSTAÇÃO

LIBERTY ALE PALE ALE, 5,9%
Uma revelação em 1975. Tom de ouro velho, nariz intensamente floral e cítrico. Doce no paladar, mas leve, equilibrada pelo sabor resinoso de lúpulo, que conduz a um final único, macio e amargo.
HARMONIZAÇÃO: Versátil. O malte adocicado ressalta o sabor de caramelo na carne grelhada.

PORTER 5,6%
Quase preta, exala aroma de grãos tostados e café torrado. Intensa em sabor e textura, com doçura de caramelo no início, seguida de sabor de lúpulo pronunciado, com bastante amargor, e de grãos tostados.
HARMONIZAÇÃO: Experimente com T-bone grelhado. Também combina com jambalaia cajun e comida mexicana apimentada.

STEAM BEER HYBRID, 4,9%
Cor de cobre, brilha no copo. A Steam Beer começa com aroma de bosque, ervas e menta, seguido por notas de caramelo. O lúpulo herbáceo dá uma doçura de caramelo no paladar que conduz ao final prolongado, seco e agridoce.
HARMONIZAÇÃO: Forte e pura, acompanha pratos caribenhos ou tailandeses ou peixe frito.

A original
A primeira porter dos EUA surgiu em 1972 e se tornou referência do estilo

ANCHOR BREWING PORTER

ANCHOR BREWING STEAM BEER

AVERY BREWING

Quando uma escassez mundial de lúpulo levou os preços às alturas, em 2008, muitos cervejeiros reduziram a quantidade utilizada. Adam Avery se recusou a fazer isso. Pelo contrário, anunciou que poria mais lúpulo em algumas cervejas.

INFORMAÇÕES

PRODUTOR Avery Brewing Co

FUNDAÇÃO 1993

ENDEREÇO 5763 Arapahoe Avenue, Boulder, Colorado 80303

SITE www.averybrewing.com

FILOSOFIA Compromisso com a produção de ale e lager excêntricas, capazes de desafiar estilos e categorias. Produzimos o que gostamos de beber

POR MUITOS ANOS, a Ellie's Brown Ale, clássica e equilibrada, foi a mais vendida da Avery. Continua desempenhando um papel importante no portfólio da empresa, ao lado de várias cervejas de teor convencional. Contudo, ao lançar a Hog Heaven em 1997 – com 9,2% de teor alcoólico e lúpulo espetacular – e acelerar a comercialização da cerveja The Reverend – dark ale belga com 10% de teor –, a cervejaria ficou famosa por cervejas fortes e intensas no sabor.

Segundo Adam Avery, a The Reverend "mostrou que podíamos fazer uma cerveja menos lupulada, capaz de atrair a atenção das pessoas e que seria bebida". Juntando Hog Heaven, The Reverend e uma golden ale belga forte chamada Salvation, Avery criou a "The Holy Trinity of Ales". Outro conjunto de cervejas leva o nome de "Dictator Series". Inclui três imperiais adequadamente batizadas, cada uma delas com cerca de 10% de teor alcoólico. A Maharaja é "régia, intensa, poderosa". A Kaiser tem cor de cobre e sabor de malte condimentado, enquanto a Czar é preta como piche, com sabor de toffee e doçura de melado de cana.

As cervejas "The Demons of Ale" dão um passo adiante: têm de 15% a 17% de teor alcoólico. Samaels é uma ale estilo inglês potente, The Beast é escura, com especiarias e sabor de rum. A stout Mephistopheles, preta como carvão, remete a chocolate e cereja. A "Barrel-Aged Series", mais experimental, pode incluir qualquer categoria de cerveja e algumas que desafiam a definição, inclusive as fermentadas com levedura selvagem. As inovações fizeram sucesso, e as vendas, que caíram durante os três anos anteriores a 2000, passaram a crescer, exigindo a construção de uma nova fábrica. A cervejaria promove várias festas anuais. Os ingressos para a Boulder Strong Ale Fest e para a Boulder SourFest se esgotam quase imediatamente.

AVERY BREWING ELLIE'S BROWN ALE

AVERY BREWING HOG HEAVEN

AVERY BREWING INDIA PALE ALE

NOTAS DE DEGUSTAÇÃO

ELLIE'S BROWN ALE 5,5%

Cor marrom-escura e o colarinho bege insinuam aroma rico, seguido de delicado sabor de chocolate e toffee no paladar. As notas torradas intensas, de textura complexa, são ampliadas pelos lúpulos terrosos.

HARMONIZAÇÃO: O malte pronunciado a torna excelente com carnes grelhadas ou tacos de carne com molho picante.

HOG HEAVEN BARLEY WINE, 9,2%

Vermelho-escura com tons de cobre, é chamada de barley wine pela Avery, mas outros a consideram uma imperial red ale. Dá para sentir a metros de distância o aroma do lúpulo cítrico e de algodão-doce. Seguem-se camadas complexas de frutas carnudas e cítricos no paladar, que conduzem a um final amargo prolongado.

HARMONIZAÇÃO: Como a cerveja termina seca e lupulada, vai bem com carnes não muito gordas e de caça, além de carnes suínas e peito bovino defumado.

INDIA PALE ALE 6,5%

A cor alaranjada intensa contrasta com o colarinho alto. O aroma cítrico salta do copo, em particular o de grapefruit, com um toque de pinho. Fresca no nariz e na boca, é leve, amarga e agradavelmente seca.

HARMONIZAÇÃO: A acidez e o lúpulo da IPA contrastam com consistências cremosas, fazendo dela uma companheira perfeita para massas, como fettucine alfredo ou carbonara.

BELL'S

Larry Bell, fundador e presidente da Bell's Brewery, sempre deu festas. A Eccentric Day, em dezembro, manteve os fãs conectados mesmo depois da expansão da cervejaria, nos últimos anos.

INFORMAÇÕES

PRODUTOR Bell's Brewery

FUNDAÇÃO 1985

ENDEREÇO 8938 Krum Avenue, Galesburg, Michigan 49053

SITE www.bellsbeer.com

FILOSOFIA Compromisso com o preparo de cervejas respeitáveis, criativas e artísticas

OS CLIENTES ANSEIAM PELO ECCENTRIC DAY no Eccentric Café da Bell's em Kalamazoo, sede original da cervejaria. O local continua sendo usado, embora a expansão tenha levado a companhia a mudar o nome para Bell's. Uma vez por ano, o extenso cardápio de cervejas de barril inclui uma Eccentric Day exclusiva, que cai bem acompanhada de pratos excêntricos, como lula recheada de pão de milho e bisão. Na primavera, os bares de Michigan dão festas para comemorar a Oberon Beer. Alguns chegam a programar a abertura do barril para a meia-noite, para não perder tempo.

Bell inaugurou a cervejaria em 1985, fazendo as primeiras cervejas em caldeirões de sopa. Logo conquistou reputação de ousado, graças a produções intensas, corajosas, em particular a stout. Na verdade, com a virada do milênio, ele transformou o mês de novembro numa grande festa da stout. "A cerveja artesanal tinha sido declarada morta pelo *New York Times*", disse Bell. "Vi muitos concorrentes partirem para cervejas leves. Mas eu não entrei no ramo para isso. Para enfatizar nosso compromisso com as cervejas encorpadas e saborosas, decidimos fazer a 10 Stouts of November."

A cervejaria cresceu em Kalamazoo, e Bell construiu na vizinha Comstock uma nova fábrica, já reformada e ampliada. As pessoas costumam terminar o turno e tomar uma cerveja no Eccentric Café. "O pessoal da cervejaria vem aqui beber porter e stout", conta John Mallett, supervisor de produção. "Sentimos um orgulho imenso dessas cervejas."

NOTAS DE DEGUSTAÇÃO

OBERON WHEAT ALE 5,8%

Essa ale é dourada e turva; para os residentes de Michigan, ela marca o início da temporada de beisebol. Especiarias, cítricos e frutas se encontram na boca; em seguida o trigo dá uma nota ácida. Final ligeiramente doce, mas refrescante.

HARMONIZAÇÃO: Leve para o paladar, conta com acidez suficiente para combinar com peixes delicados, saladas e sushi.

TWO HEARTED ALE INDIA PALE ALE, 7%

Recebeu o nome por causa de um rio do Michigan. Essa ale poderia se chamar perfume de grapefruit. Os cítricos dominam o aroma e o sabor, seguidos por frutas carnudas. O sabor de pão maltado e um toque de doçura são rapidamente sufocados pelo amargor do lúpulo; o final é cítrico.

HARMONIZAÇÃO: A Two Hearted Ale é uma companheira clássica para curry e outros pratos da cozinha asiática ou para preparações com cítricos e coentro, como taco de carne moída.

EXPEDITION STOUT IMPERIAL STOUT, 10,5%

Não é a stout mais escura da Bell's, mas entusiasma. No nariz, frutas escuras, chocolate, café torrado em grão – e os sabores todos explodem na boca – em combinação com lúpulos terrosos. Encorpada, viscosa, essa stout não tem nada de enjoativa.

HARMONIZAÇÃO: Na hora de combinar, pense que essa cerveja é um vinho do Porto. Tem peso para encarar um ganso defumado, mas também combina com trufas de chocolate e torta de amora.

BELL'S OBERON

BELL'S TWO HEARTED ALE

BELL'S EXPEDITION STOUT

BOULEVARD BREWING

Parece oportuno que a Boulevard Brewing, situada no "cesto de pães" dos EUA, venda mais cerveja de trigo que a maioria dos concorrentes. E a explosão da especialidade ilustra o avanço das cervejas ricas em sabor.

INFORMAÇÕES

PRODUTOR Boulevard Brewing Co

FUNDAÇÃO 1989

ENDEREÇO 2501 Southwest Boulevard, Kansas City, Missouri 64108

SITE www.boulevard.com

FILOSOFIA Cervejas finas desde 1989

A CERVEJA DE TRIGO NÃO FILTRADA ainda responde pela maior parte das vendas da Boulevard. "Os grãos são importantes na vida de muitos moradores do Meio-Oeste, principalmente no Kansas, onde encontramos apoio quando usamos a produção local", disse John Bryan, que foi funcionário da Boulevard por muitos anos. "Aqui vendemos a Unfiltered Wheat em tabernas rurais, encontros de veteranos de guerra e outros lugares onde não se espera que a cerveja artesanal marque presença."

Quando a Boulevard comprou uma nova cervejaria, em 2007, finalmente foi capaz de produzir a série Smokestack de cervejas especiais. Em 2012, a marca cresceu 70%. "Acredito que os apreciadores de cerveja do Meio-Oeste não devem nada aos fãs belgas da bebida", afirma o mestre cervejeiro Steven Pauwels, que cresceu e estudou na Bélgica antes de trabalhar na Boulevard, em 1996. "A Bélgica vive da tradição, enquanto aqui fazemos muito mais experiências."

Uma das primeiras cervejas da linha Smokestack foi a Saison Brett, assim chamada por ser inoculada com Brettanomyces, uma levedura selvagem. "A inspiração veio das grandes cervejas belgas saison, bem como da minha infância, que passei em uma fazenda na Bélgica", explica Pauwels. "Ajudávamos outros agricultores na colheita do feno. O cheiro quando o carregávamos no campo e quando o descarregávamos era completamente diferente, mas único. A cerveja não tem o mesmo aroma das lembranças, mas tentei capturar o perfume do feno fresco por meio de dry hopping, e o do celeiro com Brett." Outros destaques da série são a intensa Tank 7 Farmhouse Ale, com lúpulo intenso; a Double Wide IPA, "à prova de tornado"; e a Dark Truth Stout, que a cervejaria considera deter "o segredo para transformar o elementar em extraordinário".

O melhor da Bélgica
A infância em uma fazenda belga serviu de inspiração para uma série de saison

BOULEVARD BREWING
PALE ALE

BOULEVARD BREWING
UNFILTERED WHEAT BEER

BOULEVARD BREWING
TANK 7

NOTAS DE DEGUSTAÇÃO

PALE ALE 5,4%

Cor alaranjada, colarinho branco persistente. Nariz complexo mas discreto, com notas de frutas, flores e pinheiro. Na boca, tem doçura de malte equilibrada por lúpulo condimentado, de amargor denso.

HARMONIZAÇÃO: A base maltada sólida e o lúpulo persistente a tornam um equivalente das carnes de caça, mas combina perfeitamente com petiscos, como asa de frango e frituras.

UNFILTERED WHEAT BEER 4,4%

Ao servir, siga as instruções presentes na embalagem de seis garrafas para obter um copo de cerveja turva e clara. No início, grãos e especiarias, com notas aromáticas sutis de cítricos. O sabor lembra torrada e mais cítricos. Leve na boca.

HARMONIZAÇÃO: A Unfiltered Wheat Beer é leve, mas enérgica no paladar, vai bem com sushi, delicado ou não, queijo manchego e pizza.

TANK 7 SAISON, 8,5%

Cor de palha, não impressiona à primeira vista. Aroma floral intenso, com cítricos e especiarias (fundo de cravo) e até frutas carnudas. Intensidade ainda maior na boca, onde as especiarias permanecem até o ataque agradável e inegável do amargor.

HARMONIZAÇÃO: Cerveja de forte personalidade, capaz de sufocar pratos delicados; a acidez e o caráter cítrico a tornam um complemento delicioso para frango ou porco assados com ervas.

BREWERY OMMEGANG

A cervejaria ocupa 54 ha nas proximidades de Cooperstown, estado de Nova York, sede do Baseball Hall of Fame. Embora tenha sido aberta em 1997, não é preciso muita imaginação para visualizar uma construção inspirada na Bélgica de 1880.

INFORMAÇÕES

PRODUTOR Duvel Moortgat

FUNDAÇÃO 1997

ENDEREÇO 656 County Highway 33, Cooperstown, Nova York 13326

SITE www.ommegang.com

FILOSOFIA Fazer cerveja é uma arte e um modo de compartilhar uma paixão

BREWERY OMMEGANG
THREE PHILOSOPHERS

A BREWERY OMMEGANG começou como parceria entre um importador americano e algumas cervejarias da Bélgica, enfatizando desde o início a arte cervejeira e a cultura gastronômica belga. Construíram uma cervejaria com paredes de tijolo caiado numa fazenda que um dia esteve no centro da maior região produtora de lúpulo dos EUA. As cervejas fizeram jus à tradição e logo conquistaram uma legião de fãs. A Duvel Moortgat adquiriu controle total da empresa em 2003 e já fez algumas cervejas da Brewery Ommegang em sua unidade na Bélgica, quando a cervejaria de Nova York não deu conta da demanda.

O vínculo com a tradição europeia foi uma das razões que levou a HBO a procurar a Brewery Ommegang para criar uma coleção de cervejas inspiradas na série *Game of thrones*. A primeira saiu em 2013. "Embora o seriado transcorra numa terra mítica, numa época mítica, percebemos um apelo medieval, feudalista", disse Larry Bennett, porta-voz da Brewery Ommegang, ao anunciar a parceria. "A ideia fazia sentido para eles e para nós. Se fôssemos chamados para criar uma cerveja para o Sea World, por exemplo, não teria muito sentido. Precisaríamos dar duro para chegar a um resultado."

A Brewery Ommegang promove a cada verão uma festa chamada "A Bélgica vem a Cooperstown". Para participar, nada melhor que acampar na fazenda. Cinquenta cervejarias espalhadas pelo mundo servem suas bebidas durante o evento, realizado num sábado. Quem tiver ingresso VIP – que se esgota rapidamente – começa desfrutando um jantar de quatro horas, na sexta-feira.

NOTAS DE DEGUSTAÇÃO

THREE PHILOSOPHERS STRONG BELGIAN ALE, 9,8%
Blend de cerveja preta escura e forte, tradicional dos mosteiros, com kriek. Lindos reflexos vermelhos nas bordas, nariz complexo e sabor de frutas escuras e frutas vermelhas ácidas, sucessivamente.

HARMONIZAÇÃO: A rica combinação no sabor pode atropelar alguns pratos. Ela vai bem depois de refeições, com queijos intensos. Também adequada para marinadas e molhos.

ABBEY ALE STRONG BELGIAN ALE, 8,2%
Cor de borgonha no copo, com borbulhas minúsculas mais para o bege. Especiarias definidas no nariz e notas de alcaçuz. Sabor abundante de chocolate, ameixa seca, uva-passa, mais especiarias, com um toque de lúpulo terroso. Final mágico, seco.

HARMONIZAÇÃO: Os apreciadores de vinho podem pensar na cerveja como um Zinfandel, que vai bem com carne de caça ou linguine com queijo.

HENNEPIN SAISON, 7,7%
Efervescente ao ser servida, formando colarinho alto. As bolhas conduzem notas florais e condimentadas, bem como toques de gengibre e laranja. Sugestão adocicada na boca, mais especiarias e final com amargor definido.

HARMONIZAÇÃO: Leve porém dotada de personalidade suficiente para combinar com pratos asiáticos, como sushi.

BREWERY OMMEGANG
ABBEY ALE

BREWERY OMMEGANG
HENNEPIN

BROOKLYN BREWERY

Brooklyn já foi um grande centro cervejeiro, com 48 fábricas, muitas dirigidas por famílias famosas no ramo. Nenhuma existia mais em 1987, quando a Brooklyn Brewery abriu, desempenhando um papel crucial na revitalização do bairro.

INFORMAÇÕES

PRODUTOR Brooklyn Brewery

FUNDAÇÃO 1987

ENDEREÇO 79 N 11th Street, Brooklyn, Nova York 11249

SITE www.brooklynbrewery.com

FILOSOFIA Cervejas artesanais modernas formam a intersecção perfeita da arte com a ciência... Paixão valorizada por conhecimento técnico

NO INÍCIO, STEVE HINDY E TOM POTTER, fundadores da Brooklyn Brewery, encomendavam a produção à Matt Brewing de Utica – de onde ainda saem muitas cervejas da marca. Isso ocorreu até a construção de uma cervejaria própria, em 1996. A fábrica foi ampliada várias vezes, e diversas cervejarias pequenas abriram por ali. "A Brooklyn Brewery desempenhou um papel fundamental no renascimento da vizinhança", declarou o comissário de Pequenas Empresas de Serviços de Williamsburg, Robert Walsh, após uma grande reforma terminada em 2011. "Ao investir no negócio, no setor de produção e nesse importante bairro, Steve Hindy prestou um grande serviço à cidade de Nova York."

A Brooklyn vende cerveja em 25 estados americanos e vinte países, sendo a maior exportadora entre as cervejarias artesanais americanas. Em 2013, tornou-se a primeira a participar de uma operação internacional. A Brooklyn, a D Carnegie & Co e a Carlsberg Sweden construíram uma cervejaria à beira-mar, em Estocolmo. O mestre cervejeiro Garrett Oliver e a equipe se revezam na Suécia para desenvolver cervejas especiais.

Oliver é o rosto da cervejaria e um nome importante no setor. Autor de *The brewmaster's table* e editor de *The Oxford companion to beer*, ele viajou pelo mundo promovendo não só a própria marca, como a cerveja americana em geral. Conquistou reconhecimento: o *New York Times* o chamou de "o maior embaixador da cerveja artesanal do país nos últimos dez anos".

BROOKLYN BREWERY
LAGER

BROOKLYN BREWERY
BLACK CHOCOLATE STOUT

Ataque cítrico
Sorachi, lúpulo desenvolvido no Japão, mas adquirido de uma fazenda em Washington, dá um toque cítrico à saison

BROOKLYN BREWERY SORACHI ACE

NOTAS DE DEGUSTAÇÃO

LAGER 5,2%

No copo, é âmbar, com um toque de caramelo que persiste do início ao fim. Nariz floral, sabor cítrico e de especiarias. Amargor na medida, não agride.

HARMONIZAÇÃO: Perfeita com muitos pratos como pizza, sanduíche, comida mexicana, churrasco e comida chinesa.

BLACK CHOCOLATE STOUT 10%

Stout cor de chocolate amargo, com chocolate no nariz e na boca, embora não seja unidimensional.

HARMONIZAÇÃO: Melhor para acompanhar uma sobremesa, como torta de chocolate e de frutas, ou um queijo forte como o stilton.

SORACHI ACE SAISON, 7,6%

Equivale a suco de limão: o aroma cítrico sobe quando o líquido dourado cai no copo. Aroma de especiarias e frutas, complexo, abrindo para sabor de malte e amargor de lúpulo.

HARMONIZAÇÃO: O toque de limão enriquece pratos com peixe, sushi, curries e carnes grelhadas.

DESCHUTES

Quando a Deschutes abriu, em 1988, Bend, no Oregon, tinha 20 mil habitantes. Na época em que a cervejaria comemorou o 25º aniversário, a cidade havia quadruplicado a população e contava com uma dúzia de cervejarias.

INFORMAÇÕES

PRODUTOR Deschutes Brewery

FUNDAÇÃO 1988

ENDEREÇO 901 SW Simpson Avenue, Bend, Oregon 97702

SITE www.deschutesbrewery.com

FILOSOFIA Feita com coragem

AS PESSOAS OLHAM PARA NÓS e não se dão conta de que nem sempre fizemos sucesso", diz Gary Fish, dono da Deschutes. A cervejaria atua há dez anos, com altos e baixos. "Mas eu não esqueço e espero não esquecer nunca. Houve um momento em que não conseguíamos fazer cerveja direito (por causa de infecções). Perdemos dez lotes seguidos."

Fish não pretendia vender a cerveja fora de seu restaurante. Contudo, donos de bares de Portland que passavam por Bend pediram a Deschutes a um distribuidor. Foi só questão de adquirir os barris, e logo a cervejaria crescia para além daquele prédio. "Pusemos equipamento no meio da rua. Precisávamos dar um jeito." Foi o começo da primeira cervejaria Deschutes, cuja expansão nunca mais parou.

Deschutes faz sua parte em matéria de cervejas intensas, mas o equilíbrio delicado tem sido a marca registrada da cervejaria. Isso vale principalmente para a Mirror Pond e a Black Butte Porter, que se tornou a porter mais vendida dos EUA, embora esteja disponível apenas em algumas regiões. As cervejas Deschutes também se destacam em competições internacionais, como International Brewing Awards, European Beer Star e World Beer Awards.

A cervejaria lança diversas cervejas com flores de lúpulo no outono, despejando o lúpulo na panela de brassagem logo após a colheita, descartando a secagem tradicional. O antigo mestre cervejeiro Larry Sidor chegou a encarregar um vizinho agricultor de cultivar um lúpulo Cascade especial, "herança de família", para fazer a chamada Chasin' Freshies.

NOTAS DE DEGUSTAÇÃO

THE ABYSS IMPERIAL STOUT, 11%

Há um aviso de "válida após...", recomendando que seja aberta um ano depois do engarrafamento. Verdadeira cornucópia de aroma e sabor: alcaçuz, melado, frutas escuras, baunilha, bourbon e taninos de carvalho se combinam graças à textura da cerveja.

HARMONIZAÇÃO: Cerveja contemplativa, vale por si. Contudo, a cervejaria sugere cebola caramelizada e torradas com cream cheese apimentado.

MIRROR POND PALE ALE 5%

Alaranjada e brilhante no copo, com colarinho branco alto. Aroma de flores frescas e grapefruit. Leve, clara, com biscoito de malte no paladar e sabor igual ao aroma. Amargor contido e final prolongado, relativamente seco.

HARMONIZAÇÃO: Combina com pizza de queijo de cabra. Também vai bem com mexilhão no vapor.

INVERSION IPA 6,8%

Âmbar, com amplo colarinho branco que forma uma renda de espuma até o fim do copo. Intenso aroma de lúpulo, com destaque para casca de laranja. Encorpada, com notas de pão, indispensável para atenuar o amargor abrangente.

HARMONIZAÇÃO: Seu equilíbrio a torna uma boa opção para pratos suculentos, untuosos, como carne de caça. O caráter maltado complementa um sanduíche com hambúrguer, bacon e queijo azul, pois o lúpulo sobrevive ao ataque de sabor.

Stout experimental
A Deschutes se concentrou na imperial stout; cervejas como The Abyss mostram a disposição de desenvolver o estilo para atingir novos sabores

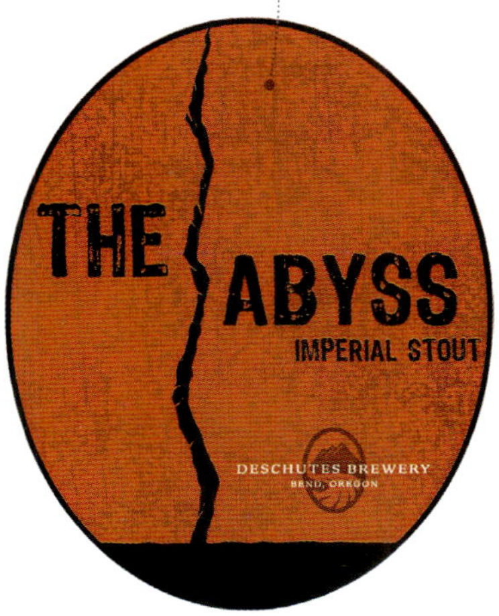

DESCHUTES THE ABYSS

DESCHUTES MIRROR POND PALE ALE

DESCHUTES INVERSION IPA

DOGFISH HEAD

Para comemorar a exportação da primeira Dogfish Head do Delaware a Nova Jersey, em 1997, Sam Calagione construiu um bote e remou 18 milhas náuticas para entregar o pedido.

INFORMAÇÕES

PRODUTOR Dogfish Head Craft Brewery

FUNDAÇÃO 1995

ENDEREÇO 6 Cannery Village Center, Milton, Delaware 19968

SITE www.dogfish.com

FILOSOFIA Ale alternativa para pessoas alternativas

CALAGIONE É UM DOS CERVEJEIROS mais famosos dos EUA, mas hoje deixa o processo de fabricação por conta dos cervejeiros de sua companhia em expansão. Ele e a esposa, Mariah, abriram a Dogfish Head Brewings and Eats em 1995. Calagione começou fazendo 45 litros (12 galões) por vez, o que era insuficiente para atender à demanda no bar e cervejaria Rehoboth Beach. O início deu a Calagione coragem para criar, e ele alega que "logo ficamos cansados de fazer as mesmas cervejas – foi aí que começamos a adicionar ingredientes mais exóticos e a pirar com as cervejas!".

A Dogfish Head é famosa pelos ingredientes inusitados, criando uma série de "ale antigas", e por fazer o que se convencionou chamar de "cervejas radicais". Calagione as define como feitas com quantidades maiores de ingredientes tradicionais, ou muito bem preparadas com ingredientes inesperados. Por exemplo, para a Palo Santo Marron, a cervejaria importou madeira Palo Santo paraguaia e mandou fazer um tanque especial. Para acrescentar lúpulo de modo contínuo na 60 Minute IPA na primeira leva, Calagione pendurou um balde plástico e um jogo de futebol eletrônico que vibrava, a fim de despejar lúpulo durante o cozimento. A cervejaria montou depois um equipamento para adicionar lúpulo a cervejas como 60 Minute, 90 Minute e 120 Minute. Para enfatizar o lúpulo no copo, Calagione inventou "Randall the Enamel Animal", um aparelho cheio de lúpulo com o qual a cerveja de barril é bombeada logo antes de ser servida.

Em 2009, Calagione apareceu no filme *Beer wars*, documentário sobre os desafios que as pequenas cervejarias enfrentam no mercado americano, bem como na série *Brew masters*, de 2011, da Discovery, que se concentrou na Dogfish Head. Ele também escreveu três livros, abriu um restaurante em Manhattan com Mario Batali e costuma atrair atenção para a cervejaria, de tempos em tempos.

DOGFISH HEAD RAISON D'ÊTRE

DOGFISH HEAD WORLD WIDE STOUT

DOGFISH HEAD 60 MINUTE IPA

NOTAS DE DEGUSTAÇÃO

RAISON D'ÊTRE BELGIAN ALE, 8%

Marrom-avermelhada, essa adorável cerveja é complexa desde o momento em que libera o aroma meio estranho, rico em frutas e toffee escuro, doce. Igual na boca; um pouco defumada, com nota de especiarias.

HARMONIZAÇÃO: Versátil, combina com filé grelhado ou mexilhão.

WORLD WIDE STOUT 18%

Preta, com colarinho bege espesso. Frutas escuras e vermelhas maduras se mesclam a chocolate e malte tostado, que lhe dá corpo. Não enjoativa, é complexa e alcoólica.

HARMONIZAÇÃO: A doçura do malte e o corpo fazem dela boa companheira para filé ou linguiça. Também pode ser saboreada ao final da refeição, com cheddar artesanal maduro.

60 MINUTE IPA 6%

Cor de laranja que combina bem com o nariz cítrico (laranja), seguido de aroma floral e de pinho. No paladar, notas de biscoito doce maltado, mais cítricos e lúpulo. Equilíbrio do amargor.

HARMONIZAÇÃO: IPA suficientemente contida, combina com pratos condimentados, salmão grelhado e pizza.

Maturação
A Palo Santo Marron envelhece no maior tanque de maturação construído nos EUA desde antes da Lei Seca

Madeira
A madeira Palo Santo é da América do Sul, onde armazena vinho, o que dá um sabor adocicado de baunilha à cerveja

DOGFISH HEAD PALO SANTO MARRON

PALO SANTO MARRON STRONG ALE, 12%
Não chega a ser preta no copo, mas quase. Aromática e intensa, com madeira e nozes no nariz, seguidas de frutas escuras, malte tostado e melado. Sabor na mesma linha, com notas de baunilha, giz e torrado. Cerveja complexa, satisfatória.

HARMONIZAÇÃO: Bebida robusta o bastante para enfrentar queijos intensos como o de cabra ou gorgonzola.

FESTINA PÊCHE WHEAT ALE, 4,5%
Chamada de "Neo-Berliner Weisse" no rótulo, é fermentada com pêssego. Turva, tem coloração dourada e ataque imediato do pêssego. A doçura das frutas, inclusive outras carnudas, se equilibra com a acidez do trigo e um ligeiro amargor.

HARMONIZAÇÃO: Levemente ácida e frutada, complementa bem saladas e peixe ou frango grelhados.

MIDAS TOUCH HONEY ALE, 9%
Os ingredientes – uvas brancas moscatel, mel e açafrão – criam camadas de sabor unidas pela acidez sutil.

HARMONIZAÇÃO: A doçura do mel pede pratos pan-asiáticos, risoto, curries e frango assado.

DOGFISH HEAD FESTINA PÊCHE

DOGFISH HEAD MIDAS TOUCH

FIRESTONE WALKER

A primeira tentativa da Firestone Walker lamentavelmente fracassou. Mas a iniciativa os fez se inspirar na tradição inglesa, incorporar o gosto do Novo Mundo e se tornar uma das mais deslumbrantes cervejarias do planeta.

INFORMAÇÕES

PRODUTOR Firestone Walker Brewing Company

FUNDAÇÃO 1996

ENDEREÇO 1400 Ramada Drive, Paso Robles, Califórnia 93446

SITE www.firestonebeer.com

FILOSOFIA Paixão na busca pela cerveja perfeita. Nunca estamos satisfeitos. Cerveja é a nossa vida.

FIRESTONE WALKER
ANNIVERSARY ALE

FIRESTONE WALKER
UNION JACK

DE INÍCIO, OS FUNDADORES David Walker e Adam Firestone tentaram envelhecer cerveja em barris usados para chardonnay, num canto da cantina da vinícola familiar, mas os barris estavam contaminados, e a cerveja ficou imprestável. Atualmente o mestre cervejeiro Matt Brynildson supervisiona a patenteada Firestone Union, que se baseia no sistema Burton Union, muito usado antigamente em Burton upon Trent e até hoje empregado na Marston's *(p. 36)*. O sistema Burton, desenvolvido nos anos 1840, contava com barris de madeira interligados para controlar a levedura durante a fermentação, mas não se destinava a capturar sabores da madeira. A Firestone utiliza barris de carvalho americano de primeiro uso em sistema de revezamento, acrescentando regularmente novos barris para garantir o sabor de carvalho.

Um lote de Firestone passa um dia fermentando em recipientes de inox. Em seguida, parte é transferida para os barris de carvalho. Após uma semana na madeira, a cerveja é misturada com a fermentada nos tanques de inox. A cerveja fermentada no barril corresponde a cerca de 15% da DBA (Double Barrel Ale). Os cervejeiros também misturam cerca de 15% da DBA com cerveja fermentada nos tanques de inox para criar a Pale 31. "Numa blend, conseguimos uma complexidade profunda, impossível de obter na fermentação simples", afirma Brynildson. "Separamos a cerveja e depois a juntamos de novo."

Nem todas as Firestone passam por madeira. Quando Brynildson desenvolveu uma receita de IPA, em 2006, ele pretendia usar malte inglês fermentado na Union. "O carvalho não combinava com o lúpulo", explica. Por isso a Union Jack é a american IPA emblemática, menos encorpada, com dry hopping para enfatizar a explosão de lúpulos do noroeste americano, com notas frutadas e de pinheiro, desde a abertura.

Para comemorar o décimo aniversário da cervejaria, em 2006, a Firestone criou várias cervejas fortes especiais e as envelheceu em barris de vários tipos, alguns previamente usados para destilados. Brynildson convidou enólogos da área de Paso Robles para ajudar na preparação do blend. A tradição prosseguiu nos anos seguintes, e o estoque de barris para maturação cresceu até chegar aos milhares. A Firestone criou uma unidade complementar, a Barrelworks, com sala de degustação própria, para divulgar as cervejas. E a Firestone Walker não parou por aí – Brynildson atua também como consultor para a associação dos produtores americanos de lúpulo, a Hop Growers of America, e ministra cursos para cervejeiros do mundo todo.

O lado negro
Wookey Jack é a primeira IPA preta da Firestone, não filtrada para preservar o máximo de sabor na garrafa

Data de validade
Todas as cervejas da Firestone Walker indicam no gargalo ou no rótulo que é melhor consumi-las em até 120 dias

FIRESTONE WALKER
DBA

FIRESTONE WALKER
WOOKEY JACK

Renascimento da oatmeal
A stout de aveia praticamente sumiu da Europa... Mas os americanos a descobriram e ressuscitaram

FIRESTONE WALKER
VELVET MERLIN

Blend Burton
Parte da Pale 31 é fermentada com a versão da Firestone para o famoso Burton System

FIRESTONE WALKER
PALE 31

NOTAS DE DEGUSTAÇÃO

ANNIVERSARY ALE STRONG ALE, TEOR ALCOÓLICO VARIÁVEL
Cada vintage varia, claro. A começar pela aparência. E cada lote ganha complexidade conforme amadurece. Ondas de frutas escuras, notas adocicadas de melado e toffee, sabor dos destilados que descansaram nos barris e outros associados à madeira.

HARMONIZAÇÃO: Quando a Firestone Walker lança a cerveja, oferece em seu pub uma seleção de queijos maturados, como stilton e bleu d'auvergne.

UNION JACK INDIA PALE ALE, 7,5%
Dourada, brilha no copo. A Union Jack apresenta colarinho de coloração off-white e uma renda de espuma generosa. Perfume de pinho e cítricos com um toque sutil de algodão doce. A base de malte, despojada, aguenta o ataque persistente do lúpulo amargo.

HARMONIZAÇÃO: Nem toda IPA funciona com curry apimentado, mas nesse caso a combinação intensa e equilibrada de malte e lúpulo é perfeita para o prato indiano.

DBA PALE ALE, 5%
Atraente, acobreada no copo, com colarinho off-white. Carvalho e baunilha evidentes no nariz, sem esconder o aroma e o sabor frutados subjacentes. Encorpada e agradável ao paladar, com lúpulos cítricos, especiarias e taninos da madeira.

HARMONIZAÇÃO: O lúpulo e o caráter frutado leve a tornam bela companheira de pratos tailandeses e vietnamitas agridoces e condimentados.

WOOKEY JACK BLACK INDIA PALE ALE, 8,3%
A cerveja entrega ao copo tudo que o nome promete: um líquido marrom-escuro, forte, com base em aroma de especiarias e cítricos, seguida de notas tostadas. O mesmo na boca, encorpada e equilibrada, com vivacidade de centeio e amargor de lúpulo.

HARMONIZAÇÃO: O sabor intenso e as notas de lúpulo a tornam boa companheira para queijos defumados ou gouda, embora seja leve o bastante para saladas com molhos cítricos.

VELVET MERLIN OATMEAL STOUT, 5,5%
Negra, com aroma de café – mais para o espresso – e creme. Sabor igual, com toque aveludado. Rica, encorpada, untuosa. Notas de chocolate adocicado equilibram o café torrado. Sutil amargor terroso.

HARMONIZAÇÃO: Uma cerveja para acompanhar filé-mignon, pois a doçura combina com a carne macia, e o torrado dá o toque de grelha ao conjunto.

PALE 31 PALE ALE, 4,9%
No copo, é intensamente âmbar, com colarinho espesso. Notas florais e cítricas, com camadas de malte e outras frutas, seguidas de sabor de lúpulo e amargor persistente.

HARMONIZAÇÃO: O lúpulo permite que acompanhe queijos fortes, como o gorgonzola, além de churrasco bem temperado.

FLYING DOG

Embora hoje seja produzida longe da sede original no Colorado, a cerveja da Flying Dog de Maryland continua fiel às origens e aos rótulos ousados do artista britânico Ralph Steadman.

INFORMAÇÕES

PRODUTOR Flying Dog Brewery
FUNDAÇÃO 1990
ENDEREÇO 4607 Wedgewood Boulevard, Frederick, Maryland 21703
SITE www.flyingdogales.com
FILOSOFIA Boa gente bebe boa cerveja

GEORGE STRANAHAN fundou o Flying Dog Brewpub em Aspen, em 1990, nas proximidades de Woody Creek, cidade natal do jornalista gonzo Hunter S. Thompson e outras celebridades que se reuniam na Woody Creek Tavern. Quando Thompson cometeu suicídio, em 2005, a cervejaria – transferida de Aspen para amplas instalações em Denver, em 1994 – lançou a Gonzo Imperial Porter em sua homenagem.

Ralph Steadman, ilustrador de obras de Thompson, desenhou o primeiro rótulo da Flying Dog em 1995. A Divisão de Controle de Bebidas do Colorado o recusou, alegando linguagem imprópria. Após seis anos de batalha jurídica, a liberdade de expressão triunfou.

A Flying Dog fechou a cervejaria de Denver em 2008 e mudou a sede para Maryland. Alguns lançamentos refletem o novo ambiente. A Pearl Necklace Oyster Stout leva ostras do rio Rappahannock na fórmula, e parte das vendas da cerveja vai para o Oyster Recovery Partnership, que coordena a recuperação dos bancos de ostras na baía de Chesapeake. Além da ampla gama de cervejas permanentes e sazonais, as Brewhouse Rarities estão disponíveis apenas nos estados da costa Atlântica. A série já incluiu a Pumpernickel IPA e a Pineapple Saison.

FLYING DOG
GONZO IMPERIAL PORTER

FLYING DOG
PEARL NECKLACE OYSTER STOUT

NOTAS DE DEGUSTAÇÃO

GONZO IMPERIAL PORTER 9,2%
Marrom-escura, colarinho espesso e bege. Aroma de café, frutas e pinho de lúpulo. Sabor de chocolate e caramelo, seguido de notas agridoces tostadas.
HARMONIZAÇÃO: O sabor intenso pede carnes defumadas ou grelhadas. Também é excelente como sobremesa, pura ou acompanhando tortas de chocolate ou de café.

PEARL NECKLACE OYSTER STOUT 5,5%
Parece café na cor e no aroma, com bastante grão tostado e notas de chocolate no nariz. Leve no paladar, com sabor de toffee e amargor pronunciado. Sabor quase salgado, especialmente quando acompanha ostras.
HARMONIZAÇÃO: Ostras são a escolha óbvia.

SNAKE DOG IPA 7,1%
Clara e âmbar no copo, com colarinho branco persistente. Frutas cítricas, com destaque para grapefruit, dominam o nariz. Doçura de malte na boca, embora o amargor predomine.
HARMONIZAÇÃO: Uma cerveja lupulada assim combina com maionese ao wasabi. A doçura do malte contrasta com especiarias, de modo que a Snake Dog é uma boa companhia para sanduíches com atum ou hambúrguer.

Ares revolucionários *Imagens inusitadas de Ralph Steadman ilustram os rótulos da cervejaria*

FLYING DOG SNAKE DOG IPA

FOUNDERS

INFORMAÇÕES

PRODUTOR Founders Brewing Company

FUNDAÇÃO 1997

ENDEREÇO 235 Grandville Ave SW, Grand Rapids, Michigan 49503

SITE www.foundersbrewing.com

FILOSOFIA Feita para nós

Dave Engbers mantém um alicate de cortar cadeado sobre a mesa para não se esquecer da semana de 2001, quando ele e o sócio Mike Stevens pensaram que o banco ia trancar as portas da promissora Founders Brewing Company.

MIKE STEVENS E DAVE ENGBERS abandonaram o emprego para lançar a Founders e começaram fazendo boas cervejas, ainda que comuns. "Só ao chegar à beira da falência percebemos que cabia a nós ditar a moda e fazer tudo do nosso jeito", declarou Engbers a um jornal local, em 2012, pouco antes de sua cervejaria comemorar o 15º aniversário. "Começamos a discutir a produção de cervejas que gostávamos de beber." Fizeram um empréstimo, pararam de fabricar cerveja para o público em geral e se dedicaram a bebidas ousadas e complexas que tornaram a Founders uma das ex-pequenas cervejarias americanas de maior sucesso.

Entre as variedades, destacam-se a Breakfast Stout, com adição de café e 8,3% de teor alcoólico; a Devil Dancer, "tripla IPA", com 12%, bem amarga; a Dirty Bastard Scotch Ale, com 8,5%; a Backwoods Bastard, envelhecida em barris de bourbon, com 10,2%; e a série inteira de edições limitadas Backstage, em geral com mais de 10%. A Bolt Cutter, quinta da série, um blend de barley wines com 15% de teor alcoólico, alguns envelhecidos em barris de bourbon, saiu na época do 15º aniversário da empresa.

A cerveja mais famosa da Founders é a KBS, com 11,2%, uma imperial stout com adição de café e chocolate, envelhecida por um ano na adega, em barris de carvalho antes com bourbon. O enorme apetite pela KBS provoca longas filas quando ela é vendida, uma vez por ano. Em 2013, fãs invadiram o site de senhas que organizaria o processo.

Nem todas as cervejas são fortes assim. Rübæus, wheat ale com framboesa, tem 5,7% de teor alcoólico. A All Day IPA equilibra em 4,7% a doçura do malte e a intensidade do lúpulo, servindo como alternativa de menor teor alcoólico à Centennial IPA. A Founders tornou-se uma das mais conhecidas cervejarias dos EUA, ganhando quatro medalhas na World Beer Cup de 2010, duas no Great American Beer Festival de 2010 e uma na World Beer Cup de 2012.

FOUNDERS
PORTER

FOUNDERS
CENTENNIAL IPA

FOUNDERS
BREAKFAST STOUT

NOTAS DE DEGUSTAÇÃO

PORTER 6,5%

Marrom ao servir, mas negra no copo. Aroma intenso desde o começo: malte tostado, chocolate e lúpulo terroso. Textura quase mastigável, com caramelo queimado e chocolate adocicado em contraste com o amargor potente.

HARMONIZAÇÃO: Excelente companheira para carnes grelhadas. Também torna uma sobremesa à base de café ainda mais atraente.

CENTENNIAL IPA 7,2%

Cor âmbar que insinua uma base sólida de malte, embora a impressão inicial e a final sejam de lúpulo. Aroma de frutas cítricas, com ênfase em grapefruit e tangerina. O caráter frutado da fermentação se mistura ao lúpulo na boca, antes do final prolongado e amargo.

HARMONIZAÇÃO: Cerveja versátil, a Centennial IPA é encorpada o bastante para acompanhar queijos fortes e sanduíches substanciais e pode atropelar pratos delicados.

BREAKFAST STOUT 8,3%

Ao servir, lembra café, mas parece mais densa. Nariz atrevido, rico, com café torrado no início, complementado por notas de chocolate amargo. O chocolate predomina na boca, até o final longo e agridoce.

HARMONIZAÇÃO: Os fãs bebem até no café da manhã. O sabor intenso, a sensação densa na boca e o final amargo a tornam uma boa opção para waffle com calda doce e para acompanhar bacon.

AS CURVAS DAS PANELAS DE BRASSAGEM, COMO DA ANCHOR BREWING *(P. 147)* DE SÃO FRANCISCO, NA CALIFÓRNIA, COSTUMAM SER O CENTRO DAS ATENÇÕES NUMA CERVEJARIA.

APÓS UM TOUR PELA DOGFISH HEAD *(PP. 154-5)*, EM MILTON, DELAWARE, NADA MELHOR QUE EXPERIMENTAR AS VARIEDADES NA SALA DE DEGUSTAÇÃO.

GOOSE ISLAND

A Goose Island passou a comercializar cervejas em escala nacional em 2013 após ser comprada pela Anheuser-Busch InBev. A produção dos tipos mais exóticos continua em Chicago, sede original da cervejaria.

INFORMAÇÕES

PRODUTOR Anheuser-Busch InBev

FUNDAÇÃO 1988

ENDEREÇO 1800 W Fulton St, Chicago, Illinois 60612

SITE www.gooseisland.com

FILOSOFIA Criar uma variada seleção de cervejas únicas

EM 1992, O MESTRE CERVEJEIRO da Goose Island na época, Greg Hall, utilizou barris de bourbon para maturar uma imperial stout comemorativa do milésimo lote de cerveja da casa. A Bourbon County Stout (BCS) passou a ser feita uma vez por ano, até 2002, e Hall alega ter sido pioneiro no uso de barris de destilados para maturação de cerveja comercial. Hoje a produção é estocada em milhares de barris, inclusive com variações da BCS. As Vintage Ale incluem variedades de ale inspiradas em receitas belgas, algumas envelhecidas em barris sob influência de fermentos selvagens.

Quando John, pai de Greg Hall, abriu a cervejaria e pub Goose Island, em 1988, a ênfase recaía nas lager, demanda local. "No entanto, sempre procuramos educar as pessoas para apreciar a ale", disse John Hall quando a cervejaria completou dez anos. Naquela época já havia uma unidade de produção separada. "Uma coisa nos destacou em Chicago – não nos importávamos com o fato de muita gente detestar nossa cerveja, estávamos preocupados com quem gostava. Dedicamos muito tempo à educação do gosto. É nosso segredo."

John Hall se aposentou em 2012, após vender a cervejaria para a A-B InBev, que passou a produzir em suas próprias fábricas as mais conhecidas, como a 312 Urban Wheat Ale, a IPA e a Honker's Ale, além de algumas sazonais. Assim, sobrou mais espaço para estocar barris na Goose Island.

GOOSE ISLAND
312 URBAN WHEAT ALE

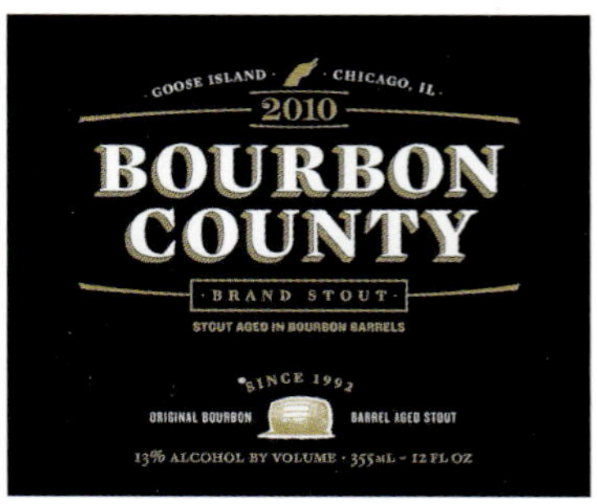

GOOSE ISLAND
BOURBON COUNTY STOUT

NOTAS DE DEGUSTAÇÃO

312 URBAN WHEAT ALE 4,2%
Essa ale não filtrada é turva no copo. Lúpulos florais condimentados se manifestam no início. A combinação na boca é doce e ácida; ótima para matar a sede.
HARMONIZAÇÃO: A personalidade leve e vivaz a torna uma escolha excelente para acompanhar salada ou peixe.

BOURBON COUNTY STOUT 13%
Preta como piche, complexa, com álcool perceptível do começo ao fim, com bourbon evidente sobre chocolate, toffee, frutas escuras, baunilha e anis. Intensa, o amargor da torra e o lúpulo equilibram a doçura abundante.
HARMONIZAÇÃO: Perfeita com uma lareira acesa e um copo de conhaque ou com bolo de chocolate sem farinha.

INDIA PALE ALE 5,9%
Essa IPA é âmbar claro, com colarinho denso e alto. Aroma floral aliado a frutas, com especiarias terrosas no nariz e no paladar. O amargo do lúpulo compensa os maltes adocicados.
HARMONIZAÇÃO: Experimente essa cerveja ao estilo inglês com curry bem condimentado.

GOOSE ISLAND INDIA PALE ALE

GREAT LAKES

INFORMAÇÕES

PRODUTOR Great Lakes Brewing Company

FUNDAÇÃO 1988

ENDEREÇO 2516 Market Avenue, Cleveland, Ohio 44113

SITE www.greatlakesbrewing.com

FILOSOFIA Compromisso com a criação de alimentos e cervejas frescos, saborosos, de alta qualidade

Quando Patrick e Daniel Conway abriram um bar cervejeiro, batizaram-no de Great Lakes, pois torciam para que crescesse muito. Hoje, vinte caminhões de mel são usados só no preparo da Christmas Ale.

O GREAT LAKES BREWPUB surgiu em Cleveland, em 1988. Embora tenha se tornado uma cervejaria regional importante, continua a enfatizar as raízes locais. Ocupa seis prédios históricos nas imediações do West Side Market, um dos últimos mercados urbanos com parte coberta e descoberta a funcionar nos EUA. A cervejaria, do outro lado da rua onde fica o bar, está situada num edifício que no passado abrigou os estábulos de uma cervejaria do século XIX. Os irmãos Conway, fundadores da Great Lakes, deram às cervejas nomes como Eliot Ness Lager, pois o policial vivido por Kevin Costner no filme *Os intocáveis* se mudou para Cleveland depois de ficar famoso em Chicago.

A Burning River Pale Ale tem esse nome por causa do rio Cuyahoga, que passa ali nas imediações. O rio era de tal maneira poluído que pegou fogo oito vezes. Um nome não durou: The Heisman, dado à primeira cerveja em homenagem ao astro do futebol americano John Heisman, que nasceu perto da sede. Embora tenha conquistado medalha de ouro no Great American Beer Festival de 1990, a organização responsável pelo cobiçado troféu Heisman de futebol se opôs ao uso do nome. Os irmãos então rebatizaram a bebida como Dortmunder Gold, devido à cor e à medalha de ouro obtida graças a ela.

As cervejas da Great Lakes, tanto ale quanto lager, receberam elogios desde o início pela qualidade e a reverência à tradição. A companhia desfruta de respeito também pelas práticas ambientais. No logotipo, as três ondas representam o que Patrick Conway chama de "nossas três prioridades. Sentimos que era importante enfatizar os aspectos empresarial, social e ambiental".

GREAT LAKES
EDMUND FITZGERALD

GREAT LAKES
DORTMUNDER GOLD

GREAT LAKES
CHRISTMAS ALE

NOTAS DE DEGUSTAÇÃO

EDMUND FITZGERALD PORTER, 5,8%

Impressionante cor negra e colarinho marrom espesso dessa porter de nariz complexo, com notas de nozes e ataque intenso de café torrado, chocolate e lúpulo terroso. Mais leve ao paladar do que insinua a aparência, com chocolate predominando sobre o caramelo leve; sabor e amargor prolongados.

HARMONIZAÇÃO: Porter robusta para encarar um filé grelhado ou comida cajun forte, condimentada, como um belo gumbo.

DORTMUNDER GOLD LAGER, 5,8%

Dourada, reluzente, com colarinho branco como a neve. Abre com um toque adocicado sobre notas delicadas de lúpulo. Corpo firme, com doçura do malte equilibrada pelo amargor do lúpulo e um toque cítrico.

HARMONIZAÇÃO: A doçura do malte complementa bem uma variedade de carnes grelhadas, além de pizzas que contenham algum tipo de carne.

CHRISTMAS ALE SPICED ALE, 7,5%

Biscoitos perfumados no copo, em que o líquido âmbar tem cheiro de cozinha de vó, onde são assados bolos. Canela, noz--moscada e cravo abrem caminho para sabor adocicado de coisas recém-saídas do forno.

HARMONIZAÇÃO: Cerveja perfeita para saborear enquanto enfeita biscoitos saídos do forno, que a acompanham bem antes de receber cobertura açucarada.

GREEN FLASH

Ao longo de 2013, a Green Flash lançou a Hop Odyssey: seis diferentes cervejas intensamente lupuladas. Mas a verdadeira odisseia do lúpulo na cervejaria começou em 2004, com a chegada de Chuck Silva, um mestre cervejeiro inovador.

INFORMAÇÕES

PRODUTOR Green Flash Brewing Co

FUNDAÇÃO 2002

ENDEREÇO 6550 Mira Mesa Blvd, San Diego, Califórnia 92121

SITE www.greenflashbrew.com

FILOSOFIA Experimente e lembre para sempre

CONSIDERANDO A REPUTAÇÃO DE SAN DIEGO como lugar de cervejas intensamente lupuladas, a Green Flash foi corajosa ao batizar uma IPA como West Coast. "Quando resolvemos produzir nossa IPA, decidimos que não seria apenas mais uma. Queríamos um destaque, um paradigma", disse Chuck Silva, mestre cervejeiro da Green Flash na época. Mesmo para os padrões locais, foram admiráveis os esforços para intensificar o lúpulo das Green Flash. Por exemplo, na imperial IPA Palate Wrecker a elaboração do mosto é feita com água quente com lúpulo, e não com a tradicional, pura. Outra diferença importante entre essa versão e a IPA convencional é o emprego de 2,7 kg de lúpulo por barril, quando os cervejeiros costumam usar apenas 57 g em uma pale ale. A Green Flash distribui sua ampla gama de cervejas pelo país inteiro. A Rayon Vert (tradução de Green Flash para o francês) é uma pale ale de inspiração belga, intrigante e efervescente, com lúpulo moderado e inoculação da levedura selvagem Brettanomyces. Outra, a Le Freak, tem sido muito elogiada desde o lançamento, em 2008. "Criativa no estilo; tenho muito orgulho dela", afirmou Silva, pouco depois de liberar o primeiro lote. "Eu a chamo de tripel estilo belga casada com San Diego Imperial Pale Ale. Inspirei-me nos cervejeiros belgas. Se eles podem desenvolver receitas lupuladas, eu posso fazer uma cerveja em estilo belga do meu jeito."

A sala de degustação da cervejaria, com área interna e externa, é enorme. Há 30 cervejas disponíveis regularmente; às sextas-feiras à noite mais parece uma festa da cerveja... ou o embarque para uma odisseia lupulada.

GREEN FLASH IMPERIAL

GREEN FLASH WEST COAST IPA

GREEN FLASH LE FREAK

NOTAS DE DEGUSTAÇÃO

IMPERIAL INDIA PALE ALE, 9,4%

IPA intensa e floral desde a abertura, com cítricos (grapefruit) e espuma densa. Oleosa, com resinas e especiarias quando o aroma acompanha o sabor. Amargor prolongado no final longo e seco.

HARMONIZAÇÃO: Cerveja que tende a dominar a mesa. Vai bem com carnes grelhadas caramelizadas por fora e sangrentas por dentro, cobertas de molho barbecue.

WEST COAST IPA 7,3%

Talvez o nariz com pinho e cítricos fortes crie um atordoamento induzido pelo lúpulo quando se degusta a West Coast IPA. Essa cerveja parece lançar uma névoa verde no copo. Sabor de lúpulo gigantesco sobre uma sólida base de malte, deliciosamente amargo.

HARMONIZAÇÃO: Essa cerveja é mais intensa que a maioria das IPA, portanto convém planejar com cuidado as combinações com alimentos. Pratos temperados com cítricos e coentro, como suculentos tacos de carne moída, acompanham bem o frutado da cerveja.

LE FREAK AMERICAN BELGO, 9,2%

Levemente alaranjada e turva no copo, abre com aroma frutado de cítricos e especiarias. Malte adocicado, frutas complexas e um amargor dominam o paladar. Brilhante mescla de sabores da fermentação e do lúpulo.

HARMONIZAÇÃO: Cerveja ousada, cremosa, boa para queijos fortes, pungentes. Interessante com gouda maturado e queijos azuis, ou mesmo um sanduíche de limburgo.

LAGUNITAS

Lagunitas foi fundada na Califórnia, em 1993, por Tony Magee. Destaca-se pelas empolgantes interpretações das cervejas tradicionais, bem como pelos rótulos com textos irreverentes.

A LAGUNITAS FUNCIONA em amplas instalações no norte da Califórnia, onde Tony Magee iniciou a companhia que reflete sua personalidade irreverente. Ele ainda redige os divertidos textos dos rótulos e do material promocional. Criador de muitas receitas, hoje atua mais como "diretor de arte" no desenvolvimento de novidades. "As cervejas servem como expressão de minha estética. Não sei direito qual é, mas me esforço bastante para transmiti-la nos rótulos e para que as pessoas conheçam sua personalidade", diz. Embora a IPA emblemática não seja realmente feita com "43 lúpulos diferentes e 65 variedades de malte", como consta do rótulo, ela sem dúvida representa a tendência de lançar cervejas cada vez mais impressionantes. Como a maioria das Lagunitas, é exuberante no lúpulo e intensa no aroma e no sabor, sem abusar do amargor. O rótulo declara: "Obrigado por passar os próximos minutos com esta ale homicida especial. Saboreie o momento em que o lúpulo uivante encontra o caráter imperial das bases maltadas e trava um combate mortal pelo paladar!".

Uma série de cervejas de 2006 reflete bem a personalidade de Magee e de seus cervejeiros. Começa pela ale Freak Out!, primeiro lançamento de um conjunto inspirado em Frank Zappa. A ideia era produzir uma cerveja para cada álbum do artista, usando a arte do LP como rótulo. Contudo, os produtores do músico desistiram após cinco cervejas. Mesmo assim, a fama da cervejaria não diminuiu. Lutou contra várias dificuldades para atender à intensa demanda em 2011, quando não produziu a Brown Shugga, sazonal bem popular. Em vez disso, lançou a ale Lagunitas Sucks. Foi um sucesso, demonstrando que os fãs apreciam as cervejas da marca, mesmo quando "não prestam" (em inglês, *sucks*).

"Gosto de pensar que nenhuma das cervejas é uma interpretação de experiências passadas", diz Magee. A cervejaria continua a expandir o eclético portfólio. Não surpreende que tanto a Brown Shugga quanto a Lagunitas Sucks, uma barley wine, tenham reaparecido no inverno de 2012.

INFORMAÇÕES

PRODUTOR Lagunitas Brewing Co

FUNDAÇÃO 1993

ENDEREÇO 1280 N McDowell Blvd, Petaluma, Califórnia 94954

SITE www.lagunitas.com

FILOSOFIA A cerveja fala, o povo resmunga. Obedeça às papilas, cara!

LAGUNITAS
PILS

LAGUNITAS
IPA

NOTAS DE DEGUSTAÇÃO

PILS 6%
Dourada, clara no copo, com colarinho denso e alto. Aroma floral, com um pouco de grama e flores. Suave na boca, com especiarias de lúpulo e amargor contido que permanece por longo tempo após o último gole.

HARMONIZAÇÃO: Um pouco mais encorpada que uma pilsen média, combina com pratos leves, como uma salada de verão, frango assado ou sushi.

IPA 6,2%
Quando servida, é clara, âmbar, e a espuma deixa uma renda no copo após cada gole. Frutas, pinho e cítricos no nariz, repetidos no paladar; o sabor herbáceo do lúpulo emerge, equilibrado por um toque adocicado de malte e pão e pelo amargor.

HARMONIZAÇÃO: O equilíbrio clássico de doçura e ataque do lúpulo combina com pratos do sudeste da Ásia, como porco, ave ou peixe apimentados.

HOP STOOPID IMPERIAL IPA, 8%
Essa IPA recebe reforço de extrato de lúpulo na ousada receita, orgulhosa da maciça presença de lúpulo, que não acrescenta notas vegetais prolongadas. O aroma do lúpulo (cítricos, pinheiros e outros esperados) parece saltar do copo, abrindo caminho para um golpe amargo, suavizado apenas pela doçura do malte.

HARMONIZAÇÃO: A complexa combinação de álcool, malte e lúpulo acompanha perfeitamente uma taça de sorvete artesanal de baunilha.

LAGUNITAS
HOP STOOPID

NEW BELGIUM

Jeff Lebesch, fundador da New Belgium, conseguiu inspiração para abrir uma cervejaria artesanal no Colorado após uma volta ciclística pela Bélgica. A companhia é hoje a terceira maior cervejaria artesanal dos EUA.

INFORMAÇÕES

PRODUTOR New Belgium Brewing Co

FUNDAÇÃO 1991

ENDEREÇO 500 Linden St, Fort Collins, Colorado 80524

SITE www.newbelgium.com

FILOSOFIA Energia alternativa na empresa que pertence 100% aos que nela trabalham

NEW BELGIUM
FAT TIRE

O CASAL KIM JORDAN E JEFF LEBESCH começou a New Belgium no porão da casa deles em Fort Collins, em 1991. Logo mudaram para instalações mais amplas, na estação ferroviária. Depois abriram uma fábrica com infraestrutura de ponta, que desde então passou por várias ampliações. A companhia escolheu Asheville, na Carolina do Norte, após anos de busca por um lugar adequado para a segunda unidade de produção, que deve iniciar as operações em 2015. Além das cervejas obviamente populares, a New Belgium coleciona menções anuais como um dos melhores lugares para se trabalhar nos EUA, destaca-se na vanguarda da proteção ao ambiente e pertence integralmente aos funcionários. Quando os trabalhadores completam um ano de trabalho na New Belgium, recebem uma bicicleta Fat Tire. Com cinco anos de casa, participam de um passeio guiado pela Bélgica e têm a oportunidade de adquirir cotas da empresa.

A Fat Tire Amber Ale é o sucesso da casa, respondendo por 75% das vendas. Muitos fãs, porém, preferem beber a Ranger IPA, inspirada em cervejas belgas. Uma bicicleta parecida com a que os empregados recebem consta dos rótulos, e o Tour de Fat – uma festa itinerante – passa por mais de doze cidades anualmente, com desfile de fantasias em bicicleta, cerveja New Belgium, concursos de acrobacias e bizarrices sobre duas rodas e muito mais, arrecadando milhões de dólares para instituições de caridade.

Em 1996, a contratação do mestre cervejeiro Peter Bouckaert, belga da Rodenbach *(p. 88)*, só fez aumentar a "raiz belga" da cervejaria. Ele adquiriu barris de vinho usados, os encheu de cerveja e os inoculou com fermento selvagem. A primeira cerveja lançada foi La Folie. Hoje a cervejaria tem um depósito repleto de tanques de carvalho para fermentação.

NOTAS DE DEGUSTAÇÃO

FAT TIRE AMBER ALE, 5,2%

Âmbar no copo, notas de caramelo em harmonia com lúpulos terrosos no nariz, com um toque cítrico. O malte caramelado parece mais tostado na boca, o lúpulo sutil não supera sua doçura. Final seco, mais para o adocicado.

HARMONIZAÇÃO: Cerveja versátil, melhor com pratos não muito doces, que podem interferir no sabor do malte. Excelente com sanduíche de peito de frango grelhado ou com a sopa de queijo e cerveja, especialidade do Meio-Oeste dos EUA.

LA FOLIE SOUR BROWN ALE, 6%

A cada vintage, um sabor diferente; alguns lotes são muito vermelhos, outros pegam um pouco na boca. Aroma e sabor complexos, frutados, com cítricos e cerejas, combinados com um ataque variável de madeira. A magia dessa cerveja está na acidez equilibrada.

HARMONIZAÇÃO: Destacando a acidez, a New Belgium sugere harmonizar La Folie com salada de folhas e atum (albacora).

RANGER INDIA PALE ALE, 6,5%

Dourada, brilhante, produz no copo um colarinho firme. Aroma pungente, cítrico, com pinheiro do lúpulo, salta no copo. Sabor sutil de malte no paladar, dominado por lúpulos resinados, mais pinheiro e cítricos, com amargor vivaz. Final seco prolongado, com especiarias.

HARMONIZAÇÃO: As "Beer Rangers" são representantes da cervejaria no estilo. Não é difícil imaginá-las com churrasco de hambúrguer com molhos diversos.

NEW BELGIUM
LA FOLIE

NEW BELGIUM
RANGER

NEW GLARUS

INFORMAÇÕES

PRODUTOR New Glarus Brewing Co
FUNDAÇÃO 1993
ENDEREÇO 2400 State Hwy 69, New Glarus, Wisconsin 53574
SITE www.newglarusbrewing.com
FILOSOFIA Da cevada à garrafa, fiel ao estilo sem jamais fazer concessões

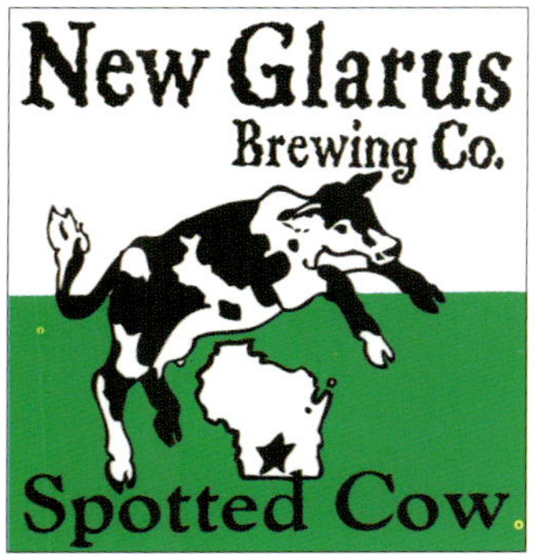

NEW GLARUS
SPOTTED COW

NEW GLARUS
MOON MAN

Sobre o morro, com vista para a cidade que lhe deu nome, a cervejaria New Glarus parece bávara. Mas o mestre cervejeiro Dan Carey esclarece: “Somos uma cervejaria do Wisconsin, com sensibilidade e maneira de pensar do Wisconsin”.

DEBORAH E DAN CAREY fundaram a New Glarus em 1993. Ela preside a companhia e foi, no Wisconsin, escolhida como Personalidade do Ano da Pequena Empresa em 2011. A cervejaria exibe no logotipo sua impressão digital, recortada no formato do estado do Wisconsin, com o slogan “Drink Indigenous” (“beba a local”). É a única cervejaria americana a comercializar mais de 120 mil hl (73 mil barris) por ano apenas dentro do estado.

Quando a New Glarus foi inaugurada, Dan Carey já havia trabalhado numa microcervejaria de Montana, estagiado na cervejaria bávara Ayinger, terminado em primeiro lugar o curso de Ciência e Tecnologia da Cerveja do Siebel Institute, instalado cervejarias e supervisionado a produção da fábrica de Fort Collins da Anheuser-Busch. Além de obter o diploma de mestre cervejeiro do Institute of Brewing de Londres, tornando-se o primeiro norte-americano a conquistar o título em dezenove anos.

A farmhouse ale, chamada Spotted Cow, representa a cervejaria com perfeição. Dan a criou depois de pesquisar como as cervejas eram feitas nas fazendas do Wisconsin no século XIX. Usou ingredientes locais, como milho e cevada cultivada nas terras da cervejaria, e a deixou sem filtrar.

NOTAS DE DEGUSTAÇÃO

SPOTTED COW WISCONSIN FARMHOUSE ALE, 5,1%
Clara e amarelada no copo, ligeiramente turva, com aroma de frutas carnudas e feno sutil. Na boca, é frutada, com doçura que lembra mel e um toque de especiarias de lúpulo, com pouco amargor.
HARMONIZAÇÃO: Cerveja perfeita para um peixe frito no jantar ou para acompanhar outras especialidades locais: Bratwurst grelhada, coalhada seca ou sanduíche de queijo.

MOON MAN NO COAST PALE ALE, 5%
Luminosa e dourada, com colarinho efervescente. O aroma cítrico do lúpulo domina o nariz, com grapefruit, casca de limão, laranja e tangerina. Pão maltado e frutas carnudas no paladar equilibram as notas de cítricos e o amargor do lúpulo.
HARMONIZAÇÃO: O lúpulo intenso dá à Moon Man peso para enfrentar pratos condimentados da cozinha tailandesa ou indiana, como curry ou jambalaia.

TWO WOMEN PALE LAGER, 5%
Dourado intenso, com colarinho branco denso. Aroma floral, com especiarias, toques de cítricos e um pouco de grãos. Na boca, lembra pão, com notas de frutas e especiarias antes do final amargo.
HARMONIZAÇÃO: Combinação excelente com carnes de porco como Schweinebraten ou Goulash e Wiener Schnitzel (milanesa).

Heróis locais
A New Glarus se orgulha muito de sua tradição do Wisconsin

NEW GLARUS TWO WOMEN

NINKASI

Chamar uma IPA de Total Domination antes de vender uma gota podia ser visto como otimismo, arrogância ou os dois. "Total Domination" talvez seja um exagero, mas não há precedentes para o rápido sucesso da Ninkasi.

A TOTAL DOMINATON tornou-se a cerveja mais vendida do Oregon (em garrafa de um pint americano, 473 ml) e um dos maiores sucessos no mercado nacional, apesar da distribuição restrita. A Ninkasi virou cervejaria regional em três anos, e o crescimento continua rápido. Os sócios Nikos Ridge, vindo do setor financeiro, e Jamie Floyd, figura carismática na comunidade cervejeira, vendiam em mercadinhos, supermercados e lojas de conveniência.

"Nikos e eu não fazemos cerveja só para entendidos. Não queremos uma parcela limitadíssima do mercado. Fazemos cerveja para as massas", declarou Floyd. Ele enfatiza a importância do equilíbrio, embora isso não signifique privilegiar um sabor suave como o das industriais. Suas cervejas intensamente lupuladas chamam atenção, a começar pela Total Domination, seguida por tipos de imensa popularidade, feitos com flores frescas de lúpulo durante a época da colheita. No caso da Total Crystalation, os cervejeiros enchem o tanque de brassagem com lúpulo Crystal fresco, direto do pé, depois circulam com flores recém-colhidas o mosto que havia sido previamente acrescido de lúpulo.

A cervejaria adotou o nome da deusa suméria da cerveja, e Floyd destaca o papel da bebida no desenvolvimento da civilização. "Para mim, a conexão com a comunidade é o mais importante, e ser o cervejeiro da vila é a melhor maneira de fazer isso", declara.

Dádiva divina
Cerveja encorpada, escura, complexa, dedicada aos admiradores de Ninkasi

NINKASI
BELIEVER

NOTAS DE DEGUSTAÇÃO

BELIEVER DOUBLE RED ALE, 6,9%
Vermelha, intensa, com aroma e sabor pronunciados de malte, caramelo e toffee. Caráter cítrico proeminente, tanto no nariz quanto na boca. Doçura persistente, mas não enjoativa.

HARMONIZAÇÃO: Pela intensidade do malte e pelo amargor fresco, é ótima para acompanhar uma pizza de quatro queijos.

TOTAL DOMINATION INDIA PALE ALE, 6,7%
Cor de laranja e turva. Nariz intenso floral, com cítricos (grapefruit). Sólida base de malte e toque de caramelo adocicado que equilibra o amargor.

HARMONIZAÇÃO: Tente com frango, frutos do mar e pratos mexicanos. Também é excelente com queijos picantes.

OATIS OATMEAL STOUT, 7,2%
Quase preta, com colarinho bege firme, nariz complexo em que se destacam chocolate ao leite, melado e frutas escuras. Encorpada e cremosa, com malte tostado e amargor de lúpulo.

HARMONIZAÇÃO: Stout potente, para pratos com carne e ensopados. Também acompanha salada de frutas, depois do jantar.

INFORMAÇÕES

PRODUTOR Ninkasi Brewing

FUNDAÇÃO 2006

ENDEREÇO 272 Van Buren Street, Eugene, Oregon 97402

SITE www.ninkasibrewing.com

FILOSOFIA Perpetuar uma vida melhor. Os antigos sumérios reverenciavam a cerveja e atribuíam à deusa Ninkasi o milagre da fermentação. A cerveja está na base da civilização e é parte valiosa da felicidade

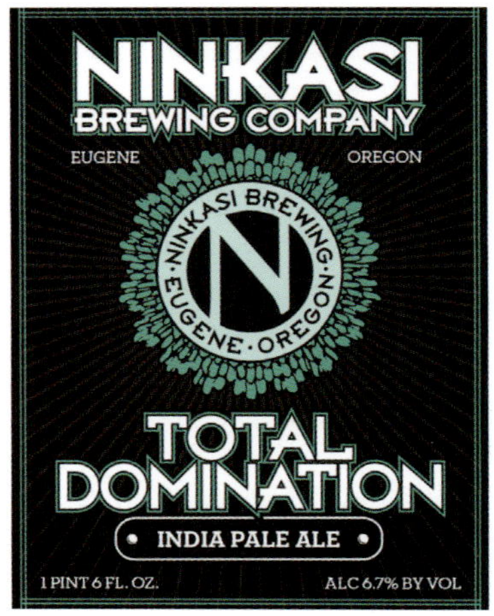

NINKASI
TOTAL DOMINATION

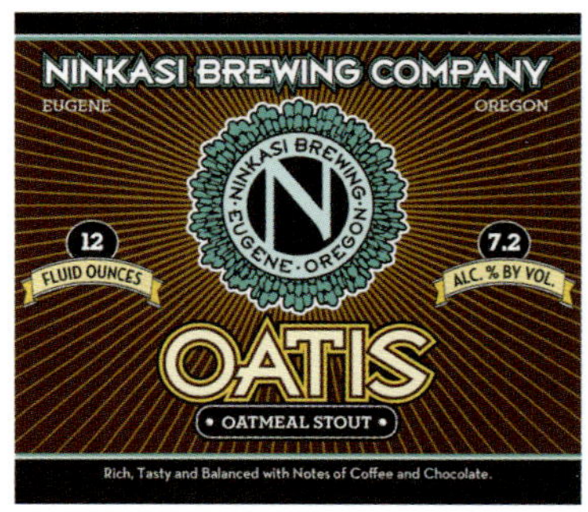

NINKASI
OATIS

ODELL

A Odell iniciou a produção em 1989, quando a cerveja artesanal era praticamente desconhecida nos EUA. Como muitos novos cervejeiros, a Odell trata com muito cuidado as marcas ainda recentes que deixa na história.

AS MARCAS REGIONAIS DA ODELL resumem a ética da cervejaria. Usa ingredientes dos dez estados onde comercializa cervejas. Os cervejeiros fazem vários lotes pequenos e os misturam para gerar a Footprint, com cevada e lúpulo do Colorado e de Idaho, trigo do Kansas e do Wyoming, figo-da-índia do Arizona, arroz selvagem do Minnesota, milho do Nebraska, pimenta verde do Novo México, mel de Dakota do Sul e barris de carvalho do Missouri. Não é uma edição constante, mas reflete a preocupação com sustentabilidade e o envolvimento comunitário, compartilhados com a cervejaria vizinha New Belgium *(p. 166)*.

Doug, Wynne e Corkie Odell abriram a primeira cervejaria dentro de um elevador de grãos de 1915. Por conta do respeito à tradição cervejeira britânica, usaram os quatro pisos para instalar um sistema gravitacional e optaram pela fermentação aberta. "Acho que meu estilo cervejeiro valoriza o equilíbrio de sabores", diz. A ale 90 Shilling, de inspiração escocesa, disponível desde a inauguração, continua sendo o carro-chefe, mas outras se destacam, com lúpulos americanos ostensivos: 5 Barrel Pale Ale, IPA e Myrcenary Double IPA. A série Woodcut apresenta cervejas envelhecidas no barril, enquanto a Cellar amplia horizontes. A pesquisa para o desenvolvimento do cultivo de lúpulo orgânico no estado é uma das iniciativas que a Odell financia.

NOTAS DE DEGUSTAÇÃO

IPA 7%

Rica no nariz e no copo. IPA dourada com notas de laranja que também surgem no aroma, seguidas de manga e tangerina. O sabor cítrico do lúpulo encontra-se com o biscoito de malte na língua, equilibrado pelo amargor seco e firme do lúpulo.

HARMONIZAÇÃO: Excelente com curry tailandês.

THE MEDDLER WILD ALE, 8,9%

Marrom fosco sob espuma bege. Nariz complexo, com frutas escuras como uvas-passas e ameixas pretas, além de notas de frutas vermelhas (cereja). Acidez agradável que ilumina o sabor de chocolate e toffee com o adocicado do malte.

HARMONIZAÇÃO: Como ingrediente do molho para carne de porco ou cervo, ou para uma carne bovina ensopada.

90 SHILLING SCOTTISH ALE, 5,3%

Cor de cobre intensa, colarinho bege denso, aroma e sabor de caramelo. Chocolate e fruta no paladar, com lúpulos terrosos. Final seco, mas não amargo.

HARMONIZAÇÃO: Uma cerveja agradável, completa pratos como bolo de carne ou frango assado com vegetais ao vapor.

INFORMAÇÕES

PRODUTOR Odell Brewing Co

FUNDAÇÃO 1989

ENDEREÇO 800 E Lincoln Avenue, Fort Collins, Colorado 80524

SITE www.odellbrewing.com

FILOSOFIA Manter o artesanato na cerveja artesanal

Toque ácido
A adição de lúpulos norte-americanos aromáticos dá à tradicional IPA um sabor provocante e um amargor agradável

ODELL IPA

ODELL THE MEDDLER

ODELL 90 SHILLING

OSKAR BLUES

No ano em que a Oskar Blues se tornou a primeira pequena cervejaria americana a enlatar cerveja, ela vendeu 800 hl (475 barris). Dez anos depois, produz 102.300 hl (62.500 barris); e mais de 200 cervejarias aderiram à lata.

INFORMAÇÕES

PRODUTOR Oskar Blues Brewery

FUNDAÇÃO 1999

ENDEREÇO 1800 Pike Road, Longmont, Colorado 80501

SITE www.oskarblues.com

FILOSOFIA Ande de bicicleta. Beba cerveja. Repita

NO ESTADO DO ALABAMA, onde nasceu, Dake Katechis abriu o Oskar Blues Grill em 1997, usando receitas da cozinha sulista, aprendidas com a mãe. Instalou uma microcervejaria no porão da casa em 1998 e começou a vender sua cerveja no ano seguinte. Em 2002, quando decidiu investir 10 mil dólares em equipamento para enlatar, os fãs da cerveja artesanal e as pequenas cervejarias consideravam o recipiente adequado apenas à insípida produção das grandes fábricas. Sua primeira cerveja em lata, Dale's Pale Ale, ajudou a mudar o panorama. Em 2005, ele terminou em primeiro lugar num concurso de degustação às cegas de american pale ale promovido pelo *New York Times*. O evento foi "O Apocalipse da Cerveja em Lata", segundo ele, pois divulgou muito sua marca. O Oskar Blues Brew & Grill ainda funciona em Lyons, Colorado, mas a companhia montou uma cervejaria maior, com sala de degustação concorrida e restaurante espaçoso, perto de Longmont. Ele cultiva lúpulo para sua cerveja na fazenda Hops & Heifers e cria gado para abastecer o restaurante; opera a destilaria Lyon Soul e abriu uma cervejaria na Carolina do Norte para atender à demanda da Costa Leste. Em 2012, foi aclamado pela Ernst & Young como Empreendedor Regional do Ano. Ciclista ávido, abriu também uma fábrica de bicicletas. Uma das primeiras promoções da cervejaria foi dar uma bicicleta de corrida aos três primeiros clientes que separassem 3.501 latas para reciclagem, a quantidade que cabia num palete.

NOTAS DE DEGUSTAÇÃO

TEN FIDY IMPERIAL STOUT, 10,5%

Ao sair da lata, dá a impressão de ser óleo de motor. Aroma moderado de tostados e chocolate amargo e ao leite surgem misturados desde o início. Encorpada, "mastigável", com aromas de chocolate e frutas escuras, com emergir de amargor de chocolate e tostados no final.

HARMONIZAÇÃO: Uma sobremesa em si, mas o menu em Lyons sugere tentações como sorvete com brownie e calda quente ou bombom de chocolate ao bourbon.

DALE'S PALE ALE 6,5%

Cor de cobre com colarinho branco vaporoso, nariz em pinho, cítricos e biscoito. Rica no paladar, com sabor abundante de pão maltado e sucos de frutas do lúpulo, com um longo final amargo.

HARMONIZAÇÃO: Bela companhia para tacos de atum no restaurante original. O prato inclui pimenta jalapeño, molho de coentro, calda de manga fresca e rúcula.

MAMA'S LITTLE YELLA PILS 5,3%

Cerveja amarela com aroma floral e sutis notas de cereais, cítricos e especiarias. Fresca no paladar, combinando malte e lúpulo, com final intenso de lúpulo que lhe dá um amargor firme, mas não agressivo.

HARMONIZAÇÃO: Vai bem com qualquer sanduíche.

OSKAR BLUES TEN FIDY

OSKAR BLUES DALE'S PALE ALE

Atitude "enlatada" *Oskar Blues inaugurou a tendência de enlatar cervejas artesanais*

OSKAR BLUES MAMA'S LITTLE YELLA PILS

INFORMAÇÕES

PRODUTOR Port Brewing Co

FUNDAÇÃO 2006

ENDEREÇO 155 Mata Way #104, San Marcos, Califórnia 92069

SITE www.portbrewing.com, www.lostabbey.com

FILOSOFIA Fazer cervejas que outros não conseguem

PORT BREWING

Instalada em San Diego, a cervejaria Port Brewing comercializa duas marcas: Port e Lost Abbey. Cervejas no estilo da Costa Oeste levam a marca Port, e as inspiradas nos tipos belgas exibem o rótulo Lost Abbey.

A PORT BREWING FOI INAUGURADA EM 2006, pelo grupo proprietário da rede de bares e cervejarias Pizza Port. Já produziam cerveja para os restaurantes, mas a procura superava a oferta. Por isso, abriram uma fábrica maior. O mestre cervejeiro Tomme Arthur costuma buscar inspiração na Bélgica, defendendo o conhecimento, não a imitação. "Por um tempo as pessoas tentaram reproduzir estilos de outros países; eu nunca tentei copiar uma cerveja", declarou Arthur.

Em vez de discutir estilos, ele prefere falar em "cervejas saborosas" e em como criações como a Cuvee de Tomme mudaram a produção nos EUA. Ele começou a fazer a Cuvee no pub Pizza Port de Solana Beach, em 1999. Envelheceu uma cerveja escura forte preparada a partir de fermento belga em barris de bourbon, acrescentando 23 kg de cereja e três diferentes cepas do fermento selvagem Brettanomyces. Hoje ele usa barris de brandy e carvalho francês.

Lost Abbey tem mais de mil barris para maturação, e a mistura de cervejas é a marca da casa. Embora as bebidas se destaquem pela intensidade e ousadia, apresentam notas complexas e nuanças que só aparecem com o decorrer do tempo.

Em 2012, Arthur e sua equipe misturaram treze cervejas especiais durante o ano. A Ultimate Box Set se inspirou no rock, e a cada mês uma "faixa" era lançada, com características únicas, diferentes tipos de barris e cervejas básicas distintas do portfólio da Lost Abbey. No final do ano, os doze lançamentos e uma décima terceira de bônus foram vendidos em um "roadie", baú que continha notas a respeito da bebida.

PORT BREWING
RED POPPY ALE

PORT BREWING
10 COMMANDMENTS

PORT BREWING
HOT ROCKS LAGER

NOTAS DE DEGUSTAÇÃO

RED POPPY ALE WILD FRUIT BEER, 5%

Quase marrom, com reflexos rubi, a cerveja é aromática, destacando frutas escuras e cereja. Sabor adocicado de caramelo e de frutas vermelhas logo enchem a boca, com cereja ácida e uma nota agradável de vinagre balsâmico. Passa uma impressão de vinho, dada a maravilhosa complexidade.

HARMONIZAÇÃO: A acidez frutada da Red Poppy combina, equilibra e sustenta um pato suculento, em especial com molho ou calda.

10 COMMANDMENTS STRONG BELGIAN ALE, 10%

Marrom-escura, parece encorpada. Nariz intenso, com frutas escuras, chocolate e caramelo passando ao sabor, em deliciosa combinação. Notas terrosas, ácidas e de especiarias na boca, com final seco.

HARMONIZAÇÃO: O sabor das frutas escuras e as notas de caramelo formam uma excelente base para carnes fortes, como costela ensopada.

HOT ROCKS LAGER STEIN BEER, 6,2%

Faz parte da família Port Brewing, seguindo a tradição alemã de adicionar granito quente à fervura. Sabor abundante de caramelo, com toffee e até chocolate. Lager encorpada, com sabor de caramelo dando lugar ao lúpulo terroso e condimentado, de amargor suave.

HARMONIZAÇÃO: Boa companheira para a comida, em especial pratos como hambúrguer, pizza, churrasco e especialidades mexicanas.

ROGUE

INFORMAÇÕES

PRODUTOR Rogue Ales

FUNDAÇÃO 1998

ENDEREÇO 2320 OSU Drive, Newport, Oregon 97366

SITE www.rogue.com

FILOSOFIA Dedicação ao rogue ("patife") que há em todos nós

ROGUE
DEAD GUY ALE

ROGUE
MOCHA PORTER

Embora não seja a maior das novas cervejarias americanas, a Rogue comercializa em todos os estados americanos e em mais de vinte países. Construiu reputação internacional ao recrutar fãs para aderir à "Nação Rogue".

Travessa mas gostosa
Rogue é irreverente, ao mesmo tempo em que exala classe

ROGUE SHAKESPEARE OATMEAL STOUT

O USO DE GARRAFAS QUE BRILHAM NO ESCURO ou de cerâmica cor-de-rosa (como a da Bacon Maple Ale) mostra a irreverência da Rogue. Mas a cerveja ainda é a atração principal, e o mestre cervejeiro John Maier é o astro da companhia. Quando a Associação dos Cervejeiros lançou o prêmio anual por inovação na cervejaria artesanal, em 1997, ele foi o primeiro agraciado. Embora use grande quantidade de ingredientes inusitados, ficou famoso pelo emprego de lúpulo e lançou uma das primeiras double IPA comerciais.

Por isso a Rogue adquiriu o Micro Hopyard no Willamette Valley, Oregon, cerca de 120 km a leste da unidade de Newport. A cervejaria aluga um campo numa fazenda de lúpulo estabelecida, com colheitadeiras e instalações para secagem. Além disso, cultiva cevada no Tygh Ranch, a nordeste da plantação de lúpulo. Embora seja fora de mão, a cervejaria lota no fim de semana. A sala de degustação funciona em horário comercial e há tours no verão e na época da colheita. "Assim mostramos a experiência da Rogue", diz o cofundador Jack Joyce. Também ajuda a educar os fãs. "Acreditamos que a origem faz diferença." Entre os eventos especiais, destacam-se apresentações musicais e palestras sobre assuntos como criação de abelha. O local está disponível para casamentos e hospedagem no Hop 'n' Bed, uma casa de fazenda com vista para campos de lúpulo e instalações de processamento.

NOTAS DE DEGUSTAÇÃO

DEAD GUY ALE MAIBOCK, 6,6%

Cor de cobre que antecipa aroma e sabor intensos de tostados e caramelo; os lúpulos tendem ao herbáceo no nariz e ao amargor na boca. O adocicado do caramelo se equilibra com os lúpulos.

HARMONIZAÇÃO: Apropriada para caças, suínos e embutidos acompanhados de batata. O ataque doce e amargo tem intensidade para enfrentar pratos condimentados cajun.

MOCHA PORTER 5,1%

Preta como café, com colarinho bege. Notas tostadas dão lugar a chocolate, e o caramelo intenso aparece mais na boca. Bem equilibrada, com lúpulos que garantem um final agridoce.

HARMONIZAÇÃO: O chocolate e o toque defumado sobre o lúpulo pujante pedem um churrasco.

SHAKESPEARE OATMEAL STOUT 6%

Café torrado a fundo e chocolate se misturam com frutas escuras no nariz. Presença sutil de malte, muito lúpulo amargo, com textura macia, quase cremosa, no paladar.

HARMONIZAÇÃO: Quase uma sobremesa, pode ser servida com sorvete de chocolate ou baunilha.

RUSSIAN RIVER

INFORMAÇÕES

PRODUTOR Russian River Brewing

FUNDAÇÃO 2004

ENDEREÇO 725 4th Street, Santa Rosa, Califórnia 95404

SITE www.russianriverbrewing.com

FILOSOFIA Ale em estilo californiano, com lúpulos intensos, ale de inspiração belga e cerveja envelhecida em barril

Uma placa pendurada atrás do balcão do bar da Russian River foi retirada da cervejaria New Albion, inaugurada em 1977, nas proximidades. Ela remete ao início da onda de microcervejarias dos EUA e aponta para o futuro.

PRIMEIRO NA CERVEJARIA BLIND PIG, no sul da Califórnia, depois na Russian River, no norte do estado, em plena região vitífera, o mestre cervejeiro Vinnie Cilurzo encontrou uma plateia entusiasmada e inspirou outros cervejeiros com suas variedades de ale lupulada. Cilurzo batizou sua primeira cerveja de Blind Pig, em 1994. Talvez tenha sido a primeira Double IPA em versão comercial do estilo que seria consagrado em pouco tempo. Foi trabalhar na Russian River, subsidiária da Korbel Champagne Cellars, em 1997. Quando os donos saíram do ramo cervejeiro, ele e a esposa, Natalie, compraram a marca e abriram um bar com cervejaria, em 2004. E já inauguraram uma nova fábrica ali perto.

Cilurzo passou a realizar experiências de maturação, usando barris de vinho da Russian River. Iniciou com os de chardonnay. "Tudo começou com a ideia de fazer uma cerveja clara envelhecida no barril. Adoro lambic, por isso decidi usar um componente dela para produzir minha cerveja. A noção de extrair sabores dos vinhos (dos barris) surgiu espontaneamente", disse. Ele pretendia lançar uma série de cervejas terminadas em "-tion", e a primeira envelhecida no barril foi a Temptation. A pioneira da linha comercial, uma golden forte, a Damnation, ficou bastante popular.

A Double IPA feita por Cilurzo atualmente, chamada Pliny the Elder, é muito diferente da primeira e reflete em parte a disponibilidade de novas variedades de lúpulo nos últimos vinte anos, desde que Jack McAuliffe fundou a New Albion. Cilurzo também produz uma Triple IPA, a Pliny the Younger, uma vez por ano, para lançamento em fevereiro.

RUSSIAN RIVER
PLINY THE ELDER

RUSSIAN RIVER
TEMPTATION

RUSSIAN RIVER
SUPPLICATION

NOTAS DE DEGUSTAÇÃO

PLINY THE ELDER DOUBLE IPA, 8%

Dourada, brilhante, com colarinho branco denso. Aroma de flores de lúpulo maceradas com pinheiro e cítricos, principalmente grapefruit. Leve, com base firme de malte, abundância de sabor de lúpulo, notas apimentadas e amargor puro. Final prolongado, persistente, amargo.

HARMONIZAÇÃO: Pizzas são destaque no bar, e Pliny encara a mais condimentada que houver. Experimente com uma que leva muçarela, pesto, linguiça, espinafre e cebola caramelizada.

TEMPTATION BARREL-AGED ALE, 7,5%

Dourada no copo, fica turva se a garrafa inteira for servida. Nariz com uvas-brancas e frutas (abacaxi), seguida de notas terrosas selvagens, com musgo. Frutas carnudas se combinam a uvas, carvalho e baunilha no paladar. A Temptation é completa e bem ácida no final.

HARMONIZAÇÃO: Vinnie Cilurzo declarou que sua harmonização favorita é Temptation com queijo de cabra Humboldt Fog de Cypress Grove. Se não estiver na Califórnia, escolha seu queijo de cabra favorito.

SUPPLICATION BARREL-AGED ALE 7%

Cor de cereja quase madura, com pinot noir (dos barris) e cereja (da própria fruta) exuberantes desde o início. Aroma e sabor se completam, com defumados, cerejas, uvas maduras, framboesa e morango. O frutado na boca é equilibrado com a acidez pronunciada e taninos de carvalho.

HARMONIZAÇÃO: Companheira perfeita para uma salada verde simples temperada com vinagre – a acidez do molho complementa a da cerveja.

SAMUEL ADAMS

Na vanguarda do movimento das microcervejarias americanas, a Boston Beer Company produz desde 1985 a Samuel Adams, batizada em homenagem ao constitucionalista e cervejeiro, um dos pais da pátria dos EUA.

INFORMAÇÕES

PRODUTOR Boston Beer Co

FUNDAÇÃO 1985

ENDEREÇO 30 Germania Street, Boston, Massachusetts 02130

SITE www.samueladams.com

FILOSOFIA Para garantir a qualidade da cerveja, é necessário esforço

JIM KOCH, DA SEXTA GERAÇÃO CERVEJEIRA DA FAMÍLIA, originalmente fez carreira como consultor empresarial. Começou a fabricar e vender cerveja em 1985. Em quatro anos, as vendas de Samuel Adams pela Boston Beer Company superaram as da Anchor Brewing. Desde então, ela é a maior cervejaria artesanal americana. Muitas cervejas, no início, saíam de fábricas terceirizadas das cervejarias mais antigas reabertas após o final da Lei Seca, com capacidade ociosa na época. Hoje a Boston Beer possui fábricas próprias, a maior delas em Lehigh Valley, na Pensilvânia. A cervejaria-piloto de Boston recebe visitantes.

A primeira cerveja de Koch, Samuel Adams Boston Lager, ocupa desde o lançamento a liderança nas vendas. Ele se inspirou na receita que o tataravô Louis Koch preparava em St Louis, nos anos 1870. A Boston Beer sempre fez de tudo para preservar a qualidade da bebida, empregando o lúpulo Hallertau Mittelfrüh alemão quando outros estavam em falta, além de exigir que os fazendeiros de lúpulo o entregassem fresco, com as características específicas exigidas pela Boston Beer.

Em 1993, Koch introduziu no mercado a Samuel Adams Triple Bock, na época a cerveja mais forte do mundo, com 17% de teor alcoólico. "Todos procuravam, então, criar um estilo clássico. Foi isso que impulsionou a inovação", disse Koch. "Eu preferi me manter afastado dessa busca, tentando expandir as fronteiras da cerveja de estilo tradicional." Radical, a Triple Bock abriu caminho para as Utopias, cervejas ultrafortes, com quase 30% de teor alcoólico, também as mais fortes na época. O blend das Utopias inclui cervejas de barris usados para a Triple Bock.

Koch sabe melhor que ninguém o quanto a cerveja americana mudou nas últimas décadas, e os motivos para isso. Em 2013, colaborou com Jack McAuliffe, pioneiro da cerveja artesanal, na produção da New Albion Ale, original de McAuliffe. A Boston Beer deu todo o lucro a McAuliffe, elemento essencial no lançamento do "movimento americano das microcervejarias". Ele abriu a New Albion em 1976 e a fechou em 1982, mas motivou milhares de cervejeiros a seguir seu exemplo – Koch inclusive.

Variação vintage
Cada uma das Utopias é única e apresenta diferenças sutis de aroma e sabor

SAMUEL ADAMS
UTOPIAS

SAMUEL ADAMS
NOBLE PILS

SAMUEL ADAMS
OCTOBERFEST

SAMUEL ADAMS
LATITUDE 48 IPA

SAMUEL ADAMS
BLACK LAGER

Na liderança
A Samuel Adams alega orgulhosa que a Boston Lager "ajudou a realizar a revolução da cerveja americana"

Delícia dourada
A primeira cerveja da Samuel Adams ficou famosa pelo colarinho denso e a cor dourada

SAMUEL ADAMS BOSTON LAGER

NOTAS DE DEGUSTAÇÃO

UTOPIAS STRONG ALE, 27% OU MAIS
Imagine uma mistura de vinho do Porto e xerez de alto nível, frutas escuras, toffee derretido, notas de madeira e só um pouquinho de álcool na boca. Multiplique por dez e terá uma ideia das Utopias.

HARMONIZAÇÃO: Em si já são sobremesas, mas as Utopias se tornam duplamente majestosas servidas com crème brûlée.

NOBLE PILS PILSNER, 5,2%
Entre a cor de palha e o dourado, com aroma perfumado de lúpulo. Flores, especiarias e cítricos incomuns nos lúpulos americanos. Na boca tem pão, condimentos e um amargor fresco até o final leve.

HARMONIZAÇÃO: Escolha perfeita para acompanhar bruschetta – o caráter maltado combina com o pão, enquanto o lúpulo corta a acidez do tomate.

OCTOBERFEST 5,3%
Seria uma pena esconder a cor alaranjada num copo opaco. Ricamente maltada no nariz e na boca, uma nota sutil de lúpulo condimentado, equilibrada pelo amargor. Cerveja complexa, mas nunca enjoativa.

HARMONIZAÇÃO: Existe uma razão para o frango ser o prato emblemático da Oktoberfest de Munique. O sabor caramelizado da Octoberfest combina perfeitamente com aves.

LATITUDE 48 IPA 6%
A Latitude é âmbar escuro no copo, com colarinho alto e branco. Mistura de aromas, com cítricos, melão e pinho, dando uma impressão diferente a cada vez. Mesma ideia na boca, e uma base sólida de malte equilibrada pelo óbvio amargor.

HARMONIZAÇÃO: Rica e encorpada, combina com pratos como salmão defumado, hambúrguer com bacon e outros complementos salgados.

BLACK LAGER SCHWARZBIER, 4,9%
Mais para o marrom-escuro, quando bate a luz adequada. A Black Lager tem malte tostado e notas de chocolate que dão a impressão de que é mais escura. Intensa e macia, com lúpulo que tende a especiarias, não muito amargo até o final prolongado de café torrado.

HARMONIZAÇÃO: O malte tostado combina com a doçura da cebola caramelizada e do queijo numa sopa de cebola à francesa.

BOSTON LAGER 4,8%
Cor de cobre claro no copo, a Boston Lager promete maltes adocicados mais intensos no sabor que no nariz. Começa com aroma floral e de especiarias, com amargor do lúpulo a equilibrar a doçura do malte. Final prolongado, macio.

HARMONIZAÇÃO: Particularmente versátil com comida, de queijos azuis a frango frito ou linguiças condimentadas.

SIERRA NEVADA

INFORMAÇÕES

PRODUTOR Sierra Nevada Brewing Company

FUNDAÇÃO 1980

ENDEREÇO 1075 E 20th Street, Chico, Califórnia 95928

SITE www.sierranevada.com

FILOSOFIA Com paixão pela inovação, ampliando os limites da cerveja, tudo é possível

A Sierra Nevada serviu de exemplo para mais de mil pequenas cervejarias que surgiram depois. Ficou famosa por cervejas de sabor intenso, com base frequente no lúpulo, por práticas sustentáveis e um envolvimento intenso com a comunidade.

COFUNDADORES DA SIERRA NEVADA, Ken Grossman e Paul Camusi se inspiraram na Anchor e na New Albion para montar um projeto que limitava a produção a 3.580 hl (2.186 barris) anuais. "Calculamos que seria possível ganhar dinheiro assim; não ficaríamos ricos, mas viveríamos bem", revelou Grossman, que depois comprou a parte de Camusi. Situada em Chico, a Sierra Nevada produz atualmente quase 1,2 milhão de hl (750 mil barris) por ano e ergueu uma segunda fábrica perto de Asheville, na Carolina do Norte.

Grossman e Camusi jogaram fora os primeiros dez lotes de Sierra Nevada Pale Ale, até chegarem a uma cerveja que considerassem boa o suficiente para comercialização. Ela se tornou referência para o estilo artesanal mais popular, destacando-se pelo lúpulo e o aroma e o sabor frutados. A Pale Ale divulgou o lúpulo Cascade, que muitos cervejeiros artesanais adotaram como paradigma.

Quando as vendas nacionais da IPA superaram as da pale ale em 2011, uma das principais cervejas da Sierra Nevada era a Torpedo Extra IPA. Ganhou esse nome por causa do recipiente em forma de torpedo usado na fabricação – cheia de flores de lúpulo, a cerveja circula por ele para adquirir resinas oleosas da planta e seus aromas. Em 2010, a Agência de Proteção Ambiental dos EUA agraciou a Sierra Nevada com o título de Empresa Verde do Ano. A cervejaria é elogiada pela política de resíduo zero e investimentos em fontes renováveis de energia, que suprem 85% de suas necessidades. Lá se encontra uma das maiores instalações privadas de energia solar do país. Outra iniciativa é fazer cerveja beneficente para o vizinho mosteiro de New Clairvaux, uma abadia trapista. A empresa ajudou os monges de Vina, ao norte de Chico, a reconstruir a casa capitular levada de Trillo, em Guadalajara, na Espanha. O professor emérito Michael Lewis, que em 1962 começou a ministrar um curso de cervejaria na Universidade da Califórnia, em Davis, consegue a melhor das definições: "A Sierra Nevada Brewing Company é a cervejaria mais perfeita do planeta. O pessoal de lá tem compromisso com a qualidade e a integridade".

Fez escola
Exemplo pioneiro de IPA "americana", a Celebration é considerada um paradigma do estilo

SIERRA NEVADA
CELEBRATION

SIERRA NEVADA
RUTHLESS RYE

NOTAS DE DEGUSTAÇÃO

CELEBRATION INDIA PALE ALE, 6,8%
Sazonal, a primeira IPA da cervejaria tem uma intensa cor de laranja e exala aroma de resinas cítricas e de pinho. Apresenta doçura de caramelo em contraste com o amargor sólido e o sabor de lúpulo. Final prolongado, seco, no fundo da garganta.

HARMONIZAÇÃO: Feita com lúpulo seco de colheita recente, a Celebration é perfeita para um jantar de Ação de Graças com peru assado e molho.

RUTHLESS RYE INDIA PALE ALE, 6,6%
Essa IPA cor de cobre tem colarinho off-white e forma renda grossa. Primeiro libera aroma de cítricos e pinheiro, depois pão e especiarias. Na língua, é leve, com sabor complexo de especiarias e pimentas, mais um toque adocicado de malte e lúpulos herbáceos. O amargor não permanece.

HARMONIZAÇÃO: A doçura do malte e as notas de especiarias ressaltam o sabor de um frango seco à moda jamaicana.

TORPEDO INDIA PALE ALE, 7,2%

Cor de laranja, com colarinho branco denso. Bem floral, com toques de salada de frutas, sem ser enjoativa. O caramelo do malte, doce na língua, logo recebe o amargor firme dos lúpulos resinosos e frutados. Uma cerveja intrometida.

HARMONIZAÇÃO: O caráter cítrico e a doçura do malte combinam com uma salada de frango à moda oriental – o amargor do lúpulo dá ao prato um equilíbrio similar ao que confere à bebida.

PALE ALE 5,6%

Cor de laranja brilhante no copo; no nariz, a Pale Ale é floral e frutada. O sabor de malte tostado equilibra o amargor assertivo do lúpulo. Remissão ao cítricos no final vivo, seco, prolongado.

HARMONIZAÇÃO: Cerveja versátil para a refeição inteira – desde o início, com salada temperada, até o prato principal, que pode ser um saboroso filé com vegetais grelhados como acompanhamento.

BIGFOOT ALE BARLEYWINE STYLE ALE, 9,6%

Âmbar, escura, quase parece vinho, com lúpulos resinosos, maltes enérgicos e aroma quase de madeira. Sabor rico de caramelo escuro acompanhado de lúpulos terrosos e robusto amargor. Cerveja contemplativa, boa para deixar esquentando no copo conforme a noite avança.

HARMONIZAÇÃO: Cerveja boa para guardar na adega e servir diversas safras para comparar. Uma porção de queijo azul pungente transforma a "degustação vertical" num evento inesquecível.

ESTATE INDIA PALE ALE, 6,7%

Feita com lúpulos orgânicos frescos e cevada cultivada e maltada na cervejaria. Aroma vibrante de lúpulo, com raspa de grapefruit e limão, mais um toque de relva. A doçura maltada e as notas de cereais são equilibradas pelo amargor macio do lúpulo.

HARMONIZAÇÃO: As notas de cítricos frescos e o lúpulo condimentado complementam sabores de tamales de frango regados a molho de pimenta doce tailandesa.

SIERRA NEVADA
TORPEDO

SIERRA NEVADA
PALE ALE

SIERRA NEVADA
BIGFOOT ALE

Lúpulos
O uso generoso do lúpulo é a assinatura da Sierra Nevada

SIERRA NEVADA
ESTATE

STONE

INFORMAÇÕES

PRODUTOR Stone Brewing Co

FUNDAÇÃO 1996

ENDEREÇO 1999 Citracado Pkwy, Escondido, Califórnia 92029

SITE www.stonebrew.com

FILOSOFIA Fazer as cervejas que queremos beber

O império cervejeiro Stone inclui uma das cervejarias que mais crescem no país desde 1996, bem como o World Bistro and Gardens, as Stone Farms e outras iniciativas cosmopolitas, além da famosa Arrogant Bastard.

MESTRE CERVEJEIRO E COFUNDADOR da Stone Brewing, Steve Wagner diz que a Arrogant Bastard Ale, talvez tão famosa pelo nome no rótulo quanto pelo líquido, resultou do acaso. Ele adicionou lúpulo demais a um lote quando desenvolvia a receita da Stone Pale Ale. "Cara, pisei na bola", disse ao cofundador Greg Koch, que experimentou a bebida e disse que nunca tinha tomado uma cerveja tão boa. Eles concluíram, brincando, que era boa demais para o gosto alheio e, quando procuravam um nome, começaram pelo conceito de que "você não é bom o bastante para ela", conta Wagner. O resto é história. No rótulo consta o relato original e muito mais, inclusive a frase "Duvido que você tenha o gosto ou a sofisticação para apreciar uma ale com esta qualidade e esta complexidade". Pelo jeito, nada disso afastou os apreciadores, que a tornaram famosa.

Stone expandiu as atividades em múltiplas direções desde que mudou do galpão original, em 2006. O espaçoso Bistro and Gardens serve para divulgar a Stone e outras cervejas do mundo inteiro e acompanhá-las ao cardápio de pratos elaborados com ingredientes locais orgânicos. A cervejaria também adquiriu a Stone Farms, sítio que produz alimentos para o restaurante, e pretende abrir outro restaurante, com hotel. Ao mesmo tempo, Koch e Wagner continuam buscando um local para instalar uma cervejaria Stone na Europa.

A cervejaria comercializa nove variedades regulares: Pale Ale, Smoked Porter, IPA, Ruination IPA, Levitation Ale, Cali-Belgique IPA, Sublimely Self--Righteous Ale, Arrogant Bastard Ale e Oaked Arrogant Bastard Ale. Lança anualmente um número similar de especiais, como Old Guardian Barley Wine Ale, Imperial Russian Stout, Ruination Tenth Anniversary IPA, Smoked Porter with Vanilla Bean e Smoked Porter with Chipotle Peppers. Apesar da vasta linha, cervejas ricas em lúpulo, como IPA e Arrogant Bastard, são o carro-chefe. O mestre cervejeiro Mitch Steele escreveu o livro *IPA: brewing techniques, recipes and the evolution of India pale ale (IPA: técnicas cervejeiras, receitas e evolução da India pale ale)*. Em 2012 a cervejaria lançou a série de IPA "Enjoy By", com cervejas para ser bebidas frescas, quando o aroma e o sabor estão no auge. A data limite de consumo consta do rótulo em números enormes.

Os populares tours pela cervejaria atraem 50 mil pessoas por ano, que visitam a fábrica de Escondido para conhecer melhor a cultura da cerveja artesanal.

STONE
ARROGANT BASTARD ALE

STONE
RUINATION IPA

STONE
SUBLIMELY SELF-RIGHTEOUS ALE

Ale radical
Admiradas pela complexidade e potência, as Stone não são para desanimados

Bom começo
A IPA apresenta colarinho cremoso, denso e persistente

Bom de copo
Copos adequados aumentam o prazer de saborear uma boa cerveja

STONE IPA

NOTAS DE DEGUSTAÇÃO

ARROGANT BASTARD ALE STRONG ALE, 7,2%
Cor de mogno no copo, aroma de frutas escuras em meio a pinheiros de lúpulo desde o início. Na boca, o mesmo, com a fruta misturada ao caramelo adocicado. O lúpulo dá o equilíbrio com toques amargos.

HARMONIZAÇÃO: O cardápio do Bistro sugere beber a cerveja com risoto de salmão, rúcula baby e tomate-cereja, fruit gastrique da estação (molho agridoce) e lascas de nabo frito.

RUINATION IPA 7,7%
Levemente alaranjada, abre com notas cítricas ressaltadas pelo lúpulo aromático. Camadas de fruta no paladar se originam tanto do lúpulo quanto da fermentação. É pungente, com pinho e especiarias. O amargor nunca sufoca a base sólida de malte.

HARMONIZAÇÃO: Excelente companheira para queijos fortes, como cheddar maturado, parmesão, roquefort e mimolette.

SUBLIMELY SELF-RIGHTEOUS ALE BLACK IPA, 8,7%
No copo é escura como promete, mas exala aroma de IPA; tem resina, pinho e ondas cítricas. Sabor de chocolate e caramelo escuro antecedem o ataque do lúpulo na boca. Solidamente ácida, mas sem notas agressivas de uma stout dessa cor.

HARMONIZAÇÃO: Boa com pretzel salgado quente com molho de queijo cheddar e mostarda.

IPA 6,9%
Dourada, clara, essa IPA forma anéis de espuma no copo, após cada gole. Aromas cítrico e de pinheiro surgem primeiro, equilibrados pelo adocicado sutil do malte no paladar. Final longo, amargo e, depois, seco.

HARMONIZAÇÃO: Se você tiver a sorte de visitar o Bistro, peça ceviche de tilápia no almoço. Ou um prato em estilo mexicano, servido com chips de tortilla com limão e pimenta.

VICTORY

INFORMAÇÕES

PRODUTOR Victory Brewing Company

FUNDAÇÃO 1996

ENDEREÇO 420 Acorn Lane, Downingtown, Pensilvânia 19335

SITE www.victorybeer.com

FILOSOFIA Com base no aprendizado na Alemanha, aplicamos a criatividade americana para preparar cervejas memoráveis, dignas das tradições europeias

As três campeãs de vendas da cervejaria Victory – uma tripel belga, uma American IPA lupulada e uma pilsen à moda alemã – representam diferentes culturas cervejeiras, o respeito pela tradição que carregam e o valor do pensamento independente.

"ATUAMOS NO LIMITE DOS ESTILOS cervejeiros tradicionais. Toda pilsen leva lúpulo, mas a nossa leva um pouco mais", esclarece Ron Barchet, que criou a cervejaria Victory com Bill Covaleski. Os dois cursavam a quinta série em 1973, quando se conheceram no ônibus escolar. São amigos desde então; em 1985 Covaleski deu a Barchet um kit para fazer cerveja em casa, de presente de Natal. Logo, o hobby ganhou importância. Os dois foram trabalhar na Baltimore Brewing, famosa pela cerveja em estilo alemão, até o fechamento, e ambos frequentaram cursos cervejeiros na Alemanha, em épocas distintas. "Quando comparamos nossos SAT (testes para admissão na faculdade), as notas mostravam que tínhamos qualidades distintas, e isso se comprovou. Confiamos que cada um vá desempenhar as tarefas mais adequadas a seu potencial", disse Covaleski a respeito da parceria. Eles abriram a cervejaria Victory no local de uma antiga padaria, em 1996, mantendo um restaurante e a produção de cerveja no local, reformado várias vezes, enquanto colecionavam elogios pelo trabalho. Abriram uma segunda cervejaria em 2013, perto de Parkesburg, também numa antiga fábrica. A respeito da produção, eles afirmam que "o impacto ambiental e a qualidade da água eram as questões principais. Quase oito meses de pesquisa de qualidade da água mostraram que a composição mineral da que utilizamos é sempre idêntica".

No 16º aniversário da cervejaria, Covaleski escreveu, sobre o plano que os dois fizeram em 1994: "Na época, notamos que nossa vantagem competitiva seriam os ingredientes e as técnicas. Isso continua valendo. O malte importado e a flor fresca de lúpulo empregados hoje são os mesmos ingredientes de alta qualidade que usávamos no início".

VICTORY HOPDEVIL

VICTORY PRIMA

VICTORY GOLDEN MONKEY

NOTAS DE DEGUSTAÇÃO

HOPDEVIL INDIA PALE ALE, 6,7%

Ao servir, o acobreado intenso insinua um toque adocicado de malte Munique que logo aparece no nariz e na boca. Mas o lúpulo predomina na cerveja, com aroma de pinheiro e cítricos, sabor cítrico e abrangente amargor.

HARMONIZAÇÃO: Mais encorpada, essa IPA vai bem com comida tailandesa, graças às notas cítricas que destacam o sabor dos pratos.

PRIMA PILS, 5,3%

Cor de palha, com reflexo dourado, a Prima Pils abre com notas florais e malte pilsner novo. No paladar, é enérgica, com sabor condimentado de lúpulo e bom equilíbrio entre a doçura do malte e o amargor. Final seco.

HARMONIZAÇÃO: Pede frutos do mar e peixe; tente salmão assado ou grelhado. A textura combina com a cerveja, e o lúpulo segura o sabor.

GOLDEN MONKEY TRIPEL, 9,5%

Clara, com reflexos alaranjados e colarinho branco persistente. Nariz com especiarias, depois aroma de banana e frutas carnudas subjacentes. Um toque de algodão-doce no paladar, mais fruta, um pouco de cravo – tudo equilibrado pelo amargor do lúpulo que permanece até o final seco.

HARMONIZAÇÃO: Não falta potência para acompanhar queijo e presunto cru, seja prosciutto, seja serrano.

WIDMER BROTHERS

INFORMAÇÕES

PRODUTOR Widmer Brothers Brewing

FUNDAÇÃO 1984

ENDEREÇO 929 North Russell Street, Portland, Oregon 97227

SITE www.widmerbrothers.com

FILOSOFIA Incentivando a irmandade da cerveja artesanal desde 1984

Kurt e Rob Widmer usaram a caminhonete do pai para as primeiras entregas, assim como faziam muitas pequenas cervejarias iniciantes nos anos 1980. Mas o resultado foi único: um novo estilo americano e a maior cervejaria na capital da cerveja.

OS IRMÃOS WIDMER, DE PORTLAND, criaram um novo estilo de cerveja com a Hefeweizen turva preparada como weissbier bávara e elaborada com fermento de altbier, que não gera o sabor de banana e cravo típicos de uma weiss. Os Widmer também adicionaram uma dose potente de lúpulo Cascade, para dar caráter cítrico e mais amargor que o normal. "Em 1986 não pensávamos em estilos. Apenas fazíamos cerveja", declarou Rob. A cerveja conquistou imensa popularidade, e em meados dos anos 1990 a Widmer era a maior cervejaria que só fazia cerveja de barril no Ocidente. Logo depois, começou a engarrafar.

A Widmer se fundiu com a Redhook Ale Brewery em 2008 para formar a Craft Brew Alliance, que depois adquiriu a Kona Brewing *(p. 193)*. Contudo, as marcas continuaram independentes, e com certeza a Widmer poderia produzir algo além da hefeweizen. A série Rotator IPA revelou novas variedades de lúpulo, e a Collaborator Series usou receitas premiadas de cervejeiros artesanais locais. A Brother's Reserve Series incluiu cervejas que jamais haviam imaginado produzir. "Não sei se tudo isso aconteceria em outro lugar, em 1985. No Noroeste, os habitantes são netos e netas dos pioneiros da cerveja. Topam experimentar qualquer coisa", diz Kurt.

Em 2012, a Widmer introduziu uma nova marca, a Omission, com o rótulo da Craft Brew Alliance. A omissão é o glúten encontrado na cevada e no trigo, ao qual parte da população apresenta intolerância. Alguns cervejeiros usam grãos alternativos, como sorgo, mas é difícil que tenham gosto de cerveja. Ao usar cevada e remover o glúten na produção, a Craft Brew Alliance criou uma cerveja sem glúten com mais sabor de cerveja.

NOTAS DE DEGUSTAÇÃO

OMISSION PALE LAGER, 4,6%
Amarela, ensolarada no copo, com notas de limão fresco no nariz e um toque adocicado. Sabor vívido mas discreto, quase de pão. O lúpulo dá a nota cítrica ligeiramente ácida. No mais, bem equilibrada.

HARMONIZAÇÃO: O Gasthaus Pub da Widmer oferece a cerveja com seu cardápio sem glúten, recomendando pratos como salada com cubinhos de peito de frango e bacon.

HEFEWEIZEN WHEAT ALE, 4,9%
Amarela, turva, com colarinho branco abundante. Aroma e sabor cítricos, com raspa de limão em contraste com o trigo, mas ácido. Amargor vívido no final, macio, deixando uma impressão de grapefruit.

HARMONIZAÇÃO: Excelente companheira para frutos do mar, de salmão a caranguejo, leves ou condimentados.

DROP TOP AMBER ALE 5,3%
Âmbar, brilhante, tem colarinho branco alto. Desde o início, equilibra lúpulos florais sutis com notas adocicadas de caramelo. Textura cremosa, com caramelo tostado, malte e mel em equilíbrio com as especiarias do lúpulo no paladar.

HARMONIZAÇÃO: A Drop Top é uma opção menos encorpada que uma cerveja "forte" no final da refeição. O caramelo do malte vai bem com cheesecake de caramelo; os lúpulos condimentados equilibram a doçura.

WIDMER BROTHERS
OMISSION

WIDMER BROTHERS
HEFEWEIZEN

WIDMER BROTHERS
DROP TOP AMBER ALE

5 RABBIT 5 LIZARD

4 HANDS

www.4handsbrewery.com

VERDADEIRA CERVEJARIA DO CENTRO, funciona a curta distância do estádio Busch de St Louis. A sala de degustação da 4 Hands fica aberta quando há jogo de beisebol. Sua Prussia Berliner Weiss é um santo remédio para a umidade do verão no Missouri. A cervejaria oferece ampla gama de cervejas modernas, com bastante lúpulo, boas para harmonizações. Um bom exemplo é a Smoked Pigasus, porter feita com centeio, calda de bordo e cereais defumados na churrascaria local. Há opções maturadas em barris de vinho e destilados.

5 RABBIT

www.5rabbitbrewery.com

OS SÓCIOS DO MÉXICO e da Costa Rica lançaram a 5 Rabbit em 2011. Foi a primeira cervejaria de inspiração latino-americana dos EUA, e a sede é em Chicago. As cervejas, criadas pelo famoso autor cervejeiro Randy Mosher, se inspiram em sabores, texturas e aromas da cozinha latina em vez de tentar reproduzir cervejas mexicanas modernas ou do tempo dos maias. Por exemplo, a 5 Lizard Latin-Style Witbier é feita com casca de limão, maracujá e especiarias. Lúpulos Motueka da Nova Zelândia reforçam o maracujá.

(512) BREWING

www.512brewing.com

KEVIN BRAND, fundador da (512) Brewing, era estudante da Universidade do Texas em Austin quando visitou a cervejaria Celis (fechada atualmente) e descobriu que "a cerveja poderia ser produzida aqui, e não só em St Louis". Anos depois, regressou à cidade e abriu sua própria cervejaria, voltada ao público local, só com cerveja de barril feita com ingredientes orgânicos regionais. A Pecan Porter leva noz-pecã torrada, típica da região texana.

10-BARREL

www.10barrel.com

SE O NOME ORIGINAL, WILDFIRE, tivesse sido mantido, os fundadores não teriam o problema da 10-Barrel, que hoje superou a marca e é uma das – muitas – cervejarias que mais crescem no Oregon, na Bend Beer Trail.
Os cervejeiros Jimmy Seifrit, Tonya Cornett (vencedor da World Beer Cup Small Brewmaster of the Year em 2008) e Shawn Kelso comandam a organização.

ABITA

www.abita.com

A ABITA É DE ABITA SPRINGS, na margem do lago Pontchartrain, do lado oposto a Nova Orleans. É famosa pela água mineral há mais de um século, e as cervejas são associadas pelos apreciadores da região a bons tempos. "*Laissez les bons temps rouler*", dizem, guardando cervejas como Amber e Purple Haze, com adição de framboesa, para a época do Mardi Gras, para acompanhar lagostim ensopado. Inaugurada em 1986, foi a primeira cervejaria artesanal do sul dos EUA. E continua sendo a maior.

AC GOLDEN

www.acgolden.com

A AC GOLDEN ESTÁ INSTALADA dentro da cervejaria MillerCoors de Golden, no Colorado, que até recentemente era a maior fábrica de cerveja do mundo. Produz a Colorado Native, feita apenas com ingredientes locais, além de cervejas lager clássicas europeias e as chamadas de "Projeto Barril Secreto". Estas são fortes e envelhecidas em barris de destilados, deliberadamente ácidas e deliciosamente complexas como as cervejas belgas que serviram de inspiração.

ALCHEMIST

www.alchemistbeer.com

EM 2011, DOIS DIAS DEPOIS que o furacão Irene destruiu a Alchemist, cervejaria e bar no centro de Waterbury, Vermont, as primeiras latas da Heady Trooper saíram da linha de produção de uma cervejaria próxima. A Double IPA, rica em frutas tropicais e sabor intenso, respondeu pelo crescimento que permitiu à Alchemist voltar a fazer outras cervejas, vendidas na própria fábrica.

ALE ASYLUM

www.aleasylum.com

A ALE ASYLUM pretende estar entre as três maiores cervejarias artesanais do Wisconsin. Mudou para uma fábrica maior em Madison, em 2012, graças à procura por cervejas ale de inspiração belga e lúpulo marcante. O mestre cervejeiro Dean Coffey adiciona lúpulos Cascade à pale ale Hopalicious em onze diferentes estágios da produção. A Ballistic IPA é ainda mais lupulada, e a Bedlam! equilibra lúpulos Citra americanos com fermento de mosteiro trapista.

ALESMITH

www.alesmith.com

INICIALMENTE, A ALESMISTH TINHA uma capacidade de produção modesta; depois, tornou-se uma cervejaria regional importante. De todo modo, a reputação dessa empresa de San Diego continua maior que suas instalações e sua produção. Em diversas ocasiões, pesquisas a consideraram a número um no mundo. Fundada em 1995 por um cervejeiro caseiro, vendida em 2002 para outro, Peter Zien, orgulha-se de suas origens. A AleSmith comercializa diversas cervejas intensas, ousadas e populares, como a IPA e a Speedway Stout, com adição de café.

ALPINE

www.alpinebeerco.com

A ALPINE NASCEU EM 1999 graças ao ex-bombeiro Patrick McIlhenney. No início, a produção era terceirizada para a AleSmith, mas agora são feitas em Alpine, sua cidadezinha de origem, a oeste de San Diego. McIlhenney deixa claro suas intenções ao batizar as cervejas como Pure Hoppiness e Exponential Hoppiness – exponencial por conta do lúpulo, cuja quantidade é dobrada a cada adição, ambas consideradas double IPA. Embora os nomes sejam inocentes, Nelson e Duet também são agressivamente lupuladas.

ANDERSON VALLEY

www.avbc.com

DESDE A ABERTURA, EM 1987, a Anderson Valley enfatizou seus vínculos com o vale do condado de Mendocino, que lhe emprestou o nome. Isso inclui usar Boontling, linguagem local falada apenas em Boonville, para batizar a Hop Ottin' IPA ou Bahl Hornin' ("bela bebida"), da série cervejas inovadoras. A cervejaria também recebeu prêmios de preservação ambiental.

ANHEUSER-BUSCH

www.anheuser-busch.com

MUITA COISA MUDOU, mas a Budweiser e os cavalos Clydesdale da Anheuser-Busch continuam sendo ícones internacionais. As raízes da cervejaria na cidade de St Louis remontam a 1852, embora a companhia, hoje Anheuser-Busch InBev, tenha sede na Bélgica. A subsidiária americana opera doze cervejarias no país, que produzem quase metade da cerveja vendida nos EUA, inclusive a segunda marca mais vendida no mundo, Bud Light, e as cervejas Shock Top.

ANDERSON VALLEY HOP OTTIN' IPA

ARCADIA

www.arcadiaales.com

A CERVEJARIA DE BATTLE CREEK segue a tradição inglesa desde a abertura, em 1996, e usa um dos muitos sistemas de produção Peter Austin que Alan Pugsley instalou pelo mundo. A Arcadia importa maltes ingleses e usa uma cepa clássica de levedo, a Ringwood, em tanques para fermentação aberta. Cervejas como a London Porter e a Scottish Ale refletem a tradição, mas a cervejaria também oferece ale lupulada ao estilo americano e ale envelhecida no barril.

ATWATER

www.atwaterbeer.com

A ATWATER BLOCK BREWERY foi inaugurada com elegância em 1997. As variedades de lager elaboradas em equipamento importado da Alemanha logo conquistaram prêmios. Contudo, ela fechou, reabriu e fechou de novo antes da reabertura de 2005. Hoje se chama Atwater Brewery e está instalada no depósito de uma fábrica de 1919, no bairro histórico de Rivertown, Detroit. As lager em estilo alemão seguem predominantes, agora em lata e acompanhadas de tipos populares de ale.

AUGUST SCHELL

www.schellsbrewery.com

O ALEMÃO AUGUST SCHELL fundou, em 1860, a segunda cervejaria familiar mais antiga do país em operação até hoje, em New Ulm. Dada a popularidade de suas cervejas em estilo tradicional alemão, ele promove uma Bock Fest anual em fevereiro, atraindo milhares de pessoas apesar do frio intenso do Minnesota. Tem uma ampla gama de cervejas regulares, além de uma série de sazonais especiais.

AUSTIN BEERWORKS

www.austinbeerworks.com

UMA DÚZIA DE CERVEJARIAS, entre elas a Austin Beerworks, deve ter aberto as portas em Austin em 2010, cada uma com uma abordagem distinta. "Dedicados à excelência", quatro amigos apostaram na produção de lupuladas em lata. Logo ganharam prêmios pelo design e venderam quase 4.770 hl (2.900 barris) no primeiro ano de funcionamento. A Fire Eagle American IPA se destaca pelo ataque frutado cítrico dos lúpulos americanos, enquanto a Pearl Snap Pils mata a sede dos texanos com lúpulos europeus.

BALLAST POINT

www.ballastpoint.com

CERVEJEIROS DOMÉSTICOS RECEBEM boa parte dos créditos pela transformação de San Diego em paraíso da cerveja. Jack White e Yuseff Cherney lançaram a Ballast Point, em 1996, nos fundos de uma loja de cerveja caseira aberta por White em 1992. Sem surpresa, a receita para uma das cervejas mais procuradas, a Sculpin IPA, foi desenvolvida em colaboração com cervejeiros locais.

BAXTER

www.baxterbrewing.com

LUKE LIVINGSTON COMEÇOU a fazer cerveja na faculdade, até que o supervisor do dormitório confiscou o kit. Ele preparou um projeto empresarial para uma cervejaria no Maine aos 24 anos e, quando completou 27, em 2011, já havia saído na revista *Forbes* como um dos "30 com menos de 30", na categoria alimentos e vinho. Baxter é mais um dos cervejeiros cujo sucesso exala lúpulo de variedades de ale como Stowaway IPA; a venda em latas o conduziu a um crescimento de dois dígitos.

BAYERN

www.bayernbrewery.com

PROPRIETÁRIO E CERVEJEIRO da Bayern Brewery, Jürgen Knöller é mestre cervejeiro alemão e começou no ramo aos 16 anos, em 1978. Morou muitos anos na Alemanha, onde passou de aprendiz a oficial e depois se tornou mestre. Diz a lenda que em 1987, quando mudou da Baviera para Missoula, Montana, a fim de participar da montagem de uma cervejaria, levou duas malas. Uma com roupas e outra com livros sobre cerveja. Ele comprou a parte dos sócios da Bayern Brewing quatro anos depois e continua sendo o único cervejeiro alemão nas montanhas Rochosas. A cervejaria se concentra nos estilos alemães, embora algumas cervejas tenham nomes curiosos, como Face Plant (weizen bock) e Dump Truck (helles bock).

BEAR REPUBLIC

www.bearrepublic.com

EMBORA RICHARD NORGROVE, bombeiro, piloto de corrida e mestre cervejeiro da Bear Republic, faça muitas cervejas cobiçadas, como a Hop Rod Rye, sua cervejaria californiana luta para atender à demanda pela Racer 5, IPA frutada, resinosa. Norgrove inventou um modo original de dry hopping, circulando o líquido por pequenos recipientes separados que ele chama de "hop babies", para extrair os óleos do lúpulo e reforçar o aroma. A empresa familiar toca também um pub com cervejaria em Healdsburg, em plena região vitífera do condado de Sonoma.

BERKSHIRE

www.berkshirebrewingcompany.com

OS FUNDADORES DA BERKSHIRE Brewing Company, Gary Bogoff e Chris Lalli, construíram boa parte da cervejaria sozinhos, numa antiga fábrica de charutos no oeste de Massachusetts. Vendiam basicamente cerveja em barril, mas engarrafavam um pouco manualmente, até que as vendas passaram de 12 mil hl (7.300 barris). "Era o nosso destino", declarou Bogoff quando a cervejaria alcançou dimensão regional, em 1994. Hoje produzem uma série grande, sendo bem representativa a Drayman's Porter.

BIG BOSS

www.bigbossbrewing.com

A PARTIR DA TOMCAT BREWING, em 1996, cinco cervejarias diferentes funcionaram no mesmo espaço em Raleigh, Carolina do Norte. Geoff Lamb comprou a empresa e, com o mestre cervejeiro Brad Wynn, rebatizou-a de Big Boss, nome de uma das cervejas mais vendidas. O nome hiperbólico combina com a produção, seja de tradicionais como a brown ale Bad Penny, seja de mais exóticas, como a Big Operator, stout com chocolate belga e framboesa.

BIG SKY

www.bigskybrew.com

A CERVEJARIA BIG SKY, de Missoula, em Montana, faz uma série de cervejas interessantes, intensas, sendo mais conhecida pela brown ale Moose Drool (literalmente, "baba de alce", mas também "papo furado"). A história por trás do nome: a mãe de um dos fundadores fez um desenho para ilustrar o rótulo do lançamento. Ao ver a imagem, que mostrava um alce erguendo a cabeça após beber no lago, um dos cervejeiros sugeriu: "Vamos chamar a cerveja de Moose Drool".

BISON

www.bisonbrew.com

COPROPRIETÁRIO DA BISON BREWING, Daniel Del Grande não faz concessões quando se trata de práticas sustentáveis. A cervejaria, fundada em Berkeley, na Califórnia, em 1989, terceirizou a produção para a Mendocino Brewing. Depois da mudança, Del Grande contratou uma empresa para avaliar as emissões de carbono. O serviço on-line de avaliação ambiental Greenopia dá três folhas verdes (de um máximo de quatro) para a companhia, que vende cervejas orgânicas certificadas desde 2002. Entre elas se destacam a líder de vendas Chocolate Stout e a intrigante Honey Basil Ale (ale com mel e manjericão).

BJ'S CHICAGO PIZZA AND BREWERY

www.bjsbrewhouse.com

BJ'S OPERA MAIS DE 130 restaurantes em quinze estados norte-americanos, alguns deles com cervejarias. Outros servem a cerveja produzida nas microcervejarias do grupo ou em terceirizadas. Cada local oferece oito tipos regulares e diversos sazonais, além de promover pequenos lotes em outros bares. Por exemplo, a Camaraderie, uma das cervejas do grupo, foi desenvolvida em colaboração com a Bavik da Bélgica para constar do cardápio de dúzias de restaurantes da rede.

BLACK RAVEN

www.blackravenbrewing.com

A FOTO ANTIGA DE UM HOMEM rodeado de barris de madeira, com o subtítulo "cervejeiro com corvo domesticado", na página inicial do site da Black Raven Brewing, explica a conexão mística do nome com o corvo. Desde a inauguração, em 2009, Robert "Beaux" Bowman mostra sua paixão por cervejas intensamente lupuladas, como a Trickster IPA, e encorpadas, como a Old Birdbrain, que ganhou por três anos seguidos medalhas no famoso evento Great Alaska Beer and Barley Wine Festival.

BLUE MOON

www.bluemoonbrewingcompany.com

A PODEROSA MILLERCOORNS, dona da marca Blue Moon, produz a cerveja em várias fábricas. Contudo, quando a Coors designou um único cervejeiro e um marqueteiro para lançar a marca, em 1994, precisaram de uma pequena cervejaria para fazer a Blue Moon Belgian White. Hoje a marca supera em vendas as cervejas artesanais mais populares dos EUA, inclusive a Sierra Nevada Pale Ale e a Samuel Adams Boston Lager. O mestre cervejeiro Keith Villa, responsável pelo sucesso, continua a desenvolver receitas para outras Blue Moon.

BOULDER HAZED & INFUSED

BLUE POINT

www.bluepointbrewing.com

PETER COTTER E MARK BURFORD começaram a produzir cerveja com equipamento comprado em leilões, de microcervejarias que fecharam. Instalaram a Blue Point Brewing numa antiga fábrica de gelo de Long Island e aproveitaram o nome do local, Blue Point Oysters. A Toasted Lager, em estilo Vienna, adquire a cor graças à fervura com fogo direto e foi destaque desde o começo. Depois surgiram cervejas da moda, como RastafeRye Ale e Hoptical Illusion.

BOSCOS

www.boscosbeer.com

A REDE REGIONAL de restaurantes com cervejaria começou no subúrbio de Memphis, em 1992. Aparece rapidamente no filme *A firma*, com Tom Cruise, e abriu caminho no Sul com uma linha que chega a mais de 50 marcas por ano. A mais famosa é uma stein alemã, a Famous Flaming Stone Beer, como era de prever. Além dos bares com cervejaria no Tennessee e em Arkansas, a companhia opera uma segunda cervejaria, a Ghost River, que atua na região de Memphis.

BOULDER

www.boulderbeer.com

A BOULDER BEER COMPANY fazia três cervejas num barracão onde antes se criavam cabras, nas imediações de Boulder, no Colorado, nos anos 1980 – a Boulder Porter, a Stout e a Extra Special Bitter. Os cervejeiros usavam lúpulos Cascade americano e Hallertau alemão graças à generosidade da gigante Coors, que também lhes vendia malte. Hoje a lista cresceu muito, incluindo a rica em lúpulo Hazed & Infused, pale ale dry-hopped, e a Flashback India Brown Ale.

BOUNDARY BAY

www.bbaybrewery.com

UM DOS MAIORES BARES COM CERVEJARIA do país, o Boundary Bay distribui a maior parte da produção para além de seus portões. Contudo, o pub continua no centro de tudo. "Se você tirar uma foto do local, terá uma boa amostra do povo de Bellingham", disse a gerente Janet Lightner quando a cervejaria comemorou seu décimo aniversário, em 2005. Faz muitas cervejas, da lupulada Inside Passage Ale (IPA) até a memorável Dunkles Bock.

BRECKENRIDGE

www.breckbrew.com

ABRIU AS PORTAS, EM 1990, como bar cervejeiro na cidade de mesmo nome, e expandiu as atividades para Denver em 1992. Depois tentou montar bares além da divisa do Colorado, mas sem sucesso. Concentrou-se nos cinco bares com cervejarias na região de Denver e na fábrica de cerveja, crescendo a ponto de anunciar, em 2013, planos de construir uma nova unidade industrial na zona rural ao sul de Denver.

BREWERY VIVANT

www.breweryvivant.com

A BREWERY VIVANT SITUA-SE numa área histórica de Grand Rapids e ocupa um prédio centenário preservado, antigamente ocupado pelas instalações de uma funerária. O bar da cervejaria fica onde era a capela. As cervejas lembram as produzidas nas fazendas franco-belgas, embora sejam vendidas em lata. Variam das tradicionais, como a saison Farmhand e a Solitude, em estilo abadia, até a original Zaison, com 9% de teor alcoólico.

BRIDGEPORT

www.bridgeportbrew.com

QUANDO ABRIU, EM 1984, ela se chamava Columbia River Brewery. É a mais antiga cervejaria artesanal em funcionamento no Oregon, que se tornou conhecido como Beervana, trocadilho com nirvana. A cervejaria e o bar ocupam uma antiga fábrica de cordas e passaram por várias ampliações desde que a Gambrinus de San Antonio a adquiriu, em 1995. A BridgePort IPA, que muitos consideraram assustadoramente amarga no lançamento, em 1995, continua sendo a mais pedida.

BRISTOL

www.bristolbrewing.com

A BRISTOL BREWING SE DESTACA em Colorado Springs desde 1994, quando Mike e Amanda Bristol se mudaram para a região. Em 2013, eles ampliaram as instalações, estabelecendo uma fábrica de projeto alemão numa escola primária antiga, quase na frente da primeira cervejaria. Embora tenham duplicado a capacidade, continuam vendendo cerveja só no Colorado. A Laughing Lab Scottish Ale ganhou mais medalhas no Great American Beer Festival que qualquer outra cerveja do estado.

THE BRUERY

www.thebruery.com

QUANDO PATRICK RUE montou o projeto da cervejaria, ele foi corajoso: calculou que a produção envelhecida em barris responderia por 20% das vendas. Em 2013, cinco anos após a inauguração, operava a plena capacidade. Tinha 3 mil barris e 40% da produção maturava dentro deles. Ele levou algum tempo para mesclar as "partes". Por exemplo, a Oude Tart é um blend de cervejas red ale flamengo envelhecidas em barris de vinho por dezesseis a vinte meses. A cervejaria se orgulha de todas as cervejas engarrafadas serem 100% maturadas nas garrafas, com destaque para a premiada Saison Rue.

CALDERA

www.calderabrewing.com

NOS OITO ANOS seguintes à inauguração, em 1997, a Caldera continuou pequena e só vendeu cerveja em barril. Contudo, os negócios prosperaram e ela se tornou a primeira microcervejaria do Oregon a instalar equipamento de pequeno porte para enlatar, em 2005. As latas bancaram a expansão, que durou até 2012 e permitiu que a companhia entrasse para o ramo da destilação. Suas cervejas – principalmente a IPA e a Pale Ale – ganharam medalhas em concursos do mundo inteiro.

CAMBRIDGE

www.cambrew.com

BREWPUB PIONEIRO na Nova Inglaterra, a Cambridge Brewing ainda conserva o ar aconchegante de fábrica reformada, com tijolo à vista e pé-direito alto. Suas cervejas tradicionais são tratadas com carinho, sem se prenderem a 1989. O mestre cervejeiro Will Meyers oferece uma linha inovadora, sempre renovada, seja a Benevolence, cerveja forte inspirada nas belgas, seja a The Wind Cried Mari, com adição de flores de urze, jasmim e lavanda.

CAPITAL

www.capital-brewery.com

NA CERVEJARIA COMPRADA de uma empresa alemã falida, a Capital começou, em 1986, a produzir conforme a tradição germânica. A Autumnal Fire pode ser descrita como um cruzamento entre a Oktoberfest – feita na mesma época – com uma pale doppelbock, pois tem o mesmo teor alcoólico. Embora o portfólio contenha algumas cervejas em estilo americano, a alma está no estilo alemão, com Capital Pilsner e Capital Dark.

THE BRUERY SAISON RUE

CAPTAIN LAWRENCE

www.captainlawrencebrewing.com

QUANDO SCOTT VACCARO tinha 17 anos, resolveu ser cervejeiro. Para tanto, atravessou o país a fim de estudar a ciência da cerveja na Califórnia, estagiou em várias cervejarias e conseguiu emprego como trainee na Sierra Nevada Brewing *(pp. 176-7)*. Voltou a Nova York, onde lançou a Captain Lawrence em 2006, com ajuda da família. A cervejaria tornou-se conhecida pela produção de estilos belgas e variedades envelhecidas no barril, algumas bem ácidas, todas muito complexas.

CASCADE

www.cascadebrewingbarrelhouse.com

A CASCADE MANTÉM UM BAR cervejeiro em Raleigh Hills e opera em Portland a Barrel House, especializada em cervejas ácidas, que atraem muitos fãs do gênero. Em 2005, o dono, Art Larrance, e o mestre cervejeiro Ron Gansberg decidiram explorar o universo das cervejas ácidas maturadas no barril, em busca de uma experiência sensorial intensa, que fosse além do lúpulo. Os intermináveis testes de Gansberg incluíram cervejas feitas com frutas de diversas variedades. A Barrel House serve regularmente cervejas vivas, de barril, nas quais o fermento ou a bactéria continuam ativos.

CENTRAL WATERS

www.centralwaters.com

A CERVEJARIA LEVA algumas questões muito a sério. Foi a primeira a ser convidada a participar do projeto Green Tier do estado do Wisconsin, por causa das práticas ambientais responsáveis. Os tanques de fermentação da cervejaria têm nomes como The Dude, Donnie, Walter e The Big Lebowski, referências ao filme dos irmãos Coen. As cervejas da série Central Waters incluem várias versões envelhecidas no barril, das quais se destaca pelo nome a barley wine Kosmyk Charlie's Y2K Catastrophe Ale.

CHUCKANUT BREWERY

www.chuckanutbreweryandkitchen.com

A CHUCKANUT BREWERY marca o retorno triunfal de um dos pioneiros da cerveja artesanal aos EUA. Will Kemper e Andy Thomas fundaram em 1985 a cervejaria Thomas Kemper, que logo foi incorporada à companhia que se tornaria depois a Pyramid Ales. Kemper viajou pelo mundo, ajudando a abrir outras cervejarias, até fundar a Chuckanut, em 2008. A menor cervejaria de Washington faz algumas das melhores cervejas de inspiração alemã nos EUA. Kemper se orgulha em especial da Chuckanut Pilsner.

CHURCH BREW WORKS

www.churchbrew.com

A CHURCH BREW WORKS instalou-se no altar da antiga igreja católica de São João Batista em Lawrenceville, bairro de Pittsburgh. Mas a cervejaria não serve só para enfeitar a vizinhança. Aberta em 1996, ganhou quatro medalhas no Great American Beer Festival and Large Brewpub of the Year de 2012. Sua fama vem da qualidade das cervejas de inspiração alemã, como a Pious Monk Dunkel.

CIGAR CITY

www.cigarcitybrewing.com

COM A INAUGURAÇÃO EM 2009, a Cigar City Brewing de Tampa mudou para melhor a imagem das cervejarias da Flórida. As cervejas do mestre Wayne Wambles ganharam medalhas nos quatro primeiros anos de participação no Great American Beer Festival. A cervejaria tem um vínculo intenso com a cultura de Tampa – o nome da empresa remete ao tempo em que a cidade era "capital do charuto" dos EUA. A Jai Alai IPA cita o esporte de mesmo nome, popular em Tampa, e as cervejas Humidor Series são envelhecidas em cedro espanhol, madeira usada nas caixas de charuto.

COLUMBUS

www.columbusbrewing.com

A COLUMBUS BREWING está instalada no bairro que hoje leva o nome de Brewery District (distrito das cervejarias). Essa área de Columbus, em Ohio, tinha cinco cervejarias no século XIX. O bairro passou pelo mesmo tipo de recuperação da arte cervejeira da cidade, e a Columbus Brewing se tornou a maior da nova leva. Embora o mestre cervejeiro e dono Eric Bean seja aficionado por lager, e a sazonal não filtrada Summer Teeth seja popular, a IPA alaranjada com ataque lupulado vem crescendo espetacularmente. Outra cerveja popular o ano inteiro é a Pale Ale.

CRAFTSMAN

www.craftsmanbrewing.com

MARK JILG começou a fazer cerveja em 1995, muito antes de a moda chegar a Los Angeles. "Gosto de fazer coisas que os outros não fazem", disse. Isso inclui cervejas básicas, como a Craftsman 1903, lager de receita anterior à Lei Seca, com adição de sabores; a Cabernale, feita com uva cabernet sauvignon, cujo gosto fica entre o vinho e a cerveja; e a Acorn Saison, com gosto e aroma de carvalho.

CROOKED STAVE

www.crookedstave.com

FUNDADOR DA CROOKED STAVE, Chad Yakobson explica que o nome remete à aduela diferente do barril (em inglês, "crooked stave"). "Nesse ramo somos a aduela torta", afirma. Ele desenvolve cervejas em Denver usando cepas de leveduras cultivadas durante a pesquisa para sua tese de mestrado sobre Brettanomyces; na maioria, as cervejas são misturadas após maturação em barris. Destacam-se a saison Surette, a golden L'Brett d'Or e a HopSavant, IPA tropical, selvagem.

DARK HORSE

www.darkhorsebrewery.com

TODOS OS ANOS, EM DEZEMBRO, a Dark Horse Brewery, no centro de Michigan, promove a festa 4 Elf Winter Ale, lançando uma cerveja de mesmo nome, além de produzir mais 50 variedades de barril. Os participantes são convidados a se fantasiar de elfos. A cervejaria manteve a personalidade apesar da explosão das vendas, em boa parte causada pela Crooked Tree IPA, auxiliada por uma série de cervejas intensas e interessantes. A taberna da cervejaria exige canecas dos membros do clube, e o espaço no bar, no balcão de pedra lavrada, é disputado.

DC BRAU

www.dcbrau.com

DESDE 1955, NENHUMA CERVEJARIA funcionou na capital, Washington, DC, até a DC Brau abrir, em 2011. Os fundadores, Brandon Skall e Jeff Hancock, estreitamente ligados à vida noturna local, onde atuam como DJs, batizam as cervejas com referências musicais, como Your Favorite Foreign Movie (canção do Steely Dan) e Ghoul's Night Out (dos Misfits). Contudo, a mais vendida é uma pale ale em lata, chamada simplesmente The Public.

DESTIHL

www.destihlbrewery.com

MICRÓBIOS QUE FLUTUAM NO AR da região central de Illinois fornecem o componente selvagem para as cervejas ácidas populares da Destihl, que descobriu isso no restaurante e cervejaria de Normal (há outra unidade em Champaign) ao usar barris como "koelschips" durante o processo que o mestre cervejeiro Matt Pots descreve como "fermentação secundária espontânea". Ele seguiu com a prática após a abertura de uma cervejaria para produzir para terceiros e acrescentou *fouders* ao sistema, imensos recipientes de carvalho importados da França, de modo a atender à demanda.

DEVILS BACKBONE

www.dbbrewingcompany.com

O BAR COM CERVEJARIA e a cervejaria adjacente, no centro da Virgínia, rapidamente conquistaram fãs, sobretudo das variedades de inspiração alemã. O mestre cervejeiro Jason Oliver, que supervisiona a produção nos dois locais, foi atraído pelo estilo em um curso. "Gosto da precisão do processo", diz. "Queria aprender as técnicas antigas." As quatro cervejas mais procuradas de seu amplo portfólio são a Vienna Lager, a Eight Point IPA, a Dark Abby (dubbel de inspiração belga) e a Danzig (baltic porter).

DIAMOND KNOT

www.diamondknot.com

DOIS FUNCIONÁRIOS DA BOEING, nas imediações de Seattle, lançaram em 1994 a Diamond Knot Brewing, sem abandonar o emprego. Moíam grãos em casa e os transportavam à microcervejaria, nos fundos de um bar de Mukilteo. A IPA, dry-hopped no tanque com o recém-lançado lúpulo Columbus, logo se tornou cult em Seattle. Eles acabaram comprando o bar e hoje dirigem três restaurantes e duas cervejarias.

DIXIE

www.paulanerhpusa.com/dixie

EM 2005, O FURACÃO KATRINA e os saqueadores que vieram depois arruinaram a Dixie, cervejaria retrô de Nova Orleans. Cervejas como a Dixie Lager e a Blackened Voodoo (schwarzbier) são fabricadas atualmente no Wisconsin, embora o sonho de construir uma nova cervejaria na Louisiana permaneça. A Dixie Brewing original abriu em 1907 e, antes da tragédia, envelhecia algumas cervejas em tanques de cipreste de 1912.

DOUBLE MOUNTAIN

www.doublemountainbrewery.com

DOIS SÓCIOS, MATT SWIHART e Charlie Devereux, criaram a cervejaria Double Mountain em Hood River, Oregon, em 2007. O nome é devido à vista para dois montes, Adams e Hood. Eles fazem coisas diferentes, como usar uma cepa de levedura belga para fermentar a maioria das ale. Preferem empregar flor de lúpulo a pellets, e o hopback reforça o inegável caráter lupulado das cervejas, vendidas em garrafas retornáveis de 500 ml.

DRAKE'S

www.drinkdrakes.com

QUANDO ROGER LIND FUNDOU a Lind Brewery, em 1989, em San Leandro, ele preparava, enchia os barris e entregava tudo pessoalmente. Vendida por duas vezes, rebatizada de Drake's, continua sendo uma cervejaria artesanal. Mas aumentou a produção e tem um bar de degustação, o Barrel House, com duas dúzias de cerveja de barril. Sem surpresa, as variedades atuais usam doses mais generosas de lúpulo, como a Drake's India Pale Ale.

DRY DOCK

www.drydockbrewing.com

TRÊS ANOS DEPOIS de comprar a loja da cerveja caseira Brew Hut, em 2002, na cidade de Aurora, Colorado, Kevin DeLange abriu ao lado a Dry Dock Brewing. Oito anos depois, a cervejaria mudou para uma área de 25 mil m^2, prevendo futuras ampliações. Escolheu quatro cervejas para inaugurar a linha de latas: Apricot Blonde, Hefeweizen, Amber e a IPA Hop Abomination, para ilustrar a missão da cervejaria: "fazer estilos tradicionais de alta qualidade".

DUCK-RABBIT

www.duckrabbitbrewery.com

FUNDADOR DA DUCK-RABBIT, Paul Philippon antes dava aulas de filosofia. Sabia que incluiria no logotipo da Duck-Rabbit Brewing o desenho do pato e do coelho, famosa ilustração usada pelo filósofo austríaco Ludwig Wittgenstein para mostrar que uma coisa podia ser vista de duas maneiras. Phillippon percebeu, ao contrário de outros, que poderia se especializar em vender cerveja escura na Carolina do Norte. Provou que estava certo. Baltic Porter e outras cervejas ganharam expressão nacional.

EEL RIVER

www.eelriverbrewing.com

A EEL RIVER BREWING TORNOU-SE a primeira cervejaria orgânica certificada do país, em 1999, e mais tarde passou a usar apenas energia de biomassa, obtida das sobras de uma serraria. Sua linha mostra que cervejas orgânicas, como a Porter, não precisam deixar de ser saborosas. O bar e cervejaria ocupa o prédio de uma antiga serraria de sequoias no norte da Califórnia, em Fortuna; outra cervejaria foi aberta em Scotia, nas proximidades da primeira, em 2007.

ELYSIAN

www.elysianbrewing.com

OS TRÊS BARES COM CERVEJARIA e a fábrica principal da Elysian Brewing atendem a alguns bairros de Seattle. Destaques como Dragonstooth Stout e Avatar Jasmine IPA conquistaram fama nacional. O mestre cervejeiro Dick Cantwell se interessa pelo uso de plantas diferentes na produção. Outras marcas incluem a Immortal IPA, a Zephyrus Pilsner e a Perseus Porter. O Great Pumpkin Festival, promovido pela cervejaria, agrega mais de 60 cervejas de abóbora produzidas no mundo inteiro, inclusive a local Night Owl Pumpkin Ale.

EPIC

www.epicbrewing.com

DIFERENTEMENTE DE OUTRAS CERVEJARIAS de Utah, a Epic Brewing escolheu desde o início não fazer cervejas com menos de 4% de teor alcoólico para seguir a curiosa lei do estado; alcançou fama nacional, abrindo uma segunda unidade em Denver. Embora "epic" se refira a um dia perfeitamente claro no céu das regiões de esqui de Utah e do Colorado, descreve bem a atitude ousada do cervejeiro Kevin Crompton, traduzida em variedades como Big Bad Baptist Imperial Stout, temperada com café e maturada em barris de bourbon.

FAT HEAD'S

www.fatheadsbeer.com

FAT HEAD'S SALOON foi um local pioneiro para a cerveja artesanal no sul de Pittsburgh. Matt Cole, cervejeiro viajado, construiu sua reputação separadamente. Eles se uniram para formar a Fat Head's Saloon and Brewery, com cervejaria e bar, em Middleburg Heights, Ohio. Tornou-se conhecida pela Head Hunter IPA, mas outras cervejas, como a Battle Axe Baltic Porter e a Güddenhoppy Pils, também são interessantes.

ELYSIAN NIGHT OWL

FIFTY FIFTY

www.fiftyfiftybrewing.com

O MESTRE CERVEJEIRO DA FIFTY FIFTY, Todd Ashman, foi decisivo nos anos 1990 para que as cervejas envelhecidas no barril fossem consideradas uma categoria separada na classificação das cervejas americanas. Chamadas de "experimentais" na época, as cervejas que ele produziu numa cervejaria de Illinois ganharam seguidas medalhas no Great American Beer Festival. Elas depois se tornaram um tipo autônomo. Ele prepara uma vasta gama de cervejas em sua microcervejaria de Truckee, na Califórnia, mas as maturadas em barris são as mais cobiçadas.

FISH

www.fishbrewing.com

LOCALIZADA EM OLYMPIA, estado de Washington, onde uma antiga cervejaria de grande porte, a Olympia, criou o famoso slogan "É a água", a Fish Brewing produz ale orgânica com a marca Fish Tale e cervejas inspiradas no estilo alemão com o nome de Leavenworth, pois adquiriu a cervejaria de mesmo nome em 2001. Elas eram feitas numa cidade-dormitório decadente, que se reinventou como vilarejo bávaro. A companhia opera os Fish Tale Brew Pubs tanto em Olympia quanto em Everett.

FLYING FISH

www.flyingfish.com

UMA SÉRIE DE CERVEJAS batizadas em homenagem às saídas da via expressa Nova Jersey Turnpike celebra a relação entre essa cervejaria do subúrbio da Filadélfia com sua terra natal, Nova Jersey. Também é conhecida como a cervejaria lançada na internet, como enfatizou o fundador Gene Muller em 1995: "A Old House encontra a World Wide Web". As regulares da Flying Fish, como a Abbey Dubbel, de influência belga, ou a típica Hopfish IPA, são tão originais quanto as Exit Series.

FOOTHILLS BREWING

www.foothillsbrewing.com

O LANÇAMENTO ANUAL da Sexual Chocolate Stout no pub e cervejaria Winston-Salem da Foothills Brewing tornou-se uma festa, atraindo fãs de todo o sudeste americano. Feita inicialmente como receita caseira para o Valentine's Day, difícil de achar na versão envelhecida em barris de bourbon, ela recebe o nome de um conjunto fictício do filme *Um príncipe em Nova York*. A Foothills abriu uma cervejaria desvinculada dos bares em 2011 para atender à demanda por tipos como a Hoppyum IPA e a People's Porter.

FORT COLLINS

www.fortcollinsbrewery.com

A CERVEJARIA É CONHECIDA pelas marcas próprias e por fornecer as variedades sem glúten da New Planet Beer Company, instalada ali perto, em Boulder, Colorado. A Fort Collins construiu em 2010 uma nova fábrica, que também abriga a Gravity 1020, "uma taberna moderna", e inaugurou uma cervejaria ainda maior em 2013, para atender à procura pelas New Planet, vendidas no país inteiro. As marcas mais populares da Fort Collins são Kidd Black Lager e Chocolate Stout.

FOUR PEAKS

www.fourpeaks.com

MUITO CONHECIDA pela Kilt Lifter Scottish-Style Ale, a Four Peaks Brewing construiu uma segunda fábrica em 2012 para atender à demanda crescente. A cervejaria e o restaurante originais, em Tempe, Arizona, abriram em 1997, ocupando um prédio interessante de 1892, onde funcionou uma fábrica de laticínios até 1965. Embora cervejas ale como Kilt Lifter e 8th Street comprovem o respeito do cervejeiro Andy Ingram pelo equilíbrio, a Hop Knot IPA desempenha um papel igualmente importante no crescimento da empresa.

FREE STATE

www.freestatebrewing.com

QUANDO A FREE STATE BREWING abriu, em 1989, era um restaurante e cervejaria em Lawrence. A primeira autorizada a funcionar no Kansas em mais de cem anos. O estado adotou a Lei Seca em 1881, muito antes do resto do país, e só legalizou a venda de cerveja em 1948. A Free State vende no Kansas e no vizinho Missouri. Destacam-se a Ad Astra Ale e especialidades sazonais.

FULL SAIL

www.fullsailbrewing.com

FÃS DE CERVEJA FORA DO OREGON conhecem a Full Sail Brewing pela ampla variedade, da tradicional Session Lager a opções robustas lupuladas e envelhecidas em barril. Todas são produzidas por métodos manuais, sendo a única de porte e não automatizada nos EUA. Quem visita o local costuma comentar o ambiente. O deque do bar da cervejaria tem vista para a garganta do rio Columbia. Quando o tempo está claro, a paisagem se enche de praticantes de kiteboard e windsurfe. Os picos vulcânicos cobertos de neve cercam o local. Aberta em 1987, a cervejaria passou ao controle dos funcionários em 1999.

FULLSTEAM

www.fullsteam.ag

A FULLSTEAM BREWERY, inaugurada em 2010, diz ao que veio ao escolher um domínio .ag para o site e ao declarar que sua missão é "criar um estilo de cerveja sulista, para celebrar a herança cultural e a culinária do Sul". Isso inclui fazer cerveja com ingredientes locais: a El Toro Classic Cream Ale leva milho, a Carver contém batata-doce. A série Forager usa ingredientes colhidos por voluntários e já inclui cerveja feita com caqui silvestre e papaia.

FUNKWERKS

www.funkwerks.com

OS FUNDADORES DA FUNKWERKS, Brad Lincoln e Gordon Schuck, sabiam que precisavam oferecer outras opções para viabilizar a vontade de se especializar em saison, estando em Fort Collins. "Não podemos fazer só isso num lugar que não tem muitas cervejarias", disse Lincoln. Em 2010, meses depois de iniciarem a produção, eles compraram um equipamento maior. Dois anos mais tarde, a Funkwerks Brewing ganhou o prêmio de Small Brewing Company of the Year no Great American Beer Festival.

GEARY'S

www.gearybrewing.com

EM 1986, A DL GEARY BREWING foi a 13ª microcervejaria a abrir as portas. Antes de inaugurar, David Geary estudou na Inglaterra e trabalhou em uma dúzia de cervejarias pequenas, na Escócia e no sul da Inglaterra. Contratou o consultor inglês Alan Pugsley para ajudar na montagem da cervejaria, e sua produção se caracteriza por equilíbrio e moderação. Elas incluem a líder Pale Ale, que mistura malte e fermento inglês com lúpulos americanos típicos do Noroeste. Hampshire Ale e London Porter também se destacam.

GENESEE

www.geneseebeer.com

UMA DAS POUCAS CERVEJARIAS anteriores à Lei Seca ainda em funcionamento, a Genesee Brewing adotou o nome High Falls no início do século, mas acabou voltando ao nome original, de quando abriu em Rochester, Nova York, em 1878. Ela produz uma linha de lager com adjuntos, além das Dundee Ale e Lager. Em 2012, a companhia inaugurou a Genesee Brew House para preparar cervejas especiais.

GEORGETOWN

www.georgetownbeer.com

A MANNY'S ALE, ASSIM CHAMADA em homenagem a um dos fundadores da Georgetown, Manny Chao, responde por 80% das vendas da cervejaria de Seattle. Ela se tornou uma empresa regional de porte, embora só venda cerveja de barril. Chao e seu sócio, Roger Bialous, usavam as instalações da Rainier Brewery antes de construírem uma fábrica própria. Chao disse que procurava um "final revigorante de lúpulo" para a pale ale e adicionou muito lúpulo no início. "Adicionei um pouco mais no final do processo, e deu tudo certo."

GIGANTIC

www.giganticbrewing.com

DOIS SÓCIOS, VAN HAVIG e Ben Love, desfrutam de ótima reputação na comunidade cervejeira do Oregon e escolheram o nome Gigantic Brewery para dizer que a cervejaria continuaria pequena. Eles tinham duas metas quando abriram, em 2012: "Fazer a melhor IPA de Portland, Oregon, e produzir cervejas sazonais instigantes, saborosas, que em sua maioria serão feitas uma única vez". Um dos primeiros lançamentos depois da IPA foi The City Never Sleeps, saison escura.

GOLDEN ROAD

www.goldenroad.la

MESMO COM O RECORDE DE LANÇAMENTO de cervejarias entre 2011 e 2012, as vendas crescentes da Golden Road Brewing chamaram a atenção para a cofundadora Meg Gill, de 27 anos. "Meg Gill é uma locomotiva empacotada numa surfista elegante e direta", declara o CEO da New Belgium Brewing, Kim Jordan. A cervejaria de Los Angeles abriu caminho como empresa estreante em tempo recorde, ajudada pela linha Anytime Beers, com destaque para a enlatada Point the Way IPA.

GORDON BIERSCH

www.gordonbiersch.com

VÁRIAS EMPRESAS CONTROLAM hoje os restaurantes cervejeiros Gordon Biersch e a cervejaria de grande porte com o mesmo nome, em San Jose, Califórnia. Nos dois casos são produzidas cervejas de inspiração alemã, a partir de receitas criadas por Dan Gordon, que estudou durante cinco anos na Universidade Técnica de Weihenstephan, na Baviera. Além de comercializar interpretações de clássicos como Märzen e Hefeweizen, a maior cervejaria da Gordon lançou uma série de edições limitadas, com alto teor alcoólico.

GRAND TETON

www.grandtetonbrewing.com

SITUADA EM IDAHO, no sopé dos montes Teton, a Grand Teton Brewing distribui suas cervejas fortes, populares e artesanais em muitos estados a oeste do Mississippi. E reivindica seu papel na história moderna. Pouco depois da inauguração como Otto Brothers Brewing, em 1988, o bar cervejeiro reintroduziu o "growler", antigo recipiente americano, em releitura para 1,7 litro, que permite levar cerveja fresca do barril para casa.

GRAY'S

www.graybrewing.com

A FAMÍLIA GRAY RETOMOU a produção de cerveja em 1994, após um intervalo de 72 anos. A companhia fundada por JC Gray em 1856 parou de produzir cerveja no sul do Wisconsin em 1912, antes da Lei Seca. Um incêndio destruiu a fábrica de refrigerantes da empresa. A Gray's continua pequena, com duas medalhas de ouro no Great American Beer Festival de 1994, pelas cervejas Honey Ale e Oatmeal Stout.

GREAT DIVIDE

www.greatdivide.com

LOCALIZADA NO BALLPARK DE DENVER, bairro que concentra as novas cervejarias artesanais, a Great Divide já é veterana. Curiosamente, a cervejaria só inaugurou um bar anexo treze anos após a abertura em 1994, quando já era atração turística. Cervejas intensas e fortes como a Hercules Double IPA e a Yeti Imperial Stout se destacam entre as melhores do mundo nos sites de avaliação. Mas o portfólio inclui vários tipos tradicionais, como a Colette, todos bem equilibrados.

GREENPOINT

www.heartlandbrewery.com

NO BROOKLYN, A GREENPOINT BEER produz cervejas da rede Heartland Brewery de Manhattan, além das criações do mestre cervejeiro Kelly Taylor, com a marca Kelso. A Heartland foi inaugurada em 1995, na Union Square de Nova York, e hoje tem seis endereços na cidade, a maior parte em Midtown. A experiência cervejeira de Kelly Taylor antes de entrar na Heartland era caseira. Ele fazia uma IPA com reforço de lúpulo e, desde 2006, mantém a linha Kelso.

GRITTY'S

www.grittys.com

NÃO EXISTE UM GRITTY – os fundadores inventaram o nome. O bar e cervejaria Gritty McDuff, no bairro Old Port, Portland, se destaca pelo ambiente do Velho Mundo que o nome sugere. Primeiro bar cervejeiro do Maine, inaugurado em 1988, tem hoje mais duas unidades; a maior também produz cerveja para distribuição na Costa Leste. O equipamento e o fermento são da Inglaterra, e a Best Bitter mostra bem suas origens, principalmente quando servida direto do barril.

HAIR OF THE DOG

www.hairofthedog.com

EMBORA TENHA FAMA nacional e venda cerveja desde 1994, a Hair of the Dog Brewing produz menos que um bar cervejeiro médio. Em geral são cervejas de alto teor alcoólico, algumas envelhecidas no barril e maturadas na garrafa. Cada uma delas tem uma identidade, "como as pessoas que as inspiraram". O chef que virou cervejeiro, Alan Sprints, segue a linha belga, mas sua primeira criação, chamada Adam, se baseou no extinto estilo alemão adambier.

HALE'S

www.halesbrewery.com

MIKE HALE ABRIU A HALE'S ALES no oeste de Washington em 1983, quando voltou de um período de treinamento na cervejaria Gale's inglesa. Antes de se instalar em Seattle, entre os bairros de Fremont e Ballard, havia tentado a sorte em dois outros endereços. Tanto a cervejaria como o pub anexo refletem sua meta de recriar as cervejas que conheceu na Inglaterra nos anos 1980. Contudo, sua produção vai além do estilo inglês. Por exemplo, a Mongoose IPA e a Supergoose IPA abusam dos lúpulos do noroeste dos EUA.

GREAT DIVIDE COLETTE

HALF ACRE

www.halfacrebeer.com

A GOOSE ISLAND *(p. 162)* era a única cervejaria artesanal de Chicago quando a Half Acre Beer iniciou a onda de microcervejarias locais. No começo, fabricava para terceiros; só iniciou linha própria em 2009. Foi a pioneira da cerveja em lata na cidade, optando pelo modelo de 500 ml. A Half Acre também complementa a linha normal, como a Daisy Cutter, pale ale encorpada, com várias cervejas sazonais, servidas no bar anexo à cervejaria.

HANGAR 24

www.hangar24brewery.com

CERVEJAS COMO AMARILLO PALE ALE e Helles Lager lideraram o crescimento intenso da Hangar 24 Craft Brewery desde a abertura, em 2008. Ben Cook, dono e ex-funcionário do controle da qualidade da Anheuser-Busch, busca novidades, como ingredientes disponíveis perto da sede da cervejaria, em Redlands, Califórnia. A Local Fields Series inclui a Vinaceous, com adição de viníferas tintas, além de outras feitas com damasco, tâmara e laranja sanguínea.

HARPOON

www.harpoonbrewery.com

EM 2013 FOI INAUGURADO o novo centro de visitação da Harpoon em Boston. Amplo, usando materiais de construção novos e antigos da Nova Inglaterra, o espaço simboliza o elo entre as práticas antigas e modernas da cervejaria. A Harpoon começou a produzir em 1986 e se tornou uma das maiores entre as microcervejarias. A companhia agora tem fábricas em Boston e Vermont e faz uma IPA popular e muitas cervejas sazonais na série 100 Barrel.

HAYMARKET

www.haymarketbrewing.com

A REVOLTA DE HAYMARKET ocorreu a poucas quadras da Haymarket Brewery, em 1886, quando trabalhadores e a polícia de Chicago se enfrentaram, com trágicas consequências. A cervejaria ocupa um prédio com mais de um século. Embora o mestre cervejeiro Pete Crowley respeite as tradições, cria uma bebida com ares de século XXI, servida no pub e cervejaria. Crowley aprendeu a envelhecer cerveja no barril na Rock Bottom de Chicago e tem uma sala grande para acomodar sua dorna.

HEAVY SEAS

www.hsbeer.com

HUGH SISSON FOI O PRIMEIRO mestre cervejeiro da Sisson, conhecido bar de Baltimore que abriu cervejaria própria em 1989, quando a atividade se tornou legal em Maryland. Cinco anos depois, ele abriu a Clipper City Brewing, rebatizada de Heavy Seas, sua marca mais popular. O crescimento espetacular veio com o lançamento da Loose Cannon IPA, conhecida como Hop3. A cervejaria desenvolve o maior projeto de maturação em barril do país e reserva barris de madeira para ocasiões especiais.

HIGHLAND

www.highlandbrewing.com

ASHEVILLE, na Carolina do Norte, atraiu a atenção nacional em 2011, quando a Sierra Nevada *(pp. 176-7)* e a New Belgium *(p. 166)* anunciaram que ergueriam fábricas na cidade. Mas a Highland Brewing já havia lançado as bases ali dezessete anos antes. A cervejaria começou no porão de uma pizzaria, depois mudou para instalações maiores. Foi a pioneira das pequenas cervejarias de uma cidade que virou fã da bebida. A Gaelic Ale, a mais conhecida, é uma amber ale com lúpulo abundante, resinoso.

HIGH POINT

www.ramsteinbeer.com

QUANDO GREG ZACCARDI começou a vender cerveja com a marca Ramstein, em 1996, a High Point Brewing era a primeira e única a produzir apenas cerveja de trigo nos EUA desde a Lei Seca. Na época, as cervejarias de trigo eram minúsculas, e o produto parecia com as cervejas ácidas de Berlim. Zaccardi passou a fazer cerveja de outros estilos em sua fábrica de Nova Jersey, mas a Ramstein Classic e a Blonde continuam influenciadas pela tradição germânica.

HILL FARMSTEAD

www.hillfarmstead.com

MENOS DE TRÊS ANOS DEPOIS de Shaun Hill abrir a Hill Farmstead Brewery numa fazenda isolada de Vermont, em terras que são de sua família por oito gerações, o site www.ratebeer.com a considerou a melhor cervejaria do mundo. A maior parte da produção da Hill é intensa no lúpulo e por vezes reforça a nota cítrica do lúpulo New World com adição de casca de cítricos. "Os cítricos são uma obsessão", diz Hill.

HINTERLAND

www.hinterlandbeer.com

BILL TRESSLER, JORNALISTA e editor de duas revistas sobre cerveja, abriu com a esposa, Michelle, a Green Bay Brewing, em 1995, numa cidadezinha perto de Green Bay, Wisconsin. O espaço logo ficou pequeno e a cervejaria mudou para o centro, com o nome de Hinterland Brewery. Os Tressler enfatizam os atributos gastronômicos de suas cervejas, que podem ser apreciadas no restaurante adjacente à cervejaria e no Hinterland Erie Street Gastropub de Milwaukee.

HOFBRÄUHAUS

www.hofbrauhaus.us

A HOFBRÄUHAUS, imensa cervejaria de Munique que remonta ao século XVI, abriu a primeira filial americana em 2003, em Newport, Kentucky. Em 2013 já contava com uma dúzia de restaurantes, cervejarias e bares com áreas ao ar livre nos EUA. Os restaurantes são enormes, e alguns produzem cerveja. Todos servem pratos e cervejas tradicionais de Munique.

HOPPIN' FROG

www.hoppinfrog.com

O MESTRE CERVEJEIRO E DONO da Hoppin' Frog, Fred Karm, diz que ele é o público-alvo. Sem dúvida gosta de cervejas fortes, encorpadas; e há público para elas. A partir de Akron, Ohio, atende a dezesseis estados americanos e mais nove países. Na lendária B.O.R.I.S. The Crusher o nome significa Bodacious Oatmeal Russian Imperial Stout, e Karm faz também uma versão envelhecida em barris de uísque Heaven Hill do Kentucky. Até a sazonal cerveja com abóbora, a Frog's Hollow Double Pumpkin Ale, é forte, com 8,4% de teor alcoólico.

HOPWORKS URBAN

www.hopworksbeer.com

A HOPWORKS URBAN BREWERY se descreve como ecopub e cervejaria em Portland, Oregon. O Oregon Sustainability Grand Champion Award confirma o compromisso da cervejaria com o ambiente. O fundador e mestre cervejeiro Christian Ettinger fez as primeiras variedades orgânicas quando trabalhava na Laurelwood Public House and Brewery, mas não usou lúpulo orgânico até ter certeza de que haviam atingido uma qualidade compatível com suas cervejas intensamente lupuladas e premiadas, como a Hopworks IPA.

INDEPENDENCE

www.independencebrewing.com

FUNDADA POR ROB E AMY CARTWRIGHT, a Independence Brewing recebeu duas vezes o Good Food Award pela Convict Hill Oatmeal Stout. Esse prêmio nacional homenageia comidas e bebidas pelo sabor e pelas práticas sustentáveis. Eles também conquistaram o coração dos texanos de Austin ao mudar o rótulo da Independence Amber no outono, anualmente, para Oklahoma Suks ("Chupa, Oklahoma"), época do disputado jogo de futebol entre as universidades do Texas e de Oklahoma.

IRON HILL

www.ironhillbrewery.com

A REDE DE RESTAURANTE E CERVEJARIA abriu a primeira unidade do Hill Brewery & Restaurant no Delaware, em 1996, depois se expandiu para Pensilvânia e Nova Jersey e planeja novos restaurantes na região. Cada unidade mantém as cinco cervejas básicas no cardápio, mas cervejeiros individuais podem aumentar a linha e ter o dobro de cervejas próprias à venda. A unidade de Media, na Pensilvânia, ganhou o prêmio Small Brewpub of the Year na World Beer Cup de 2012.

ITHACA BEER

www.ithacabeer.com

PIONEIRA NA REGIÃO DOS LAGOS FINGER de Nova York, mais conhecida pelas vinícolas, a Ithaca mudou para instalações mais amplas no outono de 2012 e mais que dobrou a capacidade. A cervejaria, inaugurada em 1998, tem apoiado desde o início os esforços para recuperar o cultivo do lúpulo em Nova York, que já foi líder na produção da flor no país. A Flower Power IPA, feita com lúpulos do noroeste dos EUA, está entre as mais vendidas.

JESTER KING

www.jesterkingbrewery.com

OS IRMÃOS JEFFREY E MICHAEL STUFFINGS se comprometeram com a fermentação mista antes de abrir a Jester King Craft Brewery numa casa de fazenda a oeste de Austin, Texas. Assumiram que suas cervejas teriam a personalidade dos fermentos selvagens empregados. "Vimos além do Saccharomyces, e não há volta", afirmaram os irmãos. Usando ingredientes orgânicos sempre que possível, maturam as cervejas em barril e fazem variedades com baixo teor alcoólico (ou "session") com nomes e rótulos originais.

JOLLY PUMPKIN

www.jollypumpkin.com

PARECIA OUSADO O PLANO DO FUNDADOR, Ron Jeffries, quando ele resolveu, em 2004, que todas as cervejas da Jolly Pumpkin Artisan Ales seriam fermentadas em recipiente aberto, com influência dos fermentos selvagens do Michigan, depois envelhecidas em carvalho e maturadas na garrafa. "Gostamos de fazer as coisas do jeito mais difícil", disse. Cervejas rústicas sensacionais, como La Roja e Bam Bière, conquistaram fãs rapidamente, e a Jolly Pumpkin possui agora cafés com cervejaria em Traverse City e Ann Arbor, além da fábrica principal.

KARBACH

www.karbachbrewing.com

O MESTRE CERVEJEIRO ERIC WARNER estudou na Alemanha e escreveu um livro sobre cervejas alemãs de trigo. Sua receita da Weisse Versa Wheat deixa claro desde o início que a Karbach Brewing, aberta em Houston em 2011, não segue regras estabelecidas. Ela é fermentada com o levedo bávaro comum em weissbier, mas leva temperos como semente de coentro e casca de cítricos, o que não é comum na Alemanha. Entre as melhores da Karbach, destacam-se a intensamente lupulada Hopadillo IPA e a Sympathy for the Lager, com lúpulo alemão.

KARL STRAUSS

www.karlstrauss.com

OS FUNDADORES, Chris Cramer e Matt Rattner, abriram o primeiro bar com cervejaria em San Diego, em 1989. Eles o batizaram em homenagem a Karl Strauss, figura pioneira na indústria e que os ajudou com preciosos conselhos. Hoje a Karl Strauss Brewery mantém uma fábrica e sete restaurantes com cervejaria no sul da Califórnia. A primeira ale festiva deles, a Red Trolley, é a campeã de vendas.

THE KETTLEHOUSE

www.kettlehouse.com

EM 1995, ANO EM QUE A BIG SKY começou a fazer cerveja em Missoula, Tim O'Leary e a esposa abriram as portas de um "lugar que fazia cerveja". Os interessados podiam ir lá fazer a própria cerveja. Não passava de uma microcervejaria e bar. Em 2009, ergueram uma unidade maior ao norte da cidade, e a Kettlehouse se tornou a primeira cervejaria de Montana a produzir cerveja em lata.

JOLLY PUMPKIN LA ROJA

KONA BREWING FIRE ROCK PALE ALE

KONA BREWING

www.konabrewingco.com

AS CERVEJAS QUE A KONA BREWING havaiana vende na área continental dos EUA são feitas pelos parceiros da Craft Brew Alliance de Portland, no Oregon, e de Portsmouth, em New Hampshire. Mas é possível sentir o sabor do Havaí em cervejas como a Fire Rock Pale Ale e a Pipeline Porter. Na ilha, onde Kona foi lançada, em 1995, a mais vendida é a original Castaway IPA.

KUHNHENN

www.kbrewery.com

QUANDO GRANDES REDES de comércio de ferramentas começaram a inviabilizar pequenas lojas como a da família Kuhnhenn, os irmãos Bret e Eric convenceram o pai a vender equipamento para fazer cerveja em casa, além de montar uma cervejaria própria, uma meadery (para produção de hidromel) e uma vinícola, ao norte de Detroit. Destaque para clássicos cult como a Raspberry Eisbock e a GRIPA, primeiro prêmio como Melhor IPA na World Beer Cup.

LA CUMBRE

www.lacumbrebrewing.com

JEFF ERWAY COMEÇOU A FAZER CERVEJA em casa quando lecionava na região oeste do Novo México. Ficou obcecado e passou a sonhar com uma cervejaria própria. A La Cumbre Brewing foi inaugurada em Albuquerque, em 2011. Antes do primeiro aniversário a Elevated IPA, responsável por 70% das vendas, venceu outras 175 concorrentes e faturou medalha de ouro no Great American Beer Festival.

LAKEFRONT

www.lakefrontbrewery.com

OS TOURS PELA LAKEFRONT, aberta em 1987, incluem o "Bernie Brewer's Chalet" do antigo estádio de beisebol e uma cervejaria de 1916 com iluminação histórica. A cervejaria fica num prédio de tijolo aparente, em Cream City. A linha variada tem cervejas "locais", como a Wisconsinite Summer Weiss, feita só com ingredientes de Wisconsin, incluindo um fermento especial.

LANCASTER

www.lancasterbrewing.com

APESAR DO PASSADO CERVEJEIRO – em 1868 o jornal *Daily Intelligencer* proclamou: "Em termos de indústria cervejeira, Lancaster ocupa na América a mesma posição de Munique na Alemanha" –, a cidade da Pensilvânia passou 40 anos sem cervejaria, até a inauguração da Lancaster Brewing, em 1995. A Milk Stout foi especialmente bem recebida.

LAZY MAGNOLIA

www.lazymagnolia.com

APROVEITANDO A MUDANÇA na lei do Mississippi, a Lazy Magnolia Brewing tornou-se, em 2003, a primeira cervejaria do estado desde a Lei Seca e ganhou importância regional. A Southern Pecan Brown Ale, feita com noz-pecã torrada, continua sendo a mais vendida da casa, mas a linha foi ampliada quando a legislação local aumentou o limite de álcool na cerveja de 6% para 10%.

LEFT COAST

www.leftcoastbrewing.com

A OGGI'S PIZZA & BREWING lançou a cervejaria Left Coast, em 2004, com a finalidade de produzir para seus restaurantes na Califórnia. A cervejaria San Clemente hoje vende para sete estados e exporta parte da produção. Foi uma das primeiras a manter uma double IPA em linha; sua cerveja de referência se chama Hop Juice.

LEFT HAND

www.lefthandbrewing.com

QUANDO ERIC WALLACE E DICK DOORE descobriram, em 1993, que o primeiro nome escolhido para a cervejaria deles já tinha dono, procuraram outro, sem imaginar que a mão esquerda vermelha exibida hoje em garrafas, latas, caminhões de entrega e silos na frente da cervejaria de Longmont, no Colorado, se tornaria tão conhecida. A linha da Left Hand inclui a maioria das originais, como Sawtooth Ale, além de lançamentos bem-sucedidos, como a Milk Stout Nitro.

LEGEND

www.legendbrewing.com

MICROCERVEJARIA COMPLETA, a Legend fica escondida debaixo de um restaurante concorrido de Richmond. As instalações no porão são um desafio logístico para os cervejeiros, que fazem mais de 12 mil hl (7.300 barris) por ano. A Legend Brown Ale representa 60% das vendas, mas a Legend Lager e a IPA reforçam a diversidade da oferta.

LEINENKUGEL'S

www.leinie.com

EMBORA A MILLER (atual MillerCoors) tenha adquirido o controle acionário da cervejaria Leinenkugel's, em 1988, os membros da família sempre foram a cara da marca. Jacob Leinenkugel e John Miller fundaram a Spring Brewery em Chippewa Falls, em 1867. Leinenkugel comprou a parte de Miller em 1884. A linha se expandiu, indo além da Leinenkugel's Original, lager clara, e incorporando cervejas como Sunset Wheat, witbier, e a Summer Shandy, cerveja de trigo com sabor de limão, que tem ampla distribuição.

LION

www.lionbrewery.com

UMA DAS RARAS CERVEJARIAS anteriores à Lei Seca ainda em funcionamento, a Lion Brewery sobreviveu no nordeste da Pensilvânia fazendo cerveja para exportação e refrigerante, além de manter duas marcas próprias, Lionshead e Stegmaier. A Lion Brewery comprou a Stegmaier em 1974, incorporando um portfólio que remonta a 1857. Embora tenha acrescentado estilos atuais, como IPA, a Lion brilha mesmo nas receitas tradicionais, como Stegmaier Porter e Stegmaier Brewhouse Bock.

LIVE OAK BREWING

www.liveoakbrewing.com

OS VISITANTES DAS SERRAS TEXANAS em torno de Austin há muito apreciam os churrascos típicos que imigrantes tchecos e alemães adaptaram à região, mas a Live Oak Brewing demorou mais para conquistar o respeito pelas cervejas tradicionais. Produzindo apenas cerveja de barril, a casa adota práticas do Velho Mundo, como fermentação aberta e brassagem por decocção (decoction mashing). Os conhecedores procuram cervejas como a Live Oak Pilz e a Hefeweizen desde a abertura da cervejaria, em 1997; hoje o público é bem maior.

LOGSDON FARMHOUSE

www.farmhousebeer.com

UM POUCO AO SUL DO RIO HOOD, no Oregon, instalado no mesmo barracão em que lançou a Wyeast Laboratories, empresa fornecedora de fermento que dirigiu por mais de vinte anos, Dave Logsdon comanda a Logsdon Farmhouse Ales em sociedade com Charles Porter. Eles usam leveduras que Logsdon coletou em viagens pela Bélgica e ingredientes locais, como pêssego orgânico, cereja da fazenda de 8 ha da família e lúpulo local. Cervejas como a Seizoen Bretta fizeram sucesso imediato.

LONERIDER SWEET JOSIE

LONERIDER

www.loneriderbeer.com

TRÊS AMIGOS QUE FAZIAM cerveja em casa continuaram nos empregos enquanto viabilizavam a Lonerider Brewing, no início de 2009. Escolheram uma identidade ousada, com raízes no Velho Oeste, e abusaram dos instrumentos modernos de mídia social para conseguir um lugar ao sol no próspero movimento cervejeiro artesanal da Carolina do Norte. As "cervejas tipo ale para bandoleiros" levam nomes como Shotgun Betty, os rótulos são chamativos e o bico das chopeiras tem forma de espora. A porter encorpada Deadeye Jack e a brown ale Sweet Josie ganharam medalhas no Great American Beer Festival. Itens promocionais para fãs estão à venda na loja on-line.

LONG TRAIL

www.longtrail.com

UMA DAS MAIORES cervejarias "pequenas" dos EUA, a Long Trail Brewing conquistou a reputação de operar em sistema ECO (Environmentally Conscious Operations, isto é, operações ambientalmente conscientes) desde que deu início à produção, em 1989. Localizada em Vermont, faz excelentes cervejas em estilo alemão: a Long Trail Ale é preparada à maneira da altbier, embora não seja tão amarga, e a popular Double Bag é uma variação mais forte. Não foi surpresa quando ganharam o Governor's Award for Environmental Excellence em 2009.

LOST COAST

www.lostcoast.com

FUNDADA EM 1990, ficou conhecida por cervejas como Downtown Brown, Alleycat e Great White. A Lost Coast Brewery e Café há muito confirmou sua condição de membro da comunidade em Eureka, Califórnia. A câmara local deixou isso claro em 2012, quando aprovou medidas para ajudar a Lost Coast a erguer uma nova fábrica, bem maior. Ela já era uma cervejaria regional de certo porte e queria crescer. "Muitas comunidades gostariam de receber Barbara (Groom, cofundadora e mestre cervejeira) e sua empresa. Esse apoio faz parte do jogo", declarou o gestor municipal David Tyson, na época.

MAC & JACK'S

www.macandjacks.com

BEBER A AFRICAN AMBER da Mac & Jack's Brewery é uma experiência essencial no noroeste dos EUA. Malcolm Rankin e Jack Shropp começaram a fazer cerveja numa garagem durante a noite, para entregar de dia. A cervejaria fica no subúrbio de Redmont, em Seattle, e se tornou uma potência regional, embora só produza cerveja de barril. A African Amber, o carro-chefe, é levemente turva porque os cervejeiros fazem dry hopping no barril, acrescentando um saco de flores de lúpulo cultivado no vale de Yakima, próximo à sede.

MAD FOX

www.madfoxbrewing.com

SITUADO NO ELEGANTE BAIRRO de Falls Church, Washington DC, este bar e cervejaria fez do mestre cervejeiro Bill Madden e de suas criações estrelas no Mad Fox, local requintado que serve excelente comida à base de ingredientes locais. Madden criou reputação nacional por suas cervejas na Capitol City, onde produzia uma ampla gama de variedades. Em estilo inglês, a Ordinary Bitter e a Rock Star Red Irish Ale, além de uma excepcional Kölsch.

MAD RIVER

www.madriverbrewing.com

HÁ INÚMERAS RAZÕES para visitar a Mad River, inclusive um encantador Biergarten, mas o principal é o equipamento original da Sierra Nevada Brewing, adquirido pelo fundador Bob Smith de Ken Grossman, em 1989, para a abertura de sua própria cervejaria. Instalada no condado de Humboldt, ganhou vários prêmios por práticas sustentáveis e pelas cervejas, que incluem a Jamaica e a Steelhead. A Extra Pale se destaca.

MADISON RIVER

www.madisonriverbrewing.com

BLACK GHOST, COPPER JOHN, Hopper, Irresistible, Rubber Legged Razz, Salmon Fly e Yellow Humpy são nomes de iscas de pesca. Na Madison River Brewing, no sudoeste de Montana, também são nomes de cervejas de diversos estilos. A Black Ghost, por exemplo, é uma premiada oatmeal stout. Não surpreende que o mestre cervejeiro Howard McMurry seja um entusiasta da pesca. A Salmon Fly Honey Rye é a cerveja principal, vencedora do prêmio do público no Wyoming Brewers Festival de 2012.

MAGIC HAT

www.magichat.net

FUNDADA EM 1994, a Magic Hat Brewing é hoje uma subsidiária da North American Breweries e oferece a quem visita a sede de Burlington, em Vermont, uma experiência performática. "Não precisamos nos ater à cerveja", disse o cofundador Alan Newman antes de a NAB comprar a Magic Hat. Cervejas como a Pistil, com adição de pétalas de dente-de-leão, não seguem um estilo consagrado, e a #9, carro-chefe da cervejaria, é uma pale ale enriquecida com damasco.

MAMMOTH BREWING CO

www.mammothbrewingco.com

BEM SITUADA PARA QUEM VAI ESQUIAR, no lado leste do parque nacional Yosemite, a Mammoth Brewing Co reflete o cenário de várias maneiras. O proprietário Sean Turn afirma que o lúpulo que usa é mais suave porque a água ferve a uma temperatura mais baixa a 2.440 m acima do nível do mar. Além disso, a popular IPA 395, em garrafa de 650 ml, batizada com o nome da rodovia que passa pelos lagos Mammoth, leva adição de sálvia e zimbro da região.

MARBLE

www.marblebrewery.com

NOS RÓTULOS E BICOS da Marble Brewery, há diferentes tipos de mármore. Os fundadores, apropriadamente, escolheram para o logotipo a mesma bola verde com a imagem de uma flor de lúpulo que aparece no carro-chefe, a India Pale Ale. Muito conhecida pelas variedades ale lupuladas, a Marble oferece uma coleção de cervejas encorpadas, diversificadas, que já renderam diversos prêmios. Algumas estão disponíveis apenas na concorrida sala de degustação no centro de Albuquerque.

MARIN

www.marinbrewing.com

O BAR E CERVEJARIA MARIN, localizado em Lakspur, facilmente acessível de São Francisco por balsa, abriu no dia 1º de abril de 1989. Conquistou múltiplos prêmios, mostrando que não estava de brincadeira. Muitas cervejas originais, como a Mt Tam Pale Ale e a Point Reyes Porter, continuam em linha. Arne Johnson, responsável pela cervejaria desde 1995, é um mestre em cervejas de alto nível; e o cofundador Brendan Moylan cuida de um segundo bar cervejeiro, o vizinho Moylan's.

MARITIME PACIFIC

www.maritimebrewery.com

A MARITIME PACIFIC BREWERY, criada em 1990, é um dos marcos do bairro de Ballard, Seattle. Situado junto à baía Shilshole, o local recentemente se tornou o paraíso das pequenas cervejarias. A temática marítima inclui nomes de cervejas, bandeiras de pirata estendidas no bar principal e um mapa do tesouro desenhado no chão. Como costuma ocorrer no noroeste dos EUA, as lupuladas dividem a cena com as lager tradicionais.

MATT BREWING

www.saranac.com

MATT BREWING, lançada em 1888 por FX Matt, é uma das maiores e mais antigas cervejarias do país, embora não seja tão conhecida quanto outras do mesmo porte. No estado de Nova York, deixou as marcas mais conhecidas em segundo plano nos anos 1990, concentrando-se na Saranac, que produz estilos apreciados pelos fãs da cerveja artesanal. Matt também fabrica para terceiros cervejas artesanais populares.

MCMENAMINS

www.mcmenamins.com

OS IRMÃOS MIKE E BRIAN MCMENAMIN tocam mais de 65 estabelecimentos no noroeste dos EUA, principalmente nas imediações de Portland, Oregon. Muitos produzem cerveja – no caso de Edgefield Manor, na periferia de Portland, as quantidades são realmente grandes. Nem todos os locais têm o nome McMenamin; alguns são grandes e históricos, outros, preciosidades de bairro que também servem cerveja de outras marcas.

MCNEILL'S

www.mcneillsbrewery.com

PROPRIETÁRIO E FUNDADOR da McNeill's, Ray McNeill declarou a um repórter: "Tenho três paixões. Violoncelo, bicicleta e cerveja". Violoncelista de formação clássica, McNeill optou pela cerveja em 1991, abrindo um bar e cervejaria em Vermont e depois uma empresa de engarrafamento, em 2008. Tem fama de pesquisar cuidadosamente as receitas, usa métodos tradicionais e criou um ambiente de pub em Brattleboro, onde serve excelentes cervejas maturadas no barril.

MAUI BREWING CO

www.mauibrewingco.com

OBVIAMENTE, tanto os apreciadores residentes no Havaí como na parte continental dos EUA gostam das cervejas de Maui. Além de abrir um bar e cervejaria em 2005, o fundador da empresa, Garrett Marrero, montou uma fábrica e anunciou, em 2013, a construção de uma segunda unidade, seguida por novo bar cervejeiro.

No Havaí, a blond ale e a IPA são as mais vendidas, mas no continente é a CoCoNut PorTeR. Liquid Breadfruit, em parceria com a Dogfish Head *(pp. 154-5)*, contém ulu, a fruta-pão de Maui, e sementes de papaia torradas, exemplificando o interesse de Marrero em criar cervejas havaianas originais.

MENDOCINO

www.mendobrew.com

A MENDOCINO BREWING reivindica um vínculo direto com o renascimento da cerveja nos EUA. A Hopland Brewery usa equipamento e fermento da extinta New Albion Brewery, que mostrou o caminho aos outros cervejeiros artesanais, e foi o primeiro bar cervejeiro na Califórnia, aberto em 1983. A Mendocino Brewing construiu uma nova fábrica nas imediações, em Ukiah. Ainda produz algumas das cervejas originais, embora não as engarrafe mais em magnum de 1,5 litro, e oferece outras variedades para atender ao paladar americano.

MERCURY

www.ipswichalebrewery.com

MERCURY BREWING, de Ipswich, North Shore de Massachusetts, começou a produzir em 1991 e cresceu discretamente até se tornar uma cervejaria regional com marcas próprias. Destaque para Ipswich Ale, Stone Cat Ale e 5 Mile Ale, que usa pelo menos um ingrediente local. Faz também diversas cervejas para outras empresas de Massachusetts e região. Chamava-se Ipswich Brewing na época da inauguração e é bem conhecida pela marca Ipswich, que faz ainda a Ipswich Dark Ale e a Ipswich Oatmeal Stout.

MIDDLE AGES

www.middleagesbrewing.com

QUANDO MARC E MARY RUBENSTEIN abriram uma cervejaria em Syracuse, Nova York, em 1995, numa antiga fábrica de sorvete Sealtest, concentraram-se na ale inglesa tradicional. Usam maltes ingleses e a conhecida cepa Ringwood de fermento para fazer variedades de ale comercializadas no barril. O tema da "Idade Média" domina os rótulos, que recordam a época do rei Arthur. As cervejas recebem nomes como Impaled Ale, Wailing Wench, Swallow Wit e Ape Hanger Ale.

MIDNIGHT SUN

www.midnightsunbrewing.com

EMBORA A MIDNIGHT SUN BREWING venda sua produção em poucos estados americanos, a cervejaria do Alasca conta com um grupo cult de fãs de cervejas ale esotéricas, muitas das quais são feitas apenas uma vez... mesmo. Por exemplo, em 2007 foi lançada a série dos sete pecados capitais. O destaque na "Deadly Sin Series" foi a Lust (luxúria), encorpada ale belga escura envelhecida em barris de carvalho com infusão de cerveja ácida e Brettanomyces. Cervejas de linha, como a Sockeye Red IPA e a Kodiak Brown Ale, podem ser encontradas em Anchorage, inclusive em lata.

MILLERCOORS

www.millercoors.com

DUAS CERVEJARIAS INTERNACIONAIS gigantescas, SABMiller e Molson Coors, se juntaram em 2008, criando a MillerCoors. As cervejas mais vendidas são Miller Lite e Coors Light. Em 2010, foi lançada a Tenth and Blake Beer Co, para supervisionar a produção de diversas marcas artesanais. A Batch 19 começou a ser produzida em 2010, usando uma receita anterior à Lei Seca. Outras marcas da MillerCoors incluem a Blue Moon *(p. 184)*, a Leinenkugel's *(p. 194)* e a AC Golden *(p. 182)*. Tenth and Blake também investiu em pequenas cervejarias premium, como a Terrapin *(p. 203)*, com sede na Geórgia.

MILWAUKEE

www.mkebrewing.com

NOVE ANOS APÓS A FUNDAÇÃO da Milwaukee Ale House, em 1997, Jim McCabe construiu uma cervejaria, a Milwaukee Brewing. O cervejeiro Robert "Bert" Morton, diplomado como chef pelo Culinary Institute of America, aproveitou sua experiência gastronômica para fazer cervejas diferentes das oferecidas pelas cervejarias consagradas. As duas primeiras em lata foram a Louie's Demise, uma amber lager que se tornou o carro-chefe da casa, e a Vienna lager Love Rock.

MINHAS

www.minhasbrewery.com

RAVINDER MINHAS adquiriu em 2006 uma das cervejarias mais antigas dos EUA, a Joseph Huber, cujas raízes remontavam a 1843, em Monroe, Wisconsin. Hoje vende sua produção no Canadá e nos EUA, inclusive cervejas lager baratas para o Trader Joe's e marcas como Huber Bock, que os apreciadores do Wisconsin respeitam, além de novidades como a Lazy Mutt Farmhouse Ale.

MOONLIGHT

www.moonlightbrewing.com

DESDE 1992, A MOONLIGHT é uma cervejaria de um homem só, produzindo cerca de 1.800 hl (1.100 barris) anuais de cerveja em barril no condado de Sonoma, para venda na região da baía de São Francisco. Brian Hunt aprendeu a fazer cerveja na faculdade, em Califórnia-Davis, nos anos 1970 – época em que o instrutor Michael Lewis levava os alunos para visitar a New Albion Brewing. Suas cervejas sutis, como a lager Death & Taxes ou a Reality Czeck Pils, não são filtradas.

MOUNTAIN SUN

www.mountainsunpub.com

DESDE O MOMENTO EM QUE ABRIU, em 1993, na movimentada Pearl Street de Boulder, a Mountain Sun Pub & Brewery conquistou a preferência local. O lugar é confortável, ao estilo dos pubs McMenamins *(p. 195)*, e serve cervejas caprichadas. A companhia acrescentou depois o bar Southern Sun, na região sul de Boulder, e em seguida o Vine Street Pub, em Denver. Não aceitam cartões de crédito, mas confiam nos frequentadores, que podem pendurar a conta.

NAPA SMITH

www.napasmithbrewery.com

OS PRODUTORES DE VINHO ADMITEM que "é preciso tomar muita cerveja para fazer um bom vinho", então não surpreende encontrá-los na Napa Smith Brewery, que mantém um bar cervejeiro e uma sala de degustação de vinhos, no centro de Napa Valley. O mestre cervejeiro Don Barkley foi um dos poucos empregados da histórica New Albion Brewery nos anos 1970 (primeira cervejaria desde a Lei Seca) e depois mudou com o fermento e parte do equipamento para a Mendocino Brewing, onde trabalhou por 25 anos, antes de entrar para a Napa Smith.

NORTH COAST LE MERLE

NARRAGANSETT

www.narragansettbeer.com

A HISTÓRIA DA NARRAGANSETT Brewing Company começa em 1888. Contudo, fabricou sua última cerveja em 1983 e foi quase inteira demolida em 1998. Mark Hellendrung, de Rhode Island, liderou um grupo de investidores que compraram a marca em 2005 e contrataram diferentes cervejarias para produzir. Parte do encanto da 'Gansett é nostálgico, mas sazonais como a bock e a porter têm muitos fãs.

NATTY GREENE'S

www.nattygreenes.com

QUANDO CHRIS LESTER e Kayne Fisher, bem-sucedidos na direção de restaurantes cervejeiros, resolveram abrir o primeiro brewpub em Greensboro, em 2004, chamaram-no de Natty Greene's, em homenagem ao herói da guerra da Independência que deu o nome à cidade da Carolina do Norte. O conceito emplacou, eles montaram uma cervejaria para engarrafamento e um segundo brewpub em Raleigh, em 2010. Os dois bares oferecem uma seleção rotativa, com opções não disponíveis na fábrica, e em Raleigh estão as cervejas que conseguem melhor pontuação.

NEBRASKA

www.nebraskabrewingco.com

PARA FAZER A MELANGE À TROIS, a Nebraska Brewing envelhece blonde ale em estilo belga (10% de teor alcoólico) em barris de chardonnay de carvalho francês. A cerveja faturou muitos prêmios, sendo uma das razões para a cervejaria distribuir até em Nova York. Quando abriu, não passava de um bar com cervejaria, mas hoje produz uma grande variedade de estilos e consagrou-se com cervejas ousadas, como a Apricot Au Poivre Saison, envelhecida em barril.

NEW HOLLAND

www.newhollandbrew.com

FRED BUELTMANN, sócio-diretor da New Holland, é conhecido como "cervangelista". Além de coordenar a cervejaria e o bar, ele privilegia a educação cervejeira, estimulando os funcionários a se tornarem cicerones, certificando seu conhecimento sobre cerveja em um projeto independente. Os pubs celebram a cerveja servida. O bar tem cervejaria própria, além de destilaria. A família de IPA e a Dragon's Milk Bourbon Barrel Stout são as mais populares.

NO-LI BREWHOUSE

www.nolibrewhouse.com

MARK IRVIN FUNDOU a Northern Lights Brewing Co nas imediações de Spokane, Washington, em 1993. Mudou para a cidade em 2002 e completou a cervejaria com um bar. A microcervejaria produzia 1.900 hl (1.165 barris) em 2011, até que John Bryant, ex-funcionário de diversas cervejarias em épocas de grande expansão, entrou como sócio. Em seguida mudou o nome para evitar o conflito com uma cervejaria que vendia uma cerveja chamada Northern Lights, se expandiu rapidamente e ganhou diversos prêmios internacionais em 2012.

NODDING HEAD

www.noddinghead.com

RESTAURANTE E CERVEJARIA no centro de Filadélfia, o Nodding Head costuma servir cervejas exclusivas, dificilmente encontradas em outros lugares, como a George's Fault, forte (9% de teor alcoólico), com mel, fermentada com levedura belga. A Nodding Head levou um verão inteiro para vender 8 hl (5 barris) de Ich Bin Ein Berliner Weisse quando a produziu pela primeira vez, em 2001, mas hoje a cerveja deliciosamente ácida é uma das mais populares no verão.

NOLA

www.nolabrewing.com

NATURAL DE NOVA ORLEANS, Kirk Coco voltou para casa depois do furacão Katrina, a fim de fundar a New Orleans Lager & Ale (NOLA), em 2009. "Noventa por cento desse mercado pertencia à Bud-Miller-Coors, dois anos atrás", declarou Coco na inauguração da cervejaria. "A virada ocorreu quando muita gente que não conhecia cerveja artesanal começou a experimentar." Cervejas como a intensa Hopitoulas IPA agradaram.

NORTH COAST

www.northcoastbrewing.com

EMBORA FORT BRAGG, na bela costa norte da Califórnia, seja um destino turístico procurado, tem localização complicada para uma cervejaria que distribui para locais distantes. No entanto, o mestre cervejeiro Mark Ruedrich e seus sócios decidiram abrir uma cervejaria e bar na área, em 1988. As cervejas mais populares da North Coast são Le Merle, Red Seal Ale, Old Rasputin Russian Imperial Stout e Brother Thelonious Abbey Ale.

NOTCH BREWING

www.notchbrewing.com

O VETERANO DA CERVEJA artesanal Chris Lohring lançou a Notch Brewing em 2010, para produzir apenas cervejas "session", ou seja, com 4,5% de teor alcoólico ou menos. Ele não tem cervejaria própria, faz as cervejas na Mercury Brewing de Ipswich *(p. 196)* e as vende só em Massachusetts. A Notch Session Pils (4%) e a Session Ale (4,5% e lúpulo americano característico) são as mais fáceis de encontrar. Criações como a Černé Pivo, lager escura, apresentam novos estilos aos apreciadores.

OAKSHIRE

www.oakbrew.com

A OAKSHIRE BREWERY não parou de crescer desde que o professor Jeff Althouse e seu irmão Chris convenceram o mestre cervejeiro Matt Van Wyk, ex-professor de ciências, a se mudar de Illinois para Eugene, Oregon, em 2009. Van Wyck era famoso em Chicago pelas cervejas envelhecidas no barril, em Flossmoor Station, subúrbio da cidade. Além das Oakshire's Watershed IPA e Overcast Espresso Stout, ambas maturadas em barris de bourbon, as criações de sour ale rapidamente chamaram a atenção.

O'FALLON

www.ofallonbrewery.com

A O'FALLON BREWERY parecia à beira da falência em 2011, mas um ex-executivo de marketing da Anheuser-Busch comprou a cervejaria situada a oeste de St Louis. Muitas cervejas para o "dia a dia" não são tão comuns, como a Hemp Hop Rye, a Wheach e a Smoked Porter. Wheach é uma cerveja de trigo com pêssego, bem adequada aos úmidos verões de St Louis e disponível em barril no Busch Stadium. A O'Fallon contratou uma cervejaria do Wisconsin para produzir suas cervejas de garrafa.

OLD DOMINION

www.olddominion.com

FUNDADA EM 1989 em Ashburn, Virgínia, a Old Dominion cresceu até se tornar uma das 50 maiores cervejarias americanas e ser vendida para a Fordham Brewing, em 2007. As operações passaram para a fábrica da Fordham no Delaware, onde fica a sede de companhia Coastal Brewing. As marcas Fordham e Old Dominion continuam separadas, e entre as cervejas preferidas estão Dominion Ale, Octoberfest e Millennium.

OTTER CREEK

www.ottercreekbrewing.com

EMBORA A LONG TRAIL, um gigante de Vermont, tenha crescido mais em 2009, quando comprou a cervejaria Otter Creek e as marcas da Wolaver's Organic, a Otter Creek foi mantida como independente, com centro de visitantes. A Other Creek expandiu sua respeitada linha de cervejas tradicionais, acrescentando tendências, como a Alpine Black IPA. A Wolaver's foi uma das primeiras orgânicas do país a ser certificada pela USDA e se beneficia com o crescente interesse por produtos orgânicos.

PABST

www.pabstblueribbon.com

A PABST BREWING COMPANY, cuja origem remonta a 1844, tornou-se há tempos uma "cervejaria virtual" de Milwaukee, terceirizando para fábricas com capacidade ociosa. As vendas declinaram por 25 anos até a recuperação se iniciar em 2002, quando descolados adotaram a Pabst como "antimarca". A Pabst Blue Ribbon, ou PBR, pode ser encontrada em bares que vendem só cerveja artesanal, como alternativa barata.

PELICAN

www.yourlittlebeachtown.com/pelican

A ÚNICA CERVEJARIA e pub à beira-mar no Oregon, bem ao lado do cenográfico cabo Kiwanda, tem cervejas que ganharam prêmios como Grand Champion Beer na competição Australian International e na European Beer Star alemã. Mas é preciso visitar a Pelican para encontrar cervejas como Imperial Pelican Ale, Kiwanda Cream e Doryman's Dark. Uma cervejaria separada nas imediações, em Tillamook, produz algumas opções para distribuição ampla, mais fáceis de encontrar.

PENN

www.pennbrew.com

SITUADA NO LOCAL da extinta Eberhardt and Ober Brewery, no bairro de Deutschtown, Pittsburgh, a Pennsylvania Brewing Company é uma pioneira da cervejaria moderna. Abriu em 1986, fechou por algum tempo e reabriu em 2009. A cervejaria faz cervejas de primeira linha em estilo alemão, como Penn Pilsner e Penn Weizen. O restaurante da fábrica oferece um cardápio "Euro-Pittsburgh", conta com bar na entrada e Biergarten.

PIKE MONK'S UNCLE

PERENNIAL ARTISAN ALES

www.perennialbeer.com

UMA DAS PRIMEIRAS CERVEJAS lançadas por Phil Wymore quando a Perennial abriu em St Louis, em 2011, era feita com morango local e ruibarbo. Pretendia reproduzir o sabor da torta de ruibarbo e tinha como objetivo acrescentar ingredientes que gerassem complexidade. Outras criações são complexas e seguem o padrão tradicional, como a Hommel Bier, de influência belga. A Abraxas, imperial stout, é envelhecida com pimenta ancho, pedacinhos de cacau e canela em pau.

PIECE

www.piecechicago.com

COM TODOS OS PRÊMIOS conquistados desde a abertura, em 2001, o Piece Brewpub, no bairro de Wicker Park, Chicago, tornou-se ponto de encontro de amantes de cerveja que também apreciam pizza de massa fina. O nome completo do estabelecimento é Piece Brewery and Pizzeria. O mestre cervejeiro Jonathan Cutler, ex-funcionário da Goose Island *(p. 162)* e da Sierra Nevada *(pp. 176-7)*, cria tanto cervejas de trigo ao estilo bávaro como pale ale ao gosto americano, com lúpulos dominantes.

PIKE

www.pikebrewing.com

OS PROPRIETÁRIOS da Pike, Charles e Rose Ann Finkel, desempenharam um papel importante no renascimento da cerveja americana. Começaram importando a bebida das clássicas cervejarias europeias em 1978, para apresentar aos apreciadores variedades desconhecidas. Fundaram a Pike Brewing em Seattle em 1989, venderam-na em 1997 e a compraram de volta em 2006, para sorte da cervejaria e do restaurante, que abriga boa parte da impressionante coleção cervejeira dos Finkel, com destaque para a Monk's Uncle Tripel Ale.

PIZZA PORT

www.pizzaport.com

OS IRMÃOS Vince e Gina Marsaglia compraram uma pizzaria em Solana Beach, em 1987, e a transformaram na primeira cervejaria e bar Pizza Port em 1992. Hoje comandam cinco brewpubs no sul da Califórnia. Em 2006, os Marsaglia e mais dois sócios abriram uma fábrica separada dos bares, a Port Brewing *(p. 171)*.

PORT CITY

www.portcitybrewing.com

FUNDADOR DA PORT CITY BREWING, Bill Butcher virou sensação na mídia em 2012, quando discursou na Convenção dos Democratas, contando como um empréstimo governamental o ajudou a abrir a cervejaria no subúrbio de Washington, em 2011. Até então, a região metropolitana da capital não tinha uma fábrica de cerveja. As criações do mestre cervejeiro Jonathan Reeves, como a Monumental IPA e a Downright Pilsner, rapidamente atraíram a atenção pelo equilíbrio.

POUR DECISIONS

www.pourdecisionsbrewery.com

QUANDO KRISTEN ENGLAND e BJ Haun abriram a Pour Decisions no subúrbio de Minneapolis--St Paul, a filosofia deles era "O pint não é o destino, é apenas parte da jornada". Cientistas de dia e cervejeiros à noite, oferecem várias cervejas de baixo teor alcoólico, como a Pubstitute (3,1%), session ale escocesa escura que chama a atenção. Outras evocam a história da cerveja e de culturas cervejeiras variadas.

PRETTY THINGS BEER & ALE PROJECT

www.prettybeer.com

DANN PAQUETTE trabalhou em cervejarias dos dois lados do Atlântico e atualmente dirige a Pretty Things com a esposa, Martha. Eles receberam o apelido de "cervejeiros ciganos", pois não têm fábrica. Os Paquette, que se consideram "cervejeiros de aluguel", mandam fazer as bebidas numa fábrica com capacidade ociosa no sul de Boston. A Jack D'Or, saison em estilo belga, vale a pena, assim como as recriações de cervejas antigas.

PROST

www.prostbrewing.com

A HISTÓRIA IRRADIA dos recipientes na magnífica sala de brassagem da Prost Brewing, recuperados de uma extinta cervejaria da Francônia e transportados até o bairro de Highland, Denver. Bill Eye e Ashleigh Carter preparam as mesmas cervejas saborosas e tradicionais que a Brauerei Hümmer de Breitengüßbach, na Alemanha, fez durante 350 anos. A Altfränkisches Dunkel Bier e a Pils, entre outras, podem ser encontradas em um número crescente de bares no norte do Colorado.

PYRAMID

www.pyramidbrew.com

ASSIM COMO A MAGIC HAT *(p. 195)*, a Pyramid Breweries opera sob supervisão da North American Breweries. Faz a maioria das cervejas em Seattle, mas mantém outras cervejarias e restaurantes na Costa Oeste. A Pyramid abriu em 1984 com o nome Hart Brewing e foi pioneira da cerveja de trigo nos EUA. A linha atual apresenta uma série de cervejas de trigo regulares e sazonais, além dos estilos em voga, como uma Imperial IPA com 8,5% de teor alcoólico.

RAHR & SONS

www.rahrbrewing.com

EMBORA RAHR & SONS BREWING não tenha feito cerveja durante a maior parte de 2010, por conta do excesso de neve que fez o teto desabar, a cervejaria de Fort Worth se recuperou. Os tours aos sábados viraram festa. "As pessoas se sentem em casa na cervejaria. O pessoal local se considera um pouco dono do pedaço", diz o fundador, Fritz Rahr. Variedades de lager, como a Ugly Pug, escura, são adequadas ao calor texano.

REAL ALE

www.realalebrewing.com

APESAR DO NOME, a Real Ale Brewing não se especializa em ale de barril, embora a forneça aos bares interessados. A cervejaria começou no porão de uma loja de antiguidades de Hill Country, em 1996, crescendo até se tornar a maior cervejaria texana ao norte de Shiner, com a construção da nova fábrica em 2006. A Firemans #4 Blonde Ale é a mais fácil de encontrar, mas as que se destacam pela complexidade são a Full Moon Pale Rye e um número crescente de especiais, como a Phoenixx Double ESB e a Devil's Backbone Tripel.

RED BRICK

www.redbrickbrewing.com

CONHECIDA ANTES como Atlanta Brewing, a Red Brick abriu em 1993, num prédio de tijolo aparente, no centro velho de Midtown – onde antes havia uma gráfica –, e usava equipamento importado da Irlanda. Mudou para o endereço atual em 2007 e alterou o nome para Red Brick Brewing em 2010. "Ter dois nomes confundiu as pessoas durante muito tempo, e, agora que expandimos para mais seis estados, não vimos motivo para confundir de novo", afirmou o presidente Bob Budd.

RED LODGE

www.redlodgeales.com

EM MONTANA, a cidade de Red Lodge fica no início da estupenda Beartooth Highway, que dá acesso ao parque nacional de Yellowstone. As Red Lodge Ales, como a Bent Nail IPA, são vendidas em Montana e no Wyoming, inclusive no restaurante e bar adjacente à cervejaria, na parte leste da cidade. O prédio tem um dos maiores sistemas de aquecimento solar do estado e mantém um jardim de lúpulo na parte externa.

RED OAK

www.redoakbrewery.com

NASCIDO E FORMADO NA ALEMANHA, o mestre cervejeiro Chris Buckley faz cerveja em equipamento construído por alemães e tem orgulho de seguir a lei da pureza da Baviera, a Reinheitsgebot, pela qual uma cerveja só pode conter malte, lúpulo, água e fermento. A empresa começou como brewpub em Greensboro, com o nome Spring Garden, mas trocou para Red Oak em 2002; atualmente tem uma fábrica de alto nível em Whitsett. Buckley não filtra nem pasteuriza cervejas, que a própria cervejaria distribui.

REDHOOK

www.redhook.com

HOJE A REDHOOK faz parte da Craft Brew Alliance, com a Widmer *(p. 181)* e a Kona *(p. 193)*. É a cervejaria artesanal mais antiga do Noroeste e tem fábrica também em New Hampshire. A produção começou em 1982, em Seattle, mas a cervejaria só se firmou no mercado quando lançou a Ballard Bitter, em 1984, e a ESB, em 1987. Ao abrir uma nova cervejaria em Woodinville, em 1994, a Redhook foi por um curto período a quarta maior cervejaria artesanal dos EUA.

REVOLUTION

www.revbrew.com

JOSH DETH, FUNDADOR, e o mestre cervejeiro Jim Cibak, ambos saídos da Goose Island *(p. 162)*, alimentavam altas expectativas quando a Revolution abriu no Logan Park de Chicago, em 2010. Cervejaria e bar, com fábrica construída em 2012 nas proximidades, produz ampla gama de cervejas, da encorpada Anti-Hero IPA à suave Workingman Mild. Elas ganharam duas medalhas na World Beer Cup de 2012.

REVOLVER

www.revolverbrewing.com

O TEXANO GRANT WOOD iniciou a carreira de cervejeiro em 1985 na Pearl, em San Antonio, mas ganhou fama como responsável pelas Samuel Adams *(pp. 174-5)*. "Eu me perguntava se queria continuar em Boston ou me aventurar, fazendo minha própria cerveja", disse Wood. Em 2012, iniciou na Revolver, no norte do Texas, uma produção que vai da bock tradicional a uma cerveja de trigo estilo americano, com casca de laranja sanguínea, mel local e especiarias.

RIVER HORSE

www.riverhorse.com

FUNDADA EM 1996, ocupava originalmente um adorável prédio de tijolo aparente, antiga fábrica da Original Trenton Cracker. A River Horse Brewing saiu de Lambertville, cidade turística, para instalações mais amplas na vizinha Ewing, em 2013. O espaço adicional permitiu que a cervejaria de Nova Jersey voltasse a fazer lager, mas as campeãs de vendas são as intensas em lúpulo (como a Hop-A-Lot-Amus Double IPA) ou as encorpadas Hipp-O-Lantern, com abóbora e 8,5% de teor alcoólico, e a Tripel Horse, 10%, ale em estilo belga.

ROCK BOTTOM

www.rockbottom.com

A REDE ROCK BOTTOM de restaurantes com cervejaria é subsidiária da CraftWorks Restaurants & Breweries, que possui outros restaurantes com cervejaria, com as marcas Gordon Biersch e Big River Grille, além de uns 60 restaurantes em Chicago que capricham na cerveja. Todos os locais oferecem um cardápio de cervejas da casa, algumas específicas da cervejaria onde estão. O Rock Bottom de Chicago ganhou o prêmio de Large Brewpub of the Year no Great American Beer Festival de 2008.

SAINT ARNOLD

www.saintarnold.com

MAIS ANTIGA E MAIOR cervejaria artesanal do Texas, a Saint Arnold mantém forte vínculo com a comunidade de Houston. Por exemplo, incentiva os fãs a entregar para reciclagem as embalagens. Dez anos após a abertura, em 1994, o fundador Brock Wagner comentou: "Eu me dei conta de que posso ser dono do estoque, mas não da cervejaria. Ela pertence a todos que bebem a cerveja Saint Arnold". Além das básicas, vale provar a Divine Reserve e a série Icon.

SAINT SOMEWHERE

www.saintsomewherebrewing.com

BOB SYLVESTER faz farmhouse ale em Tarpon Springs, ao norte de Tampa. Saison "não é bem um estilo, é mais uma filosofia cervejeira", diz. Embora a Saint Somewhere, cujo nome vem de uma canção de Jimmy Buffett, seja minúscula, vende para vinte estados em garrafas de 750 ml decoradas com ilustrações criadas para promover o turismo na Flórida. "Sou tradicionalista", diz ao contar que importa fermentação aberta em tanque previamente usado para fazer vinho e adiciona flores de lúpulo inteiras.

SANDLOT

www.bluemoonbrewingcompany.com

LOCALIZADA NO ESTÁDIO de beisebol da Coors em Denver, a Sandlot serve tanto como local de preparo de lançamentos da Blue Moon da Coors como de bar cervejeiro para os fãs do esporte, com uma gama interessante de estilos tradicionais. Só abre durante os jogos dos Rockies, mas as cervejas são vendidas em outros locais. As melhores têm inspiração alemã, como a dortmunder Move Back, e várias pilsen, algumas com nomes divertidos, como a Most Beer Judges Are Boneheads ("a maioria dos jurados de cerveja é idiota").

SANTA FE

www.santafebrewing.com

INICIALMENTE OCUPOU um estábulo em Galisteo, depois uma ex-oficina de restauração de motos, até chegar à fábrica especialmente construída para abrigá-la – e a jornada de 25 anos fez da Santa Fe Brewing a cervejaria regional líder do Novo México. Mike Levis começou em 1988, comprando a histórica panela de brassagem quadrada da Boulder Brewing. Continua produzindo muitas fórmulas originais, adaptadas pelo filho e atual cervejeiro, Ty.

SCHLAFLY

www.schlafly.com

COFUNDADOR, TOM SCHLAFLY escreveu o livro *A new religion in Mecca* (Uma nova religião em Meca), sobre o mercado de St Louis, "compartilhado" com a gigantesca Anheuser-Busch desde 1991. A Saint Louis Brewery (nome oficial) faz a cerveja no bar de degustação do centro e numa fábrica maior, a Bottleworks, no subúrbio de Maplewood. As 50 variedades disponíveis a cada ano são servidas no September Hop, durante a festa da cidade.

SHIPYARD

www.shipyard.com

A SHIPYARD BREWING foi cofundada pelo mestre cervejeiro Alan Pugsley, cujo apelido era Johnny Appleseed da cerveja, pois prestara consultoria e construíra 120 cervejarias pelo mundo. Quase todas usam fermento Ringwood inglês (cepa com pelo menos 160 anos), que segundo ele dá às cervejas personalidade leve, fácil de beber. Fundada em 1984, a Shipyard manteve uma breve sociedade com a Miller Brewing, mas logo retomou o controle das operações.

SHMALTZ

www.shmaltzbrewing.com

JEREMY COWAN começou vendendo uma única marca, HE'BREW, em 1996. Ela se dividiu em duas linhas diferentes de cervejas, a Shmaltz Brewing e a Coney Island Craft Lagers, fazendo cervejas como Genesis Ale e Messiah Nut Brown Ale. Embora Coney Island tenha licença como a menor cervejaria do mundo, fazendo 4 litros por vez, tanto as marcas Shmaltz quanto a Coney Island são fabricadas também por terceiros. Shmaltz oferece uma série especial de festas com oito cervejas fortes, velas para Chanucá e instruções para montar uma menorá com as cervejas.

SHORT'S

www.shortsbrewing.com

AS CERVEJAS ORIGINAIS de Joe Short possuem numerosos fãs de edições limitadas como Key Lime Pie, Peaches & Crème, PB&J, mistura das cervejas Über Goober (manteiga de amendoim) Oatmeal Stout e a de frutas Soft Parade. A Short's Brewing mantém vinte cervejas de barril à venda no bar cervejeiro de Bellaire, Michigan, além de produzir para distribuição na fábrica vizinha. Destacam-se a Huma Lupa Licious IPA e a lager Local's Light.

SIERRA BLANCA

www.sierrablancabrewery.com

A SIERRA BLANCA faz diversos tipos de cerveja, como IPA e imperial stout. Localizada a leste de Albuquerque, a cervejaria começou a operar em Carrizozo, perto de Roswell, onde um óvni teria pousado em 1947. A Sierra Blanca também produz com marca própria, é dona da Rio Grande e faz Monks' Ale e Monks' Wit para o mosteiro Christ in the Desert, ao norte de Santa Fé.

SHMALTZ MESSIAH

SIXPOINT

www.sixpoint.com

FUNDADA NO BROOKLYN, em 2004, a Sixtpoint Brewery enfatiza a tradição da estrela de seis pontas dos cervejeiros, que parece a de Davi, e se relaciona à cerveja desde os anos 1300. Também usa métodos do século XXI para se relacionar com os fãs, promovendo, por exemplo, pesquisas pela internet, que permitiram escolher o lúpulo de 2012, a ser adquirido fresco no estado de Washington para uso na série de outono da Sixpoint, de cervejas com "lúpulo fresco".

SKA

www.skabrewing.com

EM 1995, OS FUNDADORES da Ska Brewing, Dave Thibodeau e Bill Graham, se encontravam todos os dias depois do trabalho, às cinco da tarde, para fazer cerveja até de madrugada. "Éramos jovens", lembrou Thibodeau. Eles batizaram a cervejaria caseira de Ska Brewing, pois ouviam a música jamaicana mãe do reggae enquanto preparavam a cerveja. Tornaram-se uma cervejaria regional de porte, e os nomes e rótulos seguem inspirados nas raízes do ska.

SLY FOX

www.slyfoxbeer.com

FUNDADA EM 1994, a Sly Fox Brewing opera dois pubs na Pensilvânia e uma fábrica de cerveja. Embora tenha uma linha ampla, ficou famosa pelas lager, com destaque para a Pikeland Pils. No primeiro domingo de maio, promove a Sly Fox Bock Fest & Goat Race. Diversos tipos de bock são oferecidos, e a cervejaria serve a nova maibock logo depois da corrida das cabras, batizando a bebida com o nome da vencedora.

SMUTTYNOSE

www.smuttynose.com

A MUDANÇA DEMOROU mais que o previsto, mas a Smuttynose, que abriu em Portsmouth, New Hampshire, em 1994, finalmente inaugurou uma fábrica maior numa fazenda perto de Hampton, mantendo a cervejaria original para lotes experimentais. Muitos a admiram pelo equilíbrio das cervejas regulares, a começar pela Shoals Pale Ale, mas é bom lembrar que foi uma das primeiras a optar por cervejas "radicais" – novos lotes da Big Beer e da série Short Batch são aguardados ansiosamente.

SNAKE RIVER

www.snakeriverbrewing.com

DUAS VEZES CAMPEÃ entre as pequenas cervejarias no Great American Beer Festival, a Snake River Brewing vende a maior parte da produção em seu próprio restaurante, além de fornecer latas para a região que vai até Nova York. Tornou-se popular entre turistas a caminho dos parques nacionais no verão e das estações de esqui no inverno. Produz uma ampla gama de estilos tradicionais, inclusive opções excelentes de lager, além de especialidades sazonais, como a Le Serpent Cerise, envelhecida em barril.

SOLEMN OATH

www.solemnoathbrewery.com

JOHN BARLEY DESENVOLVEU o gosto pelas cervejas belgas quando visitava os pais, que haviam mudado para a Bélgica na época em que ele fazia faculdade. Não surpreende que, junto com o irmão Joe, tenha aberto uma cervejaria no subúrbio de Naperville, Chicago, para fazer cervejas no estilo belgo-americano, com cepas de fermento belga e lúpulos tropicais dos EUA. O mestre cervejeiro Tim Marshall, veterano da rede Rock Bottom e muito respeitado, produz uma linha bem diversificada.

SOUTHAMPTON PUBLICK HOUSE

www.publick.com

ELEGANTE RESTAURANTE e cervejaria de Long Island, começou a fazer cerveja em 1996. Até 2012, quando deixou a companhia, o mestre cervejeiro Phil Markowski conduziu a produção de estilos internacionais então raros nos EUA, como saison. A Southampton, em parceria com a Pabst *(p. 198)*, encomenda várias cervejas e usa a ampla rede de distribuição da parceira. Essas marcas, além das que são feitas só para o pub, continuam disponíveis na Southampton.

SOUTHERN TIER

www.stbcbeer.com

"FAZEMOS MUITAS CERVEJAS DIFERENTES, e isso nos destaca", declarou o mestre cervejeiro Paul Cain. A Southern Tier Brewing vive em contínua expansão desde a abertura em Lakewood, Nova York, em 2002. Seus lançamentos são únicos, em geral fortes como a Imperial Crème Brûlée (9,6% de teor alcoólico) e a Imperial Pumking (8,6%). Disponíveis na maior parte dos EUA, são exportadas para diversos países.

SPEAKEASY

www.goodbeer.com

A SAN FRANCISCO SPEAKEASY inspirou-se nos bares ilegais que serviam bebida durante a Lei Seca. A cerveja mais vendida, Big Daddy IPA, homenageia David Keene, que fundou a Toronado, uma das mais respeitadas instituições cervejeiras americanas, e cujo apelido é Big Daddy. Apenas fábrica no início, a Speakeasy abriu um bar anexo em 2013, com direito a entrada secreta e uma porta pesada, daquelas com janelinha.

SPOETZL

www.shiner.com

IMPULSIONADA PELOS RESULTADOS da Shiner Bock, a Spoetzl Brewery, da cidadezinha texana de Shiner, passou de empresa ameaçada de fechar (em 1990) à produtora de mais de 596 mil hl (364 mil barris) anuais; suas cervejas podem ser adquiridas em quase todos os estados. Embora a Bock responda por cerca de 80% das vendas, a cervejaria continua a lançar novas marcas, conforme tradições tcheca e germânica, como a Bohemian Black Lager, além de experimentos para lançar seu tipo ale.

SPRECHER

www.sprecherbrewery.com

RANDY SPRECHER se mudou para Milwaukee, em 1980, a fim de trabalhar na Pabst Brewing *(p.198)*; depois de sair da empresa, abriu a Sprecher Brewery, em 1985. Ele lançou uma segunda marca em 2010, a Chameleon, para estilos inovadores, fora da linha tradicional da Sprecher. Os primeiros lançamentos, Black Bavarian e Special Amber, são as cervejas mais vendidas. Conhecido nacionalmente pela root beer, Sprecher lançou em 2013 a Hard Root Beer, com 5% de teor alcoólico.

SQUATTERS

www.squatters.com

O PRIMEIRO BREWPUB Squatters abriu no centro de Salt Lake City, em 1989. A companhia possui hoje três pubs, um deles no aeroporto da cidade. Fabrica e embala as cervejas na Utah Brewers Co-op *(p. 205)*. Embora não haja limite para o teor alcoólico das cervejas engarrafadas em Utah, a de barril não pode ter mais de 4%, limitando as opções dos bares cervejeiros. A Squatters prova que é possível seguir a lei sem prejudicar o sabor.

SPRECHER BLACK BAVARIAN

STARR HILL JOMO LAGER

STARR HILL

www.starrhill.com

MARK THOMPSON voltou à sua cidade natal, Charlottesville, para lançar a Starr Hill Brewery, em 1999. Inicialmente só fornecia cerveja para pubs. Mudou a fábrica para Crozet, ali perto, e a expandiu em 2005. Fechou o bar, ampliou a distribuição depois que a Anheuser-Busch (hoje AB-InBev) comprou ações e passou a atuar como "distribuidora principal". A Starr Hill é conhecida por cervejas "minimalistas" e tradicionais, como Jomo Lager e Dark Starr Stout.

STEVENS POINT

www.pointbeer.com

NA QUINTA CERVEJARIA mais antiga do país ainda em operação, a Point Special Lager continua sendo feita como em 1857. Com o passar do tempo, a linha da cervejaria aumentou, acompanhando o interesse do consumidor, incluindo cervejas como Point Nude Beach, uma wheat ale para o verão, e a golden Point Three Kings Ale. A Point Special ficou famosa quando o colunista Mike Royko do *Chicago Daily News* a considerou a melhor cerveja do país, em 1973.

STILLWATER

stillwaterales.blogspot.com

BRIAN STRUMKE é o que chamam de "cervejeiro cigano", pois faz cerveja em fábricas dos EUA (em Maryland, principalmente) e na Europa (em geral, na Bélgica). "Um dia gostaria de ter um lugar, seja uma fábrica com ampla capacidade, seja um bar com cervejaria", disse. A maioria das opções de ale da Stillwater segue o estilo das variedades de fazenda belgas, como a excelente Stateside Saison. Strumke gosta de definir suas cervejas com "um pé na tradição, outro no espaço sideral".

STOUDTS

www.stoudtsbeer.com

CAROL E ED STOUDT lançaram a mais antiga microcervejaria da Pensilvânia em 1987, quando eram recém-casados. As primeiras cervejas sofriam influência germânica e eram servidas em seu restaurante típico alemão. A Pils e a Stoudts Gold, uma helles, se destacam no conjunto moderno e diversificado. A Stoudts Brewing continua micro, fazendo menos de 18 mil hl (11 mil barris), pois Ed Stoudt prefere assim. "Por que crescer? O tamanho não ajudou os dinossauros."

STRAUB

www.straubbeer.com

EMPRESA FAMILIAR DESDE 1872, a Straub Brewery de St Marys, Pensilvânia, é famosa pela "Eternal Tap", chopeira na qual os visitantes podem se servir à vontade. A cerca de 80 km de Punxsutawney, local que promove o renomado Dia da Marmota, Straub faz todos os anos a Groundhog Brew, cuja receita varia. A Straub Lager, porém, permanece a mesma desde 1872 e leva milho ralado além de cevada maltada.

SUMMIT

www.summitbrewing.com

FUNDADA POR MARK STUTRUD, que compra cevada de um primo na Morávia para maltar nos EUA e usar nas cervejas da Summit Brewing. O avô deles nasceu na Noruega. Embora a cervejaria faça variedades modernas (na série Unchained), a importância da tradição transparece em St Paul desde a panela de brassagem de cobre alemã até as clássicas e sóbrias Extra Pale Ale e Great Northern Porter.

SUN KING BREWING

www.sunkingbrewing.com

DAVE COLT E CLAY ROBINSON fizeram cerveja num bar próprio em Indianápolis durante dez anos, até que a Sun King Brewery finalmente fosse fundada, em 2009. Dando prioridade à cervejaria, os sócios promovem eventos como uma grande festa mensal na sala de degustação. A cada lançamento, Colt e Robinson convidam um grupo local de rock para a festa. Eles chamaram a atenção do público cervejeiro em 2011, quando suas cervejas bateram um recorde no Great American Beer Festival, ao conquistar oito medalhas.

SURLY

www.surlybrewing.com

OMAR ANSARI, fundador da Surly Brewing, já foi chamado de "a estrela do movimento da cerveja artesanal do Minnesota". No entanto, é o mestre cervejeiro da Surly, Todd Haug, quem cria as receitas desafiadoras que uniram a "Nação Surly". Os fãs chegam do país inteiro para participar de eventos como o Darkness Day, quando a imperial stout de mesmo nome é lançada. "Fazemos cerveja para pessoas que não sabiam o que queriam até experimentá-las", explica Ansari.

SWEETWATER

www.sweetwaterbrew.com

EMBORA A PRINCIPAL CERVEJA da Sweetwater tenha no nome alusão à maconha, o cofundador Freddy Bensch diz que eles escolheram o nome 420 Ale por ter sido feita em 20 de abril. A empresa criou uma imagem alternativa enquanto se tornava a maior cervejaria artesanal do sudeste norte-americano.

TALLGRASS

www.tallgrassbeer.com

A CERVEJA MAIS VENDIDA pela Tallgrass Brewing de Manhattan, Kansas, é a Buffalo Sweat, uma oatmeal milk stout. "Quando começamos, tentei adivinhar o que as pessoas queriam. Agora fazemos cervejas que nos empolgam", disse Tom Mahoney, da área de vendas. A lata fez sucesso, e as vendas subiram, como no caso da 8-Bit Pale Ale, rica em lúpulo tropical Galaxy australiano.

TERMINAL GRAVITY

www.terminalgravitybrewing.com

BAR NA FRENTE, cervejaria no fundo. Assim é a Terminal Gravity de Enterprise, Oregon. É meio escondida, mas suas cervejas têm boa distribuição no estado. Quando Steve Carper e Dean Duquette abriram o bar e cervejaria, alugaram espaço a um padeiro e montaram uma fábrica de embutidos. "Fazíamos cerveja, pão, linguiça e salsicha", comentou Duquette.

TERRAPIN

www.terrapinbeer.com

TALVEZ NENHUM OUTRO CERVEJEIRO tenha batalhado mais que Brian "Spike" Buckowski para promover o uso de centeio maltado no preparo da cerveja. Quando John Cochran e Buckowski lançaram a Terrapin, em 2002, escolheram a Rye Pale Ale como primeiro lançamento. Construíram fábrica própria em 2008, e Buckowski viaja pelo mundo fazendo cerveja em colaboração; muitas com centeio, claro.

THOMAS CREEK

www.thomascreekbeer.com

O MESTRE CERVEJEIRO TOM DAVIS e o pai, Bill, fundaram a Thomas Creek em 1998 em Greenville, Carolina do Sul, fazendo cervejas próprias e para terceiros. Recentemente passaram a se concentrar na marca Thomas Creek, disponível em quinze estados e exportada para a Europa.

TWO BROTHERS DOMAINE DUPAGE

THOMAS HOOKER

www.hookerbeer.com

É DIFÍCIL ACOMPANHAR a trajetória do Trout Brook Brew Pub desde a fundação, em 1997, até se tornar a Thomas Hooker Brewery, pois surgiu uma nova marca, houve mudança de dono e a cervejaria foi transferida de Hartford para Bloomfield. Apesar de tudo, a Thomas Hooker se firmou como a cerveja de Connecticut, como sugere o rótulo. Ou como as cervejas de Connecticut, pois a lista é grande, da popular Blonde Ale à intensa Liberator Doppelbock.

THREE FLOYDS

www.3floyds.com

NO DARK LORD DAY, uma vez por ano, a Three Floyds Brewing lança uma imperial stout de mesmo nome. A comemoração atrai fãs do país inteiro, que anseiam por desfrutar o ambiente único dessa cervejaria de Hammond, Indiana. Já em 1996, o lançamento da casa, Alpha King, mostrou que Nick Floyd valorizava a adição generosa de lúpulo. Nas seguintes, Zombie Dust e Gumballhead, manteve a postura.

TOMMYKNOCKER

www.tommyknocker.com

IDAHO SPRINGS é uma antiga cidade de mineração que fornecia à fundição de Denver metade do ouro lá processado no século XIX. Os mineiros da Cornualha acreditavam que Tommyknockers – seres míticos que habitavam as minas – traziam boa sorte. Situada na rua principal (Miner), a cervejaria também conta com amplo restaurante. Em alguns pontos, apenas uma divisória baixa separa mesas de tanques de fermentação. A Butt Head Bock ganhou várias medalhas no Great American Beer Festival.

TRÖEGS BREWING

www.troegs.com

O NOME TRÖEGS vem de um apelido familiar. Os irmãos fundadores, Chris e John Trogner, combinaram o sobrenome com a palavra flamenga Kroeg, que significa "bar". Construíram uma cervejaria nova em 2011, em Hershey, Pensilvânia, e fecharam a primeira, de 1997. Fazem ale sazonais imensamente populares, como a lupulada Nugget Nectar e a Mad Elf (11% de teor alcoólico, com infusão de cereja), assim como a série Scratch de cervejas experimentais.

TRUMER

www.trumer-international.com

PARCERIA ENTRE A GAMBRINUS (que controla as cervejarias BridgePort e Shiner) e a Trumes Brauerei, da Áustria, a Trumer Brauerei de Berkeley faz apenas uma cerveja, a Trumer Pils. As duas cervejarias usam a mesma receita e os mesmos ingredientes, com exceção da água. "Nós nos concentramos no processo", diz o mestre cervejeiro Lars Larson. Eles mantêm a rotina de trocar cervejas para conferir o sabor.

TWISTED PINE

www.twistedpinebrewing.com

EMBORA A GHOST FACE KILLAH não seja a mais vendida da Twisted Pine Brewing, é a mais interessante. Leva seis pimentas diferentes, incluindo a Bhut Jolokia, a pimenta fantasma, duzentas vezes mais forte que a jalapeño. O cervejeiro usa máscara e luva para picá-la. O resultado é uma cerveja que queima a garganta. Os apreciadores se dão por satisfeitos, em geral, com a magnífica e intensa Big Shot Espresso Stout.

TWO BROTHERS

www.twobrothersbrew.com

OS IRMÃOS JIM E JASON EBEL desenvolveram o gosto por cervejas tradicionais quando estudavam no exterior. Começaram a produzir em casa, abriram uma loja de suprimentos cervejeiros e lançaram a Two Brothers em 1996. Jason conta: "Nos jantares em família, não falávamos de outra coisa. Um dia minha mãe cansou. 'Ou vocês fazem isso ou calam a boca, porque estão me deixando louca!'". Eles se orgulham da cervejaria da família. Fica a oeste de Chicago, e entre as cervejas destaca-se a Domaine DuPage, em estilo francês.

TWO ROADS

www.tworoadsbrewing.com

CONSTRUÍDA COM A FINALIDADE de produzir para pequenas cervejarias de Connecticut, a Two Roads se instalou no prédio de uma antiga fábrica dos anos 1920 em Stratford. Chamou a atenção quando contratou Phil Markowski como mestre cervejeiro. Ele trabalhou na Southampton Publick House *(p. 202)* de 1996 a 2012, tornando o local um santuário cervejeiro. Recebeu o prêmio da Brewers Association pelas inovações e escreveu o livro *Farmhouse ales*.

UINTA

www.uintabrewing.com

ABERTA EM 1993 NUMA GARAGEM em Salt Lake City, a Uinta Brewing cresceu até se transformar na primeira cervejaria regional de Utah. Depois ampliou a distribuição das enlatadas, que ganharam mercados. Faz algumas cervejas com baixo teor alcoólico, apreciadas em Utah, com interessantes opções, como a orgânica Baba Black Lager e a Cutthroat Pale Ale. Também tem a linha Crooked, para cervejas mais encorpadas, muitas envelhecidas em barril. Desde 2001, utiliza energia eólica e já recebeu muitos prêmios por suas práticas sustentáveis.

UPLAND

www.uplandbeer.com

QUANDO A SOUR RESERVE da Upland ganhou medalha de ouro no estilo belga – lambic e sour – no Great American Beer Festival, os fãs das cervejas de Caleb Staton não se surpreenderam; eles caçavam os pequenos lotes havia anos. A expansão da cervejaria em 2012 deu a Staton o espaço necessário para produzir suas especialidades, além das marcas mais procuradas, como Dragonfly India Pale Ale e Wheat Ale.

UPRIGHT

www.uprightbrewing.com

LOCALIZADA NO PORÃO do prédio Leftbank, em North Portland, desde 2009, a Upright faz ale em estilo farmhouse, usando fermentação aberta e ingredientes locais. O fundador, Alex Ganum, explica que a cervejaria adotou o nome em homenagem a Charles Mingus, baixista de jazz cuja obra desafia classificações. Ganum almeja fazer o mesmo – as principais cervejas levam apenas números para indicar o teor alcoólico. Outras, como a Flora Rustica, têm calêndula e flores de milefólio.

URBAN CHESTNUT

www.urbanchestnut.com

INAUGURADA EM 2011 no centro de St Louis, a Urban Chestnut produz as séries Reverence e Revolution, que representam bem sua diversidade. A primeira inclui cervejas que o mestre cervejeiro bávaro Florian Kuplent conheceu na infância. Menos tradicional, a Winged Nut é uma weiss com castanhas, e a STLIPA usa lúpulos frutados com sabor de pinho do noroeste dos EUA.

UTAH BREWERS

www.utahbeers.com

A SCHIRF BREWING, que começou no Wasatch Brewpub, em 1986, e no Squatters Pub (também conhecido como Salt Lake City Brewing, de 1989), criou a cooperativa dos cervejeiros de Utah em 2000, uma fábrica separada para fazer cerveja para distribuir em lugares diferentes dos pubs que opera. Greg Schirf ficou famoso por incomodar os poderosos de Utah com cervejas como Polygamy Porter e Evolution Amber Ale. A Utah faz ainda uma série de alto teor alcoólico, como a Devastator (8%).

VERMONT

www.vermontbrewery.com

O PIONEIRO DA CERVEJA ARTESANAL Greg Noonan, falecido em 2009, abriu em 1988 o Vermont Pub & Brewery, que mantém a proposta inicial. Bar gostoso, para conversar, com cervejas locais, algumas tradicionais e outras que ampliam o universo cervejeiro, como a Blackwatch IPA. Ali perto fica o bar American Flatbread, que abriga a Zero Gravity Brewery, também com excelentes cervejas.

WACHUSETT

www.wachusettbrew.com

WACHUSETT FOI INAUGURADA em 1994 por um grupo de ex-alunos do Worcester Polytechnic Institute. "A cerveja e o que ela representa para nós são fundamentais", disse o presidente, Ned LaFortune. A Wachusett Brewing tornou-se uma das maiores de Massachusetts e conta com cervejas acessíveis, como a Country Pale Ale, leve no lúpulo. Também faz cerveja para terceiros. Em 2012, LaFortune incluiu cervejas enlatadas no portfólio – também oferece o serviço para interessados.

WEYERBACHER

www.weyerbacher.com

SÓ QUANDO DAN WEIRBACK começou a fazer cervejas mais esotéricas é que passou a apreciar a fabricação e a degustar a bebida, tornando a Weyerbacher Brewing um negócio viável. Ao abrir a cervejaria em Easton, Pensilvânia, em 1995, elas não faziam parte do plano, que era produzir ale ao estilo inglês tradicional. Mas logo lançamentos originais decolaram nas vendas, como a tripel de inspiração belga, uma barley wine chamada Blithering Idiot e a Double IPA com lúpulo Simcoe pungente, financiando a expansão da empresa.

WYNKOOP

www.wynkoop.com

PRIMEIRO BREWPUB do Colorado, a Wynkoop Brewing foi fundada por John Hickenlooper (que viria a ser governador do estado), em parceria com o falecido Russell Schehrer, cervejeiro consagrado pela inovação. O bar de Denver engarrafa algumas cervejas, e o atual mestre cervejeiro Andy Brown continua criando de acordo com a postura de Schehrer, como uma stout que leva testículos de boi. Desde 1997, a Wynkoop sedia o concurso Beerdrinker of the Year.

YARDS

www.yardsbrewing.com

O MESTRE CERVEJEIRO TOM KEHOE, cofundador da Yards Brewing, em 1994, acompanhou quatro mudanças de local da cervejaria, sempre para instalações maiores, sendo a quarta e atual no bairro de Northern Liberties, histórico reduto cervejeiro da Filadélfia. "Acredito que mantemos o espírito vivo... O pessoal da Filadélfia está sempre à procura do que se orgulhar", disse Kehoe. Ele faz cervejas de inspiração inglesa, como a Philadelphia Pale Ale e a Extra Special Ale.

YAZOO

www.yazoobrew.com

NATIVO DO MISSISSIPPI, Linus Hall abriu a Yazoo Brewing em 2003, em Nashville. Em 2010, foi para um lugar maior. A cervejaria regional vende cerveja em lata na maior parte do Tennessee, do Mississippi e do norte do Alabama. Quando a escassez de lúpulo em 2008 dificultou a obtenção de variedades específicas, Hall lançou o Hop Project Series, mudando o lúpulo de sua IPA a cada lote.

YUENGLING

www.yuengling.com

A MAIS ANTIGA CERVEJARIA DOS EUA, e também a maior pertencente a americanos, foi construída por D. G. Yuengling em 1829, reconstruída em 1831 após um incêndio e passada de geração em geração. Produzia 164 mil hl (100 mil barris) em 1985, quando Dick Yuengling Jr a comprou do pai, e chegou a 3,6 milhões de hl (2,2 milhões de barris) em 2012, embora seja distribuída apenas em catorze estados. Se em Praga servem Pilsner Urquell quando pedem uma "pilsen", na Pensilvânia "lager" quer dizer Yuengling Traditional Lager.

CANADÁ

Antigamente muita gente no Canadá pensava que a cultura cervejeira nacional imitava a monocultura vigente nos EUA. Por mais de meio século, as marcas Molson e Coors dominaram os bares e as geladeiras do país. Mas isso mudou, e o Canadá passa por uma revolução. Os apreciadores de cerveja estão descobrindo as cervejarias artesanais, que se multiplicaram nos últimos anos. Em sua maioria elas enfatizam a sustentabilidade e o respeito ao meio ambiente e se orgulham de produzir cervejas locais para moradores locais. Agora as cervejas se destacam pela paixão e pela criatividade. Como outras revoluções cervejeiras, a canadense se tornou possível devido a mudanças na legislação – em 2006 o governo reduziu impostos pagos pelas pequenas cervejarias e, assim, viabilizou o investimento em equipamentos e divulgação, bem como o desenvolvimento de novos conceitos cervejeiros.

Uma das primeiras cervejarias artesanais canadenses foi a Vancouver Island, fundada em 1984 por um grupo que acreditava na importância de a ilha de Vancouver ter cervejaria própria. Outra pioneira, a Amsterdam Brewing, acrescenta desde 1986 uma pitada de sonho e sabor a Toronto. Logo depois surgiu a Great Lakes Brewery, de 1987, que se consagrou como cervejaria de certo porte. A Unibroue, fundada em 1992, outra pioneira canadense, especializa-se em cervejas não filtradas e maturadas na garrafa. Elas abriram a porta para outras e firmaram a crença de que uma cerveja pode ser interessante, divertida e diferente de tudo que já foi fermentado antes.

AMSTERDAM BREWERY

A cena cervejeira de Toronto ganhou vida em 1986, quando o holandês Roel Bramer fundou o primeiro bar cervejeiro da cidade. Hoje a cervejaria continua crescendo e oferece uma mescla de clássicos e edições especiais arrojadas.

INFORMAÇÕES

PRODUTOR Jeff Carefoote

FUNDAÇÃO 1986

ENDEREÇO 45 Esandar Drive Toronto, Ontário M4G 4C5

SITE www.amsterdambeer.com

FILOSOFIA Falamos cerveja artesanal!

AMSTERDAM BREWERY
ALL NATURAL BLONDE

AMSTERDAM BREWERY
NUT BROWN ALE

TORONTO POSSUI DIVERSOS BARES cervejeiros, porém todos surgiram depois da pioneira Amsterdam Brewery, fundada em 1986 no prédio de uma antiga borracharia. Num primeiro momento, é bem provável que a novidade tenha contribuído para atrair a multidão, porém não demorou muito para a qualidade das cervejas ser reconhecida. Quanto ao nome, o fundador, Roel Bramer, da Holanda, pensou em sua terra natal ao batizar o empreendimento. A primeira cerveja que produziu foi a Natural Blonde, uma leve e refrescante pale golden lager; seguiram-se as ale de estilo britânico, cervejas de trigo e, por fim, variedades stout e porter negras como a noite.

A cervejaria continua com a mistura de linha normal e edições sazonais, como a golden ale belga envelhecida em barris de vinho Goedenavond e uma barley wine potente maturada em barris de uísque com pouco uso. A retomada de cervejas históricas serviu para alavancar o constante crescimento da empresa. Um segundo bar cervejeiro surgiu em 1988, e em 1993 o pub original, The Amsterdam Brasserie and Brewpub, tornou-se a Amsterdam Brewing Company, sociedade com ênfase na produção de cerveja. Em 2002, Bramer vendeu tudo para o proprietário atual, Jeff Carefoote, que também comprou a Kawartha Lakes Brewing, um ano depois. O crescimento e o sucesso continuam atrelados à Amsterdam Brewery.

NOTAS DE DEGUSTAÇÃO

ALL NATURAL BLONDE PILSNER, 5%
Essa pilsen é refrescante, cor de ouro claro com aroma cítrico, de limão, bem sutil. Agrada ao paladar pelo frescor e vivacidade.
HARMONIZAÇÃO: Vai bem com frango assado ou ostras frescas.

KLB NUT BROWN ALE 5%
Ale suave de coloração castanha com aroma agradável de toffee, café moca e chocolate ao leite com notas de laranja. Cremosa, o sabor de chocolate conduz ao final sutil, adocicado.
HARMONIZAÇÃO: Experimente com almôndega em molho de tomate, pois a doçura da cerveja corta a acidez do molho.

(416) URBAN WHEAT WHEAT BEER, 4,16%
O nome faz referência ao prefixo dos telefones de Toronto. Dourada para âmbar, a cerveja tem notas cítricas e aroma floral sutil. Boa para matar a sede, com final curto e um tanto seco.
HARMONIZAÇÃO: Linguado ou solha grelhado com limão é a escolha ideal.

AMSTERDAM BREWERY (416) URBAN WHEAT

GREAT LAKES BREWERY

INFORMAÇÕES

PRODUTOR Peter Bulut

FUNDAÇÃO 1987

ENDEREÇO 30 Queen Elizabeth Boulevard, Etobicoke, Toronto, Ontário M8Z 1L8

SITE www.greatlakesbeer.com

FILOSOFIA A cervejaria artesanal pioneira de Toronto

GREAT LAKES BREWERY
DEVIL'S PALE ALE

GREAT LAKES BREWERY
CRAZY CANUCK

Em meados dos anos 1980, Toronto era um deserto em relação à cerveja artesanal, mas tudo mudou para melhor quando a Great Lakes Brewery foi fundada, em 1987. Desde então, tanto a cervejaria como a cena cervejeira da cidade crescem juntas.

A SEMANA DA CERVEJA DE TORONTO é um evento de grande porte, no qual a cidade e os arredores recebem uma bela seleção de cervejarias. Hoje a cerveja artesanal reina, mas em 1987 as opções eram poucas e a lager industrial desbotada reinava absoluta. A abertura da Great Lakes, em 1987, marcou o início da mudança. Foi a primeira cervejaria do gênero em Toronto. No começo, fazia só duas variedades, uma lager e uma ale, mas em 1990 o dinheiro acabou e a cervejaria fechou. Em 1991, Peter Bulut comprou a empresa e as cervejas da Great Lakes voltaram ao mercado. Durante os anos 1990 e depois da virada do milênio, a seleção era bem tradicional, com lager e ale bastante razoáveis. A mais vendida era a Golden Horseshoe Premium Lager. Contudo, após o lançamento da Devil's Pale Ale, em 2006, a cervejaria ampliou as opções. O diretor de marketing, John Bowden, disse: "O sucesso da Devil's Pale Ale nos estimulou a lançar uma linha de cervejas sazonais, como a Orange Peel Ale, a Pumpkin Ale e a Winter Ale". A cervejaria comemorou o 25º aniversário em 2012 com uma seleção de cervejas especiais, como a Imperial Black IPA, porter envelhecida no barril, e uma saison belga.

NOTAS DE DEGUSTAÇÃO

DEVIL'S PALE ALE AMERICAN PALE ALE, 6,6%
Coloração âmbar, a cerveja que mudou a cara dos Grandes Lagos tem um vertiginoso redemoinho de aroma cítrico e na boca é suculenta, apetitosa, com toque cereal a equilibrar os cítricos. Final prolongado, seco e amargo.

HARMONIZAÇÃO: Um belo cheesebúrguer com salada será delicioso ao paladar.

CRAZY CANUCK AMERICAN PALE ALE, 5,2%
A Costa Oeste americana inspirou essa pale ale rica em lúpulo, com notas aromáticas de grapefruit e laranja, seguidas por sabor de frutas cítricas suculentas e adocicado de pão e biscoito maltado, com final prolongado amargo.

HARMONIZAÇÃO: Peixe grelhado com molho é a combinação perfeita. O amargor equilibra a untuosidade do molho, que por sua vez acentua as notas cítricas.

PUMPKIN ALE SPECIALITY BEER, 5,4%
De coloração âmbar, feita para o outono, com adição de abóbora, cravo, canela, noz-moscada e pimenta-da-jamaica, resulta numa ale com especiarias, agridoce, com final seco prolongado.

HARMONIZAÇÃO: Servir com frango ou peru assado. As notas de especiarias ressaltam o sabor das aves.

Pioneiros da abóbora
Os primeiros colonos americanos misturavam abóbora com malte para fazer cerveja – prática retomada por muitos cervejeiros artesanais

GREAT LAKES BREWERY PUMPKIN ALE

UNIBROUE

Desde o início da produção, em 1992, a Unibroue cresceu até se tornar a cervejaria mais emblemática da província de Québec, famosa pela influência belga e a personalidade única da marca.

INFORMAÇÕES

PRODUTOR Sapporo

FUNDAÇÃO 1992

ENDEREÇO 80 Des Carrières Street, Chambly, Québec J3L 2H6

SITE www.unibroue.com

FILOSOFIA Cervejas ao estilo belga feitas à moda de Québec

UNIBROUE MAUDITE

UNIBROUE GRANDE RÉSERVE 17

EM FUNÇÃO DA INFLUÊNCIA FRANCESA em Québec, não surpreende que a Bélgica e o norte da França tenham dominado as tradições cervejeiras locais. Uma das maiores cervejarias da província é a Unibroue, fundada por André Dion e Serge Racine, em 1992, com o objetivo de aproveitar o crescimento do mercado de cervejas artesanais para vender seus produtos incomparáveis. Cervejas maturadas na garrafa, coisa incomum nessa parte do mundo, eram produzidas com teor alcoólico altíssimo, ao estilo titânico belga, e embaladas com rótulos chamativos, coloridos. Uma impressão geral de estilo e elegância gaulesa projetou a cervejaria. Por exemplo, a La Fin du Monde é uma tripel, e a Blanche de Chambly é aclamada como a primeira cerveja de abadia da América do Norte. Houve cervejas de frutas – a série Éphémère, com ale e lager encorpadas e até uma autointitulada pilsen de mel. Além dos inúmeros prêmios, as cervejas são exportadas para boa parte do mundo e chamaram a atenção dos apreciadores do Reino Unido e da França. A cervejaria canadense Sleeman investiu na empresa em 2004 e a rebatizou de Sleeman Unibroue Inc. Dois anos depois, a gigantesca Sapporo, japonesa, comprou a companhia toda. Apesar do receio dos fãs, a Unibroue se manteve fiel às origens, continuou deslumbrando apreciadores do mundo inteiro e colecionando prêmios internacionais.

NOTAS DE DEGUSTAÇÃO

MAUDITE BELGIAN-STYLE STRONG ALE, 8%

Cerveja poderosa, de âmbar avermelhado no copo, com sabor de especiarias, adocicado de caramelo e toques de laranja, terminando com álcool intenso.

HARMONIZAÇÃO: Experimente com macarrão ao molho de tomate, como tagliatelle com ragù bolognese.

GRANDE RÉSERVE 17 BELGIAN STRONG ALE, 10%

Estilo trapista, cor de castanha, aroma de baunilha, malte escuro torrado e carvalho. No paladar, laranja, especiarias, cereais tostados, baunilha e carvalho.

HARMONIZAÇÃO: Boa com queijo stilton. A cremosidade e as notas salgadas serão acentuadas e enfatizadas pela cerveja.

BLANCHE DE CHAMBLY BELGIAN-STYLE WITBIER, 5%

Clara e dourada como um pôr do sol suave, essa witbier maturada na garrafa tem no nariz sementes de coentro, cravo e outras especiarias, além de casca de laranja. Na boca, é suave, com uma nota de laranja condimentada antes do final refrescante, puro.

HARMONIZAÇÃO: Para acompanhar moules marinière, prato belga.

Requinte francês
A elegância gaulesa faz a Unibroue brilhar no cenário cervejeiro

UNIBROUE BLANCHE DE CHAMBLY

VANCOUVER ISLAND BREWERY

INFORMAÇÕES

PRODUTOR Vancouver Island Brewery
FUNDAÇÃO 1984
ENDEREÇO Government Street, Victoria, Colúmbia Britânica V8T 5G5
SITE www.vanislandbrewery.com
FILOSOFIA Fazemos bem-feito

VANCOUVER ISLAND BREWERY
IRON PLOW HARVEST MÄRZEN

Frustrados pela falta de boas cervejas na ilha de Vancouver, quatro apreciadores passaram a produzi-las em casa. Isso resultou na Vancouver Island Brewery, responsável por algumas das cervejas mais populares da Colúmbia Britânica.

A VANCOUVER ISLAND BREWERY surgiu em 1984, criada por quatro apreciadores de cerveja que procuravam uma opção às grandes marcas que dominavam bares e pubs da ilha. Dois anos antes, a Molson encerrara a produção local da bebida favorita dos ilhéus, a Lucky Lager, ao demolir a fábrica. O ato, considerado vandalismo, provavelmente motivou os rapazes. Quatro fundadores, John Hellemond, John Young, Ray Moore e Jim Clarke, se instalaram na cidade de Victoria, na ponta sul da ilha de mesmo nome, e chamaram a empresa de Island Pacific Brewery. Começaram com uma cerveja, a Goldstream Lager, e o pub Garrick's Head de Victoria teria sido o primeiro cliente. Ao lado de outras microcervejarias inauguradas na época, a Island Pacific fazia parte do movimento emergente no Canadá, influenciado pelos eventos ao sul da fronteira, nas regiões de Seattle e Portland.

Em 1986, um pecuarista local, Barry Fischer, comprou a maioria das ações, e dez anos depois a cervejaria mudou para um lugar maior. Já havia trocado o nome para Vancouver Island. A mudança, o aumento da capacidade produtiva e as alterações na marca eram parte de um plano para apresentar aos consumidores a origem da cerveja e ampliar as vendas a outros locais da Colúmbia Britânica. A Vancouver Island Brewery sempre preferiu o estilo lager, adotando a Lei de Pureza da Baviera, de 1516, mas desde o começo fez a Piper's Pale Ale, pale ale em homenagem ao herói local da Primeira Guerra Mundial, James C. Richardson, que recebera a Victoria Cross. Nos últimos anos a Vancouver Island produziu uma série de cervejas sazonais, além de ganhar diversos prêmios. A Hermann's Dark Lager lidera o grupo, com doze prêmios em festas da cerveja no Canadá e nos EUA. Hoje os tours pela cervejaria são populares entre turistas que vão até Victoria, e o triste fim da Lucky Lager não passa de uma lembrança distante.

NOTAS DE DEGUSTAÇÃO

IRON PLOW HARVEST MÄRZEN OKTOBERFEST, 5,8%
Cerveja sazonal em estilo alemão, cor de cobre polido no copo e nariz discreto de cereais e caramelo. Na boca, é seca e agridoce, com final amargo.

HARMONIZAÇÃO: Pede frango assado preparado em marinada com sal, suco de limão e ervas finas.

HERMANNATOR ICE BOCK DOPPELBOCK, 9,5%
Forte, charmosa, suave, originalmente desenvolvida pelo mestre cervejeiro Hermann. Passa três meses maturando até se tornar uma bock encorpada, com notas de caramelo e chocolate até o final longo, seco e muito intenso.

HARMONIZAÇÃO: Combina com carnes grelhadas ou vai bem acompanhando uma sobremesa como o tiramisù.

VANCOUVER ISLAND BREWERY
HERMANNATOR ICE BOCK

HERMANN'S DARK LAGER DUNKEL, 5,5%

Leva o nome de um respeitado mestre cervejeiro da casa. Cor de castanha quase âmbar, cremosidade generosa porém picante, tostada. Na boca, é suave e elegante; as notas de chocolate lhe dão um caráter nobre.

HARMONIZAÇÃO: A elegância do chocolate tostado cremoso faz dessa cerveja a companheira perfeita para uma bela torta de carne. Dá até para acrescentar um pouco de cerveja na receita da torta.

STORM WATCHER LAGER, 5,3%

Sazonal com intensidade de maltes quentes, para enfrentar o frio do inverno. No copo, é âmbar e libera notas aromáticas sutis de mel e caramelo. Na boca, mais caramelo e mel, com toffee, um toque de lima e uma onda refrescante carbonatada.

HARMONIZAÇÃO: Peito bovino ensopado com molho caseiro, acompanhado de pão, é a pedida ideal para essa lager.

SPYHOPPER HONEY BROWN 5%

Dourada, quase âmbar, a cerveja tem aroma de mel e limão, seguida de uma suavidade no paladar, com notas de mel. Também toques de lima e final agradável, sem doçura exagerada.

HARMONIZAÇÃO: Peito de pato com molho de cassis pode parecer esquisito, mas o caráter adocicado da cerveja envolve o molho, e a carbonatação suaviza a carne suculenta.

PIPER'S PALE ALE 5%

Ale aromática de cor âmbar alaranjada, que abre com aroma agradável de caramelo e uma onda levemente cítrica de limão e laranja ao fundo. Na boca, fresca e frutada antes do final seco com ecos de frutados do lúpulo.

HARMONIZAÇÃO: Fish & chips são a companhia ideal para a Piper's Pale Ale. O frescor da cerveja atenua a untuosidade do prato e ressalta o sabor do peixe.

VANCOUVER ISLAND BREWERY
HERMANN'S DARK LAGER

VANCOUVER ISLAND BREWERY
STORM WATCHER WINTER LAGER

VANCOUVER ISLAND BREWERY
SPYHOPPER HONEY BROWN

VANCOUVER ISLAND BREWERY
PIPER'S PALE ALE

DIEU DU CIEL! APHRODISIAQUE

BIG ROCK

www.bigrockbeer.com

NOS IDOS DE 1985, o advogado Ed McNally virou fazendeiro e passou a cultivar cevada. Vivia desesperado para encontrar uma cerveja decente na região, tanto que acabou abrindo a Big Rock na cidade de Calgary, no oeste do Canadá. Queria produzir com o máximo de ingredientes locais, para obter uma bebida fresca, natural. O negócio prosperou, estimulado pelos fãs locais de cerveja, ávidos por alternativas às desanimadas variedades tipo lager que dominavam o mercado. Ed McNally aposentou-se em 2012, mas os clássicos da Big Rock, como Grasshopper, Traditional Ale e Barghest Barley Wine, preservam seu legado.

BRICK

www2.brickbeer.com

AO ABRIR A BRICK na cidade de Waterloo, em 1984, Jim Brickman inaugurou a primeira microcervejaria de Ontário. Sua pesquisa minuciosa incluiu viagens a trinta países e visitas a dúzias de cervejarias para aprender a fazer a cerveja perfeita. A odisseia funcionou, pois a Brick é hoje uma das maiores cervejarias canadenses. E, embora Brickman tenha deixado a empresa em 2009, ela continua respeitada pela vasta seleção de lager, bem como pela marca Laker, de cervejas leves e geladas.

CHURCH KEY BREWING

www.churchkeybrewing.com

O SAGRADO SE CONFRONTOU com o profano quando, em 2000, John Graham começou a produzir cerveja numa antiga igreja metodista situada em Pethericks Corners, periferia da cidade de Campbellford, Ontário. Entretanto, não houve castigo para ele, e desde então os apreciadores foram abençoados com uma variedade de cervejas intrigantes e complexas, que vão da barley wine envelhecida no barril e de uma weizenbock até a double IPA – mais tradicional para cervejarias artesanais.

CREEMORE SPRINGS

www.creemoresprings.com

A CREEMORE SPRINGS FICA no vilarejo de Creemore, Ontário, e desde 1987 produz cerveja com receitas europeias originais, segundo o método tradicional – além de usar uma panela de brassagem de cobre com chama direta, suas cervejas em estilo alemão não são pasteurizadas. Destaques como a Premium Lager, a Traditional Pilsner e a urBock receberam reforços como a Hops & Bolts India Pale Lager, "um toque tcheco numa IPA inglesa". Em 2005, a cervejaria foi comprada pela Molson, mas felizmente pouca coisa mudou desde então.

DIEU DU CIEL!

www.dieuduciel.com

A DIEU DU CIEL! começou como cervejaria de bar em 1998 e logo conquistou a reputação de fabricar cervejas ousadas – uma delas, a Aphrodisiaque, leva cacau; outra tem malte defumado na composição; e a cerveja de trigo mais popular contém flores de hibisco. O bar original faz uma impressionante seleção de cervejas, mantendo a fama de ótimo lugar para comer e beber. Ali ainda se elabora uma parte da produção. O restante sai da fábrica situada em Saint-Jérôme, 40 km a noroeste de Montréal.

FERME BRASSERIE SCHOUNE

www.schoune.com

UMA FAMÍLIA DE AGRICULTORES BELGAS, os Schoune, se mudou para Québec em 1980 e se estabeleceu como produtora de grãos. Poucos anos depois, os filhos Patrice e Pascal descobriram a paixão pela cerveja e em 1997 lançaram a cervejaria, com o desejo de usar matérias-primas locais. A gueuze de 2002 ficou famosa e ganhou um prêmio no evento World Beer Montreal. Outros destaques no portfólio da Ferme Brasserie Schoune são La Schoune à l'Erable, que leva xarope de bordo, e a tradicional cerveja de trigo belga La Blanche de Québec.

GAHAN HOUSE

www.gahan.ca

ÚNICA CERVEJARIA DA ILHA Prince Edward, a Gahan House produz cerveja desde 1997, quando se chamava Murphy's e tinha sede na cidade de Charlottetown. Mudou de nome em 2000, quando foi para uma fábrica maior na parte antiga da cidade. Além de cervejaria, o bar da Gahan House é ideal para experimentar a ampla gama de cervejas, como a Iron Horse Dark Ale, terrosa com notas de nozes, a 1772 IPA, bitter robusta, ou a Island Red Amber Ale, a Sir John A's Honey Wheat Ale e a Coles Cream Ale.

GARRISON BREWING

www.garrisonbrewing.com

BRIAN TITUS, ANTIGO OFICIAL DA MARINHA, lançou a Garrison em 1997; em função de seu passado na cidade de Halifax, Nova Escócia, ele o fez com grande competência. A primeira cerveja foi a Irish Red Ale, ainda em produção, ganhadora da medalha de ouro no World Beer Championship de 2010; entre as outras cervejas, há uma Imperial IPA não filtrada e a Tall Ship Amber Ale. Garrison também ficou famosa por diversas opções intrigantes, como a Jalapeño Ale, a Spruce Beer e a Grand Baltic Porter, uma das raras aparições do estilo no Canadá.

GRANITE

www.granitebreweryhalifax.ca

A GRANITE FUNCIONA em dois endereços. Na origem, em Halifax, onde começou como bar e cervejaria em 1985, para fazer principalmente cervejas de barril em estilo inglês. Vários anos depois, em 1991, abriu um lugar semelhante em Toronto, também com destaque para as cervejas de barril. Hoje é apenas cervejaria, embora o bar em Toronto ainda exista. Além das de barril, como a Best Bitter Special, com dry hopping, a Granite faz Weissbier, Barley Wine e Black IPA.

GRANVILLE ISLAND

www.gib.ca

A FUNDAÇÃO DA GRANVILLE ISLAND, em 1984, é considerada marco inicial do movimento das microcervejarias no Canadá. O primeiro lançamento foi a Island Lager, boa para churrasco, ainda hoje uma das mais vendidas. Em 2005, Mitch Taylor, primeiro proprietário, vendeu a cervejaria. A produção foi dividida entre a fábrica original, usada para especialidades em lotes pequenos, como a Chocolate Imperial Stout e a Fresh Hop ESB, e a da cidade de Kelowna, de onde saem as cervejas de linha. Vendida de novo em 2009, pertence agora à Creemore Springs *(p. oposta)*, subsidiária da Molson Coors.

HOPFENSTARK

www.hopfenstark.com

FRED CORMIER fundou a Hopfenstark em 2006 em L'Assomption, a cerca de 30 km de Montréal, com o objetivo de criar misturas singulares de sabores. E, de fato, ele não faz concessões ao trivial em sua linha de produção. Seu portfólio inclui uma baltic porter envelhecida em barril de bourbon, uma weisse em estilo berlinense e vários tipos de saison, bem como cervejas maturadas no barril.

As cervejas da Hopfenstark estão disponíveis tanto no bar de Cormier e no comércio local, como em estabelecimentos mais afastados, das regiões de Montréal e Québec. Conforme anunciou recentemente, a empresa tem planos de expandir em breve a distribuição para Toronto.

LE CHEVAL BLANC

wordp.lechevalblanc.ca/wp

PRIMEIRO BREWPUB DE MONTRÉAL, o Le Cheval Blanc foi inaugurado em 1986, três anos depois que Jérôme Catelli-Denys assumiu a direção da taberna de mesmo nome – negócio da família desde 1945, o empreendimento foi herança de seu tio Angelo.

Além das cervejas especiais em estilo belga, como a de trigo com cranberry e framboesa, são produzidas uma american pale ale bem lupulada e uma pilsen com lúpulos da Nova Zelândia, mas não com o usual Saaz. Especialmente para Québec, a cervejaria fabrica ale de barril à moda tradicional dos pubs londrinos. Hoje, nove tipos de ale de barril estão disponíveis, em qualquer época do ano.

LES TROIS MOUSQUETAIRES

www.lestroismousquetaires.ca

BROSSARD, SUBÚRBIO DE MONTRÉAL, foi a localidade onde Les Trois Mousquetaires (ou "os três mosqueteiros") resolveram em 2004 deixar sua marca na cena cervejeira de Québec, após terem perdido o emprego com o fechamento da fábrica em que trabalhavam. Além de procurar inspiração nas tradições belgas, a pequena e animada empresa foi influenciada pelos estilos alemães. Graças a tudo isso, o trio veio a desenvolver receitas como a da Impériale Weizen Grande Cuvée e da Doppelbock Grande Cuvée Printemps, que cativam os amantes da bebida.

GARRISON BREWING TALL SHIP AMBER ALE

LE TROU DU DIABLE

www.troududiable.com

O NOME DESSE BAR E CERVEJARIA vem da Garganta do Diabo, uma gigantesca queda-d'água no rio que passa pela cidade de Saint-Maurice, em Québec, sede da cervejaria desde 2005. No preparo das diversas variedades oferecidas pela casa, predomina um espírito de liberdade de expressão. Algumas sofrem influência das lager alemães, outras adotam estilos belgas livres, como a ale de abadia extraforte La Buteuse ou a colaboração com a De La Senne *(p. 87)* de Bruxelas, que rendeu a Schieve Tabarnak. Os métodos americanos também têm vez – uma IPA envelhecida com Brettanomyces em barris de vinho é uma opção corajosa.

MAGNOTTA

www.magnotta.com/Brewery

GABE MAGNOTTA INAUGUROU SUA VINÍCOLA em 1990, na cidade de Vaughan, Ontário. Seis anos depois chegou a hora da cervejaria focada em cervejas de alta qualidade, sem adjuntos, com a marca True North. A Blonde Lager é a mais vendida, mas destacam-se também uma alt, uma IPA e uma ale forte, encorpada. Infelizmente Magnotta faleceu em 2010, aos 59 anos, mas a cervejaria manteve a independência, assim como a vinícola.

MCAUSLAN

www.mcauslan.com

AS CERVEJARIAS ARTESANAIS são responsáveis por grande parte das boas cervejas. Peter McAuslan começou a fazer cerveja em casa em 1989, em Montréal. A febre das microcervejarias estava começando, e a St-Ambroise Pale Ale fez muito sucesso. Outro triunfo foi ter sido considerada a melhor cerveja de Québec pelo colunista cervejeiro Michael Jackson. Na mesma linha, há também a Oatmeal Stout e a sazonal Vintage Ale. Em abril de 2013, Peter McAuslan se aposentou e a cervejaria foi vendida para Les Brasseurs RJ.

MICROBRASSERIE CHARLEVOIX

www.microbrasserie.com

A CENA CERVEJEIRA DE QUÉBEC está em alta, e Charlevoix é considerada uma das expressões mais criativas. Faz uma série eclética de cervejas de inspiração belga, inclusive a Dominus Vobiscum, e especialidades como a Imperial Milk Stout, da linha Vache Folle. Fundada em 1998, começou no Restaurant Le Saint-Pub MicroBrasserie, mudando em 2009 para uma fábrica independente. O pub continua a fazer cervejas em lotes especiais para clientes ávidos por novidades.

MOOSEHEAD

www.moosehead.ca

O TEMPO É UM INGREDIENTE IMPORTANTE para a arte cervejeira. No caso da mais antiga cervejaria canadense, o tempo tem a ver com a sobrevivência. Suas origens remontam a 1867, dois anos depois que a família Oland mudou da Inglaterra para a Nova Escócia. A matriarca da família, Susannah, abriu a empresa e, apesar de ter sofrido dois incêndios e de ter sido destruída pela explosão de Halifax, em 1917, os Oland mantêm uma nova fábrica no terreno original, na cidade de St John, em New Brunswick. Entre as cervejas da Moosehead predomina a lager clara; eles também produzem para a Samuel Adams *(pp. 174-5)* e outras cervejarias.

NIAGARA'S BEST

www.davebush.com/NiagarasBestBeer/index.htm

ALGUMAS PESSOAS SE DIVERTEM descendo as cataratas do Niágara num barril, mas a maioria dos visitantes de uma das grandes atrações turísticas americanas prefere uma cerveja da Niagara's Best, fundada em 2005. Destaque para a mais vendida, Blonde Premium Ale, bem como para a Drummond Hill Dark Ale e para a witbier Cascada Premium White Ale. Contudo, os fãs procuram sempre a especial do mês, que pode ser uma IPA ou uma de trigo com framboesa.

PUMP HOUSE

www.pumphousebrewery.ca

NOS ANOS 1980, o cervejeiro Shaun Fraser sonhava com a profissionalização. Trabalhou numa cervejaria por curto período, e no final de 1999 ele e a esposa, Lilia, abriram um bar e cervejaria, a Pump House. O nome veio de seu trabalho como chefe dos bombeiros da cidade de Moncton, em New Brunswick. A cervejaria prosperou. Os apreciadores recomendam a Blueberry Ale, a Cadian Cream Ale e a frutada Fire Chief's Red Ale. Também agradam as sazonais Oktoberfest, a baltic porter e a brown ale ao estilo inglês com adição de anis-estrelado.

LE TROU DU DIABLE LA BUTEUSE

SLEEMAN

www.sleeman.ca

A PIRATARIA E A LEI SECA ocupam lugar de destaque na história da famosa cervejaria de Ontário. John H. Sleeman, descendente de piratas da Cornualha, começou a fazer cerveja em 1834, e 99 anos depois a cervejaria fechou por causa dos vínculos com contrabandistas. Em 1988, John W. Sleeman a recuperou e a vendeu para a Sapporo *(p. 245)* em 2006. Além das marcas próprias, como Honey Brown Lager e Silver Creek Lager, Sleeman produz cervejas de marcas dos EUA para o mercado canadense, como a Pabst Blue Ribbon.

SPINNAKERS

www.spinnakers.com

O BAR E CERVEJARIA MAIS ANTIGO do Canadá foi fundado em 1984, por Paul Hadfield, com ajuda do pioneiro das microcervejarias John Mitchell, que empresta o nome a uma das cervejas mais populares da casa: a Mitchell's ESB. Além disso, faz uma série de cervejas ao estilo estadunidense (Seattle não fica muito longe) e influenciadas pelo Reino Unido, com destaque para as maturadas no barril. Localizado em Victoria, na ilha de Vancouver, o local ficou famoso pela qualidade do bar e restaurante que sugere harmonizações de cervejas próprias com os pratos.

STEAMWORKS

www.steamworks.com

O BAIRRO HISTÓRICO DE GASTOWN, em Vancouver, abriga a Steamworks desde 1995, quando Eli Gershkovitch abriu um bar e cervejaria, usando o sistema de aquecimento a vapor na produção. O portfólio inclui influências diversas, como pilsen tcheca, saison, pale ale e uma stout com café que na fase de maturação leva 1.200 xícaras grandes de café de uma máquina La Marzocco de espresso.

STORM

www.stormbrewing.ca

A AVALANCHE DE CERVEJARIAS em Newfoundland começou em 1997, quando Michael McBride comprou o equipamento cervejeiro de uma empresa local que fechou, a Freshwater. Montou a cervejaria em Mount Pearl e passou a produzir uma seleção restrita, que hoje inclui Raspberry Wheat, Coffee Porter e Island Gold. Além da fama pela qualidade, McBride recebeu muitos elogios pela emissão de carbono zerada.

WELLINGTON SPECIAL PALE ALE

WOLF BREWING RANNOCH

WELLINGTON

www.wellingtonbrewery.ca

COMO O NOME SUGERE, o duque de Wellington foi influência na microcervejaria de Guelph, aberta por Philip Gosling, em 1985. Pioneiro na produção de cervejas maturadas no barril, como a Arkell Best Bitter, ainda em linha, Gosling se foi e hoje Doug Dawkins, presente desde a fundação, comanda a empresa ao lado de Brent Davies. Além de variedades de ale, como a Special Pale Ale, a Wellington produz a Imperial Russian Stout, para enfrentar o inverno, e a Trailhead Lager, em estilo Vienna.

WOLF BREWING

www.wolfbrewingcompany.com

A WOLF COMEÇOU EM 2000 como Fat Cat, na cidade de Nanaimo, ilha de Vancouver, e conquistou fãs graças a cervejas originais e rótulos chamativos. Em 2010 foi vendida para o atual proprietário e rebatizada de Wolf. Faz uma série que tenta incorporar os estilos da Costa Oeste dos EUA e da ale inglesa, com destaque para a Rannoch Scotch Ale e a Black Tail Porter.

YELLOWBELLY

www.yellowbellybrewery.com

SITUADA NUM PRÉDIO HISTÓRICO do século XIX em St John, Newfoundland, o bar e cervejaria Yellowbelly começou a produzir em 2008, sob a supervisão do mestre cervejeiro Liam McKenna. Ex-funcionário da Dublin Brewing Company, ele fazia na época uma cerveja tão famosa, que uma grande concorrente de Dublin passou a pagar donos de bares para não a venderem, temendo perder consumidores para os aclamados rótulos de McKenna. Ele faz hoje quatro cervejas regulares, como a rica e tostada St John's Stout e uma Irish Red chamada Fighting Irish Red Ale.

YUKON

www.yukonbeer.com

A YUKON FOI CRIADA por dois amigos de longa data, Bob Baxter e Alan Hansen, em 1997. Na época era conhecida como Chilkoot, virou Cheechako e acabou por se consagrar como Yukon em 1999. Apesar do isolamento no norte do Canadá, a cerveja ganhou prêmios e pode ser encontrada em diversas regiões do país. Merecem atenção a cremosa e escura Lead Dog Ale, a tostada e lupulada black IPA e a A.D.D. Series 005 Cascadian.

MÉXICO, AMÉRICA CENTRAL E AMÉRICA DO SUL

México, América Central e América do Sul são como muitos mercados emergentes de cerveja: campo de batalha para algumas das maiores cervejarias do mundo. Em grande parte, a produção local deriva da tradição germânica de lager clara e leve, com poucos estilos de cervejas fortes escuras. Entretanto, há sinais de que a cultura da cerveja artesanal está ganhando espaço. No Brasil, cervejeiros como Juliano Mendes, fundador da Eisenbahn *(p. 218)*, estão dispostos a buscar alternativas às cervejas de produção em massa. De fato, em Blumenau – sede da Eisenbahn – há um grande número de microcervejarias, e todos os anos a cidade promove uma edição própria da Oktoberfest.

O México ocupa a linha de frente da batalha das aquisições das cervejas nacionais pelas empresas internacionais. Moctezuma *(p. 224)* pertence agora à Heineken e produz uma porter estilo Vienna bastante razoável. Em países como Chile e Argentina, mais conhecidos pelos vinhos que pelas cervejas, surgiram várias cervejarias artesanais – destacam-se na Argentina a Antares e a Barba Roja *(pp. 228-9)*. No Chile, um californiano assumiu a tarefa de apresentar novos sabores na cervejaria Szot *(p. 230)*. Suas cervejas premiadas seguem mais as tradições americanas que as alemãs. Nos vizinhos Uruguai, Colômbia, Bolívia, Peru e El Salvador – na verdade, na região como um todo –, também há indícios do desenvolvimento do gosto pelas cervejas artesanais.

Vários países do Caribe têm forte tradição cervejeira, apesar de a produção local ser de cervejas claras e adocicadas, como as encontradas em Trinidad e Tobago, em Cuba e na Costa Rica. Na Jamaica, entretanto, vale a pena conferir a Desnoes and Geddes' Dragon Stout, cerveja intensa, com sabor carregado de malte e melaço *(p. 231)*.

BIERLAND

INFORMAÇÕES

PRODUTOR Bierland

FUNDAÇÃO 2003

ENDEREÇO Rua Gustavo Zimmermann, 5361 Itoupava Central, Blumenau, Santa Catarina

SITE www.bierland.com.br

FILOSOFIA Usar a tradição cervejeira alemã para produzir cervejas de alto nível

Blumenau, uma das cidades mais alemãs do Brasil, celebra as tradições germânicas com *Lederhosen* e muita animação. Desde a fundação, em 2003, a Bierland contribui para o aprimoramento da cultura cervejeira local.

SEDE DA BIERLAND, a sulista Blumenau foi fundada no século XIX por imigrantes alemães em região de forte influência germânica. Manteve a personalidade cervejeira com competência: a Oktoberfest local é a segunda do mundo, só perde para a de Munique. Em certos aspectos, a cerveja foi batizada – dúzias de microcervejarias regionais decaíram até serem compradas pela grandes corporações do ramo. Em 2003, a Bierland resolveu enfrentar a maré desfavorável e lançou a cervejaria na região dos imigrantes alemães. Os primeiros passos foram cuidadosos e previsíveis: duas cervejas, uma pilsen e uma amber. Dois anos depois, passos mais resolutos: lançaram uma bock e uma weizenbock. Para maior visibilidade, naquele ano as cervejas da Bierland estiveram disponíveis para matar a sede das multidões do "Ein Prosit" da Oktoberfest. Desde então vem crescendo muito, ampliando as instalações – especialmente para maturação – e lançando mais cervejas, que podem ser degustadas no bar da empresa.

Entretanto, um dos lançamentos não era muito familiar aos alemães que fundaram a cidade. A Imperial Stout, cuja qualidade e valor foram confirmados pelos muitos prêmios recebidos, como a cobiçada European Beer Star de 2012. Contudo, para mostrar que a cervejaria não abandonou suas raízes, a bock da Bierland faturou a medalha de prata na categoria, na mesma competição. A cerveja volta ao lar.

BIERLAND
STRONG GOLDEN ALE

NOTAS DE DEGUSTAÇÃO

STRONG GOLDEN ALE BELGIAN-STYLE ALE, 9%

Cerveja forte, em bela garrafa de fundo chato, com 750 ml. Dourada, no nariz é intensa, vigorosa; no paladar, suculenta, com adocicado de malte, uma nota de pera e um final prolongado, alcoólico. Matura na garrafa e melhora com o tempo.

HARMONIZAÇÃO: Um queijo é o companheiro mais aprazível; a carbonatação intensa atenua um queijo pungente e salgado como o gorgonzola.

IMPERIAL STOUT 8%

Os alemães fundadores da cidade provavelmente não conheceram essa delícia encorpada – chocolate e fumaça no nariz; na boca, sensual, cremosa, com chocolate e café até o leve amargor final.

HARMONIZAÇÃO: Cerveja de sobremesa, sem dúvida, por conta das notas doces e achocolatadas. Que tal um sorvete de baunilha?

WEIZEN BAVARIAN HEFEWEISS, 4,7%

A versão da Bierland da clássica weissbier bávara é amarela, quase alaranjada, sob colarinho fofo, branco como neve. Personalidade marcante, esfuziante, borbulhante, com notas de frutas e especiarias até o final metálico e refrescante.

HARMONIZAÇÃO: Faz de conta que você está na Baviera. A clássica refeição com Weisswurst e Pretzels é a combinação perfeita para essa cerveja.

Preciosidade germânica
Com a Weizen, a Bierland oferece aos fãs de cerveja o gostinho da Baviera

BIERLAND
IMPERIAL STOUT

BIERLAND
WEIZEN

EISENBAHN

O desejo de beber uma cerveja melhor no Brasil levou Juliano Mendes a fundar a Eisenbahn. Com abordagem eclética, inspirou-se no estilo alemão e nas tendências internacionais para criar cervejas premiadas.

INFORMAÇÕES

PRODUTOR Brasil Kirin

FUNDAÇÃO 2002

ENDEREÇO Rua Bahia 5181, Salto Weissbach, Blumenau, Santa Catarina 89032-001

SITE www.eisenbahn.com.br

FILOSOFIA Cervejas exemplares baseadas no estilo alemão

NO MUNDO DA CERVEJA, a palavra "paixão" corre o risco de perder o sentido, tamanha a frequência com que é utilizada. Mas é possível, sim, julgar a paixão de alguém – por suas ações, não pelo press release do departamento de marketing. É o caso de Juliano Mendes. Insatisfeito com as opções brasileiras de cerveja, ele resolveu tomar uma providência. Residente em Blumenau, região de rica tradição cervejeira, Mendes concretizou sua paixão pelas cervejas fundando a Eisenbahn em 2002 – o nome da marca se refere à velha ferrovia que passava perto da fábrica. Para enfatizar a seriedade do projeto, um mestre cervejeiro alemão foi contratado para cuidar da produção. A missão era criar uma série de cervejas conforme a Reinheitsgebot. A pilsen pouco amarga, adequada ao paladar brasileiro; a Dunkel, que pela descrição da cervejaria lembra mais uma schwarzbier da Turíngia; e a pale ao estilo belga, para testar uma novidade no mercado. A paixão levou a Eisenbahn a se tornar uma das microcervejarias mais conhecidas do país. Foi comprada em 2008 pelo grupo Schincariol – que passou a se chamar Brasil Kirin em 2012 –, mas manteve as credenciais de cervejaria artesanal.

As cervejas continuam a colecionar prêmios desde que a Dunkel iniciou a avalanche de conquistas em 2007, levando a medalha de bronze da categoria no European Star Awards; a Weizenbock também ganhou uma medalha de bronze no evento. No portfólio atual, destacam-se especialidades alemãs e várias criações de inspiração belga, como a Lust, o "champanhe das cervejas", criação original para a América do Sul.

EISENBAHN DUNKEL

EISENBAHN PALE ALE

EISENBAHN PILSEN

NOTAS DE DEGUSTAÇÃO

DUNKEL DARK LAGER, 4,8%
Café e chocolate em profusão inundam o olfato e o paladar dessa dark lager de cor acastanhada. Seca, vivaz, corpo médio e notas de cereais tostados dão lugar a leve amargor, até o final seco apetitoso.

HARMONIZAÇÃO: Enérgica, a Dunkel é perfeita com os temperos de uma suculenta feijoada. As notas de chocolate e café se dão muito bem com a intensidade de sabor das carnes dessa receita tão brasileira.

PALE ALE 4,8%
Cerveja alaranjada com colarinho branco de bolhas grandes, essa pale ale abre com leve aroma de lúpulo e malte adocicado. No paladar, é agridoce, cítrica, até o final seco e amargo.

HARMONIZAÇÃO: Um cordeiro assado é o par adequado à cerveja, que realça a doçura e a suculência da carne.

PILSEN LAGER, 4,8%
A mais popular entre as cervejas da Eisenbahn no mundo inteiro. Dourada, forma um colarinho branco espesso. Aroma adocicado de grama, sabor leve com lúpulo em destaque conduz a um final seco, refrescante.

HARMONIZAÇÃO: Vivaz e refrescante, combina com pratos suculentos, como churrasco de costela ou linguiça. Também acompanha sabores delicados, como frutos do mar. Experimente com camarão.

WAY BEER

Desde o lançamento, em 2010, a Way vem conquistando apreciadores com sua linha inspirada nas cervejas de sabor explosivo dos EUA. A lager com madeira de amburana pode ser considerada um clássico brasileiro.

VIAJAR EXPANDE A MENTE e os horizontes pessoais, pois coloca o viajante em contato com novas culturas, diferentes povos e outros modos de vida. Por vezes, porém, uma viagem ocorre sem que a pessoa precise fazer as malas ou pôr o pé para fora de casa. É o caso da Way Beer. Alessandro Oliveira e Alejandro Winocur fundaram a cervejaria no final de 2010, em lançamento durante a Oktoberfest de Blumenau. No rótulo, cores vibrantes; na garrafa, uma explosão de sabor que provocou comoção imediata. Em seguida veio o sucesso com a crítica: a American Pale Ale foi considerada a melhor pale ale brasileira no prêmio Maxim Beer Awards. Foi sem dúvida uma viagem, na medida em que Oliveira e Winocur trouxeram a cultura cervejeira da América do Norte ao sul do Brasil, apresentando ao público consumidor estilos como Irish Red Ale, Double American Pale Ale e Cream Porter; a influência belga, por sua vez, se manifesta na Roller Coaster Dark Belgian IPA.

Localizada em Pinhais, município que integra a grande Curitiba, no Paraná, a Way Beer é uma fábrica moderna. Produz cervejas diferentes, enfatizando a inovação e a criatividade na busca por sabores atraentes. A cervejaria organiza sua própria Oktoberfest, além de eventos dedicados a cerveja e comida. Para mostrar que não para por aí, lançou sua cerveja mais ambiciosa, a Amburana Lager. Seguiu o exemplo dos projetos de envelhecimento dos EUA e de outros países para produzir uma doppelbock forte, maturada em barris de amburana, madeira nativa do Brasil. A cerveja complexa, suave, cremosa e adocicada é um sucesso. A Way Beer ajudou a mostrar que viagens fazem bem à alma, mas que grandes ideias podem ser encontradas na porta de casa.

INFORMAÇÕES

PRODUTORES Alessandro Oliveira, Alejandro Winocur

FUNDAÇÃO 2010

ENDEREÇO Rua Pérola 331, Pinhais, Curitiba, Paraná, 83325-200

SITE www.waybeer.com.br

FILOSOFIA Produzir cervejas ousadas e vibrantes, influenciadas pela revolução da cerveja artesanal dos EUA

NOTAS DE DEGUSTAÇÃO

AMERICAN PALE ALE 5,2%

Os lúpulos americanos Cascade, Citra e Amarillo se encarregam do ataque aromático dessa pale ale alaranjada com notas de malte caramelado no fundo. Apetitosamente amarga, cítrica, tem mel e caramelo suave no paladar, até o final agridoce.

HARMONIZAÇÃO: Um sanduíche de filé acebolado preparado com pão italiano forma a combinação perfeita para essa ale.

CREAM PORTER 5,6%

Porter cremosa, suculenta, tem notas de café no nariz; no paladar, café com leite, chocolate, alguma doçura e tostado de malte antes do final agridoce prolongado.

HARMONIZAÇÃO: A textura cremosa e o adocicado alcoólico da cerveja complementam e enfrentam um pudim de pão.

AMBURANA LAGER DOPPELBOCK, 8,4%

Lager forte, com três meses de maturação em amburana. Escura, castanha, no nariz apresenta notas de especiarias e madeira, algum mel e toque de baunilha. Na boca, suavidade de baunilha, mais madeira leve, notas tostadas, doçura derivada do malte e cremosidade; final leve e doce, com notas amadeiradas.

HARMONIZAÇÃO: Experimente com pratos condimentados, como pato assado com molho de cereja. A complexidade da cerveja e a doçura do malte realçam o sabor do prato.

Sabor local
Quem precisa de carvalho para envelhecer cerveja, se a amburana local dá conta?

WAY BEER
AMERICAN PALE ALE

WAY BEER
CREAM PORTER

WAY BEER
AMBURANA LAGER

EMBORA AS CERVEJARIAS ARTESANAIS BRASILEIRAS PERCAM EM PRODUÇÃO TOTAL PARA AS GRANDES FÁBRICAS, ELAS OFERECEM UMA VARIEDADE MAIOR DE ESTILOS E INOVAÇÕES.

ACOLHEDOR E BEM ABASTECIDO, O BAR DO SERAFIM, EM LARANJEIRAS, RIO DE JANEIRO, É O LUGAR PERFEITO PARA COMER E CONVERSAR TOMANDO UMA CERVEJA AO FINAL DE UM LONGO DIA.

2CABEÇAS

www.2cabecas.com.br

DUAS CABEÇAS PENSAM MELHOR QUE UMA, diz o velho ditado, que certamente se aplica ao caso dessa cervejaria carioca lançada no final de 2011 por dois cervejeiros artesanais, Bernardo Couto e Salo Maldonado. Sem sede própria, eles produzem na Cervejaria Allegra. Sem se preocupar muito com a lager sulista, escolheram versões locais dos estilos artesanais americanos, como no caso da primeira variedade lançada por eles, a Hi5 Black IPA, da Funk IPA e da MaracujIPA, uma IPA com adição de maracujá em lugar do dry hopping.

ABADESSA

www.abade.com.br

ENQUANTO MUITOS CERVEJEIROS ARTESANAIS dão as costas para a lei da pureza alemã, Reinheitsgebot *(p. 52)*, o fundador e mestre cervejeiro da cervejaria RSW Abadessa, Herbert Schumacher, faz questão de produzir cervejas de acordo com a norma. No Rio Grande do Sul, Schumacher entrou no mercado em 2005, com uma série de cervejas de influência alemã, como pilsen, helles, dunkel, rauchbier e festbier. Em 2009, a cervejaria foi aceita como membro da prestigiada Society for the History of Brewing (Sociedade para a História da Cerveja), sediada em Berlim.

ANNER

www.cervejaanner.com

A ANNER FOI LANÇADA EM 2007, no subúrbio de Porto Alegre. Tem quatro cervejas regulares e algumas sazonais, todas influenciadas pelas práticas da Europa e dos EUA. A Libertadora é uma variação da Imperial Red Ale com frutas secas e especiarias no nariz, tendendo ao lúpulo no paladar. A Maria Degolada é uma tripel belga intensa, com sabor complexo, que alude à trágica história de Maria Francelina Trenes. Degolada por ciúmes pelo namorado, um policial militar, é considerada uma santa pela população local e se tornou protetora de quem se encrenca com a polícia.

BADEN BADEN

www.badenbaden.com.br

QUANDO A BADEN BADEN FOI COMPRADA pela atual Brasil Kirin, os fãs temeram pelo futuro da microcervejaria, muito respeitada desde a inauguração, em 2001. Entretanto, não havia razão para receios; a Baden Baden continua sendo feita em Campos do Jordão, São Paulo, e mantém a qualidade de cervejas como a Stout, encorpada e defumada, a Red Ale Especial, robusta e frutada, e a 1999, em estilo ESB, agradável de beber e com ataque intenso de sabor.

BALDHEAD CRAFT BEERS

www.cervejabaldhead.blogspot.co.uk

A BALDHEAD CRAFT BEERS é mais um exemplo de cervejaria artesanal de Porto Alegre. A iniciativa remonta a 2010, muitos anos depois de Filipo Severo e Giuliano Vacaro terem feito uma viagem para Londres e descobrirem as complexidades da ale inglesa. Eles também visitaram a Bélgica e a Oktoberfest de Munique, o que os estimulou a adotar as leis da Reinheitsgebot ao iniciar as atividades. Faz sentido que as três cervejas da marca reflitam a cultura europeia: uma bitter inglesa, uma kölsch alemã e uma dark ale belga. O nome da cervejaria vem do sócio calvo, Giuliano Vacaro, e o monge dos rótulos lembra que muitas cervejas nasceram nos mosteiros.

BAMBERG

www.cervejariabamberg.com.br

NO MEIO CERVEJEIRO ARTESANAL brasileiro, a Bamberg já é veterana, pois começou no interior de São Paulo, na cidade de Votorantim, em 2005. Fundada pelos irmãos Alexandre, Thiago e Lucas Bazzo, sofre influência germânica, como indica o nome dado em homenagem à cidade alemã – um polo cervejeiro importante, que conta com o maior número de cervejarias por habitante em todo o mundo. O vínculo com Bamberg é enfatizado através da rauchbier, seca e defumada. Outros estilos são: pilsen, helles, bock e weizenbock. E há experiências com barley wine maturada em madeira.

BAR INVICTA

www.cervejariainvicta.com.br

A CIDADE DE RIBEIRÃO PRETO é célebre pela cerveja, e o Bar Invicta, de Rodrigo Silveira, completou a lista de cervejarias artesanais, ao lado da Colorado e da Lund. Fundado em 2011, é um bar com cervejaria, famoso localmente. Vende cervejas próprias e marcas

COLORADO DEMOISELLE

brasileiras e importadas. As da casa incluem as inevitáveis influências alemãs, com pilsen e weiss, além das intrigantes India black ale, imperial India pale ale, porter e imperial stout. Os apreciadores são convidados a conhecer a cervejaria e a degustar as opções no próprio local.

BARLEY

www.barley.com.br

A BARLEY COMEÇOU POR DIVERSÃO, em 1992, e por dez anos foi produzida esporadicamente para consumo próprio. Durante esse período, o processo foi gradualmente aperfeiçoado até a fundação da Barley, em 2002. A cervejaria logo passou a abastecer a região de Capela de Santana, no Rio Grande do Sul – e, como era de se esperar em área de intensa imigração alemã, as cervejas seguem as leis Reinheitsgebot, a começar pela pilsen básica, uma de trigo e a bock sazonal só de barril. Em 2010 a cervejaria abriu um aconchegante chalé de madeira onde as cervejas podem ser degustadas.

BODEBROWN

www.bodebrown.com.br

EM 2009, SAMUEL CAVALCANTI abriu uma microcervejaria em Curitiba, no Paraná. Em uma área onde a tradição cervejeira sofre influência alemã, ele foi buscar inspiração nas cervejas artesanais dos EUA. Desse contato surgiu uma seleção com rótulos chamativos e provocantes, cujos destaques são a Dangerous Imperial IPA, ale bem lupulada e frutada, e a Black Rye IPA, American black ale forte (7% de teor alcoólico), com sabor tostado, mas refrescante. A classic Scotch ale da cervejaria, Wee Heavy, levou a medalha de ouro no Mondial de la Bière, em 2011. A Bodebrown, que afirma ser "a primeira cervejaria-escola do Brasil", oferece cursos para fabricação caseira e mantém uma pequena biblioteca sobre a bebida.

COLORADO

www.cervejariacolorado.com.br

MARCELO CARNEIRO DA ROCHA deve ter se sentido um pioneiro solitário em 1995, quando abriu a Colorado em Ribeirão Preto – a cidade era famosa pela fábrica da Antarctica, gigante local que mais tarde se uniria à Brahma para formar a AmBev. Ele perseverou e hoje a Colorado é uma das microcervejarias mais famosas do Brasil. Não satisfeita em imitar as artesanais americanas, a Colorado passou a usar sabores brasileiros, como mandioca numa pilsen, mel local numa weiss e café da Alta Mogiana em sua porter Demoiselle. Além disso, obtém destaque com os rótulos caprichados e coloridos das garrafas.

CORUJA

www.cervejacoruja.com.br

A CORUJA FEZ SUCESSO EM 2004, como cervejaria sem fábrica, fundada pelos arquitetos Micael Eckert e Rafael Rodrigues. Até 2010, as cervejas eram feitas pela Gol Beer Bebidas, no Rio Grande do Sul, depois passaram a ser produzidas pela Saintbeer de Santa Catarina e acondicionadas em garrafas bastante peculiares – frascos de remédio antigos com o rótulo serigrafado diretamente no vidro. Influências europeias predominam, com destaque para a Alemanha, na elaboração de weizen, weizenbock e de uma inusitada landbier à moda da casa.

FALKE BIER

www.falkebier.com.br

EM 2004, MARCO FALCONE largou o emprego de engenheiro para montar a Falke Bier em casa, perto de Belo Horizonte, Minas Gerais. Arriscara fazer cerveja caseira nos anos 1980, mas deixou a ideia de lado até uma viagem à Alemanha reacender a paixão. Falcone se dedica de coração às cervejas que fabrica, entre elas IPA, pilsen, weiss e tripel. Usa torrador de café para preparar seu próprio malte de schwarzbier enquanto toca jazz e clássicos para ajudar na maturação dos fermentos das cervejas.

KRUG BIER

www.krug.com.br

A KRUG BIER É UMA CERVEJARIA com longa história e conexões com a Áustria. Foi inaugurada em Belo Horizonte, em 1997, pelos irmãos Theo e Hervig Gangl, que se dizem descendentes de uma família austríaca com séculos de tradição na atividade de produzir cerveja (também alegam vínculos com a Warsteiner, cuja cervejaria foi fundada em 1753). Naturalmente, a Reinheitsgebot reina na hora de produzir a Áustria Pilsen e a Áustria Weiss, além de cervejas de barril, servidas no bar e restaurante anexo à cervejaria. O sucesso e a consequente necessidade de expansão levaram a Krug Bier a se mudar para instalações mais amplas em 2004.

LAGOM BREWERY & PUB

www.lagom.com.br

O ANIMADO BAR E CERVEJARIA LAGOM abriu em 2010, em Porto Alegre, por iniciativa de um grupo de cervejeiros artesanais que desejavam vender seus produtos, bem como cervejas de colegas da região sulista. A liberdade de que desfrutam ao produzir a bebida pode ser constatada nas cervejas que são vendidas ali. O visitante encontra oito bicos de chope na Lagom, incluindo uma smoked porter, uma IPA – às vezes com um lúpulo apenas –, uma weizenbock, uma oatmeal stout e até mesmo uma barley wine bem forte. Elas acompanham pratos com nomes sugestivos, como "Almôndegas from Hell". O imenso sucesso levou à abertura de uma segunda unidade, em 2012.

NACIONAL

www.cervejarianacional.com.br

ÚNICO BAR COM CERVEJARIA de São Paulo, a Nacional é um lugar animado, aberto em 2011 no prédio de uma antiga fábrica. Ali são produzidos mais de 5 mil litros de boa cerveja, todos os meses. Mais de 25 variedades saem do térreo para consumo no andar superior. No restaurante, servem sorvete feito com a pilsen da casa. Os cervejeiros proclamam orgulhosos que a Mula IPA e a Kurupira Ale não levam conservantes e são servidas na temperatura certa, não estupidamente geladas, como na maioria dos bares brasileiros.

SEASONS CRAFT BREWERY

www.cervejariaseasons.com.br

MAIS UMA RAZÃO para ir a Porto Alegre: a microcervejaria Seasons começou a produção em 2011, com a missão de espalhar a "boa cerveja". Uma IPA em estilo americano, uma blond belga e uma sedutora stout de café são destaques entre as regulares. As ofertas sazonais incluem uma harvest beer feita com flores frescas de lúpulo e uma Russian imperial stout fermentada por 22 dias e maturada por onze meses. Com 10% de teor alcoólico, é uma cerveja para levar a sério. A cervejaria também promove iniciativas para envolver a comunidade no movimento brasileiro de cerveja artesanal, unindo-se a outras cervejarias para divulgar sua atividade.

CUAUHTÉMOC MOCTEZUMA

Dos Equis e Sol são duas marcas populares produzidas pela Cuauhtémoc Moctezuma mexicana. Como uma das maiores cervejarias do país, tem produtos conhecidos no mundo inteiro.

CUAUHTÉMOC MOCTEZUMA
DOS EQUIS XX AMBAR

OS EMPRESÁRIOS QUE LANÇARAM a Cuauhtémoc Moctezuma, em 1890 (quando a cervejaria se chamava apenas Cuauhtémoc), não previram a expansão monumental da empresa. A cervejaria começou na cidade de Monterrey, lançando a Carta Blanca, cerveja que logo conquistaria prêmios em Paris e Chicago.

A história da Cuauhtémoc Moctezuma se caracteriza pela expansão constante, com abertura de várias companhias para fornecerem os elementos essenciais para produção de cerveja, como embalagens, copos e cevada maltada. Hoje mantém seis fábricas e inclui em sua seleção pale ale e dark lager. Com a marca Bohemia tem uma stout de chocolate e uma variante da weizen. Mas a história nem sempre foi fácil para a cervejaria. Em 1914, durante a Revolução Mexicana, partidários do presidente Venustiano Carranza ocuparam a fábrica por um breve período, pois os proprietários apoiavam seu rival. Os donos fugiram para o Texas e mais tarde conseguiram recuperar o controle da empresa com ajuda de diplomatas dos EUA e da Rússia. A cervejaria foi comprada pela gigante internacional holandesa Heineken, em 2012.

NOTAS DE DEGUSTAÇÃO

DOS EQUIS XX AMBAR 4,7%
Versão mexicana da cerveja estilo Vienna, avermelhada, suavemente lupulada, com presença marcante de malte. Sucesso de exportação, ganha popularidade ao norte da fronteira com os EUA.

HARMONIZAÇÃO: Sirva bem gelada com chilli apimentado ou costelinha de porco na brasa.

BOHEMIA CLÁSICA PALE LAGER, 5,3%
A Bohemia é dourada, com toques de malte adocicado no nariz. Na boca, corpo médio e frescor. É levemente doce, com fundo amargo.

HARMONIZAÇÃO: Refrescante, levemente doce, é ótima companheira para camarão grelhado com pimenta.

NOCHE BUENA DARK LAGER, 5,9% ABV
Castanha no copo, com leves notas de caramelo, nozes e chocolate no nariz. Mais caramelo adocicado no paladar. Encorpada, remete a notas de toffee e lúpulo terroso antes do final prolongado e seco.

HARMONIZAÇÃO: Por conta do álcool, do frescor e do corpo, essa dark lager acompanha bem pratos condimentados como o chilli com carne.

INFORMAÇÕES

PRODUTOR Heineken

FUNDAÇÃO 1890

ENDEREÇO Boulevard Ferrocarriles 247, Industrial Vallejo, Azcapotzalco, 02300 Cidade do México, Distrito Federal

SITE www.cuamoc.com

FILOSOFIA Mesmo sendo uma das maiores do México, mantém a paixão pela qualidade

GRUPO MODELO

O Grupo Modelo começou com porte modesto na Cidade do México, tornando-se com o tempo uma das maiores cervejarias do mundo. A Corona Extra, cerveja leve, costuma ser servida com uma fatia de limão.

ENQUANTO OS EUA SOFRIAM COM A LEI SECA, em 1925, a Cervecería Modelo nascia no México, o vizinho ao sul, para onde muitos americanos se dirigiam nessa época em busca de bebida alcoólica barata e diversão. Um dos primeiros lançamentos da nova companhia foi a Corona Extra, que se tornaria a cerveja mexicana mais vendida no mundo. Não se sabe se o costume de colocar uma fatia de limão no gargalo começou na época ou se surgiu com o passar do tempo. Pouco depois, a cerveja começou a ser embalada nas famosas garrafas de vidro claro. Duas outras cervejas do período continuam entre as favoritas do público mexicano, a Modelo Especial e a Negra Modelo, cerveja preta campeã de vendas no país, embora tenha sido inicialmente vendida apenas direto do barril, vindo a ser engarrafada somente a partir de 1930. Não se sabe se é lenda ou verdade que a popularidade da cerveja preta no México se deve aos imigrantes austríacos que acompanharam o imperador Maximiliano nos anos 1860. Fato é que a Modelo obviamente acertou na tentativa de matar a sede dos mexicanos e talvez dos americanos do outro lado da fronteira, pois em alguns anos já estava vendendo 8 milhões de garrafas por ano.

A história do Grupo Modelo (nome atual) é marcada pela expansão e aquisições, como a compra da Toluca, em 1935 (dona da marca Victoria), e da Pacifico, em 1954, onde a Pacifico Modelo era produzida desde 1900. Hoje é o sexto maior grupo cervejeiro do mundo, produzindo catorze marcas distintas, com oito fábricas no México. Também importa cervejas famosas como Budweiser e Tsingtao, além de engarrafar água mineral.

INFORMAÇÕES

PRODUTOR Constellation Brands

FUNDAÇÃO 1925

ENDEREÇO Lago Alberto 156 Colonia Anáhuac, Miguel Hidalgo, 11320 Cidade do México, Distrito Federal

SITE www.gmodelo.mx

FILOSOFIA De cor clara ou escura, de sabor leve ou acentuado, há sempre uma cerveja do Grupo Modelo

NOTAS DE DEGUSTAÇÃO

CORONA EXTRA PALE LAGER, 4,8%
Amarela, clara, essa pale lager tem aroma sugestivo de limão e milho-verde. Na boca, corpo leve a médio com carbonatação refrescante, leve nota cítrica e final seco. É a típica cerveja para churrasco.

HARMONIZAÇÃO: Simples, descomplicada, eis uma boa pedida para um dia quente de verão. Vai bem, igualmente, com carnes na brasa.

PACIFICO CLARA PALE LAGER, 4,8%
Dourada, a Pacifico Clara tem nariz adocicado, com notas de cereais e cítricos no fundo. O adocicado do malte é equilibrado por uma nota cítrica. A carbonatação intensa ajuda a refrescar.

HARMONIZAÇÃO: Cerveja ideal para acompanhar tortilha com lombo de porco desfiado, molho de ervas frescas e um toque sutil de pimenta jalapeño.

MODELO ESPECIAL PALE LAGER, 4,4%
Cor de ouro velho com adocicado de cereais no olfato. Carbonatação refrescante e intensa, com sugestão de caramelo e cítricos antes do final curto, com notas agridoces.

HARMONIZAÇÃO: Outra boa cerveja para matar a sede, embora o frescor a torne compatível com pratos condimentados, como fajitas.

GRUPO MODELO
CORONA EXTRA

GRUPO MODELO
PACIFICO CLARA

GRUPO MODELO
MODELO ESPECIAL

PRIMUS

INFORMAÇÕES

PRODUTORES Rodolfo Andreu e Jaime Andreu

FUNDAÇÃO 2007

ENDEREÇO Av Revolución 344, Colonia Escandón, Miguel Hidalgo, 11800 Cidade do México

SITE www.primus.com.mx

FILOSOFIA Fazer nossa cerveja artesanal e colaborar com outros cervejeiros artesanais mexicanos

Rodolfo e Jaime Andreu, fundadores da Primus, precisaram de três anos para aperfeiçoar a primeira cerveja e colocá-la no mercado. Foi a primeira alt produzida no México – feita por esses pioneiros do crescente movimento pela cerveja artesanal.

HÁ MUITAS CERVEJAS NO MÉXICO e diversas marcas, boa parte das quais viaja pelo mundo. A cerveja mexicana tem estilo próprio – o apreciador que põe um pedaço de limão no gargalo da garrafa de lager percebe que isso dá certa credibilidade. O problema dessa imagem de país farto em cervejas é que poucas saem dos estilos óbvios, lager clara ou escura. É aí que a Primus entra em cena. Ela faz parte do grupo seleto de cervejarias artesanais que aos poucos mostram aos mexicanos que a cerveja não precisa ser estupidamente gelada, com sabor suave – tarefa dura, pois o mercado local é dominado por dois gigantes, o que dificulta a distribuição das pequenas cervejarias. A situação se complica quando se tenta importar matérias-primas, e a Primus iniciou um esquema no qual um grupo de produtores artesanais se une para adquirir lotes grandes de malte. A colaboração é um dos aspectos que garantem um crescimento modesto e constante da cerveja artesanal mexicana. Outro é a influência das mudanças no vizinho setentrional, que passou a chamar a atenção. Contudo, numa visão realista, não se pode esquecer que a participação da cerveja artesanal no mercado mexicano era muito reduzida em 2001 – apenas 0,01%. Mesmo sendo o dobro dos anos anteriores, ainda há um longo caminho pela frente.

A cervejaria Primus se localiza num subúrbio ao norte da Cidade do México e em 2007 garantiu seu lugar na história cervejeira local ao lançar a primeira altbier, a Tempus. Segundo os fundadores, Rodolfo e Jaime Andreu, eles precisaram de três anos de pesquisa e estudo para se sentir confiantes e lançar a cerveja. A preparação minuciosa mostra a seriedade da dupla. Para tornar a cena mais interessante, eles desenvolveram a Tempus Doble Malta, original imperial alt, e a Scottish ale Tempus Reserva Especial. A cervejaria também promove jantares harmonizados com cerveja, no estilo dos criados pelas vinícolas. A dupla é séria e dedicada, e seu esforço começa a render dividendos num mercado difícil. Tomara que no futuro a cerveja mexicana circule mais pelo mundo.

Provando um ponto
A Primus mostra que o México tem mais do que lager com limão

PRIMUS TEMPUS RESERVA ESPECIAL **PRIMUS** TEMPUS DOBLE MALTA **PRIMUS** TEMPUS DORADA

A prática gera a perfeição
Coisas boas exigem tempo – a Primus levou três anos aperfeiçoando sua primeira cerveja

Muito além do copo grande
Não é obrigatório servir cerveja em copos enormes. Uma taça adequada pode aumentar o prazer de beber

PRIMUS TEMPUS ALT CLÁSICA

NOTAS DE DEGUSTAÇÃO

TEMPUS RESERVA ESPECIAL SCOTTISH ALE, 6,1%
A cerveja reluz, ambarina, sob colarinho branco fofo. No nariz, uma cascata de caramelo e mel. Cerveja encorpada, com biscoito maltado e toffee, um pouco de cítricos e especiarias, com álcool antes do final amargo.

HARMONIZAÇÃO: Boa companheira para um ensopado ou para o final do jantar, com cheesecake de framboesa.

TEMPUS DOBLE MALTA IMPERIAL ALT, 7%
A cerveja emblemática da casa ganhou reforço de álcool, malte e caramelo; ao fundo, o envolvimento terroso do lúpulo se manifesta. Encorpada, satisfatória, com fabuloso equilíbrio entre o adocicado intenso do malte e as especiarias com toques herbáceos do lúpulo. Final prolongado.

HARMONIZAÇÃO: A sugestão da cervejaria é tomar como aperitivo; se for servida com acompanhamento, vai bem com queijos maturados e olorosos, como stilton.

TEMPUS DORADA BLONDE ALE, 4,3%
Dourada, clara, com um toque adocicado de malte no nariz, indicação de um grão seco, levemente açucarado, sobre o fundo de especiarias e cítricos. No paladar lembra agulhadas, com biscoito maltado e cítricos antes do final seco frutado.

HARMONIZAÇÃO: Suave, cai bem com pratos leves, como frango grelhado ou sushi.

TEMPUS ALT CLÁSICA 5,2%
Cerveja de estreia da casa, com coloração de âmbar quase cobre, reluzente. Caramelo e grão tostado no nariz, seguido de paladar com malte adocicado, especiarias e grãos tostados até o final agridoce.

HARMONIZAÇÃO: Boa com vieira e pancetta, para mostrar como enfatiza os frutos do mar e suaviza a carne condimentada.

ANTARES

INFORMAÇÕES

PRODUTORES Leo Ferrari e Mariana Rodriguez

FUNDAÇÃO 1998

ENDEREÇO 12 de Octubre 7749, Mar del Plata, província de Buenos Aires

SITE www.cervezaantares.com

FILOSOFIA Cerveja artesanal em ambiente de pub

Após uma temporada nos EUA, Leo Ferrari e Mariana Rodriguez se apaixonaram pelas cervejas artesanais e começaram a fazê-las em casa; o passo seguinte foi abrir o primeiro bar com cervejaria na Argentina.

A PAIXÃO PELA CERVEJA COSTUMA ser arrebatadora. Um dia as pessoas estão satisfeitas com a cerveja comum; no outro, conhecem algo totalmente diferente. Isso valeu para os fundadores da Antares. Ao terminar a faculdade, Leo Ferrari e Mariana Rodriguez viajaram a serviço para os EUA, onde entraram em contato com o pujante movimento da cerveja artesanal local. Variedades como pale ale, IPA e imperial stout estavam a anos-luz do padrão das lager estupidamente geladas de seu país. Um encanto cervejeiro começava. Eles conheceram e trocaram ideias com um cervejeiro artesanal americano, solidificando a decisão de fazer a própria cerveja.

De volta à Argentina, eles se uniram a um colega, Pablo Rodriguez, e deixaram que a paixão cervejeira os dominasse. A cerveja artesanal argentina nasceu em 1998, quando abriram o brewpub Antares na estância costeira de Mar del Plata. Foi a primeira vitrine das cervejas, depois surgiram mais nove bares autônomos, pois cada um fazia a própria cerveja.

Como consequência da viagem de Ferrari e Rodriguez aos EUA, as cervejas formam um grupo eclético: Kölsch com dry hopping, Scotch com malte marcante e Cream Stout adequada a frutos do mar, por exemplo. Quando pensamos na gastronomia argentina, nos vêm à mente vinho, carnes grelhadas e cerveja geladíssima, mas, graças aos esforços da Antares, desde 1998 a cerveja artesanal faz parte do cardápio.

ANTARES KÖLSCH

NOTAS DE DEGUSTAÇÃO

KÖLSCH 5%

Interpretação da Antares da clássica cerveja de Colônia, cor de ouro velho, gostosa de beber, com notas adocicadas e de relva no nariz. Levemente encorpada, com caráter seco, agridoce, herbáceo; final prolongado, seco agradável.

HARMONIZAÇÃO: Seca e agridoce, pede embutidos como salame e linguiça.

STOUT IMPERIAL 8,5%

No copo tem tonalidade escura, castanha, sob espuma cor de café espresso. No nariz, chocolate e notas frutadas, com paladar que ressalta tostados e uma carícia de chocolate envolvida no lúpulo terroso. Final prolongado e seco aprazível.

HARMONIZAÇÃO: Uma costelinha suína na brasa com molho agridoce defumado é a parceira ideal para essa cerveja.

ANTARES STOUT IMPERIAL

BARBA ROJA

Antonio e Vivian Mastroianni lançaram o Barba Roja em 2001, oferecendo cervejas em um bar estilo pirata. Começaram com uma linha convencional, partindo depois para uma gama eclética de cervejas artesanais.

INFORMAÇÕES

PRODUTORES Antonio e Vivian Mastroianni

FUNDAÇÃO 2001

ENDEREÇO Ruta 25, 2567, Escobar, 1625 Buenos Aires

SITE www.cerveceriabarbaroja.com.ar

FILOSOFIA Cerveja artesanal feita e servida em ambiente familiar

A BEBIDA TÍPICA DOS PIRATAS é o rum, diz a lenda. Mas o brewpub Barba Roja enfatiza a cerveja, no centro de um parque de diversões em Escobar – localizada a 50 km de Buenos Aires, a cidade é famosa como a capital argentina das flores, muito procurada pelos turistas.

A abertura do Barba Roja, em 2001, foi uma decisão sensata dos fundadores Antonio e Vivian Mastroianni, que deram início a um sólido negócio. No bar predomina uma decoração temática. Os garçons usam lenço de pirata na cabeça, em contraste com as panelas de brassagem de cobre que cercam o salão. Mas Barba Roja é uma cervejaria séria, com visão abrangente, que nos apresenta uma questão importante: por que uma ótima cerveja não pode ser servida num ambiente onde as famílias se encontram e se divertem?

Os tipos combinam clássicos artesanais como a stout Negra Fuerte com Raspberry Bock, intensamente frutada, maturada por vinte dias com framboesas frescas. Tem ainda a doce e defumada Red Ale envelhecida no barril, lager clara simples ou com adição de suco de limão. Como o suco de limão era um remédio essencial nas viagens marítimas do século XVIII, as cervejas teriam feito enorme sucesso entre os marujos que singravam os mares naquela época.

NOTAS DE DEGUSTAÇÃO

STRONG RED ALE WOOD-AGED ALE, 9%
De cor castanha ambarina, é forte, envelhecida em madeira. Oferece aroma tentador de cevada tostada, adocicado de caramelo, especiarias e toffee.

HARMONIZAÇÃO: Com queijo maturado, stilton ou similar.

NEGRA FUERTE DUNKEL, 4,5%
No copo é escura sob colarinho branco suave. Notas de cevada tostada, caramelo doce e leve chocolate combinam com toques de melado e alcaçuz.

HARMONIZAÇÃO: Sirva com filé ou medalhão grelhado; não poupe as cebolas.

WINNER DOPPELBOCK, 4,8%
Essa doppelbock é mais fraca que outras. No copo, cor castanho-escura, nariz com defumado adocicado. É uma mistura de tostados com cevada torrada, café e chocolate.

HARMONIZAÇÃO: Tem doçura e torra suficiente para um picadinho bem temperado.

Cerveja dos bucaneiros
Bebe-se cerveja em um clima de alegria no bar dos piratas

BARBA ROJA STRONG RED ALE

BARBA ROJA NEGRA FUERTE

BARBA ROJA WINNER

SZOT BARLEY WINE

BOLÍVIA

KUSHAAV

www.cervezasgourmet.com.bo

LA PAZ, CAPITAL DA BOLÍVIA, ganhou mais uma microcervejaria em 2012, quando Alejandra Saavedra montou a Kushaav; a cidade já contava com quatro estabelecimentos do gênero. Depois de fazer cursos em vários países, Saavedra aprendeu os segredos de diversas cervejas. A primeira variedade criada por ela foi a frutada Aleksandra golden ale. A seguir, fez uma porter forte chamada Coqueta e depois a El Salar, que recebe adição de quinoa. A cevada e o lúpulo são importados da Alemanha e dos EUA. Todas as cervejas maturam na garrafa.

CHILE

TŰBINGER

www.tubinger.cl

NASCIDO NA ALEMANHA, Christoph Flaskamp se mudou para o Chile em 1990. Em reação às cervejas do país em que mora, que considerava fracas, ele passou um tempo aperfeiçoando conhecimentos antes de lançar a Tübinger, em 2007, ao sul de Santiago. Parece sem dúvida irônico que ele, um cervejeiro alemão, tenha se concentrado nos estilos britânicos: estreou com uma pale ale e uma clássica brown ale inglesa que leva bastante malte torrado. Mas usa lúpulo alemão e depois homenageou as cervejas de sua terra natal com uma doppelbock forte e escura chamada Tübinator.

SZOT

www.szot.cl

O CHILE É DOMINADO PELAS marcas das multinacionais, mas nos últimos anos esse panorama tem se alterado em alguma medida com o surgimento de algumas microcervejarias interessantes. Uma das mais importantes é a Szot, fundada pelo californiano Kevin Szot em 2006, quando sua família se mudou para Santiago. O objetivo inicial era produzir as cervejas que ele gostava de beber nos EUA, por isso lançou uma pale ale, uma stout e uma inusitada steam beer. Com o tempo, passou a fazer strong ale, double IPA e barley wine – esta última bem doce, com aroma marcante de lúpulo. Todas as cervejas maturam na garrafa.

COLÔMBIA

BOGOTÁ BEER

www.bogotabeercompany.com

A LAGER GELADA SEM MUITO SABOR é a única opção para muitos colombianos, mas o gosto pela cerveja motivou o surgimento de cervejarias artesanais que têm conduzido o país a um cenário empolgante. Fundada em 2002, a Bogotá Beer foi uma das primeiras a entrar na onda e, desde então, só cresceu. Já abriu mais de doze bares na capital colombiana. Quanto às cervejas, são um vívido retrato da influência anglo-americana-alemã-belga, com direito a IPA, pale ale, weiss e witbier.

COSTA RICA

CRAFT BREWING COMPANY

www.beer.cr

A ENTRADA DA COSTA RICA na revolução da cerveja artesanal se deu quando essa cervejaria de 16 hl (10 barris) foi aberta pelos americanos Peter Gilman e Brandon Nappy, em 2010. O mestre cervejeiro é Chris Derrick, que tem no currículo passagem pela Flying Dog *(p. 158)*, dos EUA. A cervejaria fica perto da cidade de Cartago e distribui pelo país inteiro. Além da IPA Libertas Tropical Golden Ale, tem uma Red Ale e uma excelente cerveja de trigo com uma fruta ácida local, a cas, da família da goiaba.

CUBA

CERVECERÍA BUCANERO

www.cervezacristal.com

A CERVEJARIA MAIS POPULAR DE CUBA, a Cervecería Bucanero, fica em Holguin, na região leste da ilha. Abriu em 1988, com ajuda da Alemanha Oriental, mas hoje o sistema é puramente capitalista: pertence ao gigante global A-B InBev. Cristal é a cerveja mais vendida, bem clara, no estilo lager para matar a sede, e seu logotipo é visto pelo país inteiro. A Max, mais forte (6,5% de teor alcoólico), ligeiramente mais escura, foi lançada em 2006.

EL SALVADOR

BREW REVOLUTION

www.brewrevolution.com

ANDY E NANELLE NEWBOM fundaram a Brew Revolution em 2012, quando mudaram de São Francisco para El Salvador e se instalaram no paraíso local dos surfistas, a praia El Tunco. A filosofia do casal é ousada: fazer cervejas excêntricas com forte influência dos EUA. A Mercurio IPA, combinação de IPA com sabor cítrico e de cana de El Salvador, e a Nyx Black Ale, cerveja escura com aroma de café, se destacam no portfólio. Cervejas sazonais como a Newboms usam ingredientes locais, como mel e frutas, para fazer uma autêntica cerveja artesanal salvadorenha.

JAMAICA

DESNOES & GEDDES

www.jamaicadrinks.com

QUEM PENSA EM CERVEJA JAMAICANA pensa em Red Stripe. Essa lager internacional é produzida por Desnoes & Geddes desde 1928, mas começou como ale e só virou lager em 1938. Uma das raras cervejas já vistas nas mãos de James Bond, nos livros *O satânico dr. No* e *O homem do revólver de ouro*. Contudo, a Desnoes & Geddes, que hoje pertence à companhia de bebidas Diageo, é conhecida também pela Dragon Stout, cerveja tropical adocicada, e pelas lager Red Stripe, saborizadas com gengibre, maçã ou limão.

PERU

CERVEZA ARTESANAL DE TOMÁS

www.facebook.com/CervezaArtesanalDeTomas

A CERVEZA ARTESANAL DE TOMÁS é um bar cervejeiro de Lima, fundado por Eduardo Tomás, em 2006 – primeiro do gênero em um país onde a cultura cervejeira é unidimensional. Apesar disso, a cervejaria prosperou e hoje oferece dez variedades. Sofre clara influência alemã na lager, mas faz também porter com adição de nozes e alfarroba, na stout com mel e em várias criações originais inusitadas. Entre elas, uma cerveja verde com sabor de menta, outra com abacaxi, frutada, que Tomás sugere para acompanhar frutos do mar.

DESNOES & GEDDES DRAGON STOUT

NORTON RATS PUB

www.nortonratspub.com

A NORTON RATS TEM VISTA para a praça central de Cusco e se tornou, desde 1997, ponto de encontro de turistas, mochileiros e moradores locais em busca de uma cerveja mais saborosa que a lager clara geladíssima de sempre. Em 2012, as opções aumentaram com a criação de novidades como a Norton Brown Ale, a Norton Pale Ale e a Snortin' Norton Porter. A cervejaria tem planos, ainda, para lançar variedades de ale sazonais ou em lotes especiais.

TRINIDAD E TOBAGO

CARIB

www.caribbrewery.com

QUEM VISITA TRINIDAD E TOBAGO logo se familiariza com um copo de Carib gelada. Trata-se de uma lager clara, dourada, com 5,2% de teor alcoólico. Mais forte que a maioria, foi lançada em 1950. A divulgação inteligente e intensa da marca leva o resto do mundo a pensar que a vida no Caribe é um eterno carnaval. A cervejaria também produz outros tipos, incluindo uma Royal Extra Stout, além de fazer cerveja para a Guinness, a Heineken e a Mackeson.

URUGUAI

MASTRA

www.mastra.com.uy

FAZER CERVEJA ARTESANAL em um país onde o vinho domina, como o Uruguai, é uma coisa. Outra, bem diferente, é comercializá-la no mercado cativo das grandes cervejarias. A Mastra de Montevidéu aceitou o desafio em 2007, concentrando-se em divulgar a marca e se atendo a três cervejas. A American Stout é escura como a noite, com amargor intenso; a Golden Extra Special, English ale encorpada, usa lúpulos alemães; e a Strong Scotch Ale é robusta, frutada, ligeiramente defumada.

I LOVE BEER
www.ilovebeer.jp

ÁSIA E OCEANIA

JAPAO

Para surpresa de muitos, o processo de produção do saquê, bebida destilada feita de arroz e bastante apreciada pelos japoneses, é mais parecido com o da cerveja que com o do vinho, o que possibilitou ao país do sol nascente figurar entre as nações pioneiras na atividade cervejeira. Produtores europeus introduziram a bebida no Japão na década de 1820 e, recentemente, as grandes fabricantes passaram a produzir o tipo lager, similar às encontradas na maior parte da Europa – suaves, adocicadas e de cor amarelada, porém temperadas com o arroz como diferencial. O panorama mudou em 1987, quando a tradicional cervejaria Asahi *(p. 242)* lançou a Super Dry, com menos levedura. O resultado é uma bebida marcante, seca e pouco doce, cujos méritos a levaram a ser considerada um tipo legítimo.

Durante muitos anos, as grandes cervejarias dominaram a produção no país. Foi preciso modificar a legislação para encerrar a hegemonia que exerciam no mercado e, a partir de 1994, os produtores tinham de produzir apenas 600 hl (511 barris) – até então a exigência era de 20 mil hl (17.043 barris) para conseguir uma licença. Uma das primeiras autorizações foi concedida ao Echigo *(p. 236)*, primeiro brewpub do Japão, que entrou em atividade em fevereiro do ano seguinte.

Entre 1995 e 1999 começaram a funcionar mais de 175 cervejarias, mas, como reflexo da crise econômica mundial, a produção das microcervejarias caiu e muitas das pioneiras fecharam as portas. Nos últimos anos, no entanto, houve um ressurgimento da atividade cervejeira artesanal – o número de produtores voltou a crescer e hoje são mais de duas centenas, e o país conta com uma atuante associação de produtores cervejeiros artesanais. Para os amantes da bebida, uma das melhores ocasiões para apreciar a cerveja artesanal nipônica é o Great Japan Beer Festival, realizado em Tóquio, no mês de abril.

BAIRD BREWING

Animada com a revolução cervejeira japonesa dos anos 1990, influenciada pela febre americana da produção artesanal e decidida a utilizar as melhores matérias--primas, a Baird se tornou uma das cervejarias artesanais mais famosas do país.

INFORMAÇÕES

PRODUTOR Bryan Baird

FUNDAÇÃO 2001

ENDEREÇO Baird Brewing Company, 9-3, Tadehara-cho, Numazu, Shizuoka, 410-0843

SITE www.bairdbeer.com

FILOSOFIA Equilíbrio mais complexidade igual a personalidade

O NORTE-AMERICANO BRYAN BAIRD mudou-se para o Japão em 1995, logo após sair da faculdade, bem na época em que a atividade cervejeira ganhava força nos EUA. Apreciador da cerveja artesanal norte-americana, Baird também admirava a cultura japonesa. Decepcionado com seu emprego, teve a ideia de fundar uma cervejaria na nação que adotaria como lar e na qual se casou. Voltou aos EUA para participar de um curso intensivo promovido pela American Brewers Guild e acumular experiência trabalhando em várias cervejarias, entre elas a Redhook, em Seattle.

Em 2001, ao lado da mulher, Sayuri, Bryan fundou um brewpub na cidade portuária de Numazu. Sua determinação em produzir uma bebida equilibrada e complexa foi o que atraiu muitas pessoas a se deslocar até o Numazu Fishmarket Taproom. Desde então, a cervejaria cresceu bastante e Bryan Baird inaugurou mais três choperias na região de Tóquio. O lúpulo é utilizado em flor, a cevada é processada em sistema floor-malted, as frutas são frescas, e a água local é incrivelmente suave. Combinados, esses elementos deram origem a uma respeitada seleção de cervejas, da qual fazem parte uma IPA marcante e forte, uma porter agridoce e outras variedades sazonais, algumas produzidas com yuzu (fruta cítrica originária do leste asiático) e figos recém-colhidos.

NOTAS DE DEGUSTAÇÃO

ANGRY BOY BROWN ALE AMERICAN BROWN ALE, 6,8%

De coloração castanho-clara, tem aroma suave de caramelo, açúcar demerara, laranja e baunilha, mas no paladar apresenta intensa presença de ervas. O resultado é um final frutado, com toque de especiarias.

HARMONIZAÇÃO: Combina com comida mexicana, como fajitas de frango – a personalidade da cerveja harmoniza com o acentuado sabor dos condimentos.

RISING SUN PALE ALE 5,3%

Com aparência dourada escura, oferece aroma cítrico, algumas notas florais e uma base de cereais maltados. O sabor também tem um toque cítrico, equilibrado com um adocicado antes de um final seco e limpo.

HARMONIZAÇÃO: Ideal para acompanhar bife de Kobe e cebola em conserva (a combinação dos três elementos é surpreendente).

KUROFUNE PORTER 6%

De coloração escura, tem traços de café, chocolate, alcaçuz e baunilha. Suave e cremosa, proporciona um sabor com notas complexas.

HARMONIZAÇÃO: Deliciosa para acompanhar vieira grelhada e ressaltar o sabor das porções mais crocantes.

BAIRD BREWING ANGRY BOY BROWN ALE

BAIRD BREWING RISING SUN PALE ALE

BAIRD BREWING KUROFUNE PORTER

ECHIGO

INFORMAÇÕES

PRODUTOR Uehara Shuzo

FUNDAÇÃO 1994

ENDEREÇO 3970 Fukui, Nishiura, Niigata City, Niigata 953-0076

SITE www.echigo-beer.jp

FILOSOFIA O objetivo é uma cerveja refrescante e de alta qualidade, delicada e saborosa

Uma mudança nas normas de produção no Japão deu origem a uma onda de microcervejarias e desafiou a predominância do tipo dry. A Echigo foi uma das pioneiras e permanece protagonista do universo da produção artesanal japonesa.

EM 1994, QUANDO AS AUTORIDADES JAPONESAS aboliram as restrições à fabricação de cerveja, começou a corrida das microcervejarias. A primeira da fila era a Echico, "braço" da produtora de saquê de Uehara Shuzo. A produção e a degustação começaram em 1994, no arejado e iluminado brewpub na cidade de Niigata, na costa noroeste da ilha de Honshu. Apesar da preferência dos japoneses pela lager mais seca, a Echigo voltou o olhar para as cervejarias norte-americanas – os consumidores tinham mais chances de encontrar uma suave ale, uma amber ou uma stout do que se deparar com uma lager típica que levava arroz na composição. A Echigo Pilsner foi uma concessão a essa demanda do mercado e, desde então, destaca-se como uma das campeãs de venda. Quando outras produtoras entraram na disputa, a Echigo continuou investindo e, em 1999, inaugurou outra cervejaria dedicada sobretudo às enlatadas (opção mais econômica), o que permitiu à cervejaria original se concentrar na produção em pequena escala. Como Niigata ocupa o posto de capital japonesa da produção de arroz e é o berço da apreciada variedade Koshihikari, a cervejaria finalmente produziu uma opção de arroz do tipo dry, a Koshihikari Echigo Beer. E um dos destaques continuam sendo os tipos artesanais, como a Echigo 90 Days Stout e a edição limitada Brown Porter, muito disputada.

NOTAS DE DEGUSTAÇÃO

STOUT 7%

De tom preto intenso e colarinho cor de café espresso, tem aroma com notas de café, chocolate, frutas secas e um suave odor torrado, com um paladar cremoso com notas de caramelo, chocolate e café com leite. Final agridoce.

HARMONIZAÇÃO: Perfeita para acompanhar peixes defumados. O sabor forte ressalta um toque adocicado e uma salinidade agradáveis.

BROWN PORTER 6%

Com elegante coloração castanha, tem aroma de chocolate ao leite e café, com notas torradas ao fundo. Sabor que lembra chocolate, com adocicado maltado e paladar cremoso. O final é seco e amargo.

HARMONIZAÇÃO: Ideal com tortas de frutas como framboesa, pois o toque frutado combina com o sabor de chocolate.

PILSNER 5%

De coloração amarelo-escura, tem aroma suavemente doce e herbáceo, com notas de grãos ao fundo. A fermentação marcante, o toque de limão e a secura secundária conduzem a um final fugaz.

HARMONIZAÇÃO: Cerveja delicada, ideal para acompanhar sushi.

ECHIGO STOUT

ECHIGO BROWN PORTER

ECHIGO PILSNER

Latas sofisticadas
As cervejas vendidas em lata, antes consideradas menos nobres, hoje são preferência de vários produtores artesanais

INFORMAÇÕES

PRODUTOR Fuji Kanko Kaihatsu

FUNDAÇÃO 1997

ENDEREÇO 3633-1 Funatsu, Fujikawaguchiko-machi, Minami Tsuru-gun, Yamanashi 401-0301

SITE www.fuji-net.co.jp/beer/

FILOSOFIA Dedicação e paixão associadas a tradicionais técnicas alemãs de produção de cerveja

FUJIZAKURA HEIGHTS

Excelentes cervejas com inspiração alemã são produzidas nas belas encostas do monte Fuji. O idealizador dos rótulos visitou a Alemanha a fim de aprender a arte cervejeira e acabou se consagrando um mestre.

FUJIZAKURA HEIGHTS é uma cervejaria pequena que acomoda um restaurante chamado Sylvans, nome adequado para um estabelecimento escondido na floresta. A localização em meio à natureza não é o único fator que confere à Fujizakura Heights sua aura quase mágica – Fujikawaguchiko, cidade sede da empresa, está situada na encosta norte do monte Fuji, às sombras de um vulcão inativo e próxima ao paradisíaco lago Kawaguchi. Muitas pessoas visitam a região e, depois de uma caminhada, escalada ou pedalada, ficam sedentas – e se satisfazem com as criações do mestre cervejeiro Miyashita Hiromichi. Em 1997, Hiromichi recebeu a incumbência de fundar uma cervejaria e, quando argumentou com seus superiores que não sabia como cumprir a tarefa, foi enviado para aprender – primeiro com um cervejeiro alemão radicado no Japão e depois em um estágio de seis semanas na Alemanha.

O esforço valeu a pena, uma vez que a Fujizakura Heights destaca-se sobretudo pela recriação ousada das modalidades germânicas, como confirmam os vários prêmios já conquistados. No início, os chefes de Hiromichi queriam apenas uma pilsen e uma weizen, já que as cervejas alemãs estavam na moda entre as cervejarias que surgiam. Em seguida, entretanto, pediram uma modalidade mais especializada, uma rauchbier, com a proposta de oferecer uma associação entre a bebida e o aroma das árvores próximas ao Sylvans. Os elogios renderam lucros e, além do trio produzido durante o ano todo, Hiromichi coordena a produção de pequenas quantidades de outras modalidades alemãs, como bock, dunkelweizen, smoked weizen, rauchbock, weizenbock, trigo achocolatado, Oktoberfest märzen e Oktoberfest weizen. O tempo de aprendizado revelou-se um ótimo investimento.

FUJIZAKURA HEIGHTS RAUCH

FUJIZAKURA HEIGHTS WEIZEN

FUJIZAKURA HEIGHTS DOPPELBOCK

NOTAS DE DEGUSTAÇÃO

RAUCH SMOKED BEER, 5,5%

De cor âmbar-escura e protegida por um espesso colarinho de espuma off-white, o defumado agrada ao olfato, com uma pitada de fumaça que lembra o vale próximo à fábrica. O sabor é uma elegante mistura de defumação e caramelo, com um adocicado frutado ao fundo. Final fugaz.

HARMONIZAÇÃO: A Rauch combina com embutidos defumados e presunto recém-curado. Perfeita para uma comemoração!

WEIZEN WHEAT BEER, 5,5%

Notas de banana madura e sorvete de baunilha marcam essa cerveja dourada, um pouco turva como as de trigo feitas na Bavária. Sabor macio e ligeiramente cremoso, combinando o adocicado da banana com uma suave acidez que amplia as propriedades refrescantes.

HARMONIZAÇÃO: Experimente com sashimi (lula e camarão, talvez com um pouco de shoyu e gengibre); a acidez suave e a fermentação intensa remetem saborosamente ao mundo dos mares.

DOPPELBOCK 8%

Na primavera, os apreciadores comemoram o lançamento dessa delícia de coloração escura e intensa presença de malte. O aroma lembra frutas secas e ingredientes torrados e inclui um adocicado alcoólico – aspecto reproduzido no paladar antes do final limpo, inebriante e suavemente adocicado.

HARMONIZAÇÃO: Mesmo na primavera faz frio nas encostas do monte Fuji, por isso um bife ou uma carne de caça com molho e um copo de Doppelbock são excelentes para manter a alma aquecida.

INSPIRADAS POR PRODUTORES NORTE-AMERICANOS, VÁRIAS CERVEJARIAS JAPONESAS, COMO A YO-HO *(P. 241)*, COMERCIALIZAM CERVEJAS EM LATA.

TODOS OS ANOS, NO YOKOHAMA BEER FESTIVAL, MILHARES DE AMANTES DE CERVEJA ERGUEM UM BRINDE AO PRAZER DA PRODUÇÃO ARTESANAL.

ISE KADOYA

A família de Narihiro Suzuki costumava preparar bolinhos de arroz para oferecer aos peregrinos, mas desde 1997 presenteia os devotos da cerveja artesanal que rumam para Ise em busca de saborosas bênçãos.

INFORMAÇÕES

PRODUTOR Narihiro Suzuki

FUNDAÇÃO 1997

ENDEREÇO 6-428 Shinkyu, Ise, Mie 516-0017

SITE www.isekadoya.com

FILOSOFIA Quando se trata de produção de cerveja, o pequeno pode ser divino

ISE KADOYA LAMBIC STYLE WHITE PEACH

ISE KADOYA STOUT

DESDE O FINAL DO SÉCULO XVI, os antepassados de Narihiro Suzuki, cervejeiro fundador da Ise Kadoya, atuam como comerciantes na cidade de Ise. Na época, preparavam mochis (bolinhos de arroz) para alimentar os peregrinos. Em 1997, porém, Suzuki supervisionou a transformação de alguns depósitos da família em restaurante, cervejaria e loja de cervejas, então sob a marca Biyagura. No início, produzia uma stout, uma weizen e uma English pale ale, como as demais microcervejarias. Em 1999, por sugestão do especialista em cerveja Michael Jackson, a última variedade foi substituída por uma premiada american pale ale com lúpulo Cascade. A cervejaria produz cinco variedades regulares, além de uma série de tipos sazonais e lançamentos especiais recebidos com avidez pelos amantes da cerveja – às vezes uma rye ale (de centeio), uma weizenbock ou a Rendaizi Spice, com semente de coentro, noz-moscada, canela e caqui entre os ingredientes. Suzuki se orgulha por definir sua cervejaria como pequena produtora, convicto de que a dimensão reduzida garante mais atenção ao processo de preparação. E o que é peculiar para uma cervejaria japonesa: o mestre cervejeiro Masakazu Nakanishi utiliza um tanque aberto para a fermentação, no intuito de produzir uma bebida mais suave e encorpada.

NOTAS DE DEGUSTAÇÃO

LAMBIC STYLE WHITE PEACH FRUIT BEER, 5%

Não é exatamente uma lambic, mas há uma pitada de acidez nessa cerveja dourada e turva. O sabor intenso, ácido, agridoce e de pêssego transporta o apreciador ao vale do rio Senne, na Bélgica.

HARMONIZAÇÃO: Vai bem com torta de frutas como pêssego, pois o frisante da cerveja corta o adocicado.

STOUT 5%

De coloração escura, forma um colarinho bege. Notas de café, chocolate amargo e grãos torrados agradam o olfato, enquanto o sabor é suave e cremoso como café com leite, com um final seco e agridoce.

HARMONIZAÇÃO: Com ostras grelhadas, macarrão do tipo udon ou conserva de legumes, proporciona uma festa ao paladar.

SINTO BEER AMERICAN PALE ALE, 5%

Um copo dessa cerveja exibe um brilho âmbar, com sutil toque cítrico no aroma e um fundo que lembra o lúpulo herbáceo. O sabor é mais cítrico, com suave aroma de grãos e final agridoce.

HARMONIZAÇÃO: Para acompanhar carne de porco salteada e servida com kimchi (legumes fermentados com molho apimentado) e macarrão de arroz.

O melhor dos mundos
Dentro da garrafa, uma IPA ao estilo americano com toque japonês

ISE KADOYA SINTO BEER

YO-HO

INFORMAÇÕES

PRODUTOR Hoshino Resorts

FUNDAÇÃO 1996

ENDEREÇO 2148 Nagakura, Karuizawa, Nagano 389-0111

SITE www.yonasato.com

FILOSOFIA Produzir uma ampla variedade de cerveja e fazer as pessoas felizes

Como muitas cervejarias, a Yo-Ho começou querendo se destacar – o que veio a acontecer graças à produção de variedades de ale com sabores ousados comercializadas apenas em latas, hoje objeto de desejo de todos os amantes da cerveja.

CONHECIDA PELOS JAPONESES como Yona Yona, a Yo-Ho é a maior produtora artesanal do Japão, com cervejas distribuídas amplamente e presença constante nos bares especializados, como o Popeye, em Tóquio. A sede fica em Nagano, mas a produção acontece a alguns quilômetros, na cidade de Saku. Além das modalidades com influência norte-americana, de cor forte e sabor intenso, a Yo-Ho se diferencia por comercializar cervejas apenas em latas (embora alguns bares a sirvam como chope). O uso da embalagem remonta ao início da cervejaria, fundada em 1996 pelo grupo Hoshino Resorts, na tentativa de estimular a compra de cerveja para consumo em casa e facilitar a acomodação nos estoques dos supermercados, além das motivações de orientação ambiental. O mestre cervejeiro Toshiyuki Ishii, que entrou na empresa em 2001 depois de anos de atuação na Stone Brewing, em San Diego, conferiu visibilidade à Yo-Ho. Com base em sua experiência, produziu a primeira barley wine com influência americana e criou a Tokyo Black quando a empresa decidiu colocar no mercado uma concorrente para a Guinness. O atual mestre é Masafumi Morita. Em 2012, a forte porter produzida pela marca ficou em terceiro lugar no The Brewing Industry International Awards. Morita pretende investir em cervejas envelhecidas em barris, usando os recipientes empregados na produção de uísque.

NOTAS DE DEGUSTAÇÃO

YONA YONA ALE AMERICAN PALE ALE, 5,5%

De cor dourada intensa, tem aroma que lembra frutas tropicais e cítricas. As frutas também estão presentes no sabor, que inclui um adocicado suave e um fundo associado a grãos, com final seco e marcante.

HARMONIZAÇÃO: O toque frutado acentua o sabor da carne de cordeiro, enquanto a secura peculiar ajuda a limpar o paladar.

AOONI IPA, 7%

Com tonalidade cobre ou amarelo-alaranjada, oferece uma explosão de cítricos com notas mais fortes de caramelo. Revela a presença de um suave adocicado de grapefruit, além de temperos mais ousados e um toque de frutas secas. O final é suculento antes de se tornar seco.

HARMONIZAÇÃO: Ideal com pizza e massa, uma vez que o sabor do lúpulo combina com as ervas usadas nesses pratos.

TOKYO BLACK ROBUST PORTER, 5%

Lançada em 2005, exibe tonalidades castanho-escuras. Oferece um sedutor sabor doce de caramelo, baunilha, café, chocolate e um toque de alcaçuz, que ecoa ao ser sorvido.

HARMONIZAÇÃO: Boa opção para acompanhar queijos suaves como o camembert, o brie e o queijo de cabra.

Delícia aos olhos
As cervejas da Yo-Ho, vendidas apenas em latas, destacam-se pelo visual criativo das embalagens

YO-HO YONA YONA ALE

YO-HO AOONI

YO-HO TOKYO BLACK

ASAHI BREWERIES BLACK

ASAHI BREWERIES

www.asahibeer.com

UMA DAS CERVEJARIAS JAPONESAS de maior destaque surgiu em 1889 com o nome de Osaka Beer Brewing, mas a Asahi Beer começou a ser produzida três anos depois. Foi apenas em 1989 que a cervejaria firmou sua identidade ganhando fama com o lançamento da primeira dry beer em 1996. Apreciadores curiosos em conhecer uma empresa que não produz apenas cerveja, mas também vinho, uísque e refrigerante, costumam aprovar a Asahi Black, lager escura.

BAEREN BIER

www.baerenbier.com

AS CERVEJAS AO ESTILO ALEMÃO são o forte da Baeren Bier, cervejaria pequena fundada em 2001, em Morioka, capital da província de Iwate. Utilizando equipamentos importados da Alemanha (alguns com mais de um século de uso), a Baeren produz uma variedade saborosa que inclui a dortmunder/helles Classic, uma pilsner e uma weizen, além de lançamentos ocasionais, como pale ale e milk stout. Uma exclusividade da marca é o coolship, um recipiente aberto usado para resfriar o mosto, bastante comum na produção das lambic, embora esse tipo de cerveja não faça parte do portfólio da Baeren.

BAYERN MEISTER BIER

www.bmbier.com

EM 1996, STEPHAN RAGER partiu da Alemanha para o Japão a fim de trabalhar em uma cervejaria. Porém, movido pelo desejo de ter a própria cervejaria, em 2004 deu início à produção em meio às colinas próximas ao monte Fuji. Rager importa malte, lúpulo e levedura da Baviera e, como se pode esperar, mantém-se fiel às tradições de sua terra natal. As duas variedades mais apreciadas são a Prinz Pils e a de trigo Edelweiss, boas para limpar o paladar. A cervejaria produz ainda uma weizenbock e outras criações especiais várias vezes ao ano.

COEDO

www.coedobrewery.com

A CIDADE-DORMITÓRIO DE KAWAGOE, nas proximidades de Tóquio, é a capital da batata-doce, usada na região para dar sabor aos sorvetes e até ao café. Desde a fundação em 1996, a Coedo funciona na mesma cidade (embora a antiga cervejaria tenha sido transformada em restaurante) e, como se pode imaginar, inclui o tubérculo na produção da avermelhada la-

BAEREN CLASSIC

COEDO SHIKKOKU

ger Beniaka. No início foi complicado produzir uma cerveja de batata-doce, mas com a ajuda de mestres alemães a Coedo chegou a uma bebida intensa. A cervejaria também produz uma pilsner, uma weizen e a escura Shikkoku.

GINGA KOGEN

www.gingakogenbeer.com

O EMPRESÁRIO ISAO NAKAMURA fundou a Ginga Kogen em 1996, em Sawauchi, com o objetivo de contribuir para o desenvolvimento local. Instalada na província de Iwate, no nordeste da ilha de Honshu, área com maior incidência de neve em todo o Japão, a cervejaria se destaca por modalidades de inspiração bávara, talvez pela similaridade entre os climas de montanha. A principal é uma hefeweizen não filtrada, mas há outras cervejas mais próximas às norte-americanas. O restaurante e bar da Ginga Kogen é ideal para apreciar a neve e saborear a produção da casa.

HELIOS IWATEKURA

www.helios-syuzo.co.jp

EXISTEM APENAS DUAS cervejarias na província de Okinawa; uma é a imensa Orion, e a outra, uma produtora mais modesta, que começou a fabricar cervejas em 1998 – embora pertença a uma destilaria em atividade desde 1961. A mais conhecida é a Goya Best, lager feita com goya (melão-de-são-caetano). O resultado é uma cerveja refrescante, com agradável amargor. Outras cervejas da Iwatekura são uma pale ale, uma porter e uma weizen.

HIDA TAKAYAMA

www.hidatakayamabeer.co.jp

FUNDADA EM 1996 na região conhecida como Alpes japoneses, a Hida Takayama é uma das cervejarias artesanais mais antigas do Japão e não conta com restaurante nem bar. Em um dia frio, apreciar uma Karumina, rica cerveja escura de tom marrom-avermelhado, belgian abbey fabricada sazonalmente (com 10% de teor alcoólico), equivale a visitar o paraíso. No restante do ano, a cervejaria produz uma pale ale, uma pilsner e uma ESB.

HIDEJI

www.hideji-beer.jp

O COLORIDO RÓTULO DAS GARRAFAS foi inspirado no universo dos quadrinhos. A cerveja é igualmente atraente, assim como a cervejaria, fundada em 1996 e produtora de uma agradável seleção de variedades. Há uma pale ale com influência norte-americana, uma pilsner de inspiração alemã e uma cerveja de trigo ao estilo belga. Todos os meses a Hideji lança uma cerveja especial e no inverno coloca no mercado a Shuji Stout, escura, cremosa e com 7% de teor alcoólico. A cervejaria está instalada na simpática região litorânea de Nobeoka, em Kyushu, ilha no sul do Japão.

HITACHINO NEST

www.hitachinonest.com

EM 1996, A TRADICIONAL fabricante de saquê Kiuchi fundou a marca de cerveja Hitachino Nest, que incluía o que os proprietários chamavam de "um toque de nosso tradicional método de produção de saquê" – a Classic Ale, por exemplo, amadurece em barris usados para a fermentação do destilado de arroz. Instalada na província de Ibaraki, região urbanizada próxima a Tóquio, a Hitachino Nest produz uma eclética seleção de cervejas, da qual a White Ale talvez seja a mais famosa e mais elogiada. Influenciada pelo apreço dos japoneses pela Hoegaarden, oferece um similar sabor picante e refrescante, graças ao acréscimo de suco de laranja aos ingredientes.

KINSHACHI

www.kinshachi.jp

A KINSHACHI, "braço artesanal" da fabricante de saquê, missô e shoyu Morita Shuzo, começou a produzir cervejas em 1996. No início lançou variações de inspiração alemã, mas em 2005 surpreendeu ao colocar no mercado a Nagoya Red Miso Lager. Os elogios inspiraram outras criações ecléticas, como a variedade feita com missô escuro e chá verde.

KIRIN BREWERY

www.kirin.com

O KIRIN É UMA CRIATURA MITOLÓGICA chinesa presente nos rótulos dessa cervejaria situada em Yokohama. Dizem que a imagem traz sorte – e que realmente trouxe à empresa fundada em 1907 com a fusão de duas marcas pioneiras do Japão, depois que o país se abriu para o Ocidente. Desde então, superando terremotos, uma guerra e desafios corporativos, a Kirin se mantém em destaque. É famosa sobretudo pela Kirin Ichiban Shibori, intensa e boa para limpar o paladar, produzida desde 1990. A palavra *ichiban* significa "primeira" e "melhor", e a cerveja é feita com puro malte.

HITACHINO NEST JAPANESE CLASSIC ALE

KIRIN KIRIN BEER

MINAMI SHINSYU

www.ms-beer.co.jp

A PEQUENA CIDADE DE KOMAGANE localiza-se nos chamados Alpes japoneses e é cercada de picos cobertos de neve que remetem a Shangri-Lá. É nesse cenário que as cervejas da Minami Shinsyu contribuem para recuperar o ânimo depois de um dia nas montanhas. A cervejaria funciona no mesmo lugar desde a fundação, em 1996, e os visitantes podem apreciar opções como a Amber Ale, a Dunkel Weizen e a peculiar Apple Hop no restaurante da casa (que prepara refeições de qualidade), além de comprar cerveja direto na cervejaria.

MINOH AJI

www.minoh-beer.jp

O FABRICANTE DE BEBIDAS MASAI OSHITA fundou a Minoh em 1997 e logo levou duas filhas para trabalhar na empresa. Hoje elas comandam o premiado empreendimento na cidade de Minoh, ao sul de Osaka. Foi uma das primeiras cervejarias artesanais japonesas a produzir uma double IPA – a W-IPA tem 9% de teor alcoólico e uma agradável presença de lúpulo Cascade, como o aroma denuncia. A pale ale, a imperial stout e a weizen também são variedades produzidas regularmente.

NASU KOHGEN

www.nasukohgenbeer.co.jp

BASTA SAIR DA RODOVIA ao norte de Tóquio, nas proximidades da cidade de Nasu, para chegar a essa cervejaria instalada no meio de um bosque e ficar impressionado com a localização. As embalagens são elegantes, os preços não assustam e tanto apreciadores como especialistas cervejeiros concordam sobre os méritos de rótulos como a Scottish Ale e a Stout. De produção sazonal, a Nine-Tailed Fox (do tipo barley wine) tornou-se cult e várias edições vintage podem ser encontradas nos bares especializados em cerveja artesanal de Tóquio.

ORION

www.orionbeer.co.jp

A ORION FOI FUNDADA em 1957, na ilha de Okinawa. No início o destaque eram opções de lager ao estilo alemão, mas a cervejaria decidiu investir em tipos mais condizentes com o paladar dos norte-americanos que ocupavam o país e, assim, criou uma bebida mais suave e mais clara, que fez sucesso. É produzida com águas de fontes naturais das proximidades da cervejaria e com lúpulo Hallertau, além de malte selecionado entre as melhores opções da Europa e da Austrália. A produção da Orion inicialmente se limitava ao mercado de Okinawa, mas um acordo com a Asahi permitiu a distribuição por todo o arquipélago. A mais vendida é a Premium Draft Beer.

MINOH AJI MINOH BEER

OTARU

www.otarubeer.com

APENAS DOIS CIDADÃOS ALEMÃES moram na cidade portuária de Otaru, no norte do Japão – e um deles é o mestre cervejeiro Johannes Braun. Nascido em uma família bávara dedicada à produção cervejeira desde o século XVII e formado na Heriot-Watt University, na Escócia (onde estudou produção de uísque), aceitou um emprego na Otaru quando a cervejaria entrou em atividade, em 1996. Braun adota técnicas tradicionais alemãs: usa ingredientes orgânicos como cevada de alta qualidade, trigo e lúpulo importado de sua terra natal, além da límpida água de Otaru. Sob o comando dele, a empresa produz um respeitado trio de cervejas regulares (pilsner, dunkel e weiss), além de lançamentos sazonais com inspiração germânica, como uma rauchbier.

OZENO YUKIDOKE

www.ryujin.jp

COMO É COMUM ENTRE algumas microcervejarias que surgiram em meados da década de 1990, a empresa-mãe da Ozeno Yukidoke também fabrica saquê (a produção de cerveja teve início em 1997). As cervejas da cidade de Tatebayashi têm uma aparência que lembra a bebida artesanal norte-americana, porém sem a sensibilidade extrema; o portfólio inclui uma IPA produzida pela primeira vez em 2005 e ideal para acompanhar sushi, uma brown weizen, uma stout e a disputada barley wine Heavy Heavy.

SANKT GALLEN

www.sanktgallenbrewery.com

ENQUANTO QUASE TODO MUNDO aposta na quantidade de lúpulo com o intuito de obter um sabor amargo, a Sankt Gallen, situada em Atsugi, província de Kanagawa, parece ter escolhido o adocicado como característica. Fazem parte de sua produção a Imperial Chocolate Stout, várias cervejas com sabor de abacaxi, canela e maçã e tipos de ale doces e fortes, lançados especialmente no dia dos namorados. Mas essa respeitada cervejaria próxima a Yokohama tem uma ousadia que impressiona – e o rótulo Yokohama XPA é uma prova. Tal combinação faz da Sankt Gallen uma cervejaria peculiar.

SAPPORO

www.sapporobeer.jp

A SAPPORO É UMA DAS CINCO MAIORES cervejarias japonesas e uma das mais antigas; foi fundada na década de 1870, período em que o Japão se abria para o Ocidente e mestres cervejeiros alemães se fixavam no país. Apesar de ter surgido na cidade de Sapporo, ilha de Hokkaido, hoje conta com cinco unidades de produção por todo o país e é proprietária da canadense Sleeman. O Sapporo Beer Museum constitui uma atração turística na cidade de origem da cervejaria. As três cervejas mais conhecidas são a lager premium Yebisu, puro malte, a Sapporo Draft e a Sleeman Cream Ale.

SHIGA KOGEN

www.tamamura-honten.co.jp

A TAMAMURA HONTEN produz saquê desde o início do século XIX, mas foi apenas em 2004 que decidiu apostar também na fabricação de cervejas. Instalada na cidade de Yudanaka, na região de Nagano, a cervejaria Shiga Kogen está bastante próxima da produção artesanal, como sugere a parceria com a Nøgne Ø *(p. 135)*, com envelhecimento em carvalho do rótulo Saison e uso de lúpulo fresco. A House IPA oferece uma intensa combinação de sabores cítricos.

SHONAN

www.kumazawa.jp

AMANTES DA PRAIA E DO SURFE invadem a região litorânea de Shonan, a cerca de uma hora de Tóquio, em busca de ar fresco e sossego. Depois de um dia dedicado às ondas ou ao windsurfe, um copo de Shonan Liebe ou Pilsner parece uma bênção. A cervejaria instalada em Chigasaki só começou a produzir em 1996, mas faz parte do grupo da Kumazawa, atuante na fabricação de saquê desde 1872. A cerveja é produzida com a água mais pura extraída de um aquífero originário da cadeia montanhosa de Tanzawa, ao norte (que, segundo dizem, leva 70 anos para se deslocar da fonte até o poço). Cervejas como a Weizenbock Bitter, a Ruby e a

SHIGA KOGEN HOUSE IPA

SHONAN WEIZENBOCK

Liebe (clara, cor de âmbar e escura), além de outros rótulos sazonais, ganham prêmios desde que foram lançadas. Além das refrescantes lager, a Shonan produz tipos sazonais com variedades de lúpulo de países distantes (febre entre as cervejarias), como o neozelandês Nelson Sauvin.

SUNTORY

www.suntory.com

EMBORA SEJA CONHECIDA COMO fabricante de uísque, a Suntory está entre as cinco maiores produtoras de cerveja do Japão e comercializa a bebida desde a década de 1960. Dedica-se a produzir cervejas de baixo teor alcoólico e calórico, empregando puro malte para produzir a Premium Malt, bastante saborosa. No Japão, é alta a tributação para o uso desse ingrediente como matéria-prima, o que gerou a categoria "terceira cerveja", na qual sabores como o de ervilha ou de proteína entram na brassagem. Em 2012, a Suntory parou de produzir as cervejas happoshu ou com baixo teor de malte.

SWAN LAKE

www.swanlake.co.jp

A COLEÇÃO DE PRÊMIOS da Swan Lake, competente cervejaria artesanal fundada em 1997, é grande. Situada em uma linda área montanhosa nos arredores de Niigata, inclui um restaurante e bar com o mesmo nome e utiliza ingredientes locais, além de água mineral pura das montanhas. Entre os destaques da marca estão a encantadora Imperial Stout, uma equilibrada IPA rica em notas de frutas tropicais, e a Samurai Barley Wine, que resiste bem ao envelhecimento.

T. Y. HARBOR BREWERY

www.tyharborbrewing.co.jp

OTIS REDDING ADORARIA ir a essa cervejaria e restaurante, instalada à beira da água. Provavelmente, iria se acomodar no deque em frente à baía para apreciar o movimento das ondas, com uma cerveja na mão. A T. Y. Harbor entrou em atividade em 1997 e seguiu o exemplo das cervejarias da Costa Oeste dos Estados Unidos. Hoje é a única microcervejaria independente de Tóquio e as elogiadas cervejas denotam forte influência da produção artesanal norte-americana – a amber, a pale ale, a barley wine e a IPA são vibrantes e têm aroma intenso. No jantar, o restaurante prepara bons pratos.

AUSTRÁLIA

Muita gente ao redor do mundo pode achar que a bebida mais apreciada na Austrália é a Foster's, protagonista de conhecidas campanhas publicitárias – só que não é verdade. No passado, um grupo de executivos decidiu colocar a cerveja em todos os bares possíveis entre Londres e Berlim, mas a tentativa de "fosterização" não deu certo na Europa nem na Austrália. Em vez disso, o país vem reforçando sua fama de cervejeiro artesanal e atraindo a atenção de numerosos adeptos da bebida.

Muitos apreciam há tempos a Coopers *(pp. 248-9)*, instalada na cidade de Adelaide e que há mais de um século produz cervejas de alta qualidade acondicionadas em garrafas. Mas tamanho não é documento, e o número de novas cervejarias está crescendo. Os cervejeiros australianos percorreram o mundo e selecionaram o que pretendiam reproduzir. Esse aumento do interesse foi seguido por uma nova geração de produtores e donos de bares que perceberam que vender uma ampla variedade de produtos, formada por cervejas locais e rótulos estrangeiros, era um bom negócio. O total de microcervejarias passa de uma centena, embora várias precisem sobreviver com uma produção diminuta. A Austrália, que já teve fama de servir apenas lager geladíssima, levou a produção artesanal a sério e não resistiu aos encantos da IPA ao estilo norte-americano, da stout inglesa, da cerveja de trigo belga e da pilsner tcheca. Os produtores não colocam no mercado apenas modalidades intensas e amargas ou envelhecidas em madeira, mas também algumas variedades de imperial stout fabricadas com levedura belga, saison e pale ale.

JAMES BOAG'S

INFORMAÇÕES

PRODUTOR Lion Breweries

FUNDAÇÃO 1883

ENDEREÇO 39 William Street, Launceston, Tasmânia 7250

SITE www.boags.com.au

FILOSOFIA Tasmânia, onde se faz a melhor cerveja

Desde que James Boag fundou uma cervejaria com seu nome, a empresa mudou de proprietário várias vezes, refletindo os altos e baixos da atividade cervejeira australiana. Mas as cervejas da marca ainda refrescam e agradam.

O MUNDO DA PRODUÇÃO DE CERVEJA raramente fica sem mudanças. Famílias surgem e desaparecem, empresas trocam de donos, se transformam ou fecham as portas. Em geral, as marcas mais tradicionais contam com uma trajetória movimentada. Pode-se afirmar que foi o que aconteceu com a James Boag's, mas ainda assim seus rótulos permanecem no coração e na alma da cultura cervejeira da Tasmânia. Em 1883, a rainha Vitória ocupava o trono inglês quando James Boag e o filho, de mesmo nome, compraram a já estabelecida Esk Brewery, em Launceston. O nome inicial foi mantido, mas a empresa ficou conhecida como "a cervejaria dos Boag", o que refletiu na atual denominação. A Cascade Brewing comprou a cervejaria em 1922, mas a família permaneceu na empresa até 1976, quando George, neto de James Boag II, se aposentou.

No início da década de 1990, o banqueiro norte-americano Philip Adkins se tornou executivo-chefe e um dos principais acionistas. Foi nesse período que chegou ao mercado a Premium Lager, que se transformaria no carro-chefe da cervejaria. Adkins ficou célebre ao comprar uma briga com o especialista em cervejas Michael Jackson, que havia classificado as australianas como "sem graça" (apesar de elogiar a Premium Lager). Em 2000, houve outra movimentação no comando da cervejaria com a compra da marca pela San Miguel. Sete anos depois, nova mudança, e a James Boag´s passou a ser propriedade da Lion Breweries. Hoje, embora o foco da cervejaria esteja nas diversas lager que se destacam pela refrescância, e não pela complexidade, a porter com sabor de mel e a pale ale ao estilo inglês recebem muitos elogios. O Centre for Beer Lovers da empresa funciona no histórico Tamar Hotel, em Launceston. Além de um museu, oferece visitas à cervejaria, bastante apreciadas por turistas a passeio na cidade.

JAMES BOAG'S
DRAUGHT

JAMES BOAG'S
PREMIUM LAGER

JAMES BOAG'S
WIZARD SMITH'S ALE

NOTAS DE DEGUSTAÇÃO

DRAUGHT PALE LAGER, 4,7%

Límpida e refrescante, de coloração âmbar, tem aroma com toques cítricos, fermentação marcante para o paladar e sabor suave com notas de caramelo. O final é fugaz e com toque cítrico.

HARMONIZAÇÃO: Especial para apreciar carne de porco com molho de maçã, pois o frescor da cerveja transforma um simples aperitivo em um deleite.

PREMIUM LAGER PALE LAGER, 5%

O aroma dessa lager dourada inclui a referência ao limão, enquanto o paladar vibra com a suavidade cítrica, um quê picante e uma pitada de pimenta branca. Final amargo.

HARMONIZAÇÃO: Acompanha camarão grelhado e salada de folhas verdes. Você vai adorar.

WIZARD SMITH'S ALE ENGLISH PALE ALE, 5%

Nomeada em homenagem a um antigo funcionário que salvou os cavalos da cervejaria durante uma inundação em 1929, essa ale de cor âmbar tem aroma terroso que lembra grãos, sabor cremoso e com notas de caramelo e cítricas, além de um prolongado final seco.

HARMONIZAÇÃO: Aposte nos temperos e combine com um korma de frango (prato indiano feito com cebola, alho, gengibre e castanha). Observe como a fermentação combina com o molho, e como os toques de caramelo e cítrico equilibram o adocicado do curry.

COOPERS BREWERY

A Coopers fica na cidade de Adelaide, Austrália do Sul, desde 1862. A cervejaria ainda pertence à família do fundador e produz uma notável variedade de rótulos de fama internacional, entre eles a célebre Sparkling Ale.

INFORMAÇÕES

PRODUTOR Coopers Brewery Ltd

FUNDAÇÃO 1862

ENDEREÇO 461 South Road, Regency Park, Austrália do Sul, 5010

SITE www.coopers.com.au

FILOSOFIA De um começo humilde ao posto de maior cervejaria australiana

HISTÓRIA, TRADIÇÃO E VALORES FAMILIARES – a maior cervejaria da Austrália tem tudo isso. A produção começou em 1862, quando Thomas Cooper, imigrante inglês nascido em Yorkshire, preparou uma cerveja para a esposa doente. Ao contrário de outras "cervejas coloniais" da época, a composição não incluía açúcar, apenas malte, lúpulo, levedura e água. A ale da Coopers logo se tornou um sucesso e conquistou o então recente estado da Austrália do Sul. A Coopers é hoje a maior cervejaria de propriedade australiana e segue comandada pela família do idealizador. Em 2001, as instalações da empresa foram transferidas do local ocupado desde 1881 em Adelaide para uma nova cervejaria avaliada em 40 milhões de dólares, nos arredores de Regency Park. Há quem aponte uma incongruência da marca, afinal, a Austrália é a terra das lager geladíssimas servidas em copos resfriados, mas a Coopers se destaca pela Sparkling Ale, suave e com sabor de lúpulo; uma ale australiana famosa em todo o mundo e descendente direta da cerveja que Thomas Cooper preparou para a esposa há tanto tempo. Mas a empresa tem colocado no mercado vários sucessos, como a Crown Gold Lager, produzida desde 1968, e a Premium Lager, alternativa para quem não quer uma ale e prefere uma lager com personalidade. Outros rótulos são a marcante Stout (que concorre com a Guinness nos bares da Austrália), a Pale Ale, a Mild Ale e a seleta Vintage Ale, que envelhece bem.

COOPERS BREWERY BEST EXTRA STOUT

COOPERS BREWERY DARK ALE

COOPERS BREWERY SPARKLING ALE

COOPERS BREWERY ORIGINAL PALE ALE

Metamorfose
Produzida inicialmente em 1998, a ale maturada em garrafa se modifica conforme envelhece

COOPERS BREWERY EXTRA STRONG VINTAGE ALE

NOTAS DE DEGUSTAÇÃO

BEST EXTRA STOUT DRY STOUT, 6,3%

Escura, com tom castanho intenso, libera um aroma que lembra café moca, café com leite e chocolate ao leite. O paladar identifica a referência ao café com leite amargo, com grandes doses de baunilha e sabor intenso. É a cerveja ideal para quem aprecia sambuca (bebida alcoólica italiana).

HARMONIZAÇÃO: Cria um efeito descontraído se servida com rosbife e rábano-silvestre com pão caseiro. Para a sobremesa, acompanha doces como tiramisù.

DARK ALE BROWN ALE, 4,5%

Cerveja marrom-âmbar, com colarinho tipo cappuccino que desaparece para liberar notas torradas, de caramelo e de frutas secas. Sabor bastante generoso para a relativa suavidade, com notas de caramelo, açúcar demerara e chocolate. Final um pouco amargo.

HARMONIZAÇÃO: Com costelinha ao barbecue, as notas de caramelo e torradas combinam à perfeição com o registro doce e picante da carne.

SPARKLING ALE AUSTRALIAN PALE ALE, 5,8%

De coloração dourado-clara, tem aroma rico com toques de frutas secas e de pêssego maduro. Sabor herbáceo, um pouco picante e intenso no contato com a língua, enquanto biscoitos e a secura de cereais são o destaque final. Perfeita para matar a sede.

HARMONIZAÇÃO: Ostras frescas e um toque de pimenta do tipo tabasco propiciam uma explosão de sabores.

ORIGINAL PALE ALE GOLDEN ALE, 4,5%

A fermentação cuidadosa confere sabor marcante a essa pale ale de cor clara. O aroma lembra limão, mas o sabor é agridoce com notas cítricas. Final seco e fugaz. Ideal para um dia quente.

HARMONIZAÇÃO: É perfeita para refrescar, e o intenso buquê a transforma em parceira para frituras, como fish & chips.

EXTRA STRONG VINTAGE ALE 7,5%

Com tonalidade castanha, bolo de frutas, lúpulos resinosos e intensas notas cítricas no nariz. De acordo com a idade, pode ter notas de caramelo, grãos tostados, geleias de frutas e uva do tipo orange muscat. Final seco e amargo.

HARMONIZAÇÃO: Pudim cremoso e torta de morango acompanham bem as notas tostadas e o sabor de malte, que interrompe a cremosidade do doce e abre outra dimensão ao paladar.

HOLGATE BREWHOUSE

No final da década de 1990, Paul e Natasha Holgate viajaram pelos Estados Unidos e pela Europa. Voltaram para casa determinados a recriar as cervejarias artesanais que conheceram – desejo que deu origem à Holgate Brewhouse.

INFORMAÇÕES

PRODUTORES Paul e Natasha Holgate

FUNDAÇÃO 1999

ENDEREÇO 79 High Street Woodend, Victoria 3442

SITE www.holgatebrewhouse.com

FILOSOFIA Barris repletos de sabor, e lager fabricada de acordo com a tradição

A SEDE DA HOLGATE BREWHOUSE está no Keatings Hotel, uma construção de tijolos erguida no século XIX na cidade de Woodend para dar abrigo aos viajantes que seguiam para Melbourne, movidos pelo sonho de encontrar ouro em Bendigo. Hoje um complexo que inclui cervejaria, bar, restaurante e hotel, acomoda, em vez de garimpeiros, interessados em conhecer as premiadas cervejas da Holgate. A inspiração de Paul e Natasha Holgate para entrar no negócio da cevada e do lúpulo veio de uma viagem pelos Estados Unidos e pela Europa. De volta à Austrália, o casal abandonou a carreira corporativa e, em 1999, começou a produzir cerveja. Três anos depois, assumiam a gestão do hotel. Trata-se de uma história comum: amantes da cerveja e da comida nascidos em um país de produção cervejeira tímida arrumam as malas, descobrem novos sabores e decidem dar novo rumo à vida. Em todo o mundo, é possível que centenas de cervejeiros tenham tido essa mesma inspiração, mas um aspecto que diferencia Paul Holgate é o fato de servir sua ESB e sua porter em barris e tiradas com uma bomba manual – provavelmente um reflexo de suas origens familiares, que remontam à cidade inglesa de Manchester.

A variedade de cervejas inclui uma pale ale, uma pilsner (fabricada com grandes quantidades de lúpulo Saaz e fermentada segundo o estilo Dortmunder) e uma IPA americana. As edições especiais incluem uma double IPA, uma witbier ao estilo belga e a Easter, peculiar e diferente a cada ano. Em 2011, chegou às prateleiras a Beelzebub's Jewels, quadrupel ao estilo belga envelhecida em barris de pinot noir. Para a sorte dos amantes da cerveja, algumas pessoas seguem suas inspirações.

HOLGATE BREWHOUSE
ESB

HOLGATE BREWHOUSE
MT MACEDON ALE

HOLGATE BREWHOUSE
PILSNER

NOTAS DE DEGUSTAÇÃO

ESB ENGLISH BITTER, 5%

Apesar do nome, está mais para uma bitter que para a classificação ESB (extra special bitter), segundo os critérios britânicos. Com suave cor de âmbar, tem no aroma uma elaborada combinação de lúpulo cítrico e biscoitos. Notas cítricas e de caramelo suave marcam o sabor, com final seco e mais amargo.

HARMONIZAÇÃO: Deliciosa com tapas – o tempero doce e picante do chorizo grelhado combina com o adocicado do malte e com o toque cítrico da cerveja.

MT MACEDON ALE AMERICAN PALE ALE, 4,5%

De cor de mel, essa pale ale requintada sugere a presença de frutas tropicais, com um toque de lúpulo resinoso. O sabor também é de frutas tropicais, com um adocicado suave e um equilíbrio amargo no final.

HARMONIZAÇÃO: Amargor, sabor frutado e o tom adocicado do malte – alguém pensou em chilli com carne?

PILSNER 5,1%

O nome tem origem boêmia (e a composição inclui lúpulo Saaz), mas essa pilsner tem sotaque bávaro, com personalidade marcada pelo lúpulo picante, um toque de cereais e amargor final. Encontro das tradições bávaras e boêmias em plena cidade de Woodend.

HARMONIZAÇÃO: A pilsner é uma cerveja clara e delicada, ofuscada quando acompanha pratos de sabor forte. Boas opções são os frutos do mar, em especial lula frita, uma vez que o amargor da cerveja corta a oleosidade.

LITTLE BREWING

A premiada Warwick Little surgiu em 2007. Desde então, a produção de cervejas com inspiração belga e norte-americana vem agradando e instigando os "cervejófilos" de Nova Gales do Sul.

INFORMAÇÕES

PRODUTORES Warwick e Kylie Little

FUNDAÇÃO 2007

ENDEREÇO Unit 1, 58 Uralla Road, Port Macquarie, Nova Gales do Sul 2444

SITE www.thelittlebrewingcompany.com.au

FILOSOFIA Cervejas sem compromisso e fiéis ao estilo

LITTLE BREWING
WICKED ELF PALE ALE

O QUE PASSA PELA CABEÇA de um produtor de cervejas artesanais quando um lote fica pronto e se revela perfeito, com um sabor igual ou até melhor que as bebidas à venda em bares e supermercados? A maioria já começa a pensar na próxima produção, mas alguns optam por dar um passo adiante e colocar a produção no mercado – caso de Warwick Little, no final de 2006, quando, ao lado da esposa, Kylie, resolveu investir em sua cervejaria, instalada na cidade litorânea de Port Macquarie. Alguns meses depois, em julho de 2007, as cervejas da Little Brewing estavam nas prateleiras, e o sonho do cervejeiro finalmente virava realidade. Não acontece com todos os produtores artesanais, mas Little, ganhador de vários prêmios, conseguiu triunfar. Além de sua habilidade como cervejeiro, outros aspectos que podem ter contribuído para seu sucesso foram sua formação universitária em produção de vinho, a experiência em adegas e, em uma avaliação mais metafísica, o fato de descender de cervejeiros e taberneiros ingleses – atividades adotadas pela família entre o século XVIII e a década de 1970. As marcas da cervejaria são a Wicked Elf e a Mad Abbot, esta uma série de cervejas de inspiração trapista belga, como uma dubbel e uma tripel. No que se refere à produção regular, as influências belga, boêmia e norte-americana são visíveis na witbier, na pale ale e na pilsner, enquanto as edições especiais oferecem modalidades como kölsch e porter. Essas variedades receberam muitos elogios, mas ironicamente até 2011 as cervejas da Little Brewing não eram encontradas na cidade natal por causa dos acordos de bares e pubs com grandes cervejarias. Ruim para Port Macquarie, mas um privilégio para os moradores de Melbourne, Sydney e Brisbane.

NOTAS DE DEGUSTAÇÃO

WICKED ELF PALE ALE AMERICAN PALE ALE, 5,4%

Com intensa cor âmbar, o aroma marcante destaca as notas florais e cítricas, com equilíbrio resultante da presença de tons de caramelo. Quanto ao sabor, uma explosão de cítrico e malte precede o final amargo.

HARMONIZAÇÃO: Para saborear com carne vermelha ou de caça, como coelho ou pato-real. Pratos condimentados da culinária tailandesa ou indiana também são indicados.

MAD ABBOT TRIPEL BELGIAN TRIPEL, 9,5%

Quem prova essa cerveja é capaz de apostar que foi produzida por mãos divinas, tamanha a semelhança com a tradicional e forte pale trapista. O olfato se deleita com o aroma de lichia e de pêssego, com o adocicado que lembra biscoitos e a presença alcoólica, com notas similares no paladar, mas com a suavidade do champanhe antes de um final inebriante, amargo e seco.

HARMONIZAÇÃO: Sirva gelada como aperitivo ou reserve para o final da refeição, com um queijo macio e cremoso como o stinking bishop.

WICKED ELF PORTER PORTER, 6,2%

De cor escura, exibe aroma de espresso e chocolate. Paladar rico e delicioso, suave e relaxante, com mais notas de café e de chocolate, tudo no devido lugar graças ao robusto componente terroso. Final seco e amargo.

HARMONIZAÇÃO: Para servir com carne de panela – uma combinação perfeita.

LITTLE BREWING
MAD ABBOT TRIPEL

LITTLE BREWING
WICKED ELF PORTER

LITTLE CREATURES

INFORMAÇÕES

PRODUTOR Lion Breweries

FUNDAÇÃO 2000

ENDEREÇO 40 Mews Road, Fremantle, Austrália Ocidental, 6160

SITE www.littlecreatures.com.au

FILOSOFIA Criar uma pale ale com forte presença de lúpulo

Em 2000, quando três amigos se associaram para fundar uma cervejaria, estava na moda a lager estupidamente gelada, mas os três suspeitavam que uma pale ale com sotaque norte-americano e sabor intenso de lúpulo faria sucesso. E estavam certos.

A LITTLE CREATURES FOI FUNDADA EM 2000, a partir de um projeto de Howard Cearns, Nic Trimboli e Phil Sexton. A nova cervejaria nasceu na cidade de Fremantle, no estado da Austrália Ocidental, em uma antiga instalação à beira da água que no passado havia acomodado um criadouro de crocodilos. Além da cervejaria, que os apreciadores podem visitar, há um bar e um restaurante. Cearns, com experiência na área de design em uma empresa de cervejas, concebeu o nome em referência aos hobbits, pequenas criaturas que vagam de bar em bar na saga *O senhor dos anéis*. Sexton, por sua vez, era um mestre cervejeiro que havia produzido a BridgePort IPA nos Estados Unidos e fundado a Matilda Bay *(p. 256)*, posteriormente vendida para a Lion Nathan. Decidido a continuar na atividade, ele colocou as mãos na massa e desenvolveu a cerveja que seria o carro-chefe da empresa, a pale ale com influência norte-americana e sem economia do lúpulo. Era uma revelação, considerando que a primeira onda da revolução microcervejeira australiana estava no auge e a febre ainda eram as lager geladíssimas. Surgiram outras modalidades, como a Pilsner e a Rogers Beer – que teria sido "batizada" em homenagem ao criador. Já a Single Batch é uma cerveja de linha com produção limitada, que poderia ser qualquer coisa, de um estilo mais clássico até algo completamente diferente. Em 2012, foi anunciada a compra da Little Creatures pela Lion Breweries, com a promessa de que haveria apenas mudanças pequenas, entre elas a construção de uma nova cervejaria na cidade de Geelong, no estado de Victoria.

LITTLE CREATURES BRIGHT ALE

LITTLE CREATURES PALE ALE

LITTLE CREATURES ROGERS BEER

NOTAS DE DEGUSTAÇÃO

BRIGHT ALE GOLDEN ALE, 4,5%

Essa ale refrescante e com cor de palha tem um brilho dourado, além de um sabor agridoce e saciante que a torna ideal para ser apreciada ao ar livre em um dia de verão.

HARMONIZAÇÃO: Aposte nos sabores asiáticos, prepare uma pad thai (refeição tailandesa) e espere que o agridoce da cerveja acentue as características do prato.

PALE ALE AMERICAN PALE ALE, 5,2%

A cerveja que anunciou a chegada da marca Little Creatures ao mercado exibe cor de mel, enquanto o olfato se delicia com as notas de laranja e grapefruit, além do adocicado que lembra biscoitos. Basta um gole para sentir a presença das frutas e o amargor que se prolonga até o final.

HARMONIZAÇÃO: Note como acentua a suavidade de um frango assado. Um recheio de cebola é ideal para complementar o gosto de frutas dessa cerveja.

ROGERS BEER ENGLISH PALE ALE, 3,8%

Para uma cerveja com teor alcoólico relativamente baixo, essa pale ale escura e com cor de âmbar não decepciona no sabor – caramelo, um pouco de maracujá. Gosto com frescor e final amargo e prolongado.

HARMONIZAÇÃO: Para se manter próximo à tradição, combine com bife e torta de rim, uma vez que as notas de caramelo contrastam com o sabor da carne.

MALT SHOVEL

INFORMAÇÕES

PRODUTOR Lion Breweries

FUNDAÇÃO 1998

ENDEREÇO 99-101 Pyrmont Bridge Road, Camperdown, Sydney, Nova Gales do Sul, 2050

SITE www.maltshovel.com.au

FILOSOFIA Dedicação à qualidade

A Malt Shovel pode fazer parte do imenso império da Lion Breweries, mas a sensibilidade de sua produção artesanal foi preservada e continua a se desenvolver sob orientação do lendário mestre Chuck Hahn e suas cervejas James Squire.

O FLAGRANTE ENQUANTO ROUBAVA GALINHAS custou a James Squire a deportação para a Austrália – o que aconteceu em 1785, época em que qualquer transgressão recebia castigo severo. Mas essa decisão merece agradecimentos, uma vez que, se o "criminoso" não fosse expulso de seu país, o nome dele não estaria estampado nos rótulos das cervejas Malt Shovel. Além de ladrão de aves, Squire ficou conhecido por ter sido o primeiro fabricante de cerveja na Austrália, o que explica por que a Malt Shovel olhou para ele em busca de inspiração.

Hoje sob orientação do norte-americano Chuck Hahn, autoridade respeitada no mundo da produção cervejeira, os apreciadores têm boas razões para achar que a cerveja de fato remonta aos tempos de Squire. Após anos de atuação na Molson Coors e Steinlager, Hahn fundou sua própria cervejaria no final dos anos 1980 e a vendeu para Lion Nathan na década seguinte. A empresa manteve a Hahn Brewery, mas em 1998 criou a Malt Shovel, que produzia a linha James Squire – para todos os efeitos, esse era o braço artesanal do grupo. A sede da cervejaria ocupa um antigo estábulo de Camperdown, nos arredores de Sydney.

Chuck Hahn comanda as duas empresas, mas, apesar das questões relativas à gestão, os rótulos James Squire da Malt Shovel reúnem cervejas elogiadas. A bebida é enviada para os quatro brewpubs da James Squire, instalados em Sydney, Perth e Melbourne, onde também são produzidos pequenos lotes sazonais. Se Squire estivesse vivo, possivelmente apreciaria a cerveja que exibe seu nome, mas caso ele aparecesse para uma visita seria necessário redobrar o cuidado com as galinhas!

MALT SHOVEL THE CHANCER

MALT SHOVEL NINE TALES

MALT SHOVEL FOUR 'WIVES'

NOTAS DE DEGUSTAÇÃO

THE CHANCER GOLDEN ALE, 4,5%

Essa ale cor de mel brilha no copo e oferece suaves notas cítricas. Tem sabor intenso graças à presença do limão e aos toques de frutas tropicais, além do adocicado de grãos que antecede o saciante final.

HARMONIZAÇÃO: Cerveja com sabor suave – como é o caso – exige um prato igualmente sutil, como robalo preparado na grelha.

NINE TALES AMBER ALE, 5%

O tom de cobre denuncia a mistura de três maltes e três lúpulos cultivados na Tasmânia. O aroma torrado e com referência a frutas secas combina com o paladar suave, marcado pelo adocicado do caramelo e por um amargor discreto. O final é seco com notas de frutas secas.

HARMONIZAÇÃO: As notas tostadas e de frutas secas combinam e complementam o sabor de frutos do mar, como vieiras na concha com purê de abóbora.

FOUR 'WIVES' PILSENER, 5%

Alusão à esposa e às três amantes de James Squire, a Four 'Wives' é feita com lúpulo Saaz proveniente tanto da República Tcheca como da Nova Zelândia, o que resulta em um intenso buquê floral. A cerveja tem sabor acentuado e um pouco picante, com notas de limão; o resultado é um final amargo.

HARMONIZAÇÃO: Existe combinação melhor que um copo de Four 'Wives' e uma saborosa Bratwurst?

BILLABONG BREWING

www.billabongbrewing.com.au

A SEDE DA BILLABONG fica em Myaree, arredores de Perth. Foi ali que Alan Proctor começou a produzir cervejas em 1993, inicialmente de olho na proposta de um espaço no qual as pessoas pudessem criar as próprias cervejas. Essa possibilidade ainda existe, mas em 2006 a cervejaria entrou no mercado com a premiada 4 Hop Ale, preparada com quatro tipos de lúpulo acrescidos em oito momentos diferentes do processo. Também se destaca pelas cervejas sem glúten, como a Blonde.

BOOTLEG

www.bootlegbrewery.com.au

TURISTAS EM BUSCA DE DESCANSO entre uma visita e outra às vinhas da região do rio Margaret, no oeste australiano, aparecem no bar e restaurante Bootleg, parte do complexo da cervejaria de mesmo nome. A atividade começou em 1994 com a Bitter Beer, mas hoje a Bootleg coloca no mercado cervejas premiadas e sujeitas ao cuidadoso olhar do mestre cervejeiro Michael Brookes, que entrou na empresa em 1998 para trabalhar como bartender. Entre as variedades mais apreciadas, estão a encorpada ale Raging Bull, a intensa e cítrica Settler's Pale Ale e uma bitter ao estilo inglês chamada Toms Amber Ale.

BRIDGE ROAD BREWERS

www.bridgeroadbrewers.com.au

BEN KRAUS FUNDOU A BRIDGE ROAD em 2005, quando instalou os equipamentos de produção na antiga cocheira do hotel que pertencia a seus pais, na bela cidade de Beechworth, em Victoria. A principal cerveja da casa é a Beechworth Pale Ale, ale ao estilo norte-americano, refrescante e picante. A influência bávara fica por conta da weisse e da pilsner com sabor de castanha. A linha Chevalier, comercializada em uma bela embalagem, inclui a Saison, cítrica, e a picante Bière de Garde.

BRIGHT

www.brightbrewery.com.au

NA CIDADE DE BRIGHT JÁ EXISTIU uma cervejaria com o mesmo nome, desativada durante a Primeira Guerra Mundial. No início de 2005, dois casais que moravam no local decidiram recuperar a Bright Brewery. As cervejas passaram a ser fabricadas em outro endereço, mas um ano depois a microcervejaria começou a funcionar e a produzir tipos de ale. Para apreciar o sabor da aromática Hellfire Amber Ale e da rica e robusta Staircase Porter, basta ir ao bar da cervejaria ou a cafés, bares e restaurantes não apenas de Bright, mas também de outras cidades australianas vizinhas.

BILLABONG BLONDE

BRIDGE ROAD CHESTNUT PILSNER

CARLTON DRAUGHT

www.carltondraught.com.au

A CARLTON DRAUGHT é uma das cervejas lager mais comercializadas da Austrália. Foi produzida pela primeira vez na cervejaria de Darwin em 1956, quando a empresa ainda se chamava Carlton & United Breweries. Várias mudanças de dono aconteceram, e hoje a bebida é feita em Abbotsford, arredores de Melbourne. A companhia agora se chama Carlton & United Beverages e faz parte do grupo SABMiller. A Carlton tem cor clara, 4,6% de teor alcoólico (já chegou a ter 5%), é servida tão gelada quanto um dia de inverno na Sibéria e apresenta amargor moderado.

CASCADE

www.cascadebreweryco.com.au

A CASCADE É A CERVEJARIA mais antiga da Austrália. Fundada em 1832 pelo inglês Peter Degraves em South Hobart, é também uma das fabricantes mais peculiares do país, pois conta com a presença do monte Wellington nas proximidades da sede – que foi atingida por um incêndio em 1967, mas passou por reforma e permanece um ponto turístico da Tasmânia. Hoje propriedade do grupo SABMiller, destaca-se pela convencional Cascade Premium Lager, apesar das tentativas de entrar no segmento artesanal por meio das marcas First Harvest Ale e Cascade Stout.

CROWN

www.thecrowncompany.com

LAGER PREMIUM fabricada pela Carlton & United Beverages, do grupo SABMiller, na unidade de Melbourne Abbotsford, a Crown teve sua produção iniciada em 1919, mas se destinava exclusivamente a consumidores estrangeiros. Apenas em 1954 tornou-se mais presente, em comemoração à primeira visita da rainha Elizabeth II da Inglaterra à Austrália. É uma das cervejas lager mais consumidas no país, célebre pela icônica garrafa com gargalo alongado. Desde 2008, coloca no mercado todos os anos o rótulo Crown Ambassador, destinado ao mercado de luxo.

FERAL BREWING

www.feralbrewing.com.au

APRECIAR BOAS BEBIDAS é rotina na região de Swan Valley, Austrália Ocidental, onde produtores vinícolas estabelecidos há tempos começam a dividir espaço com diversas microcervejarias, entre elas a Feral. Fundada em 2002, a unidade de produção inclui um bar e um restaurante, em que os visitantes podem provar as ousadas criações do mestre Brendan Varis. A principal é a frutada cerveja de trigo em estilo belga chamada Feral White, embora a IPA ao estilo norte-americano Hop Hog, a Smoked Porter e a intensa barley wine Razorback apontem o gosto da marca por novidades.

GAGE ROADS

www.gageroads.com.au

PETER NOLIN E BILL HOEDEMAKER trabalharam inicialmente na produção cervejeira artesanal Sail & Anchor, mas saíram em 2002. Três anos depois, a Gage Roads começou a produzir cerveja em Palmyra, arredores de Perth. A produção distribuída pela Austrália Ocidental e outros mercados inclui a lager ao estilo do norte da Alemanha, a Sleeping Giant IPA e a aromática Atomic Pale Ale. Ao lado das marcas principais, a Gage Roads também se dedica às edições especiais e, em 2013, colocou nas prateleiras a seca e lupulada Strong Ale, em comemoração ao dia nacional da Austrália.

GRAND RIDGE BREWERY

www.grand-ridge.com.au

MIRBOO NORTH é uma pequena cidade do estado de Victoria. Situada em uma área montanhosa, com água de excelente qualidade, foi o local que a Grand Ridge escolheu para estrear na arte e na ciência da produção artesanal no fim da década de 1980, quando a cervejaria tinha outro nome e outros proprietários. O dono atual, Eric Walters, é quem supervisiona uma intensa e colorida variedade de cervejas artesanais, entre elas o carro-chefe da casa, a Brewers Pilsener. No entanto, a elogiada linha da Grand Ridge inclui ainda uma barley wine, uma stout e uma bitter australiana clássica. Em 2012, a cervejaria obteve onze premiações no Australian International Beer Awards.

HAHN

www.hahn.com.au

CHARLES "CHUCK" HAHN fundou uma cervejaria com seu nome em 1986, em uma antiga fábrica nos arredores de Sydney, depois de se dedicar durante anos à produção da Steinlager na Nova Zelândia. A Hahn Premium fez sucesso imediato, mas as dificuldades econômicas enfrentadas pela empresa no início dos anos 1990 acabaram resultando em sua venda para a Lion Nathan. As cervejas da marca são feitas atualmente na Tooheys *(p. 257)*, enquanto Hahn permanece à frente da produtora "artesanal" do grupo, a Malt Shovel *(p. 253)*. A cervejaria fabrica sobretudo lager convencional, sendo a Premium Light uma das mais consumidas da Austrália.

KNAPPSTEIN

www.knappstein.com.au

AQUELES QUE DESCONFIAM da combinação de uvas e grãos nunca provaram a Reserve Lager, cerveja encorpada, aromática e frutada produzida pela Knappstein. Trata-se do único rótulo fabricado na vinícola da Knappstein em Clare, na Austrália do Sul, o que a diferencia na região produtora de vinho de Clare Valley. A cerveja está em linha desde 2006, quando a Lion Nathan comprou a unidade de produção da Knappstein. Como até 1916 o local acomodava uma cervejaria, pode-se dizer que a Nathan conseguiu recuperar uma tradição.

LORD NELSON BREWERY HOTEL

www.lordnelsonbrewery.com

A LORD NELSON reivindica alguns feitos históricos: é o hotel oficialmente reconhecido como mais antigo de Sydney e um dos brewpubs pioneiros da Austrália, em atividade desde 1987. A ale ao estilo inglês é produzida em seis rótulos regulares, e há também lançamentos sazonais. Apesar do destaque para a pale ale, a Old Admiral é uma ale encorpada capaz de fazer qualquer inglês se sentir em casa.

LORD NELSON OLD ADMIRAL

MURRAY'S ANGRY MAN

MATILDA BAY

www.matildabay.com.au

PHIL SEXTON ERA UM PIONEIRO quando começou a fazer cervejas artesanais para o pub Sail & Anchor, em 1984. Entre suas produções estavam a marcante lager escura Dogbolter e a refrescante cerveja de trigo Redback, a primeira dessa categoria produzida na Austrália. Instalada nos arredores de Melbourne, a fábrica pertence hoje à Carlton & United Beverages. Entre as marcas convencionais destaca-se a Bohemian Pilsner produzida pela Cascade, enquanto a "produção caseira" de Port Melbourne destina-se a consumidores sedentos por novidades.

MOO BREW

www.moobrew.com.au

AS ELEGANTES GARRAFAS e os rótulos criados pelo designer John Kelly conferem aos produtos da Moo Brew um toque adicional de sofisticação. Outro fator decisivo é que o mestre cervejeiro Owen Johnston adora trabalhar na Moo, instalada em uma vinícola na linda região rural próxima a Hobart, Tasmânia. Ele supervisiona uma seleta linha de cervejas, entre elas a condimentada hefeweizen ao estilo bávaro, uma elegante pilsner, uma suave pale ale belga, uma dark ale com inspiração norte-americana e uma aromática american pale ale, além de edições especiais, como a esperada Imperial Stout.

MOUNTAIN GOAT

www.goatbeer.com.au

EM 1997, OS AMIGOS Dave Bonighton e Cam Hines fundaram a Mountain Goat e a cerveja que permanece o carro-chefe, a Hightail Ale – ale frutada e complexa vencedora de diversos prêmios. No início, a produção ocorria sob demanda, mas a persistente dupla conseguiu o investimento necessário e abriu uma cervejaria própria. Instalada em Richmond, nos arredores de Melbourne, a Mountain Goat produz uma seleção de lotes especiais que podem ser apreciados no Goat Bar, junto à cervejaria, aberto nas noites de sexta-feira.

MURRAY'S

www.murraysbrewingco.com.au

A MURRAY COMEÇOU a produzir cerveja em 2003, instalada em um hotel emblemático, fonte de inspiração da famosa música australiana "The pub with no beer". O crescimento rápido e a demanda pela variedade propiciaram a mudança para Port Stephens, na região do Hunter Valley, em 2009. As novas instalações abrangiam um restaurante, um bar e uma adega. O mestre cervejeiro Shawn Sherlock produz uma instigante seleção de cervejas aromáticas, entre elas a pale ale Angry Man (que combina inspirações americana e inglesa), uma refrescante cerveja de trigo, uma lager frutada e outras ousadas, como a Imperial Stout ao estilo belga.

PURE BLONDE

www.pureblonde.com.au

A PURE BLONDE é uma das cervejas com baixo teor calórico mais vendidas na Austrália. Produzida pela Carlton & United Beverages, foi lançada em 2004 e não demorou a conquistar a preferência dos consumidores que não queriam exagerar nos carboidratos. Segundo os produtores, o diferencial da marca é o tempo de fermentação mais longo, capaz de reduzir maiores quantidades de açúcar do que o processo normal. O resultado é uma cerveja com 70% menos carboidratos que a versão padrão.

REDOAK

www.redoak.com.au

SEJA UMA HEFEWEIZEN com sabor de amora, uma oatmeal stout, uma pilsner de inspiração bávara, seja a premiada Framboise Froment, a Redoak tem opção para todas as ocasiões. Foi fundada em Sydney em 2004 por David Hollyoak, que começou cedo; produziu a própria cerveja de gengibre aos 14 anos. Suas interpretações elegantes e criativas de alguns estilos consagrados podem ser exploradas no Boutique Beer Café, instalado na cervejaria e sede ocasional de cursos sobre cerveja ou harmonização com pratos.

SCHARER'S

www.scharers.com.au

MENOS É MAIS PARA A SCHARER'S, que produz apenas duas cervejas: uma bock e uma lager ao estilo bávaro. Inspirado por cervejeiros alemães a primar pela qualidade, o taberneiro Geoff Scharer montou em 1987 uma microcervejaria na histórica estalagem George IV, na cidade de Picton, Nova Gales do Sul. Em 2006 vendeu o empreendimento. Os novos proprietários cumpriram a promessa de não alterar o preparo das bebidas, que hoje também podem ser encontradas no Australian Hotel, na área de Sydney conhecida como The Rocks. Geoff Scharer morreu em 2012, mas conquistou um lugar entre os pioneiros da produção cervejeira artesanal na Austrália.

STONE AND WOOD PACIFIC ALE

SOUTH AUSTRALIA BREWING

www.lionco.com.au

ESSA CERVEJARIA SITUADA EM ADELAIDE entrou em atividade em 1859, produzindo a West End Draught, uma das cervejas mais vendidas na Austrália do Sul. Como muitos rótulos com tradições que remontam ao período colonial, o que provavelmente era uma ale deu origem a uma pale lager comum. A cervejaria pertence à Lion Nathan Company e tem duas unidades, uma dedicada à produção das cervejas da marca Southwark. A Southwark Old Stout, intensa cerveja escura com sabor torrado, lançada em 1984, é produzida no local.

STONE & WOOD

www.stoneandwood.com.au

BYRON BAY É UMA AGRADÁVEL CIDADE COSTEIRA situada ao norte de Sydney, com lindas praias e moradores adeptos do surfe. Em 2008, três veteranos de Matilda Bay e um taberneiro local fundaram a Stone & Wood. Começaram a produzir um quarteto de cervejas – uma lager intensa e revigorante, ideal para encerrar uma tarde dedicada às ondas; uma marcante red brew chamada Jasper Ale; uma enevoada Pacific Ale e uma curiosa interpretação em edição limitada de uma Stein lager, cujo preparo inclui o acréscimo de pedras quentes. A Pacific Ale diferencia-se por não passar for filtragem, o que resulta na tonalidade nebulosa e permite apreciar os sabores em geral perdidos no processo. Também não é pasteurizada, segredo de um sabor fresco e marcante que as cervejas pasteurizadas em geral não preservam.

SUNSHINE COAST

www.sunshinecoastbrewery.com

O SOL NUNCA DEIXOU DE BRILHAR para a Sunshine Coast Brewery desde que ela iniciou as atividades, em 1998, em pleno dia nacional da Austrália. Instalada nos arredores de Maroochydore, na costa do sol de Queensland, a cervejaria já abocanhou vários prêmios para suas cervejas, entre elas a bastante apreciada Summer Ale, que, com intensidade média, apresenta aroma de lúpulo e de frutas e sabor de maracujá, pêssego e melão. Oferece ainda variedades com influências europeias, como a Hefeweizen, a Czech Mate Pilsner e a Glasshouse Rauch. Até 2012 as cervejas podiam ser encontradas em Kunda Park, mas hoje só é possível comprá-las direto na cervejaria.

TOOHEYS

www.lionco.com.au

NOS ANOS 1860, os irmãos Toohey trocaram Melbourne por Sydney e começaram a produzir cerveja no final da mesma década. A Tooheys Old Black Ale foi uma das primeiras e continua em produção, hoje com o nome de Tooheys Old. No início do século XX, a cervejaria transferiu-se para Surry Hills, nos arredores de Sydney, e posteriormente para a região de Lidcombe, na mesma cidade – atual local de produção, embora a empresa pertença atualmente à Lion. Um dos rótulos mais vendidos é a Tooheys New, lançada em 1931 e marco da mudança nos rumos da empresa (foi a primeira das várias lager da casa). A Tooheys Extra Dry, lager seca e marcante, é outro rótulo apreciado e com boa aceitação no mercado.

VICTORIA BITTER

www.victoriabitter.com.au

A VICTORIA BITTER, ou VB, como é mais conhecida, começou a ser produzida no início do século XX, quando seu nome provavelmente era mais apropriado – tratava-se mesmo de uma bitter que se transformou em lager, apesar de preservar a designação original. Pertencente à Carlton & United Beverages e fabricado na unidade de Melbourne, é um dos rótulos mais vendidos da Austrália. Uma intensa campanha publicitária realizada a partir da década de 1960 ajudou a popularizar a marca em todo o país. Em 2009, o teor alcoólico passou de 4,9% para 4,6% – mudança revertida em 2012.

WIG & PEN

www.wigandpen.com.au

INGLESES QUE VISITAM a Austrália e sentem saudades das cervejas de sua terra costumam fazer fila nesse acolhedor brewpub de inspiração britânica, que serve modalidades acondicionadas em barris e tiradas com bombas manuais. A Wig & Pen produz cerveja em Canberra desde 1994 e hoje fabrica dez rótulos regulares e apreciadas edições especiais. Além das legítimas ale, existem delícias como a refrescante pilsner, uma condimentada hefeweizen e lançamentos especiais, como a Beetroot Berliner-Weiss. A casa também produz uma cerveja com baixo teor alcoólico, chamada Mister Natural, referência a um sucesso do rock australiano. Em 2012, foi aclamada a melhor microcervejaria do país pelo Australian International Beer Awards.

OUTROS PAÍSES DA ÁSIA E DA OCEANIA

Desde o final do século XIX, a maioria dos países da Ásia e Oceania produz cervejas ao estilo europeu, mas poucos poderiam prever o espetacular aumento no consumo ocorrido nos últimos anos. Em toda a região, várias nações são vistas pelas companhias cervejeiras internacionais como ótimas oportunidades de expansão, uma vez que mercados mais consolidados, como os da Europa e das Américas do Sul e do Norte, parecem estar saturados.

Como era de se esperar, a China é de longe o maior de todos os mercados, com um consumo anual que supera os 50 bilhões de litros (305 milhões de barris). A maior parte dessa cerveja é produzida por grandes multinacionais, que conseguem colocar suas marcas nas prateleiras de todo o país e em outras partes do planeta. Será que os consumidores chineses vão reproduzir a tendência observada no resto do mundo (inclusive no Japão) e estimular as cervejarias nacionais a produzir bebidas novas, interessantes e criativas? Só o tempo dirá.

Durante a maior parte do século passado a produção cervejeira da Nova Zelândia foi dominada por duas fabricantes poderosas, a DB e a Lion. Porém, o aumento do consumo permitiu o surgimento de um número crescente de pequenas produtoras, o que resultou na oferta de rótulos novos, alguns deles premiados. O mesmo movimento ocorre na Índia, onde vários dos novos brewpubs voltam o olhar para os Estados Unidos em busca de orientação e investimentos. E, embora a Ásia tenha cervejarias internacionais próprias (San Miguel, Asia Pacific e a tailandesa Singha), cresce o número de brewpubs inovadores e inspirados nas cervejarias alemãs – fenômeno que também se observa em Cingapura, no Camboja, no Vietnã, em Laos e na Coreia do Sul. Vale a pena provar a famosa Lion Stout produzida no Sri Lanka, uma variedade bastante saborosa e comercializada em garrafas.

EMERSON'S

Depois de um tempo em Edimburgo provando o delicioso sabor de malte das cervejas escocesas, Richard Emerson ficou inconformado com a suavidade homogênea da produção neozelandesa e decidiu montar a própria cervejaria.

INFORMAÇÕES

PRODUTOR Lion Breweries

FUNDAÇÃO 1992

ENDEREÇO Emerson Brewing Company, 14 Wickliffe Street, Dunedin 9016

SITE www.emersons.co.nz

FILOSOFIA Produzir cervejas gostosas, refrescantes e naturalmente fermentadas, ricas em sabores orgânicos

A CIDADE DE DUNEDIN, na Nova Zelândia, recebeu o apelido de "Edimburgo do Sul", comparação que não passaria despercebida a Richard Emerson após acompanhar o pai bioquímico em uma visita à capital escocesa, nos anos 1980. O jovem tinha 18 anos e desenvolveu o gosto por cervejas bastante maltadas, característica ausente nas suaves e pouco pronunciadas variedades de sua terra natal. Em 1990, dois anos depois de voltar para a Nova Zelândia, fundou uma cervejaria com seu nome. A primeira produção da marca, a Emerson's London Porter, chegou ao mercado em 1993 e recebeu muitos elogios. O sucesso obrigou a fabricante a se mudar em 2005 para o endereço atual, em uma instalação industrial. O visual limpo e funcional dominado pelo aço inoxidável pode não corresponder ao aspecto romântico encontrado em um antigo claustro trapista ou em uma torre de tijolos erguida nas Midlands inglesas, mas a personalidade e a intensidade de sabor das cervejas as colocam entre as mais apreciadas do país. Em novembro de 2012, quando foi anunciada a venda da Emerson's para a Lion Breweries, as reações foram controversas, mas o fundador e sua equipe permanecem no comando da produção. Independentemente do que aconteça, o pioneiro tem seu lugar no panteão da cervejaria artesanal da Nova Zelândia.

EMERSON'S LONDON PORTER

EMERSON'S 1812

NOTAS DE DEGUSTAÇÃO

LONDON PORTER 4,9%

Elegante e intensa, com cor de castanha e aroma tostado e torrado, equilibrado por notas adocicadas de café, chocolate ao leite e café torrado. Textura cremosa.

HARMONIZAÇÃO: O sabor intenso e homogêneo combina com carne de cordeiro ao forno.

1812 PALE ALE, 4,9%

Pale ale clássica, tornou-se referência para rótulos posteriores. Tem cor âmbar e toques cítricos e de laranja, com intensas notas de malte e um final prolongado e seco.

HARMONIZAÇÃO: Com frango grelhado na churrasqueira, temperado com limão. As notas cítricas acentuam o sabor adocicado, e a riqueza do malte harmoniza com o preparo da carne no carvão.

PILSNER 4,4%

Uma das primeiras cervejas orgânicas produzidas no país. O malte orgânico é importado, e o lúpulo Riwaka é da região de Nelson. Os tons cítricos com o toque de maracujá resultam no equilíbrio do adocicado do malte com a secura marcante.

HARMONIZAÇÃO: O aspecto frutado e suave da pilsner pede um prato delicado, como lula ou camarão grelhados.

EMERSON'S PILSNER

MOA

A Moa aproveita as habilidades vinicultoras do local onde foi fundada, a região neozelandesa de Marlborough, para produzir uma série de cervejas com sabor requintado, ideais para ser apreciadas no bar ou com refeições.

INFORMAÇÕES

PRODUTOR The Moa Group

FUNDAÇÃO 2003

ENDEREÇO Moa Brewing Company, Jacksons Road RD3, Blenheim, Marlborough

SITE www.moabeer.com

FILOSOFIA Técnicas de produção de vinho aplicadas à criação de uma elegante linha de cervejas acondicionadas em garrafas

Como champanhe
A tampa envolta em arame acrescenta um toque de sofisticação prática à garrafa de cerveja, pois impede que a pressão force a rolha

MOA BLANC — **MOA** ORIGINAL — **MOA** BREAKFAST

O FUNDADOR, JOSH SCOTT, mora na região vinícola de Marlborough e descende de uma família de tradicionais produtores de vinho, mas foram os grãos – não as uvas – que conquistaram sua curiosidade. A produção cervejeira começou na adolescência, e nos anos seguintes Josh continuou a aperfeiçoar sua arte em diversas cervejarias antes de fundar a Moa, em 2003. Mas não abandonou a vinicultura e os rótulos de sua cervejaria tornaram-se sinônimo de elegância e de sabor graças à utilização das técnicas aprendidas com a família Scott. Por isso, o envelhecimento em barris e o acondicionamento e a fermentação em garrafas (similar ao processo usado na produção de champanhe) constituem a filosofia da Moa. Há preferência pelo lúpulo local, enquanto a água é de uma fonte natural subterrânea situada sob a cervejaria. A cerveja é envasada em garrafas de formato elegante com capacidade entre 330 ml e 1,5 litro. Todo esse cuidado e atenção aos detalhes não passaram em branco, e as cervejas da marca conquistaram várias premiações. Como resultado (e como o próprio Scott admite), as cervejas não são baratas – mas podem ser apreciadas como se fossem vinho, acompanhando pratos sofisticados.

NOTAS DE DEGUSTAÇÃO

BLANC GERMAN WHEAT BEER, 5%
Cerveja ao estilo alemão, esta german wheat beer tem 65% de trigo na brassagem. Inclui notas de banana, baunilha e cítricas, com textura cremosa e agradável. A cervejaria recomenda servir a bebida a 4°C.

HARMONIZAÇÃO: Com textura cremosa, fermentação marcante e notas frutadas perceptíveis, acompanha muito bem peixes mais gordurosos, como salmão grelhado.

ORIGINAL PILSNER, 5%
O lúpulo Nelson Sauvin contribui para acentuar o sabor das frutas tropicais e as notas que lembram biscoitos. Paladar suave e com notas de frutas tropicais, com final seco e refrescante.

HARMONIZAÇÃO: As cores e os sabores intensos da culinária asiática, como as ácidas e condimentadas sopas tailandesas, parecem ter sido criados para acompanhar essa cerveja.

BREAKFAST FRUIT LAGER, 5,5%
Cerveja do tipo lager preparada com cereja e trigo maltado. O aroma oferece um forte e adequado toque de cereja, além de notas de maçã. A Breakfast é intensa e lembra o champanhe pela agradável refrescância.

HARMONIZAÇÃO: A vivacidade e o toque frutado típicos de champanhe acompanham bem o crème brûlée e acentuam a baunilha.

RENAISSANCE

O californiano Andy Deuchars mudou-se para a Nova Zelândia decidido a aprender a fabricar vinho, mas o apelo da cerveja foi intenso demais para ele e para o cunhado Brian Thiel, que, juntos, são responsáveis pelos elogiados rótulos da Renaissance.

INFORMAÇÕES

PRODUTOR Renaissance Brewing Company

FUNDAÇÃO 2005

ENDEREÇO Renaissance Brewing, 1 Dodson Street, Blenheim 7240, Marlborough

SITE www.renaissancebrewing.co.nz

FILOSOFIA Produzir cervejas capazes de rivalizar com o "primo" feito de uva

ANDY DEUCHARS E BRIAN THIEL estreitaram os laços familiares que já os uniam quando fundaram a Renaissance, em 2005. A sociedade tinha tudo para dar certo: Thiel contava com experiência em mecânica – habilidade valiosa na hora de lidar com os equipamentos necessários para o funcionamento de uma cervejaria –, e Deuchars, antes de mudar-se para a Nova Zelândia para aprender vinicultura, havia trabalhado com produção cervejeira na Costa Oeste norte-americana, na Anderson Valley *(p. 183)*. Mas o chamado da cerveja foi mais forte, para azar do mundo do vinho. Os dois montaram a empresa no antigo e histórico Grove Mill, em Blenheim, construção comercial mais antiga da cidade e com um rico passado, pois já acomodou uma fábrica de sorvete, uma maltaria e duas adegas. Como os apreciadores locais em geral preferem cervejas ao estilo lager, no início a Renaissance apostou em outra abordagem e impressionou ao apresentar um variado portfólio que incluía clássicos do Velho Mundo, como a pale ale, a scotch ale e a porter. Essa ousadia certamente compensou o esforço quando os prêmios começaram a chegar. Os amantes da lager não foram esquecidos; foram contemplados com a Paradox, a frutada pilsner da casa que esbanja notas cítricas e de frutas tropicais graças à presença do lúpulo Riwaka. Em 2008, Søren Eriksen entrou na empresa para atuar como cervejeiro assistente e, ao lado de Deuchars, desenvolveu uma variada linha de edições especiais, lançada sob o nome de Enlightenment. Em 2012, a linha incluía uma IPA escura feita de centeio e outra de trigo. Eriksen dedica-se a uma atividade dupla: além de funcionário da Renaissance, também é criador de uma produção própria e suas cervejas são comercializadas com o rótulo 8 Wired *(p. 262)*.

RENAISSANCE VOYAGER

RENAISSANCE CRAFTSMAN

RENAISSANCE STONECUTTER

NOTAS DE DEGUSTAÇÃO

VOYAGER INDIA PALE ALE, 6%
De cor laranja-escura, essa IPA inclui lúpulos ingleses e neozelandeses, que juntos produzem um aroma intenso de lúpulo resinoso e grapefruit. O sabor lembra uma combinação do grapefruit com o malte adocicado, antes de terminar com um toque amargo e prolongado.

HARMONIZAÇÃO: Que tal para acompanhar fish & chips? O amargor do lúpulo corta a oleosidade da comida, e as notas cítricas acentuam o aspecto suculento e adocicado do peixe.

CRAFTSMAN CHOCOLATE OATMEAL STOUT, 4,9%
Stout com aroma intenso de chocolate ao leite. No paladar, sedosa e macia, com notas de café, chocolate e torrado, mas o componente terroso do lúpulo garante o equilíbrio antes de conduzir a um final prolongado e tocante.

HARMONIZAÇÃO: A cerveja com notas de chocolate pode ser servida com sobremesas feitas com o mesmo ingrediente, mas o resultado é melhor se houver contraste – como tortas de morango e de framboesa.

STONECUTTER SCOTCH ALE, 7%
De coloração âmbar-escura, essa cerveja oferece uma combinação de caramelo, chocolate e frutas escuras, além de um toque de defumação percebido pelo olfato e pelo paladar. Final seco e estimulante. A mostura inclui nove tipos de cevada maltada.

HARMONIZAÇÃO: Essa ale rica em sabor é perfeita para acompanhar rosbife, pois a presença suavemente escura valoriza as propriedades da carne.

8 WIRED HOPWIRED I.P.A.

8 WIRED

www.8wired.co.nz

SØREN ERIKSEN atuava como bioquímico em Perth, Austrália, quando teve uma revelação com as cervejas da Little Creatures *(p. 252)*. Começou produzindo em casa, depois trabalhou na Renaissance Brewing *(p. 261)*, em Blenheim. Desde 2009, dedica-se a preparar cervejas com sabor intenso e marcante presença de lúpulo, vendidas sob a marca 8 Wired. Utilizando lúpulo neozelandês e inspirado na produção em pequena escala norte-americana, conseguiu diversos prêmios com cervejas como a Hopwired I.P.A. e a Saison Sauvin.

EPIC

www.epicbeer.com

A EPIC É UMA MICROCERVEJARIA de Auckland. Suas cervejas são produzidas sob encomenda na Steam Brewing, que já teve como mestre cervejeiro Luke Nicholas. Em 2006, ele fundou a Epic, que se destaca entre a produção artesanal neozelandesa – a imperial IPA Hop Zombie é bastante procurada. Também firma parcerias com cervejarias como a Dogfish Head *(pp.154-5)* e a Thornbridge *(p. 41)*.

GALBRAITH'S BREWING COMPANY

www.alehouse.co.nz

UMA ANTIGA BIBLIOTECA acomoda esse brewpub instalado em Auckland desde 1995, época em que Keith Galbraith começou a produzir as cervejas em barris que haviam chamado sua atenção em uma viagem à Inglaterra. Com a ajuda do então cervejeiro da Larkins, Bob Hudson, Galbraith ficou famoso pelas ale; a cervejaria também produz lager ao estilo boêmio e a forte Ressurrection, ao estilo trapista. As bombas manuais ocupam lugar de destaque no bar.

GOOD GEORGE

www.goodgeorge.co.nz

BREWPUB PEQUENO, instalado na antiga Igreja de São Jorge – daí o nome –, começou a produzir cervejas em Hamilton, arredores de Frankton, em 2012. Kelly Ryan, ex-cervejeiro da inglesa Thornbridge, é o atual mestre da Good George, que produz uma amber, uma IPA com lúpulos alemão e neozelandês, e uma cerveja condimentada, com arbustos nativos e raspas de laranja. Também envelhece a produção em barris.

HARRINGTON'S BREWERIES

www.harringtonsbreweries.co.nz

A MAIOR CERVEJARIA DE CHRISTCHURCH está em atividade desde 1991, quando John Harrington fundou a empresa no local onde já tinha funcionado a antiga Wards Brewery. Ainda de propriedade da família Harrington, produz uma ampla variedade de rótulos, como estilos diversos de lager, porter, stout, bitter e hefeweizen.

MAC'S

www.macs.co.nz

EM 1981, O EX-JOGADOR DE RÚGBI Terry McCashin deu o pontapé inicial para a revolução de microcervejarias neozelandesas ao fundar sua cervejaria. Em 2000, vendeu a marca à Lion, que transferiu a produção para Nelson e Wellington. Apesar de estar junto de diversas marcas do grupo, a Mac's permanece adorada, em especial a cerveja de trigo ao estilo belga Great White e a aromática e frutada Hop Rocker Pilsener.

MONTEITH'S

www.monteiths.co.nz

A CERVEJARIA COMEÇOU a funcionar em 1868, na cidade de Greymouth, costa oeste da Nova Zelândia. Em 2001, a DB Breweries decidiu fechar a cervejaria, considerada desatualizada e ineficiente – mas a reação foi tamanha que a atividade recomeçou alguns dias depois. Hoje, a cervejaria original é usada principalmente para as cervejas da Monteith's Brewer's Series, como a Barrel Aged Porter. Os rótulos de produção regular são fabricados nas unidades da DB situadas em Auckland e Timaru.

MUSSEL INN

www.musselinn.co.nz

ONEKAKA É UM ANIMADO VILAREJO na linda e isolada Golden Bay, na extremidade noroeste da Ilha do Sul. É o endereço ideal para as alegrias idiossincráticas da Mussel Inn, que produz cerveja (além de sidra e refrigerante) desde 1995. A mais famosa é a Captain Cooker Manuka Beer, que contém pedaços recém-colhidos de um arbusto chamado manuka, além de lúpulos orgânicos produzidos na Nova Zelândia. Outras cervejas da casa são a lager Golden Goose e a intensa Monkey Puzzle, em estilo belga.

SHAKESPEARE HOTEL & BREWERY

www.shakespearehotel.co.nz

AUCKLAND SEDIA o Shakespeare Hotel & Brewery, construção em estilo vitoriano na qual o antigo proprietário Peter Barraclough fundou o primeiro brewpub da Nova Zelândia, em 1986. O equipamento de produção fica em uma área atrás do bar, para onde o veterano da cervejaria artesanal Ben Middlemiss é regularmente chamado a fim de criar rótulos como a suculenta pale ale Dogberry e a White Lady, acentuada cerveja de trigo ao estilo belga.

STEAM BREWING

www.steambrewing.co.nz

A REGIÃO DE OTAHUHU, EM AUCKLAND, acomoda a Steam Brewing, em atividade desde 1995. Ela começou produzindo cervejas para o brewpub Cock & Bull em East Tamaki, mas em 2004 cresceu após comprar a Auckland Breweries e começar a abastecer a rede de pubs Cock & Bull. Os pubs foram vendidos em 2012, e as cervejas deixaram de ser produzidas, mas a Steam hoje fabrica cerveja sob encomenda para clientes como a Epic e a Croucher.

STEINLAGER

www.steinlager.com

EM 1958, O MINISTRO DA ECONOMIA, Arnold Nordmeyer, desafiou os produtores nacionais a criar uma lager que fizesse frente às grandes marcas europeias. O resultado foi a Steinecker, da Lion Breweries. A Steinlager, como é conhecida hoje, tem importante participação no cenário cervejeiro neozelandês. Entre seus rótulos estão a marcante Classic e a refrescante Pure.

THREE BOYS

www.threeboysbrewery.co.nz

NO INÍCIO, RALPH BUNGARD queria produzir vinho, mas, após um período na Inglaterra dedicado aos estudos e à degustação de cervejas, voltou para casa decidido a fundar uma cervejaria. Enquanto trabalhava como professor universitário, iniciou uma pequena produção e, em 2006, passou a se dedicar apenas à Three Boys. As cervejas são fabricadas na área de Christchurch, em Woolston, utilizando cevada maltada sobretudo da região de Canterbury e lúpulos neozelandeses aromáticos. Entre os rótulos destacam-se a empolgante Wheat e a rica Porter, com sabor tostado.

THE MUSSEL INN CAPTAIN COOKER MANUKA BEER

YEASTIE BOYS DIGITAL IPA

TUATARA BREWING

www.tuatarabrewing.co.nz

EM 2002, QUANDO CARL VASTA começou sua produção cervejeira em uma fazenda nas colinas ao norte de Wellington, jamais sonharia que uma década depois o primeiro-ministro da Nova Zelândia, John Key, tomaria uma cerveja no local. Key também inaugurou a nova unidade da Tuatara em Paraparaumu – notável sinal do crescimento da cervejaria em pouco mais de dez anos. Produz diversas cervejas ao estilo europeu e ao norte-americano, entre elas a vibrante IPA e uma deliciosa Bohemian Pilsner.

THE TWISTED HOP

www.thetwistedhop.co.nz

THE TWISTED HOP é resultado da trajetória de dois ingleses que em 2003 emigraram separadamente para a Nova Zelândia e logo sentiram saudades da cerveja britânica. Em um ano, Martin Bennett e Stephen Hardman fundaram o brewpub The Twisted Hop em Lichfield Lanes, região de Christchurch. Cervejas em barris como a Golding Bitter e a Hopback IPA fizeram sucesso. O terremoto de 2011 atingiu a Twisted Hop, mas no ano seguinte uma nova cervejaria e um bar voltaram a funcionar.

WIGRAM BREWING

www.wigrambrewing.co.nz

A PRODUÇÃO CASEIRA foi essencial para o renascimento da cerveja artesanal neozelandesa, fato ilustrado pelo caso de Paul McGurk, fundador da Wigram. Após dez anos dedicado à produção full-mash como hobby, McGurk criou a Wigram, em 2003, em uma região de Christchurch com o mesmo nome. Hoje, produz uma eclética seleção, incluindo a Propeller Lager, a Mustang Pale Ale, a Dakota Dark e a Bitter, além da Spruce Beer, inspirada na bebida fabricada pelo capitão Cook em 1773.

YEASTIE BOYS

www.yeastieboys.co.nz

STU MCKINLAY E SAM POSSENNISKIE fundaram a Yeastie Boys em 2008, em Wellington, mas as cervejas são produzidas sob encomenda pela Invercargill Brewery. Como o nome sugere, a dupla trouxe um toque de rock'n'roll aos rótulos ao incorporar os aromáticos lúpulos neozelandeses em cervejas como a porter ao estilo americano Pot Kettle Black e a Digital IPA, que se define como “agressiva”. A ousadia rendeu vários prêmios à Yeastie Boys.

BEIJING YANJING

INFORMAÇÕES

PRODUTOR Beijing Yanjing Brewery Co

FUNDAÇÃO 1980

ENDEREÇO Shuanghe Road, Shunyi District, Pequim 101300

SITE www.yanjing.com.cn

FILOSOFIA Produzir o verdadeiro sabor da China

Desde que surgiu, nos anos 1980, a Beijing Yanjing cresceu muito. Hoje com milhares de funcionários, desponta entre as quatro maiores cervejarias da China. Na produção, utiliza água mineral fresca dos subterrâneos da capital chinesa.

O melhor de Pequim
Essa cerveja bastante apreciada é comum na capital chinesa e no resto do país

BEIJING YANJING YANJING BEER

EM 1980, ANTES DA FUNDAÇÃO da Beijing Yanjing, não era fácil achar cerveja em Pequim, embora o gosto pela bebida após o final do século XIX tenha aumentado. Os apreciadores precisavam se imbuir de muita paciência e persistência para enfrentar a odisseia que era encontrar um rótulo à venda. A informação boca a boca constituía um recurso útil, porém um pouco imprevisível, e podia acontecer de algum interessado na bebida ter a grata surpresa de encontrar um estoque recém-entregue. Essa irregularidade no fornecimento foi um importante fator para a construção de uma grande fábrica capaz de atender às demandas da capital. O sucesso foi enorme e, três décadas depois da inauguração, a Beijing Yanjing tornou-se a quarta maior cervejaria da China.

O nome da marca é sinônimo de produção em larga escala. Apesar de extrair água mineral 91 m abaixo das montanhas de Beijing Yanshan, a principal unidade de produção emprega 20 mil funcionários e ocupa uma área aproximada de 2 quilômetros quadrados. Além de uma variedade de pale lager e de algumas cervejas frutadas, também fabrica refrigerante.

Porém, apesar de suas proporções impressionantes, não parece que a ânsia de crescimento tenha chegado a um limite para essa cerveja que ostenta o título de “o sabor da China”. Embora exiba no rótulo o nome “Beijing” e seja a mais vendida na capital chinesa (possui 85% do mercado), também dispõe de unidades de produção em outras localidades. O que torna peculiar essa expansão é que, ao contrário das concorrentes igualmente imensas, e algumas já compradas por grupos internacionais como Anheuser-Busch e SABMiller, a Beijing Yanjing ainda pertence totalmente ao capital chinês – o que talvez explique a presença da marca nos eventos oficiais do país.

NOTAS DE DEGUSTAÇÃO

YANJING BEER PALE LAGER, 5%

Exibe a aparência de uma lager clara, amarela, com aroma adocicado que lembra grãos. O sabor é suave e um pouco cremoso, porém agradável e com um leve toque adocicado decorrente do malte. Final fugaz.

HARMONIZAÇÃO: Delicados frutos do mar, como camarão e lula fritos, constituem a companhia ideal para um copo ou dois dessa cerveja doce e refrescante.

GUANGZHOU ZHUJIANG

INFORMAÇÕES

PRODUTOR Guangzhou Zhujiang Brewery Group

FUNDAÇÃO 1985

ENDEREÇO 118 Modiesha Avenue, East Xingang Road, Guangzhou 510308

SITE www.zhujiangbeer.ca

FILOSOFIA Usar matéria-prima europeia e levedura alemã para produzir cervejas com personalidade

Cerveja mais vendida no sul da China, a Zhujiang é produzida em uma das maiores cervejarias do mundo. Famosa pela pale lager, a Guangzhou Zhujiang também se destaca por ter criado uma das primeiras ale do país.

A GUANGZHOU ZHUJIANG entrou em atividade em meados da década de 1980, quando a China iniciou o processo de abertura para o Ocidente. Uma das novas empresas decididas a explorar um sistema até então bastante fechado era o grupo cervejeiro Interbrew (hoje Anheuser-Busch InBev), que auxiliou no planejamento e instalação da planta fabril. O envolvimento ampliou-se em 2002, quando o grupo comprou 25% das ações da cervejaria.

A Guangzhou Zhujiang fica na cidade de Guangzhou, também conhecida como Cantão e localizada no delta do rio das Pérolas, em uma das partes do mundo com mais cervejarias (Zhujiang significa "rio das pérolas"). A parceria com a multinacional Anheuser-Busch InBev contribuiu para a produção do rótulo de estreia, a clara e vivaz pale lager Zhujiang (pronuncia-se "jujang"), cerveja mais vendida no sul da China e exportada para países como Estados Unidos, Inglaterra, França e Austrália. A produção também estimula a onipresença da marca – estima-se que a cada hora sejam produzidas 50 mil garrafas.

No que se refere à matéria-prima, a água é extraída de uma fonte situada embaixo da cervejaria, o lúpulo é da República Tcheca e a cevada é importada do Canadá. De acordo com uma tradição chinesa, a composição dos ingredientes inclui o acréscimo de arroz, e a fermentação envolve cepa de levedura importada da Alemanha. A culinária cantonesa desfruta de excelente fama, e a cervejaria não hesita em sugerir a harmonização entre bebida e diversas especialidades regionais, como a sopa wonton e vieiras no vapor com gengibre e alho. Zhujiang também fabrica várias outras variedades de pale lager e afirma ser uma das pioneiras na produção de ale com alta fermentação.

GUANGZHOU ZHUJIANG
PEARL RIVER 12°

GUANGZHOU ZHUJIANG
GOLD LABEL

GUANGZHOU ZHUJIANG
ZHUJIANG BEER

NOTAS DE DEGUSTAÇÃO

PEARL RIVER 12° PALE LAGER, 4,3%

Cerveja com tom dourado, que no copo libera um aroma discreto com notas de limão ao fundo, essa pale lager oferece paladar suave e macio, com algo do adocicado do malte e uma fermentação viva e marcante, seguida de final fugaz.

HARMONIZAÇÃO: Acompanhamento ideal para um prato de macarrão com carne ao molho de feijão-preto.

GOLD LABEL PALE LAGER, 4,3%

Aliviar a sede em um dia de verão é um ótimo motivo para apostar nessa lager com coloração dourado-clara e sabor límpido, pouco encorpada e quase adocicada no paladar. Final rápido, com um adocicado sutil e fugaz.

HARMONIZAÇÃO: Prove o porco agridoce típico da culinária cantonesa – a fermentação e o adocicado da cerveja combinam muito bem com o agridoce do prato.

ZHUJIANG BEER PALE LAGER, 5,3%

Essa cerveja clara tem coloração dourada coberta por um fino e rápido colarinho de espuma branca. Aroma marcado por adocicadas notas de malte e sutil presença de limão. Paladar marcante, suave e refrescante, seguido de final seco e fugaz.

HARMONIZAÇÃO: A fermentação marcante faz dessa cerveja uma companhia perfeita para alimentos gordurosos, como bolinho de camarão ou carne de porco assada.

TSINGTAO

INFORMAÇÕES

PRODUTOR Tsingtao Brewery Co

FUNDAÇÃO 1903

ENDEREÇO Hong Kong Road, Central 266071 Qingdao

SITE www.tsingtao.com.cn

FILOSOFIA Combinar as melhores matérias-primas com a água fresca das fontes da montanha Laoshan para produzir cervejas com sabor especial

Fundada por colonos alemães, a Tsingtao é uma das cervejarias mais antigas da China moderna. Depois de passar por guerras e uma revolução, ainda refresca o paladar dos amantes da cerveja – na China e no resto do mundo.

A CERVEJA CHEGOU À CHINA no final do século XIX, quando as principais potências europeias aportaram no país e aproveitaram o que então era um Estado enfraquecido e fragmentado. Como entre essas nações estavam a Alemanha e a Inglaterra, a produção cervejeira desembarcou em território chinês junto com os canhões. A Tsingtao foi fundada em 1903 por imigrantes alemães, na cidade portuária de Qingdao, com o nome de Anglo-German Brewery. As primeiras cervejas foram produzidas em 22 de dezembro de 1904. Os alemães deixaram a China durante a Primeira Guerra Mundial e uma empresa japonesa, a Dai-Nippon Brewery, assumiu a marca. Após o segundo conflito mundial, os japoneses tiveram de sair do país e o regime comunista estatizou a cervejaria, que só voltaria ao sistema privado no início da década de 1990. Em determinado momento, a Anheuser-Busch era dona de 27% da empresa, o que permitiu a produção da Budweiser na China, mas a empresa saiu do negócio em 2009 e, por ironia do destino, o segundo maior acionista hoje é a japonesa Asahi. Considerando os altos e baixos do cenário político chinês desde 1949, a Tsingtao confirmou sua vocação para a permanência – além de ser a segunda marca mais vendida no país, é a mais mencionada em todo o mundo quando se fala sobre cervejas chinesas (é a quarta maior do mundo). Precisou sobreviver a várias mudanças no comando do país e, no início do regime comunista, teve seu abastecimento de lúpulo e cevada proveniente dos camponeses chineses, de acordo com a orientação do regime. Hoje a cevada é do Canadá e da Austrália. O lúpulo é chinês, assim como o arroz (acréscimo comum nos rótulos locais), mas a água se origina das fontes situadas na famosa montanha Laoshan, considerada o berço do taoismo. O principal rótulo da marca, a Tsingtao, é uma pale lager, enquanto a maioria das outras cervejas produzidas na cervejaria central e em outras fábricas da China são variações do mesmo tema – algumas não filtradas, mais fracas ou mais fortes, além de uma stout e de uma escura. O mercado chinês de cerveja é imenso e continua em expansão. Considerando os desafios superados no século XX, a Tsingtao conta com boas chances de manter seu lugar de destaque.

TSINGTAO LAOSHAN

TSINGTAO TSINGTAO

TSINGTAO SHANSHUI

Bebida desejada
As famosas cervejas da Tsingtao estão entre as mais consumidas da China

TSINGTAO AUGERTA 1903

Preferência nacional
Cervejas escuras, como a Premium Stout, são raras na China, onde predominam as modalidades claras

TSINGTAO PREMIUM STOUT

NOTAS DE DEGUSTAÇÃO

LAOSHAN PALE LAGER, 4%
Essa lager exibe o brilho fulgurante do sol, com aroma marcado por notas cítricas e herbáceas. Paladar rápido e fugaz, com rastros de grãos adocicados e notas cítricas antes de um final fugaz e de um adequado amargor.

HARMONIZAÇÃO: Cerveja ideal para um dia quente de verão, deve ser servida o mais gelada possível. Esprema umas gotas de limão sobre um frango na brasa.

TSINGTAO PALE LAGER, 4,8%
A coloração amarelo-mel combina com o paladar temperado, o adocicado do malte e as notas de limão. O carro-chefe da Tsingtao tem baixa fermentação e acaricia o paladar com um adocicado de grãos e um leve toque de limão. Final marcante.

HARMONIZAÇÃO: Perfeita com um prato de sushi de frutos do mar – combinação exemplar, uma vez que a suavidade da cerveja contrasta com o sabor do sushi e ainda oferece um gostinho de mar.

SHANSHUI PALE LAGER, 4%
De tom amarelo-claro, essa lager tem aroma sutil, com o adocicado do malte e o frescor cítrico combinando ao fundo. Paladar com personalidade limpa e suave e fermentação intensa responsável pela maior parte das sensações. Final fugaz.

HARMONIZAÇÃO: Nada de sofisticações; combina bem com fish & chips, pois a fermentação intensa se encarrega de preparar os sentidos para o próximo gole.

AUGERTA 1903 PREMIUM AMERICAN-STYLE LAGER, 4,7%
De cor amarela suave, tem um leve aroma de grãos e um toque adocicado. Paladar leve a médio, com notas cítricas, além do adocicado do malte e uma ponta de amargor condimentado, que abre caminho para um final seco.

HARMONIZAÇÃO: A carne-seca de Sichuan é a combinação ideal, uma vez que o amargor picante e a fermentação suave da cerveja acentuam o tempero da carne.

PREMIUM STOUT EXPORT STOUT, 7,5%
Uma das raras cervejas escuras produzidas na China, tem cor de refrigerante de cola e aroma de chocolate ao leite, caramelo, alcaçuz e grãos tostados. Sabor de café e alcaçuz e textura cremosa, com notas tostadas e final seco.

HARMONIZAÇÃO: Acompanha bem o tempero picante do frango Sichuan, sobretudo se servido com molho tipo satay.

CAMBOJA

KHMER

www.cambodiabeer.com.kh

MAIOR CERVEJARIA INDEPENDENTE do Camboja, a Khmer investiu pesado em novas tecnologias nos últimos anos. Produz uma lager boa de beber, com 5% de teor alcoólico, ao estilo americano, suave, com toques adocicados e pouco lúpulo – refresco perfeito para um dia quente e úmido. A Cambodia Lager é comercializada em garrafa, lata e na forma de chope; fica melhor se estiver bem gelada.

KINGDOM

www.kingdombreweries.com

O CAMBOJA PODE NÃO SER o principal destino de apreciadores de cerveja nem ter uma grande tradição cervejeira, mas a Kingdom parece disposta a mudar esse cenário. A cervejaria entrou em atividade em 2010 e se diz decidida a se estabelecer como uma produtora de cervejas artesanais ao estilo alemão. Atualmente, importa o lúpulo e o malte da Alemanha e da República Tcheca. A Kingdom fabrica uma pilsner e uma lager escura.

ÍNDIA

ARBOR BREWING COMPANY

www.facebook.com/arborbrewindia

GRAÇAS AOS INVESTIMENTOS da Arbor Brewery, com sede em Michigan, é possível saborear cervejas artesanais ao estilo norte-americano em Bangalore. A empresa americana fez uma parceria com Gaurav Sikka, nascido em Bangalore e formado na Universidade de Michigan. Quando estudava nos Estados Unidos, ele se tornou admirador das cervejas da Arbor e decidiu levar a marca para seu país. As receitas originais são acrescidas de um sotaque indiano; a Strawberry Blonde da Arbor, por exemplo, tornou-se Mango Blonde.

BIERE CLUB

www.thebiereclub.com/brews.html

BANGALORE COMEÇA A DESENVOLVER a reputação de centro dos brewpubs da Índia, e o Biere Club foi um dos primeiros na cidade. Com inspiração na produção cervejeira americana e inglesa, produz ale, lager, stout e cerveja de trigo. A linha inclui uma stout intensa, com sabor de café, e uma condimentada cerveja de trigo com notas de laranja.

DOOLALLY

www.doolally.in

NOVAS LEIS APROVADAS NA ÍNDIA facilitaram a criação de brewpubs, e o Doolally é o primeiro a abrir as portas em Pune. Produz cerveja artesanal, à venda no charmoso bar, decidida a mostrar que as cervejas indianas podem ser saborosas. Entre os vários rótulos estão as modalidades feitas com centeio, trigo e a lager escura, todas com inspiração bávara.

INDEPENDENCE

www.independencebrewco.com

O ESPÍRITO DA REVOLUÇÃO que atingiu os Estados Unidos no campo da produção de cerveja artesanal chegou à Índia. Outra novidade instalada em Bangalore é a Independence, fundada por Avanish Vellanki e Shailendra Bist com auxílio do famoso cervejeiro californiano Greg Koch, cofundador da Stone Brewing *(pp. 178-9)*. Sua filosofia consiste em "promover a ruptura em relação às cervejas sem graça". No portfólio, uma cerveja de trigo ao estilo belga, uma saison, uma dubbel e uma tripel. Entre as do tipo ale com influência inglesa há uma robusta porter e uma brown.

ROCKMAN

www.rockmangroup.com/beerisland

A TECNOLOGIA CERVEJEIRA ALEMÃ constitui a essência do brewpub e centro de lazer Rockman's Beer Island, em Gurgaon, situado cerca de 30 km ao sul de Nova Déli e em uma das regiões mais ricas da Índia. Dois recipientes reluzem orgulhosos no bar ao estilo bávaro, no qual são produzidas cervejas de trigo, escuras e pale lager ao estilo alemão de acordo com as normas de pureza germânicas. O restaurante Keg & Barrels oferece uma área agradável, com bancos em formato de barril.

TOIT

www.toit.in

OS PRODUTORES DE CERVEJA ARTESANAL adoram usar ingredientes locais, por isso não é de surpreender que os cervejeiros do Toit acrescentem arroz basmati na composição da cerveja clara. O resto do portfólio se inspira em algumas das melhores modalidades da Bélgica, como uma ale feita de trigo com laranja e especiarias. O gracioso brewpub de Bangalore foi fundado em 2010 por três amigos, Sibi Venkataraju, Arun George e Mukesh Tolani, que adoram sugerir pratos que harmonizam com cada um de seus rótulos.

UNITED BREWERIES

www.theubgroup.com

HISTORICAMENTE, OFICIAIS E CIVIS britânicos que partiam para outros lugares do mundo levavam também a cerveja. As primeiras cervejarias da empresa foram instaladas no sul da Índia, mas hoje estão em vários locais. O rótulo mais conhecido da United Breweries é a Kingfisher, marcante lager com notas adocicadas. Exportada para todo o mundo, é fabricada sob licença da Shepherd Neame, na Inglaterra, onde fez sucesso nos restaurantes indianos.

LAOS

LAO

www.beerlao.la

A BEERLAO, PALE LAGER com 5% de teor alcoólico produzida pela Lao Brewing Co. com uma mistura de arroz local e malte importado, lidera o mercado no Laos. A empresa, que pertence em parte à Carlsberg, pretende agora ampliar sua presença internacional. A cervejaria também fabrica uma escura com 6,5% e uma versão premium de sua pale lager, produzida com lúpulo aromático do tipo Saphir e notas de tangerina.

MONGÓLIA

KHAN BRÄU

www.khanbrau.net

O KHAN BRÄU É UM DISPUTADO e sofisticado brewpub ao estilo alemão inaugurado em 1996, na cosmopolita Ulan Bator, capital da Mongólia, no centro-norte do país. A cerveja pode ser encontrada em uma rede de restaurantes da cidade ou na própria cervejaria. A oferta inclui uma lista básica de rótulos ao estilo alemão, como uma pale lager, uma cerveja de trigo e uma escura. Disputada por turistas estrangeiros, também conta com a aprovação dos moradores, mas o que diferencia a Khan Bräu das demais marcas produzidas no país é a ausência de aditivos. Grande sucesso.

CINGAPURA

ASIA PACIFIC

www.tigerbeer.com

FÁCIL DE ENCONTRAR NA ÁSIA, a cerveja mais famosa da Asia Pacific é a Tiger, uma lager servida bem gelada. Foi produzida pela primeira vez na década de 1930 e ganhou fama quando o escritor Anthony Burgess transformou o slogan da marca ("Time for a Tiger") em título do primeiro romance de sua *Trilogia malaia*. A cervejaria também produz a interessante ABC Extra Stout, com 8% de teor alcoólico.

ARCHIPELAGO

www.archipelagobrewery.com

EM 1931, QUANDO COMEÇOU, a Archipelago Brewery era especializada em cervejas ao estilo alemão. Mas os tempos mudaram e vários rótulos ganharam um toque do Hemisfério Sul – ao aromático lúpulo neozelandês foram acrescidos os sabores de manga e maracujá, no caso da lager de inspiração tcheca. Em consonância com o espírito de cooperação típico da produção artesanal, a Archipelago firmou parceria com o blogger especializado em cerveja Daniel Goh para criar uma edição especial para a Oktoberfest: a lager vermelha estilo Vienna chamada Red October.

COREIA DO SUL

OKTOBERFEST

www.oktoberfest.co.kr

UM DOS PRIMEIROS BREWPUBS DE SEUL, o Oktoberfest surgiu em 2002. As cervejas ao estilo alemão não agradam apenas a quem visita a Coreia do Sul, mas a muitos coreanos que passaram um tempo na Alemanha. A cervejaria foi fundada por Bang Ho-kwon e Michael Paik, que se conheceram em 1997, em Munique, onde desenvolveram o gosto por lager. O rótulo mais apreciado é a condimentada cerveja de trigo.

SRI LANKA

LION

www.heinekeninternational.com

UMA DAS CERVEJAS MAIS FAMOSAS da Ásia é produzida no Sri Lanka. A Lion Stout, acondicionada em garrafas e produzida pela Lion Brewery, é escura como a noite e tem sabor incomum, como figo e melaço, com o doce amargor do café recém-preparado. Rica em sabor de vinho e rum envelhecido, tem um final prolongado que aquece. A cervejaria, fundada em 1881, foi comprada pela Heineken.

TAILÂNDIA

BOON RAWD

www.boonrawd.co.th

A PRIMEIRA SENSAÇÃO É DE CALOR, depois de umidade, e em seguida surge gradualmente o barulho do trânsito intenso. Assim é a experiência de chegar a Bancoc, uma das cidades mais vibrantes da Ásia. Não muito longe da capital tailandesa fica a Boon Rawd Brewery, empresa familiar produtora da Singha. Essa maravilhosa e encorpada lager tem intenso sabor de lúpulo. Ideal para matar a sede, é perfeita também para acompanhar a agridoce culinária tailandesa.

TAWANDANG

www.tawandang.com

BANCOC TEM DOIS BREWPUBS de inspiração alemã que pertencem ao Tawandang Brewery (existe outro em Cingapura). Em vez de recriar um bar ao estilo germânico, a empresa aposta no clima asiático moderno. O ambiente é alegre e animado, repleto de referências ao Ocidente. No que se refere às cervejas, oferece vários rótulos bons e saborosos: uma lager dourada, uma weizen aromática e maltada e uma dunkel marrom-avermelhada.

VIETNÃ

LOUISIANE BREWHOUSE

www.louisianebrewhouse.com.vn

A LOUISIANE BREWHOUSE representa a filosofia das microcervejarias no animado resort litorâneo de Nha Trang, no Vietnã, ponto de encontro entre o Ocidente e o Oriente. O malte é da Austrália, e o lúpulo, da Nova Zelândia – ambos usados na pilsner e na lager escura (a marca também produz uma witbier e uma red ale). A ginger ale conta com o sabor de gengibre e de capim-limão. A água passa por filtragem e tratamento para se assemelhar à usada em famosos centros de produção cervejeira, como Burton on Trent, na Inglaterra.

ASIA PACIFIC TIGER

BOON RAWD SINGHA

HANSA

550 ml
West Coast Ale
ROBSON'S

Genuine Irish Restaurants & Music Pubs
GUINNESS
The Dubliner

lagertank
brewing company

TAXI

Boston
CRAFT BEER
WWW.BOSTONBREWERIES.CO.ZA

ÁFRICA

ÁFRICA DO SUL

Embora se consuma muita cerveja na África do Sul, em grande parte a bebida é fornecida por uma única companhia. A South African Breweries (SABMiller), uma das maiores do ramo, domina o mercado e produz a imensa maioria das cervejas que os sul-africanos bebem enquanto assam carne no braai ou nos shebeens de beira de estrada. As marcas incluem Castle, Lion e Carling Black Label e podem ser encontradas em praticamente qualquer lugar.

Apesar disso, existe um universo cervejeiro artesanal pequeno e animador, no qual se destacam alguns cervejeiros talentosos. A cerveja artesanal local recebeu um impulso quando Lex Mitchell criou a Knysna, em Eastern Cape, em 1983. Lex havia saído da SABMiller para dar início a um estaleiro na pitoresca lagoa Knysna e fazia cerveja em casa. Logo o hobby se tornou uma microcervejaria *(p. 275)*. À medida que sul-africanos experimentavam diferentes estilos em viagens ao exterior, a procura por cervejas belgas, alemãs, inglesas e americanas aumentou. Essas influências refletiram no portfólio dos pioneiros da arte cervejeira local. Tanto Chris Barnard, da Boston Breweries *(p. 273)*, como Moritz Kallmeyer, da Drayman's *(p. 274)*, se inspiraram nas cervejas que conheceram em viagens à Europa. Embora sejam em número relativamente pequeno, esses cervejeiros merecem ser conhecidos. As produções artesanais do país podem ser degustadas em festas locais, como o Solstice Folk & Ale Festival, realizado em várias partes da África do Sul.

BOSTON BREWERIES

Após experimentar cervejas europeias, Chris Barnard se decepcionou com as de sua terra natal. Aprendeu o preparo da bebida sozinho e montou uma cervejaria na Cidade do Cabo para oferecer desafios ao paladar dos fãs da bebida.

INFORMAÇÕES

PRODUTOR Chris Barnard
FUNDAÇÃO 2000
ENDEREÇO 48 Carlisle Street, Paarden Eiland, Cidade do Cabo, Western Cape 7405
SITE www.bostonbreweries.co.za
FILOSOFIA Cervejas artesanais bastante saborosas

SAM ADAMS É UMA AUSÊNCIA presente na Boston Breweries da Cidade do Cabo, fundada por Chris Barnard no ano 2000. Apesar do nome, a companhia nada tem a ver com o gigante da cerveja artesanal do outro lado do Atlântico. O nome surgiu no tempo em que Barnard fazia cerveja no espaço disponível numa fábrica local, a Boston Bag Company. Na época, ainda refinando a produção caseira, ele dava sobras das cervejas para os operários, que as vendiam em um bar local. O telefone tocou um dia, era o dono do bar. Gostava da cerveja e queria comprar mais da fábrica Boston Bag Company, ou "cerveja Boston", como disse. Assim, acidentalmente, surgiu o nome.

Antes disso, como muitos jovens sul-africanos, Barnard havia circulado pela Europa e gostado muito de diversas cervejas que experimentara. Ao voltar para casa, a cena cervejeira lhe pareceu insípida. A produção caseira era viável e, depois de uma viagem de aprendizado pela Baviera, ele tomou a iniciativa; em setembro de 2000, a Boston Breweries virou realidade. Hoje, além de produzir cerveja, a empresa presta serviços para terceiros, como a Jack Black, por exemplo *(p. 279)*. Levando em conta o período que passou na Baviera para pesquisar a produção, não surpreende que ele privilegie as cervejas fermentadas a frio, sendo a Premium Lager, lançamento inicial, uma das mais vendidas. Entre as demais, destaque para uma bock com 10% de teor alcoólico e uma weiss. Há uma sazonal com abóbora.

NOTAS DE DEGUSTAÇÃO

LOADED CANON ALE DOPPELBOCK, 10%
Vai muito malte nessa cerveja âmbar-avermelhada, que transborda doçura, álcool e lúpulo aromático no nariz. No paladar, é igualmente rica, com intenso tom frutado, notas de caramelo e alguma fumaça até o final prolongado, exuberante.

HARMONIZAÇÃO: Cerveja para beber sozinha, antes de dormir, ou com um pedaço de queijo forte maturado, como o cheddar de West Country.

BOSTON PREMIUM LAGER PALE LAGER, 4%
Ouro velho na taça, nariz leve e vivaz, com doçura dos grãos e notas de grama e flores ao fundo. Na boca, leve a medianamente encorpada, com vivacidade que dá lugar ao final amargo adocicado, com toques de grãos e apetitosa secura.

HARMONIZAÇÃO: Nasceu para acompanhar frutos do mar, como camarão grande grelhado. Os tons leves e o amargor sutil despertam a doçura dos pratos.

JOHNNY GOLD WEISS BEER, 5%
Weissbier no estilo bávaro, dourada e turva no copo, com clássicas notas de banana no nariz. Na boca, suave e ligeiramente ácida, o que desperta o paladar para notas de cravo, baunilha e banana que persistem até o final curto e frutado.

HARMONIZAÇÃO: Ponha outra linguiça boerewors no braai e sirva um copo dessa weiss – é uma combinação divina.

BOSTON BREWERIES
LOADED CANON ALE

BOSTON BREWERIES
BOSTON PREMIUM LAGER

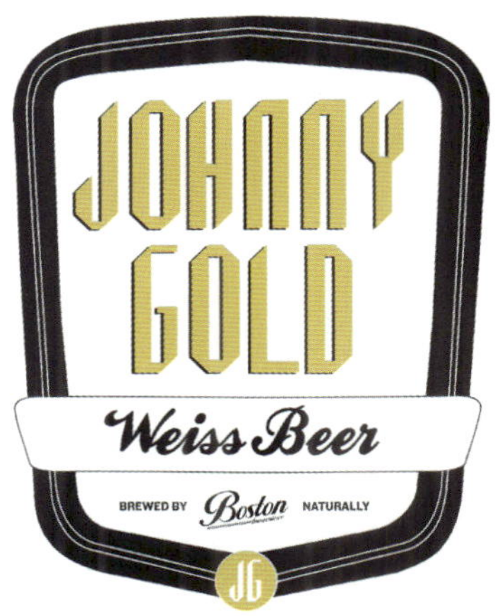

BOSTON BREWERIES
JOHNNY GOLD

DRAYMAN'S

Fazer cerveja sempre foi a paixão de Moritz Kallmeyer, e em 1997 ele finalmente realizou seu sonho, inaugurando a Drayman's. Suas produções de influência alemã continuam a encantar os fãs de cerveja em Pretória.

INFORMAÇÕES

PRODUTOR Moritz Kallmeyer

FUNDAÇÃO 1997

ENDEREÇO 222 Dykor Road, Silverton, Pretória, Gauteng, 0127

SITE www.draymans.com

FILOSOFIA Compartilhar e expandir o espírito sociável e alegre das grandes cervejas

A HISTÓRIA DESSA CERVEJARIA sediada em Pretória traz a paixão e a incansável busca de seu fundador e cervejeiro Moritz Kallmeyer por perfeição. Ele fazia a tradicional cerveja de milho africana e vinho de frutas quando estava na escola, mas a mosca da cerveja o picou na faculdade, quando ele passou a fazer cerveja artesanal. Trabalhava como fisioterapeuta, mas continuou fazendo a bebida até decidir que essa seria sua profissão. Contudo, o renascimento das microcervejarias na África do Sul nos anos 1990 ainda não tinha começado. Só em 1996 ele conseguiu emprego como cervejeiro numa cervejaria e bar de Pretória; a falência do empreendimento não o deteve e, um ano depois, ele fundou a Drayman's. A cervejaria no começo funcionava na garagem da casa dele, depois mudou para um estábulo desocupado na fazenda da família. Em 2000, ele comprou uma casa em Silverton, distrito de Pretória, e a transformou em cervejaria. Não saiu mais de lá. O interior da casa parece um mural colorido de tudo que compõe uma cervejaria tradicional bávara – com caldeiras de cobre e barris de madeira –, de modo que não surpreende a influência predominante do estilo alemão em suas produções. O portfólio inclui alt, weiss, rauch e kölsch (nenhuma pilsen). No entanto, ele não deixa a Inglaterra de fora e produz a sazonal Merlin's Mild e a Goblin's Bitter, que leva cepa de levedura descendente da original da cervejaria Whitbread. Ele também começou a produzir seu próprio uísque.

NOTAS DE DEGUSTAÇÃO

BERGHOF KÖLSCH, 4%

Dourada, clara, em estilo kölsch, tem um toque adocicado de malte e de grama recém-cortada no nariz. Na boca, é leve a média, com doçura contida até o final suavemente amargo.

HARMONIZAÇÃO: A delicadeza da bebida sofre com pratos muito condimentados. Experimente com frittata ou omelete e perceba como a carbonatação ressalta os sabores.

EMPEROR INDIA PALE ALE 4%

Em contraste direto com as cervejas tipo IPA alcoólicas e intensas das cervejarias modernas, essa cerveja de coloração âmbar tem baixo teor alcoólico e notas sutis de cítricos no nariz, que abrem caminho para o equilíbrio entre doçura do malte e acidez cítrica no paladar. Final agridoce.

HARMONIZAÇÃO: IPA em geral vai bem com pratos condimentados, mas essa pede certa leveza. Tente com uma salada grega para que o agridoce da cerveja contraste com o sal do queijo feta.

DRAYMAN'S BERGHOF

DRAYMAN'S EMPEROR INDIA PALE ALE

MITCHELL'S

A história da primeira microcervejaria da África do Sul remonta a 1983. Embora o fundador Lex Mitchell a tenha vendido em 1989, o alto padrão cervejeiro foi mantido, assim como uma variedade tentadora no portfólio.

LEX MITCHELL FOI ASTUTO. Em 1983, praticamente ninguém tinha ouvido falar em microcervejarias na África do Sul, mas ele remou contra a corrente e abriu a Mitchell's na cidade de Knysna, em Western Cape. Antigo funcionário da South African Breweries (como a SABMiller se chamava na época), ele sabia muito bem o que estava fazendo. O negócio prosperou; em 1989 foi comprado pelo grupo cervejeiro inglês Scottish & Newcastle. Desde então, vários proprietários se revezaram, pois a Scottish & Newcastle foi adquirida pela Heineken em 2008. Hoje os donos são sul-africanos, e a cervejaria continua crescendo. Mesmo sem o fundador Lex Mitchell, a empresa mantém vínculos consistentes com o passado, na figura do mestre cervejeiro Dave McRae, que trabalha lá desde 1985 e hoje é um dos donos. As cervejas que McRae fez durante esses anos têm inegável influência inglesa, como a intensa e cremosa stout Raven, classificada como milk stout, e a Bosun's Bitter, com 3,6% de teor alcoólico. A bitter inglesa foi o segundo lançamento da casa, em 1983. E outras influências podem ser percebidas: a lager Forester, leve, é misturada com a Bosun's Bitter para fazer a Millwood. Esta surgiu quando os cervejeiros descobriram que os moradores misturavam as duas variedades em casa e nos bares da região; então, resolveram lançar um produto assim. A sobrevivência e o sucesso da cervejaria, segunda maior do país, é um tributo à visão pioneira de Lex Mitchell. Ele não parou e hoje toca uma microcervejaria local chamada Bridge Street.

INFORMAÇÕES

PRODUTOR Dave McRae, Coen Bezuidenhout, Dennis Finch, Dave Wright

FUNDAÇÃO 1983

ENDEREÇO Mitchell's Brewing, 3 Arend Street, Knysna 6570

SITE www.mitchellsbrewery.com

FILOSOFIA Cervejas naturais, feitas com 100% de cevada, água, lúpulo e fermento, sem conservantes nem outras químicas

NOTAS DE DEGUSTAÇÃO

RAVEN MILK STOUT, 5%

Negra no copo, com colarinho bege, essa stout abre com notas de açúcar demerara e grãos de café torrados no nariz. Encorpada, na boca tem tostado e leve amargor. Final prolongado e seco, com notas de fumaça.

HARMONIZAÇÃO: A combinação ideal para essa stout agridoce são ostras, como as originárias do rio que passa perto da cervejaria.

90 SHILLING SCOTCH ALE, 5%

Cerveja de coloração ambarina, com nariz de bolo de frutas e especiarias e notas de caramelo. No paladar, surge o malte desafiador, com caramelo, canela e frutas secas. Encorpada até o prolongado final agridoce.

HARMONIZAÇÃO: A sensação aromática intensa e o corpo a tornam boa para pratos condimentados. Que tal um frango satay para acompanhar a cerveja, que acrescentará uma nova camada de sabores, sem ser sufocada pelo molho?

OLD WOBBLY STRONG LAGER, 7%

Embora o nome sugira uma ale inglesa encorpada, essa cerveja dourada é a lager forte da cervejaria – no nariz, doçura de mel; no paladar é espirituosa, frutada e agridoce até o final seco e agradavelmente amargo.

HARMONIZAÇÃO: O álcool e a doçura do malte a tornam ousada e estimulante com pratos coloridos; um frango na wok com orégano, manjericão e alho, servido sobre uma saborosa polenta, deve dar conta do recado.

MITCHELL'S RAVEN **MITCHELL'S** 90 SHILLING **MITCHELL'S** OLD WOBBLY

INFORMAÇÕES

PRODUTOR Brian Stewart

FUNDAÇÃO 2006

ENDEREÇO Robson's, Estate B13 Kassier Rd, Shongweni Valley, KwaZulu-Natal

SITE www.shongwenibrewery.com

FILOSOFIA Cerveja artesanal com os mais finos ingredientes, feita em processos naturais, sem aditivos artificiais

SHONGWENI

Quando o inglês Stuart Robson abriu a cervejaria Shongweni na África do Sul, ele queria apresentar a complexidade das cervejas fermentadas na garrafa para quem estava acostumado a beber apenas lager estupidamente gelada.

LANÇAR UMA MICROCERVEJARIA na África do Sul é uma coisa, tornar a vida ainda mais interessante mediante a fabricação de cervejas de alta fermentação é outra. Afinal de contas, a cultura cervejeira sul-africana gira em torno de cervejas tipo lager geladíssimas, e a ale é frequentemente considerada "quente e sem graça". Outra barreira se levantava contra o sucesso do empreendimento: na África do Sul, existem muitas restrições para o funcionamento de pubs e bares. Embora os pubs não estejam "amarrados" a determinada cervejaria, como costuma acontecer no Reino Unido, muitos recebem equipamento de refrigeração da maior cervejaria do país, a SABMiller, ou de uma subsidiária. Isso dificulta a formação de estoques de produtos alternativos, pois inexiste o conceito de "cerveja convidada".

Portanto, não faltavam desafios ao expatriado inglês Stuart Robson quando ele inaugurou a Shongweni em 2006, no vale de Thousand Hills, perto da cidade de Durban, em KwaZulu-Natal. Cervejeiro artesanal desde os 16 anos, ele viajou pela Europa e se deslumbrou com as variedades de lá, especialmente as bières de garde do norte da França. Formado em dois cursos superiores de ciências biológicas, Robson aprendeu como funciona o processo produtivo comercial. Quando decidiu se profissionalizar, fez um curso no Brewlab do norte da Inglaterra e trabalhou por um tempo em várias cervejarias do Reino Unido. Depois se mudou para o Hemisfério Sul com a esposa, Sherene, sul-africana, e passou a incentivar a evolução do paladar cervejeiro local. Os dois formam um belo casal: Robson entende de cerveja, Sherene tem formação no setor empresarial. Ela cuida da administração da cervejaria, garantindo que a produção seja bem divulgada e vendida rapidamente.

O portfólio reflete a preferência de Robson por estilos internacionais, como Wheat Beer, West Coast Pale Ale e a Durban Pale Ale, primeira cerveja da empresa, inspirada em cervejas tipo IPA enviadas para a Índia no século XIX. Segundo Robson, o porto de Durban era parada essencial para os navios que transportavam IPA, e reza a lenda que os soldados ingleses locais costumavam aproveitar o suprimento em trânsito. A cervejaria também faz variedades com manga, abacaxi e morango, sempre usando frutas locais. Finalmente, a cerveja campeã de vendas, East Coast Ale, inspirada na África do Sul, "é descaradamente direcionada aos apreciadores de lager", diz Robson. "Em termos de estilo, trata-se de uma golden ale para servir em temperatura semelhante à da pilsen. Para nós, foi muito importante apresentar uma ampla gama de cervejas ao público sem que houvesse necessidade de uma mudança muito grande em suas preferências. Quando o sabor da cerveja artesanal cativa um consumidor, ele experimenta outras cervejas, e muitos apresentam as novidades aos amigos."

A paixão e a dedicação de Robson ajudaram a Shongweni a estabelecer sua reputação por boas cervejas, hoje exportadas para vários países, inclusive o Reino Unido. A maioria delas é engarrafada, mas há algumas de barril, como a Robson's Pilsner e a Durban Brunne; eles também fazem uma especialidade chamada Cowbell, vendida somente na sede da cervejaria, em Durban. Os Robson venderam a cervejaria em 2002 e voltaram para a Inglaterra. O atual proprietário é Brian Stewart, cervejeiro caseiro por 25 anos. Ele comanda a cervejaria com a ajuda dos dois filhos, Gary e Donn. A troca na direção não alterou a trajetória da Shongweni, que vem crescendo graças a uma série empolgante de cervejas artesanais.

NOTAS DE DEGUSTAÇÃO

BLACK CHERRY LAGER 4%

De cor âmbar, essa lager de barril tem notas de cereja no nariz, ataque de carbonatação refrescante no paladar e um centro adocicado com toques de cereja antes do final seco e levemente frutado.

HARMONIZAÇÃO: Boa para matar a sede num dia quente de verão; ideal com pato assado.

ROBSON'S PILSNER 4%

A Robson's Pilsner é uma lager dourada, com sabor refrescante de especiarias, graças ao uso do lúpulo tcheco Saaz. Dourada, com notas de mel no nariz, tem final fresco, agridoce. Servida do barril.

HARMONIZAÇÃO: Refrescante, suporta bem pratos condimentados. Combina com asa de frango apimentada.

DURBAN BLONDE GOLDEN ALE, 5%

Como o nome sugere, essa cerveja de barril tem a cor do sol. É a bebida ideal para um dia quente. Refrescante, com notas sutis de mel, evolui para um toque de laranja antes do final seco agridoce.

HARMONIZAÇÃO: Perfeita para um bar de praia, mas também ideal para braai (churrasco) de hambúrgueres suculentos ou camarões moçambicanos.

WEST COAST ALE
AMERICAN PALE ALE, 5%
De cor âmbar-clara, essa pale ale abre com nariz intenso de grão e condimentos do lúpulo, com notas de café moca. No paladar, mistura chocolate, um pouco de tostado e um toque de frutas cítricas até o final prolongado e agridoce.

HARMONIZAÇÃO: A cerveja tem sabores derivados do malte e especiarias do lúpulo. Jogue costelas na brasa e prepare-se.

EAST COAST ALE
GOLDEN ALE, 4%
Cor de âmbar, com fruta tropical no nariz – talvez abacaxi. No paladar, mais fruta tropical e uma carbonatação refrescante que leva ao final seco, com novo ataque de frutas.

HARMONIZAÇÃO: Acenda o braai para grelhar linguiças boerewors. O frescor e a nota frutada da cerveja a tornam perfeita para acompanhar churrasco.

DURBAN PALE ALE 5,7%
Ouro velho com empolgantes notas de laranja no nariz, escondendo o caramelo. Encorpada, tem na boca um agradável contraste entre a doçura do caramelo e notas cítricas profundas; o final é seco, ligeiramente frutado.

HARMONIZAÇÃO: O prato nacional sul-africano é o bobotie, ensopado bem condimentado e frutado. Tenha ao lado um copo dessa pale ale forte, que atravessará o molho e os condimentos para refrescar a boca.

Equilíbrio
A complexa harmonia do biscoito maltado com as especiarias dos lúpulos ocorre depois de oito semanas de maturação

SHONGWENI WEST COAST ALE

SHONGWENI EAST COAST ALE

SHONGWENI DURBAN PALE ALE

BIRKENHEAD PREMIUM LAGER

BIERWERK AFRIKAN ALES

www.bierwerk.com

O DINAMARQUÊS Christian Skovdal Andersen é o cérebro por trás dessa cervejaria "cigana", que começou usando as instalações da Boston Breweries na Cidade do Cabo antes de se instalar em Camelthorn, na Namíbia. Andersen, que havia trabalhado como cervejeiro na Ølfabrikken dinamarquesa, se inspirou na diversidade dos ingredientes locais e no potencial do continente africano para cervejas artesanais. Faz duas cervejas: uma imperial stout escura, agridoce, com notas de carvalho, e uma bitter ao estilo inglês, usando apenas matérias-primas da África do Sul.

BIRKENHEAD

www.walkerbayestate.com

VINHO E CERVEJA COEXISTEM na fazenda Walker Bay de Stanford, em Western Cape. Região vitífera, desde 1998 abriga também a Binkenhead, uma das primeiras cervejarias artesanais sul-africanas. A mais conhecida da casa é a refrescante e agridoce Premium Lager, mas também se destaca a Honey Blonde Ale e a corajosamente intensa em sabor Black Snake – mistura de brandy com as cervejas Chocolate Malt Stout e Honey Blonde Ale. Com 10% de teor alcoólico, pode ser perigosa como uma serpente mamba negra.

CLARENS

www.clarensbrewery.co.za

ARTISTAS E TURISTAS procuram o lindo vilarejo de Clarens, em Free State, onde o cervejeiro artesanal Stepahn Meyer montou sua cervejaria em 2006 (a festa anual da cervejaria é um acontecimento imperdível). A influência inglesa é inegável nas produções regulares, sendo a Blonde uma light ale dourada, a English Ale uma cerveja com notas de caramelo e nozes, e a stout uma avalanche de creme, torrado e tostado capaz de encher a boca. A produção se divide em garrafa e barril, sendo a última vendida no bar da cervejaria.

DEVIL'S PEAK

www.devilspeakbrewing.co.za

O "PICO DO DEMÔNIO" é uma das montanhas que cercam a Cidade do Cabo. No ano 2010, a Devil's Peak se instalou em seu sopé, dirigida pelo americano Greg Crum e alguns sócios locais. Cervejeiro artesanal de longa data, com queda pelas cervejas americanas ecléticas – especialmente da Costa Oeste –, ele se deu conta de que precisava produzi-las se quisesse bebê-las. Quem quer saison, imperial stout ou IPA lupulada não precisa procurar mais. Não haverá surpresa se no futuro ele lançar uma red flamenga ou uma porter defumada. O demônio continua à solta.

THE DOG AND FIG

www.diybeer.co.za/micro-brewery/the-dog-and-fig-brewery

HÁ UM TOQUE DE OUSADIA na The Dog and Fig. Fundada em 2008 por um grupo de amigos, a companhia já deixou sua marca no meio cervejeiro artesanal. O portfólio inclui uma Alternatiewe Alt, no estilo tradicional, com tons acobreados, uma festiva Wicked Weiss e uma homenagem às tradições locais, a Boisterous Buchu, descrita como ale aromática e que funde as culturas da África antiga com a da Europa colonial. Trata-se de uma pequena empresa sediada na fazenda Klein Afrika, próxima à cidade de Parys, no Free State. A água cristalina da cervejaria emana de uma fonte de alta pureza em sítio de antigos impactos de meteoritos.

GILROY'S

www.gilroybeers.co.za

STEVE GILROY TOCAVA EM UMA BANDA, mas em 2000 abriu um restaurante com microcervejaria, em Johannesburgo, e imediatamente conquistou seguidores: alguns o chamam de guru do movimento das microcervejarias. Em 2008 ele mudou as instalações para a sede atual no badalado vilarejo turístico de Ngwenya, na cidade de Muldersdrift, onde a cerveja continua a fluir. Há quatro tipos, inclusive a Serious Dark Ale, amber ale forte, alcoólica, com notas intensas de nozes e tostados. Música ao vivo e tours pela cervejaria, conduzidos pelo próprio Steve, fazem parte das atrações aos que visitam o bar animado, que combina boa comida e boa cerveja com hospitalidade calorosa.

HOPS HOLLOW

www.hopshollow.com

A PEQUENA CERVEJARIA, restaurante e pousada fica no alto do passo Long Tom, na província de Mpumalanga. Ali os proprietários originais, Theo e Sarie de Beer, começaram a fazer cerveja em 2001. Willie e Magdaleen

Botha assumiram a direção do estabelecimento em 2008 e continuam com boas cervejas. Quatro tipos saem dali, com ênfase no estilo europeu. Diggers Draught é uma ale inspirada na kölsch e usa malte de trigo de inverno alemão. Como todas as cervejas Hops Hollow, ela é feita com a água mole e pura da montanha. A Blacksmith's Brew, witbier belga, emula a "Hoegaarden Witbier". A Mac's Porter, cor de rubi escuro com sabor de café e chocolate, já foi descrita como "suco de macho", pelos poderes afrodisíacos. A Old Bull Bitter segue de perto a tradição inglesa, com lúpulos Styrian Goldings importados do Reino Unido e o fermento original da Whitbread.

JACK BLACK

www.jackblackbeer.com

ESSA MICROCERVEJARIA no estilo dos EUA não foi batizada em homenagem ao ator cômico Jack Black, mas por causa de um cervejeiro nova-iorquino anterior à Lei Seca. Fundada em 2007, na Cidade do Cabo, manda fazer as cervejas na Boston Breweries – e os elementos indicados pela Lei Seca fazem parte do principal produto, a Reserve Classic Lager, no estilo das cervejas de puro malte da época, com lúpulo Saaz e Southern Promise, sul-africano. Também fazem parte da série uma pilsen, uma pale ale e uma amber ale.

NAPIER

www.napierbrewery.co.za

A HISTÓRIA É FAMILIAR. Cansado das cervejas comerciais populares, um grupo de amigos se juntou para produzir a própria bebida. Mark Humphrey, Craigan Miller e Allan Smith fizeram exatamente isso, fundando a Napier em 2007. Bela iniciativa. Napier é hoje uma promissora cervejaria de Western Cape, e suas bebidas se inspiram nas tradições inglesas e alemãs. Tudo artesanal: a Old Charlie Stout é uma cerveja escura robusta, cujo malte tostado é preparado manualmente em fornos na cervejaria.

NOTTINGHAM ROAD

www.nottsbrewery.co.za

UMA DAS MICROCERVEJARIAS mais bem-sucedidas, a Nottingham Road fica no conjunto que inclui hotel elegante e centro de conferências, nas Midlands de KwaZulu-Natal. A cervejaria, fundada em 1996, tem a sorte de fazer cerveja com água de seu próprio poço artesiano, malte e lúpulo – nada de aditivos. As cervejas vão da lager de baixo teor alcoólico (3%) Tiddly Toad à forte, torrada e encorpada Pickled Pig Porter, também usada para fazer o queijo de cerveja da empresa.

TRIGGERFISH ROMAN RED

SAGGY STONE

www.saggystone.co.za

SITUADA NO ALTO DA MONTANHA, a Saggy Stone fica perto da cidade de Robertson, famosa pelo turismo vinícola. No interior de uma fazenda familiar, primeiro foram abertos bar e restaurante. Logo os irmãos Adrian e Phillip Robinson decidiram fabricar a própria cerveja. Fazem dois tipos regularmente, com água pura da montanha, a Stone Draught e a California Steam, esta última inspirada em variedades californianas. A Big Red Ale é uma especialidade sazonal.

THREE SKULLS BREW WORKS

www.threeskulls.co.za

COMO O NOME SUGERE, a Three Skulls Brew Works não é uma cervejaria convencional. Sediada no subúrbio de Johannesburgo, lançou o Clarens Beer Festival em 2012, para mostrar o espírito aventureiro e cervejeiro de três amigos – um dos quais passou anos aprimorando seus conhecimentos na SABMiller. Para fazer a pale ale estilo americano, eles usam lúpulos dos EUA em abundância e, nas outras variedades, incluem ingredientes como manga e lavanda na cerveja de trigo, ou pêssego e alecrim em outra. Cervejas artesanais em estilo sul-africano!

TRIGGERFISH

www.triggerfishbrewing.co.za

EX-CERVEJEIRO CASEIRO, Eric van Heerden abriu a Triggerfish em 2011, numa antiga fábrica de dinamite na cidade de Somerset West, Western Cape, após aprimorar-se nos EUA por um ano. Não surpreende, portanto, que tenha se inspirado nas cervejas norte-americanas. As variedades produzidas pela Triggerfish são uma combinação explosiva de lúpulos intensos, expressivos – como a Roman Red, amber ale americana, e a Ocean Potion, pale ale –, com cervejas escuras de alto teor alcoólico, em estilo imperial. A cervejaria tem uma sala de degustação, onde as produções são servidas com sanduíches de pernil e asa de frango apimentada.

NAMÍBIA

A Namíbia é um dos maiores mercados cervejeiros na região sul da África, e muitas cervejas feitas lá sofrem influência germânica. Mas não existe apenas isso. Moradores locais tomam oshinkundu ou ontaku, tradicional bebida feita com painço fermentado. Ela é preparada e consumida rapidamente. A farinha de painço, misturada em pequena quantidade de água fervente – apenas o bastante para fazer a mostura –, fermenta por cerca de 24 horas. Mais água e açúcar podem ser acrescentados para completar a fermentação. Na Namíbia e em outras partes da África, é frequente o preparo de cervejas de painço ou sorgo, consideradas alimento líquido, fonte valiosa de carboidratos, vitaminas e sais minerais.

A Namíbia possui um bom número de cervejarias notáveis – algumas relativamente pequenas e outras, como a Namibia Breweries, que produzem marcas como Windhoek e Hansa, exportadas para o mundo inteiro. A cervejaria Camelthorn *(p. oposta)*, cujo nome faz referência à arvore africana que consegue sobreviver às secas, foi fundada em 2009 por Jörg Finkeldey, ex-funcionário de uma microcervejaria. Foi a primeira na Namíbia em décadas, e suas cervejas respeitadas provam que o país, em termos de cervejas artesanais, não deve nada aos vizinhos sul-africanos.

INFORMAÇÕES

PRODUTOR Jörg Finkeldey

FUNDAÇÃO 2009

ENDEREÇO 76 Nickelstreet (Unit 2), Windhoek

SITE www.camelthornbrewing.com

FILOSOFIA Levar boas cervejas artesanais à Namíbia

CAMELTHORN

Quando Jörg Finkeldey montou sua cervejaria, em 2009, pretendia deflagrar a revolução da cerveja artesanal na Namíbia. Apesar das dificuldades de comercialização, a Camelthorn está caminhando e virou sinônimo de qualidade.

A REVOLUÇÃO DA CERVEJA ARTESANAL chegou à Namíbia em 2009, quando Jörg Finkeldey abriu a Camelthorn em Windhoek, cidade onde se situa a outra cervejaria do país, Namibian Breweries *(pp. 282-3)*, muito maior. Finkeldey não era novato no mundo da cerveja; começou a produzir em 1992, numa microcervejaria da Califórnia, e depois viajou pelo mundo projetando e vendendo equipamento para cervejarias. Regressou para sua terra natal em 2006 com a família e passou os três anos seguintes viabilizando seu negócio, batizado com o evocativo nome de uma árvore local capaz de sobreviver às secas que assolam a região. Na época, ele declarou: "Os pioneiros da arte cervejeira se parecem com a Camelthorn na resiliência, e seguiremos com essa luta pela sobrevivência e aprimoramento". Dada a influência das técnicas cervejeiras alemãs na Namíbia, as cervejas de Finkeldey seguiram nessa direção. Um exemplo é a weizen em estilo alemão, criada pelo premiado cervejeiro alemão Michael Plank. Contudo, Finkeldey apelou para um antigo colega cervejeiro quando resolveu lançar a Red, ale americana, e a Red Dune Rooibos, que recebe adição de folhas de uma árvore chamada rooibos. Numa região em que as marcas comerciais de lager dominam, a Camelthorn enfrenta dificuldades e, como muitas pequenas cervejarias belgas, exporta grande parte de sua produção. A vizinha África do Sul é um mercado importante, e a cervejaria também cede suas instalações para produzir cervejas da "cigana" Bierwerk Afrikan Ales *(p. 278)*. Nada é definitivo no mundo da cerveja, especialmente num confronto entre Davi e Golias como o da Namíbia, mas Finkeldey sobrevive e recebe aplausos por suas cervejas. Sem dúvida, o nome da cervejaria foi uma escolha feliz.

CAMELTHORN RED

CAMELTHORN BOKBEER

CAMELTHORN WEIZEN

NOTAS DE DEGUSTAÇÃO

RED AMBER ALE, 4,5%

Cor de âmbar esmaecida, no nariz uma invasão de cítricos suculentos, grama cortada e notas subjacentes de caramelo, enquanto no paladar é agridoce, com grãos, cítricos e grama antes do final seco com apetitoso amargor.

HARMONIZAÇÃO: As especiarias, o lúpulo frutado aromático, o amargor e a carbonatação intensa ajudam essa cerveja a encarar pratos apimentados, como frango ao curry verde.

BOKBEER WEIZENBOCK, 7%

Cerveja de trigo castanha, forte, com especiarias, malte adocicado e caramelo no nariz. Na boca, é fresca, bem carbonatada, de corpo médio, com caramelo, banana e um toque de cravo. No final prolongado, há notas frutadas (banana).

HARMONIZAÇÃO: Cerveja de sabor forte em que a carbonatação intensa ajuda a convivência com molhos suculentos e desperta o sabor de pratos como cervo ensopado e similares.

WEIZEN BAVARIAN HEFEWEIZEN, 4,5%

Cerveja de trigo âmbar, alaranjada, fresca, com ataque agradável no paladar; doçura de malte, banana enérgica e notas de cravo dão personalidade brilhante, colorida, até o final satisfatório com ligeira acidez.

HARMONIZAÇÃO: Experimente com salada de frango, pois a carbonatação intensa quebra o adocicado da carne, enquanto o frescor ácido permite que a cerveja acompanhe bem qualquer molho.

NAMIBIA BREWERIES

INFORMAÇÕES

PRODUTOR Ohlthaver List Group

FUNDAÇÃO 1920

ENDEREÇO Iscor Street, Northern Industrial, Windhoek

SITE www.nambrew.com

FILOSOFIA Cervejas feitas com obediência total à Reinheitsgebot

NAMIBIA BREWERIES
HANSA DRAUGHT

Os colonos alemães fizeram as primeiras cervejas na região onde hoje é a Namíbia e, embora tenham partido há quase um século, seu legado cervejeiro sobrevive na série de boas cervejas tipo lager feitas pela Namibia Breweries.

A HISTÓRIA DAS CERVEJARIAS DA NAMÍBIA é a história do passado colonial do país e da conquista da independência em 1990. Antes da Primeira Guerra Mundial, o império alemão governava o país, em consequência da "partilha" da África no século XIX. Um dos subprodutos da hegemonia alemã foi a criação de quatro cervejarias em 1904. Os colonos importavam cerveja da Europa, mas o custo exorbitante tornou a fabricação local uma opção mais viável. Em 1920, após a derrota dos alemães e sua expulsão do país, dois empresários, Carl List e Hermann Ohlthaver, compraram as quatro cervejarias e as uniram no grupo South West Breweries, sediado em Windhoek. A empresa continua lá, mas a cervejaria situada em Swakopmund fechou as portas em 2005. Nas décadas seguintes, as cervejas produzidas pela companhia seguiam as leis alemãs de pureza, ou Reinheitsgebot *(p. 52)*, de 1516. O costume se manteve, e a cevada maltada é proveniente da Alemanha, assim como o lúpulo. A empresa mudou de nome e se tornou Namibia Breweries em 1990, quando o país finalmente conquistou a independência.

Dada a adesão à Reinheitsgebot, não surpreende a descoberta de que todas as cervejas são lager com teor alcoólico que varia de 4% a 7%. A Windhoek (fabricação iniciada em 1920) é uma das mais conhecidas e apreciadas do país, além de ser exportada. Outras marcas da companhia são a Hansa Pilsener, a Tafel Lager e a Urbock, mais forte, fabricada uma vez por ano para venda no inverno. Os namíbios e os vizinhos sul-africanos não são os únicos a saborear os produtos da cervejaria. Em 2008, a Windhoek Lager, adocicada e cítrica, a agridoce Windhoek Draught e a levemente amarga Tafel Lager conquistaram medalhas de ouro em um prestigiado concurso realizado em Berlim – sinal de que a obediência de tantos anos à Reinheitsgebot não foi uma ideia ruim.

A cervejaria se dedica a garantir que os consumidores aproveitem a cerveja ao máximo; no site da companhia, há instruções de como servir com perfeição, além de receitas para chefs novatos que desejam alcançar o sucesso na gastronomia com cervejas nas receitas.

NAMIBIA BREWERIES
WINDHOEK LIGHT

Pureza no coração
A influência alemã ainda é evidente nas cervejas

NAMIBIA BREWERIES
TAFEL LAGER

Cervejas campeãs
Medalhas em concursos alemães de prestígio ajudaram a divulgar essas cervejas que seguem a Reinheitsgebot

NAMIBIA BREWERIES
WINDHOEK LAGER

NAMIBIA BREWERIES
WINDHOEK DRAUGHT

NOTAS DE DEGUSTAÇÃO

HANSA DRAUGHT PALE LAGER, 4%
Cor dourada de sol com nariz sutil de frutas e doçura cereal. A Hansa Draught é boa para refrescar. Cerveja simples com sabor suave, termina com um choque agudo de amargor.

HARMONIZAÇÃO: Frutos do mar constituem a escolha natural para acompanhar. Experimente com camarão grelhado temperado só com sal e gotas de limão.

WINDHOEK LIGHT PALE LAGER, 2,4%
Leve no nome, leve na natureza. Cor de palha, leve brisa de malte adocicado no nariz, seguida de mistura de doçura similar e amargor no final. Na boca, é refrescante, agradável.

HARMONIZAÇÃO: Apesar do estilo leve, surpreende pela intensidade do sabor, sendo a companheira ideal para um prato de Bratwurst.

TAFEL LAGER 4%
A Tafel Lager brilha dourada no copo, sob um colarinho denso e branco. Aroma contido, com alguma doçura e uma nota de cereal. Na boca, delicadeza e doçura com forte carbonatação até o final levemente amargo.

HARMONIZAÇÃO: Ideal para um dia quente de verão e para acompanhar uma carne grelhada no jantar.

WINDHOEK LAGER 4%
Favorita de longa data, essa lager cor de ouro claro tem uma doçura cereal e limão no nariz. No paladar, mais doçura leve, secura mineral, toque de limão e final amargo suave.

HARMONIZAÇÃO: Mais uma vez a carbonatação e o frescor são a chave para o acompanhamento; combina com salmão grelhado, pois a cerveja supera a untuosidade e ressalta o sabor do peixe.

WINDHOEK DRAUGHT PALE LAGER, 4%
Impecavelmente dourada, com colarinho branco como a neve. No nariz, cereais e leve nota floral subjacente. Na boca, leve a média, toques de frutas e cereais adocicados. Final agridoce.

HARMONIZAÇÃO: Pratos temperados combinam com o frescor da Draught, como chilli com carne.

DIZ A LENDA QUE OS DEUSES ENSINARAM OS AFRICANOS A FAZER CERVEJA. HOJE OS CERVEJEIROS ARTESANAIS PREFEREM A MODERNA TECNOLOGIA AO MISTICISMO.

UMA CERVEJA DE TRIGO GELADA, COMO A DA CAMELTHORN *(P. 281)*, ALIVIA O CALOR CALCINANTE DO SOL AFRICANO.

GLOSSÁRIO

abbey ale (ale de abadia) Tipo de cerveja belga forte e frutada, produzida em mosteiros ou ao estilo de abadia.

ácido láctico, lática Confere acidez à cerveja, resultado da metabolização de açúcares por lactobacilos. Nota de degustação para algumas cervejas.

adjunto Ao pé da letra, qualquer aditivo usado no processo de produção além de malte de cevada, lúpulo, fermento e água. Em geral, indica grãos não maltados, como arroz, cevada, aveia e milho, acrescentados para aumentar o teor alcoólico e suavizar o sabor.

ale Cerveja produzida com fermento tipo ale. Destacam-se golden ale, brown ale, mild e bitter.

alt, altbier (literalmente, velho ou antigo) Estilo alemão típico de Düsseldorf, similar à bitter inglesa ou à pale ale.

alta fermentação Refere-se aos processos que usam fermentos para ale da cepa *Saccharomyces cerevisiae*; eles geram uma camada espessa de espuma na superfície do tanque de fermentação.

baixa fermentação Termo usado para a atuação da *Saccharomyces carlsbergensis*, que vai para o fundo do tanque na maturação, produzindo uma cerveja mais leve e clarificada.

barley wine Estilo extraforte de ale, originalmente inglês, hoje produzido por muitas cervejarias dos EUA.

berliner weisse Cerveja clara de trigo de alta fermentação do norte da Alemanha.

bière de garde (cerveja de guarda) Tradicional do norte da França, era feita no inverno e na primavera, para ser engarrafada e guardada até o final do ano. Hoje é produzida o ano inteiro, em diversos países.

bitter, best bitter (amarga, amarga superior) Estilo inglês que identifica ale com lúpulo intenso. Best bitter costuma indicar variações mais intensas.

blond, blonde (loira) Termo francês e belga para cerveja clara, dourada.

bock Em alemão, cerveja forte sazonal, hoje feita o ano inteiro. As inúmeras variações incluem doppelbock e urbock, mais forte, preparadas de acordo com receitas do século XIII. *Ver também* eisbock.

borra (lees) Depósito de leveduras, resultante da segunda fermentação na garrafa.

Brettanomyces Gênero de levedura semissilvestre usado em cervejas do tipo lambic, porter e stout. Confere sabor e aroma característico à bebida.

brew kettle (panela de brassagem) Recipiente no qual o mosto é fervido com lúpulo para combinar sabores, em geral por cerca de 1 hora e 30 minutos.

brewpub Bar ou restaurante com uma pequena cervejaria.

broyhan Cerveja de trigo clara de alta fermentação criada na Alemanha, em 1526.

burton union Sistema de fermentação de barris interligados, em galerias, no qual uma cultura estável da levedura se desenvolve com o tempo. Foi introduzido na cidade cervejeira inglesa de Burton on Trent, no século XIX.

c-hops Termo para lúpulo com alto potencial aromático capaz de desenvolver notas cítricas (grapefruit) e de alcatrão (tar). Leva esse nome por causa das variedades que começam com C (Cascade, Chinook, Cluster e Centennial, por exemplo), mas inclui Amarillo e Simcoe.

carbonatação Causa efervescência na cerveja, sendo gerada pela ação metabólica de levedura ou pela introdução artificial de gás pressurizado (carbonatação forçada).

cask conditioning, cask ale (guarda no barril, ale do barril) Processo de envelhecimento ou cerveja maturada em barril no depósito da cervejaria e na adega do pub. O período varia de uma semana a um ano, podendo ser mais.

contract brewing (produção terceirizada) Acordo pelo qual o criador de uma cerveja encomenda sua produção a uma cervejaria.

coolship Recipiente aberto, grande e raso usado no resfriamento do mosto. Hoje mais usado na produção de cervejas com fermentos locais (fermentação espontânea).

copper (cobre) Nome alternativo para panela de brassagem (brew kettle). Ainda restam muitos recipientes de cobre, mas atualmente a maioria é de aço inox.

curaçao Pequena fruta amarga cultivada na antiga colônia holandesa de Curaçau, no Caribe. A casca seca é usada em algumas cervejas belgas de trigo, por exemplo na Hoegaarden.

decocção Processo pelo qual parte do mosto é removida do tanque de fermentação (mash tun), aquecida a uma temperatura mais alta e devolvida. Ajuda no desenvolvimento de notas complexas de caramelo, além de clarificar a cerveja.

doppelbock *ver* bock.

dortmunder Cerveja alemã de baixa fermentação, encorpada, originária de Dortmund.

double, dubbel (dupla) Ale trapista belga, mais forte que a pilsner, mais fraca que a triple ou trippel (tripla).

dry hopping Acréscimo de lúpulo ao líquido fermentado para reforçar aroma e sabor.

dunkel, dunkler bock Dunkel quer dizer "escuro" em alemão; o termo se aplica mais a lager preta, embora seja usado também no caso de cervejas de trigo. Dunkler bock é a lager escura, encorpada como a bock.

eisbock O tipo mais forte de bock, maturada em ambiente muito frio, com retirada de parte da água, na forma de cristais de gelo, para aumentar o teor alcoólico.

éster, esterificado Composto químico natural que dá sabor frutado e de especiarias (banana, morango etc.). Consequentemente, chamamos de esterificada uma nota aromática com essas nuanças associada a certas cervejas.

export Termo usado com frequência para cervejas premium, exceto na Alemanha, onde indica uma cerveja ao estilo de Dortmund.

extreme beers (cervejas extremas ou radicais) Termo originado nos EUA para descrever estilos cervejeiros que se destacam por algum motivo – ingredientes inusitados, fermentação com leveduras selvagens, envelhecimento em barris de bourbon, amargor e teor alcoólico elevados etc.

fermentação Conversão dos açúcares do malte em álcool e gás carbônico pela ação de leveduras.

fermento tipo ale Usado em cervejas tradicionais de alta fermentação; origina-se do fermento reciclado que se retira da superfície do lote anterior. Age muitas vezes em temperatura ambiente.

festbier Termo alemão para cervejas elaboradas especialmente para um festival. Pode se referir aos estilos märzen e Oktoberfest, variantes mais fortes da Vienna lager.

gose Estilo de cerveja de trigo curiosamente salgada, originário de Leipzig.

gravidade original Medida da densidade do mosto. Alta densidade indica abundância de açúcares fermentáveis. Quanto mais açúcar, mais forte será a cerveja.

grist Cevada maltada moída (ou outros grãos) que forma, com água morna, a base do mosto.

gueuze, geuze Mistura de lambic nova e antiga para obter uma cerveja refrescante e frisante.

head (cabeça) Colarinho, camada de espuma que se forma na superfície quando a cerveja é servida.

hefeweizen Cerveja de trigo com sedimento de leveduras. Em alemão, "Hefe" significa fermento.

hell, helles Nome alemão para cervejas claras.

hop back Recipiente tipo peneira através do qual a cerveja é filtrada. Seu objetivo é remover pétalas de lúpulo ou melhorar o sabor da bebida, quando contém previamente lúpulo fresco.

imperial stout Extraforte, originalmente era uma stout para exportação. O nome deriva da popularidade da cerveja na corte imperial russa.

IPA India pale ale; cerveja robusta com muito lúpulo, para suportar os rigores da viagem marítima da Grã-Bretanha à Índia. Hoje muitas nações cervejeiras a produzem.

kellerbier "Cerveja de adega" em alemão; em geral, lager sem filtragem, rica em lúpulo e levemente carbonatada.

kölsch Golden ale alemã de alta fermentação, produzida inicialmente na região de Colônia (Köln).

kriek Lambic belga que inclui cereja macerada na fermentação, para obter um sabor frutado, ácido.

lactobacilo Família de bactérias, em geral benignas, que convertem açúcar em ácido láctico. A acidez resultante define estilos, como a berliner weisse.

lager Família de cervejas de baixa fermentação. A gama vai da pilsen dourada até escuras como a schwarzbier.

lambic Designa cervejas de fermentação espontânea, por leveduras selvagens presentes na atmosfera das pequenas cervejarias rurais da região de Payottenland, na Bélgica.

late hopping (adição tardia de lúpulo) Acréscimo de lúpulo nos minutos finais da fervura, na panela de brassagem, para reforçar o sabor do lúpulo.

levedura ou **fermento** Família numerosa de fungos, organismos unicelulares que servem como agentes nos processos de panificação e produção de cerveja.

lúpulo (hops) As flores de lúpulo – secas, em pellets ou na forma de resina – são adicionadas para dar sabor, aroma e amargor às cervejas, em contraposição à doçura do malte. *Ver também* lúpulo aromático, lúpulo de amargor *e* noble hops (lúpulos nobres).

lúpulo aromático (aromatic hops) Termo empregado para identificar lúpulos florais e frutados, como Cascade e Goldings, empregados para dar sabor e aroma adicional à cerveja. Os lúpulos aromáticos costumam ser acrescentados depois da fervura, em comparação aos lúpulos de amargor, para manter a sutileza de seus atributos.

lúpulo de amargor Variedades como Chinook e Fuggles são ricas em compostos que dão sensação de amargor, necessário para equilibrar a doçura do malte.

maltagem (malting) Instalação onde os grãos mergulhados em água germinam parcialmente e depois secam.

malte Cevada e outros grãos que passaram pelo processo de germinação controlada, que é interrompida no ponto em que a semente atinge alta concentração de amido. Após secagem e torra, o malte pode ser moído e transformado em grist para fermentação.

märzen Originalmente, estilo cervejeiro alemão de bebida média a forte, feita em março e maturada até setembro e outubro. Hoje essas cervejas são produzidas e consumidas o ano inteiro.

mash bill Termo norte-americano para indicar a proporção dos diferentes grãos usados na mostura.

méthode champenoise, méthode traditionelle (método champenoise ou tradicional) Forma de fermentação na garrafa usada para preparar champanhe. A fermentação secundária ocorre na garrafa graças à adição de fermento e açúcares fermentáveis. As cervejas feitas pelo mesmo processo costumam vir em garrafas semelhantes às de champanhe, e a cerveja pode envelhecer por vários anos.

microcervejaria (microbrewery) Termo genérico para as pequenas cervejarias fundadas nos EUA a partir de 1970 para produzir cerveja em quantidades relativamente pequenas. A Associação Americana dos Cervejeiros (US Brewers Association) define microcervejaria pela produção inferior a 15 mil barris anuais.

mild (suave) Ale com pouco lúpulo e sabor suave, de baixo teor alcoólico. Tradicionalmente associada à produção das regiões industriais do País de Gales e do centro da Inglaterra.

milk stout Cerveja tipo stout feita com açúcares não fermentáveis do leite (lactose), que dão sabor final adocicado à bebida.

mosto (wort) Infusão que contém açúcares fermentáveis resultantes do processo de brassagem. O mosto é filtrado, fervido e resfriado antes que a levedura seja adicionada para iniciar o processo de fermentação.

mostura (mash) Mistura de grist com água quente. O processo de infusão transforma o amido dos grãos em açúcares fermentáveis.

münchner Estilo alemão de lager escura desenvolvido em Munique.

noble hops (lúpulos nobres) Termo específico que identifica quatro variedades aromáticas tradicionais de lúpulo de baixo amargor: Hallertau, Žatec (ou Saaz), Tettnanger e Spalter.

nonic glass Estilo clássico de copo de cerveja liso, em geral nos formatos meio pint e um pint (473 ml). Caracteriza-se pela forma bojuda, que torna mais fácil segurar o copo.

northwest hops (lúpulo do Noroeste) Refere-se ao noroeste dos Estados Unidos, perto do Pacífico, região mais importante do país para o cultivo do lúpulo. Ali se cultivava principalmente lúpulos Cluster, mas hoje muitas variedades crescem na região, com destaque para os aromáticos.

oatmeal stout (stout de aveia) Estilo popular retomado nos EUA, com 5% de aveia.

Oktoberfest Festival cervejeiro de duas semanas que acontece em Munique, na Baviera.

oud bruin (marrom antiga) Estilo de Flandres, com potencial de guarda de cerca de um ano.

pale ale (ale clara) Estilo originado no Reino Unido, caracterizado pelo uso de maltes claros. Em geral, aplicado a cervejas engarrafadas.

pasteurização Tratamento térmico aplicado para manter a estabilidade da cerveja durante o período de armazenamento. Alguns alegam que a pasteurização suprime sabores da bebida.

pilsner, pils, pilsen Estilo de golden lager popular criado na cidade tcheca de Pilsen.

Plato (°) Mais usado na Europa central. As cervejarias tchecas e eslovacas costumam produzir e batizar versões de suas cervejas como 10° e 12°. Similar à gravidade original, não mede o teor alcoólico, mas indica a proporção de açúcares fermentáveis na água.

porter Família de cervejas bem escuras, caracterizadas pelo sabor de chocolate amargo e malte, bem como amargor acentuado de lúpulo.

priming (preparação) Adição de açúcar à cerveja antes do engarrafamento para estimular a carbonatação.

rauchbier Estilo alemão de lager feito com malte defumado com lenha de faia. Especialidade cervejeira da Francônia.

refermentadas na garrafa (bottle conditioned) Cervejas que passam por fermentação secundária na garrafa; a presença de fermento ativo e açúcares aumenta a durabilidade e permite que sabores e carbonatação se desenvolvam com o tempo.

Reinheitsgebot Lei alemã de pureza, de 1516, atualizada por legislação complementar. Continua sendo o princípio norteador da produção alemã. Segundo a lei, uma cerveja só pode conter água, fermento, malte e lúpulo.

renda ou **renda belga** (lace, lacing) É o desenho formado pela espuma nas paredes do copo.

saison Originalmente, estilo cervejeiro belga de ale seca, forte, feita no inverno para ser bebida no verão. Hoje a fabricam o ano inteiro; costuma ser refermentada na garrafa.

schwarzbier Em alemão, "cerveja preta"; tipo de lager escura, opaca.

seasonal beer (cerveja sazonal) Produzida para venda em períodos determinados, em geral para se adequar a condições climáticas de uma época do ano (caso da märzen e da saison) ou para comemorar festas e eventos históricos (como a festbier da Oktoberfest, por exemplo).

session beer (cerveja popular) O termo descreve a cerveja fácil de beber em grande quantidade, graças ao baixo teor alcoólico.

sour ale, sour beer (ale ácida, cerveja ácida) Originais de Flandres, passam por maturação de 18 a 24 meses, respectivamente, em tonéis de carvalho, período em que adquirem sua refrescante acidez.

Stein Tradicional caneca alemã, feita de vidro ou cerâmica (significa "pedra").

stout Cerveja escura, em geral de alta fermentação, preparada com grãos bem torrados.

tap, taproom (torneira ou bico) Bar de cervejaria, para atender a visitantes.

teor alcoólico Indicação da porcentagem de álcool em cada bebida.

triple, tripel, trippel (tripla) Tradicionalmente, era a mais forte das ale de abadia; contudo, existem hoje as quadruples, ainda mais potentes. No uso comum, indica uma ale de alto teor alcoólico.

trub Sedimento no fundo do tanque, depois que a fermentação ocorre; pode também ser de outros recipientes. Contém basicamente restos de lúpulo e leveduras mortas.

tun Recipiente em que a mostura é processada.

urbock *ver* bock.

urtyp "Tipo original", em alemão; termo usado para enfatizar que a cerveja é um exemplo autêntico de um estilo consagrado.

Vienna lager Cerveja tipo lager de cor bronze a avermelhada, com aroma e sabor de malte adocicado. Criação do cervejeiro austríaco Anton Dreher.

weiss, weisse "Branco", em alemão; indica cerveja de trigo.

weizenbier Termo alemão genérico para cervejas de trigo.

wheat beer (cerveja de trigo) Cerveja com alto índice de trigo maltado. Em geral, de alta fermentação, refermentada na garrafa. Clara, turva, contém partículas suspensas de levedura. Cremosa e adocicada.

wild beer (cerveja silvestre) Cerveja de fermentação espontânea por leveduras selvagens, devido à exposição aos elementos da microflora presentes na atmosfera por determinado período. O exemplo clássico é a lambic belga.

wit, witbier "Branca", "cerveja branca" na Bélgica. É a cerveja de trigo, geralmente feita com trigo não maltado e temperada com casca de laranja e semente de coentro.

Yorkshire squares Recipientes quadrados de fermentação associados às tradições cervejeiras do condado de Yorkshire, na Inglaterra. Consta que produzem uma cerveja com notável equilíbrio entre a doçura do malte e a acidez do fermento.

ÍNDICE

C

E

F

Q

R

S

T

CRÉDITOS DAS IMAGENS

Os editores agradecem aos profissionais e às empresas a seguir pela permissão de reproduzir suas fotografias.

Legenda: a=acima; b=embaixo; c=centro; d=direita, e=esquerda; t=topo

4-5: © Cath Harries. 6: © Cath Harries. 8: © SABMiller (be). 9: SABMiller (bd, te); © Cerveceros de Espana (td). 10: © The Pike Brewing Company. 11: © The Pike Brewing Company (tl, td); © CAMRA (be); Courtesy of John Holl & Jack McAuliffe (bd). 12: Courtesy Orange County Archives (td); © Anchor Brewing (cd); Courtesy of John Holl & Jack McAuliffe (be). 14: © Cath Harries (ce, cb, td). 15: © Cath Harries (tr, bd). 22: © CAMRA (be). 23: © www.craftbeerassociation.jp (be); Angela Pfeiffenberger-Stacey (bd). 24-25: © Cath Harries (bc). 57: © Cath Harries. 100: © Cath Harries. 101: SABMiller. 113: Kreativ Fotografering / Jonas Ankersand (todas). 124: Tino Gerbaldo (todas). 152: Courtesy of Brooklyn Brewery (todas). 171: © studioschulz.com (todas). 173: Russian River Brewing Company (todas). 178: © studioschulz.com (te). 214: Stéphane Daoust (c). 229: © Erica Colombo (te). 230: Piano&Piano, Santiago-Chile (e). 232: SABMiller (be, d); © www.craftbeerassociation.jp (te, cd). 233: www.craftbeerassociation.jp (td). 239: © www.craftbeerassociation.jp. 270: SABMiller (e). 271: SABMiller (td).

Dorling Kindersley agradece ainda a todas as cervejarias que aparecem no livro e que forneceram imagens de cervejas e instalações.

Todas as outras imagens
© Dorling Kindersley
Para mais informações,
www.dkimages.com

SOBRE OS AUTORES

Tim Hampson é jornalista e escritor; por muitos anos viajou pelo mundo em busca da cerveja perfeita. Entre as obras publicadas, destacam-se *O livro da cerveja* (publicado no Brasil pela Globo Livros), *Eyewitness companion beer, Great beers, 101 beer days out, London's riverside pubs, London's best pubs, London's best style bars, Room at the inn, The Oxford companion to beer* e *1001 beers you must try before you die*. Responsável pelas notícias do jornal *What's Brewing*, escreveu artigos para *Telegraph, Guardian, Drinks International* e *American Brewer*. Comenta sobre cerveja e pubs na televisão e atua como jurado em concursos de cerveja no mundo inteiro. Atualmente, preside a British Guild of Beer Writers (Associação Britânica dos Comentaristas de Cerveja).

Stan Hieronymus, especialista na cultura cervejeira dos EUA, é um homem questionador. Dan Carey, da New Glarus Brewing *(p.167)*, o comparou ao detetive Columbo, da antiga série de TV: "Quando você já está saindo, ele sempre tem mais uma pergunta". O conhecimento que Stan adquire em suas pesquisas e conversas com mestres cervejeiros é compartilhado com o público em centenas de artigos sobre cerveja e na colaboração em diversos livros. Ele também é autor de sete livros, entre eles *For the love of hops* (Pelo amor do lúpulo) e *Brew like a monk* (Faça cerveja como um monge). Ganhou vários prêmios, como o USA Beer Writer of the Year, mas tem um carinho especial pelo Southwest Book Award, concedido para o *Frank Applegate of Santa Fe: artist and preservationist*, escrito em parceria com a esposa, Daria Labinsky. Stan é grato a ela e à filha Sierra, por deixá-lo à vontade para fazer perguntas.

Sylvia Kopp é jornalista e sommelier de cerveja. Mora em Berlim e atua no júri da World Beer Cup (EUA) e do European Beer Star (Munique). Ministra palestras e organiza seminários sobre cerveja, além de promover degustações e jantares harmonizados para consumidores e profissionais do setor. Faz reportagens sobre cervejas e cervejeiros para publicações alemãs como *Effilee, Essen & Trinken* e *Der Feinschmecker*. Foi coautora do guia internacional de cerveja *1001 beers you must try before you die*.

Adrian Tierney-Jones, jornalista premiado e colunista especializado em cervejas, pubs e viagens, atua em publicações britânicas como *Daily Telegraph, Beer Magazine, Sunday Times Travel Magazine, Publican Morning Advertiser* e *All About Beer*, entre outros. Colaborou em diversos livros, entre eles *The Oxford companion to beer*. É o jurado-chefe europeu para o World Beer Awards e se considera um palestrante passional sobre cerveja, seja num salão de conferências lotado, seja no pub do bairro, com os amigos.

AGRADECIMENTOS

AGRADECIMENTOS DE TIM HAMPSON

Nesta época em que a cerveja é feita e aclamada no mundo inteiro, é impossível que um livro de qualidade, abrangente e profundo seja obra de uma única pessoa. Na busca pela cerveja perfeita, precisei da ajuda de outros fãs que viajam a fim de estudar a espantosa e deliciosa diversidade dessa bebida. Adrian Tierney-Jones mobiliza a língua inglesa para encontrar maneiras originais de descrever as criações vibrantes dos cervejeiros, a partir de ingredientes aparentemente simples: malte, lúpulo, fermento e água. Sua eloquência juvenil leva a cerveja para novos públicos. Stan Hieronymous percorre os EUA há muitos anos, como testemunha ocular do progresso do país cervejeiro mais atraente do mundo. Não há lugar para mediocridade em seu texto, e seu conhecimento minucioso do mundo cervejeiro americano é inigualável. Sylvia Kopp escreve melhor sobre cerveja em seu segundo idioma que a maioria das pessoas consegue escrever no primeiro. Sua missão é contar ao mundo as delícias da bebida, destacando a miríade de sabores e os benefícios para a saúde. Convenceu-me de que a Alemanha pode competir no campo da cerveja artesanal. Devo, ainda, agradecer aos autores Carsten Berthelsens e Conrad Seidl pelos conselhos preciosos sobre a inclusão de alguns cervejeiros. Finalmente, há os inúmeros heróis anônimos da Dorling Kindersley, que ajudaram a tornar este livro possível. Sem cada uma dessas pessoas, ele talvez não fosse publicado. A editora do projeto, Becky Shackleton, nos estimulou e orientou durante o processo com humor, tato e imenso profissionalismo.

AGRADECIMENTOS DA EDITORA

Revisão Fiona Wild
Indexação Bill Johncocks
Pesquisa de imagem Jenny Faithful

A Dorling Kindersley gostaria de agradecer também a:
Todas as cervejarias que aparecem no livro, muitas das quais forneceram logotipos, rótulos e imagens das instalações e das cervejas.

Charles e Rose Finkel, fundadores da **Pike Brewing Company** de Seattle, que cederam tempo e conhecimento, permitindo que fossem usadas imagens de seu excelente museu Pike Micro Brewery, um dos maiores arquivos mundiais sobre cerveja.

Charles Guerrier e Ryouji Oda, da **Associação da Cerveja Artesanal do Japão**, que não pouparam esforços para localizar uma série de imagens excelentes.

Cath Harries por dar acesso a sua imensa e notável coleção de imagens de cervejarias e cervejas.

Stephanie Mountifield, da **SABMiller**; Neil Walker, da **CAMRA**; John Holl e Jack McAuliffe, pela cessão de imagens; John Sadler, pela pesquisa de imagens; e Jack Anderson, por servir de modelo.